Wayne A. Mack

Liebevoll leben

Wayne A. Mack

Liebevoll leben

Frucht bringen für die Ewigkeit

... ich will euch einen noch weit vortrefflicheren Weg zeigen...
1. Korinther 12,31b

CMV

Originaltitel: *Maximum Impact*
P&R Publishing Company, P.O. Box 817, Phillipsburg, New Jersey 08865-0817.

ISBN 978-3-932308-86-4
CMV-Bestellnummer: 30886
Autor: Wayne A. Mack (mit Joshua Mack)

1. Auflage 2013

Übersetzung: Wolfgang Stedtnitz
Grafik und Satz: CMV
Printed in EU

Inhaltsverzeichnis

Danksagungen 7
Vorwort 9
Einleitung 12

1. Der „weit vortrefflichere“ Weg, etwas für Christus zu erreichen – Teil 1 16

2. Der „weit vortrefflichere“ Weg, etwas für Christus zu erreichen – Teil 2 28

3. Die wichtigsten Eigenschaften der Liebe 45

4. Liebe und Güte: Zwei Seiten einer Medaille 61

5. „Die Liebe ist gütig ...“ – wie sieht das praktisch aus? 71

6. Eifersucht und Neid sind der Liebe Feind 85

7. Das Gegenteil von Neid und Eifersucht 96

8. Bescheiden bleiben – denn „Die Liebe prahlt nicht“ 106

9. „Viel reden, wenn der Tag lang ist“ 125

10. Die Liebe ist höflich und zuvorkommend 145

11. Selbstlose Liebe als Lebensstil 167

12. „Ausrasten“ ist lieblos 184

13. Die Liebe ist nicht nachtragend 200

14. Die Liebe kennt keine Schadenfreude 214

15. Die Liebe als schützende Decke 233

16. „Die Liebe glaubt alles“ – aber sie ist nicht leichtgläubig 256

17. Echte Liebe hat den langen Atem 280

18. Liebevoll leben – wie können wir es schaffen? 305

Über den Autor 330

Danksagungen

Zunächst möchte ich Deborah Howard von Herzen dafür danken, dass sie meine ausführlichen Notizen mit Hilfe ihrer hervorragenden Schreibkünste in die Form gebracht hat, die jetzt vor Ihnen liegt. Es gab Zeiten, da hätte ich das ganze Projekt am liebsten aufgegeben. Ich war ohnehin sehr beschäftigt und hatte deshalb kein Interesse daran, ein Buch nur um des Schreibens willen zu schreiben. In solchen Zeiten sagte ich zu Deborah: „Unsere Bücherregale und Buchläden sind voll gestopft mit Büchern, die oberflächliches und unbiblisches Material enthalten. Wenn wir das ganze Projekt aufgeben wollen, dann ist jetzt der richtige Zeitpunkt dafür, und zwar bevor ich den Vertrag unterschreibe. Wir sollten dieses Buch wirklich nur dann veröffentlichen, wenn es für die Gemeinde und die Christen einen wichtigen Beitrag leistet." Ihre Antwort, die mir half, dran zu bleiben, lautete dann: „Herr Dr. Mack, Ihr Buch ist wichtig. Natürlich sollten wir es veröffentlichen. Und es wird einen wichtigen Beitrag leisten!" Diese ermutigenden Worte aus dem Mund meiner Lektorin, deren Fachwissen ich ebenso respektiere wie ihre biblische Einstellung, gaben mir die Freude und den Mut weiterzumachen. Danke, Deborah!

Auch Marvin Padgett, dem stellvertretenden Cheflektor des Verlagshauses *P&R Publishing*, möchte ich herzlich danken. Er hat sich gleich zu Beginn für die Idee begeistert, dieses Buch zu veröffentlichen. Während des Schreibens hat er mir immer wieder mit aufmunternden Kommentaren Mut gemacht und mich bei der Stange gehalten: „Doch, es sieht gut aus mit dem Buch, sehr gut sogar. Wir werden es veröffentlichen. Eine Auslegung von 1. Korinther 13 ist genau das, was wir brauchen. Dieses Kapitel hat mich schon immer angesprochen!" Seine Worte haben mich davon überzeugt, dass ein Schmöker von solchem Umfang wirklich von Wert sein kann für das Volk Gottes. Ich hätte mir keinen besseren Lektor als Marvin wünschen können. Danke, mein Bruder, für deine wertvolle Hilfe.

Dann danke ich meiner lieben Frau, die Gott mir als „Gehilfin" in allen Bereichen meines Lebens und Dienstes zur Seite gestellt hat. Wie es ihre Art ist, hat sie beim Schreiben dieses Buches geholfen – durch ihre Gebete, ihr sorgfältiges Korrekturlesen und dadurch, dass sie Verbesserungsvorschläge zur Wortwahl und Grammatik gemacht hat. Sie hat erreicht, dass ich das, was ich sagen wollte, noch besser zum Ausdruck bringen konnte. Carol hat viele Stunden damit verbracht, ganze Absätze dieses Buches zu überarbeiten. Der Inhalt durfte nicht verändert werden, aber die Form sollte lesenswerter und interessanter werden. Was für eine Freude, mit der eigenen Frau an einem solchen Projekt zusammenzuarbeiten. Deshalb mein inniger Dank an den Menschen, mit dem ich seit über 52 Jahren im christlichen Dienst stehe.

Dank schuldig bin ich auch einer Reihe von Menschen, die gar nicht wissen, welche Hilfestellung sie mir beim Schreiben dieses Buches geleistet haben. In den über 12 Monaten, in denen ich an diesem Manuskript gearbeitet habe, wurde ich reich gesegnet und zum Nachdenken angeregt durch Kommentare und Auslegungen in Büchern von Jonathan Edwards (*Charity and its Fruits*), Alexander Strauch (*A Christian Leader's Guide to Leading with Love*), John Mac-Arthur (*Commentary on 1 Corinthians*) wie auch einiger weiterer biblischer Theologen und Ausleger. Zu tiefem Dank verpflichtet bin ich auch Ian Murray und Elsa Marais, die das Manuskript sorgfältig gelesen und mir Hinweise zum Stil gegeben haben. Vielen Dank an Steve Viars, der das wertvolle und wichtige Vorwort geschrieben hat sowie all den Männern und Frauen, die das Manuskript gelesen und weiter empfohlen haben. Für etwaige Fehler in diesem Buch bin alleine ich verantwortlich, die wichtigen Gedanken darin gehen jedoch auf den Einfluss derer zurück, deren Namen ich soeben erwähnt habe. Ich danke ihnen von Herzen für ihren Beitrag bei der Fertigstellung dieses Buches.

Vorwort

Ich erinnere mich noch gut an den Tag, als ich meinem Lehrer Wayne Mack zum ersten Mal begegnete. Ich war frisch eingeschrieben im Doktorandenprogramm für „Biblische Seelsorge und Beratung“ am Westminster Seminary. Dr. Wayne Mack war der erste Professor, den ich in diesem Fach hörte. Ich weiß nicht, ob Studenten im ersten Semester immer so nervös sind wie ich, aber ich war es.

Es war vielleicht nicht ganz so schlimm wie am ersten Tag im Kindergarten, aber es gab eine Menge von Fragen, die mir im Kopf herumschwirrten. Wie sollte ich die ganze Arbeit bewältigen? Konnte ich sicher sein, dass die Lehre an dieser Ausbildungsstätte wirklich auf der Bibel basierte? War das Doktorandenprogramm der richtige Weg zu meinem Ziel, anderen Menschen seelsorgerlich zu helfen?

Doch dann begann Wayne Mack zu reden. Innerhalb weniger Minuten waren meine Bedenken verflogen, und ich pries Gott dafür, dass Er mir die Möglichkeit gegeben hatte, diesem Mann zuzuhören. Wayne lehrte mit innerer Anteilnahme, biblischer Überzeugung und sprachlicher Klarheit. Dabei konnte er mehr Bibelverse in einem Satz unterbringen als ich in einer ganzen Predigt. Ich hatte das Gefühl, einer Mischung aus Paulus, meinem Großvater und einem guten Freund zuzuhören, jemandem, dem man es anmerkte, dass er schon lange mit Christus unterwegs war. Meine Bedenken hinsichtlich des Doktorandenprogramms schmolzen dahin wie Eis in der Sonne. Ich fasste an jenem ersten Tag den Entschluss, Wayne Mack so oft und so lang zu hören, wie es nur ging.

Seit diesem Tag sind inzwischen über 25 Jahre vergangen. Es war mir vergönnt, einer von Waynes Mitarbeitern und Assistenten zu werden. Ich empfinde es als einen ganz besonderen Segen im christlichen Dienst, wenn ein Lehrer und Mentor zu einem persönlichen Freund und Begleiter wird. Ich weiß, dass mir viele meiner

Freunde zustimmen, wenn ich sage, dass ich Gott dankbar bin für Wayne und für die Auswirkungen seines Glaubens auf mein Leben. Er ist jemand, der biblische Liebe vorlebt.

Ich bin davon überzeugt, dass Wayne Mack mit seiner Auslegung des „Hohenliedes der Liebe" aus 1. Korinther 13 ein hochaktuelles Buch geschrieben hat. Ich möchte Ihnen das Studium dieses Kapitels und des vorliegenden Buches aus drei Gründen ans Herz legen:

Erstens gehen Waynes Gedanken zu den Auswirkungen der Liebe auf Andere direkt auf die Heilige Schrift zurück. Viel zu oft begnügen sich in der heutigen Zeit Bücher zum Thema „geistliche Leiterschaft" mit weltlichen Ideen, ohne sich an der Schrift zu orientieren. Es ist Wayne Mack zu danken, dass er hier einen anderen Weg geht. Abschnitt für Abschnitt legt er den Bibeltext aus und zeigt uns, wie Gottes Gedanken über die Wirkung unseres Lebens auf unsere Mitmenschen aussehen. Wayne stellt die Verse aus 1. Korinther in ihren ursprünglichen Kontext und legt sie so aus, dass Menschen wie Sie und ich das Gelesene anwenden können.

Jeder, der bereits andere Veröffentlichungen dieses Autors gelesen hat, wird bezeugen können, dass Bibeltreue sein wichtigstes Markenzeichen ist. Damals im Seminar war ich gelegentlich versucht, mir Notizen zu machen, wenn mein Lehrer betete. Jedes Mal, wenn ich mich mit Wayne unterhielt, lernte ich entweder etwas Neues aus der Schrift, oder ich wurde an etwas Bekanntes erinnert. Das vorliegende Buch erfüllt genau diese Kriterien und ist damit glaubwürdig.

Zweitens ist das Buch in hohem Maße praxistauglich. Man merkt dem Autor an, dass er unzählige Stunden in Beratungsgesprächen verbracht hat und dass er weiß, was die Menschen umtreibt und bewegt. Wayne Macks Buch ist alles andere als die trockene Auslegung eines Theologen aus dem Gelehrtenstübchen im Elfenbeinturm. Wayne kennt die Menschen, und er liebt sie.

Die Zeit, die Sie damit verbringen, dieses Buch zu studieren, ist bestens investiert: Sie werden tragfähige und konkrete Antworten auf die Frage erhalten, wie Sie in der Liebe gemäß 1. Korinther 13 wachsen können. Sie werden sich nicht ein einziges Mal fragen müssen, wie Sie das, was Sie gelesen haben, anwenden können.

Wayne ist ein sehr guter Seelsorger. Er weiß, dass er sein Ziel erst dann erreicht hat, wenn Hörer zu Tätern des Wortes geworden sind. Sie werden ermutigt werden, konkrete und nachvollziehbare Schritte zu gehen – hin zu dem Ziel, die größtmögliche „Liebeswirkung" im Sinne von 1. Korinther 13 auf das Leben der Menschen zu haben, die Gott Ihnen anvertraut hat.

Drittens ist dies ein Buch, das den „inneren Menschen" und sein Herz erreicht. Wayne Mack zeigt sehr deutlich, dass Liebe nicht in der Einhaltung bestimmter Verhaltensnormen besteht, die man sich äußerlich aneignen könnte. Wir können erst dann lieben, wenn wir mit Liebe erfüllt sind.

Möglicherweise werden Sie darum erst einmal etwas Zeit brauchen, um herauszufinden, wo Ihr eigenes Herz durch Liebe verändert werden muss. Bevor Ihr Leben eine Wirkung auf andere haben kann, muss Gottes Wort an Ihnen gewirkt haben. Als einer der vielen Menschen, denen Wayne Mack durch seine Lehre und sein Leben persönlich geholfen hat, kann ich Ihnen garantieren, dass dieser Prozess aller Mühe wert ist. Das Ergebnis wird ein von Gott verändertes Herz sein, so dass wir „Ihm ähnlicher werden".

Ich bin Wayne dankbar dafür, dass er Gott Raum gegeben hat, ihn mit Seiner Liebe zu erfüllen. Und ich danke Gott, dass die Liebe dieses Menschen eine große Auswirkung auf mein Leben hatte.

Pastor Steve Viars, Faith Baptist Church, Lafayette, Indiana

Einleitung

Ich hätte es mir an jenem nasskalten Novembertag im Jahre 2007, als Carol und ich zu unserem Missionseinsatz in Deutschland eintrafen, nicht träumen lassen, dass das Ergebnis unseres Dienstes ein Buch sein würde – ein Buch zum Thema „geistliche Frucht" und ihre Auswirkung auf andere Menschen. Das Wetter war kalt und regnerisch, aber wir verbrachten in Deutschland eine wunderbare Zeit, gefüllt mit schönen Erlebnissen, intensiver Gemeinschaft und lohnender, wenn auch anstrengender Arbeit. In diese Zeit fiel auch unser Besuch bei einem über siebzigjährigen Mann, der die meisten Jahre seines Lebens in Napa Valley, einem Weinbaugebiet im Süden Kaliforniens verbracht hatte.

Napa Valley ist berühmt für seine Obstgärten und Weinberge, und unser Bekannter hatte mehr als 40 Jahre seines Lebens in dieser Gegend zugebracht. Er hatte sogar Landwirtschaft an der Universität studiert und sich dort auf die Fächer Obst- und Weinbau spezialisiert. Während unseres Besuchs lernte ich mehr über Obstbäume und Weinstöcke, als ich je in meinem bisherigen Leben erfahren hatte. Der Mann war ein wandelndes Lexikon auf dem Gebiet der Winzerei, und seine Begeisterung steckte uns an. Wir stellten ihm eine Reihe von Fragen, und er erklärte uns geduldig, worauf es ankommt, wenn man ein erfolgreicher Winzer sein will.

Es war das Gespräch mit diesem Obst- und Weinbauexperten, das mich letztlich dazu motivierte, ein ausführliches Wortstudium zum Thema „Frucht bringen" durchzuführen. Worauf muss man achten, wenn man erfolgreich eine Rebe anbauen möchte? Ich wusste bereits, dass die Bibel uns alle – nicht nur Pastoren und Leiter – dazu anleitet und auffordert, bestimmte Arten von Früchten hervorzubringen. Ich erinnerte mich zum Beispiel daran, dass folgende Stellen etwas zum Fruchtbringen aussagen:

1. Die Bergpredigt in Matthäus 7,17-20

2. Das Gleichnis vom vierfachen Acker in Matthäus 13,18-23
3. Jesu Rede an seine Jünger vom Weinstock und den Reben in Johannes 15,8.16
4. Die Worte des Apostels Paulus in Römer 7,4
5. Das Gebet des Paulus für die Philipper (Philipper 1,11)
6. Seine an die Kolosser gerichteten Worte in Kolosser 1,6

Ich wusste auch, dass diese Stellen nur die Spitze eines Eisberges waren, und dass es in der Bibel noch viele andere Stellen gibt, die etwas zum Thema „Frucht" enthalten.

Mein Bibelstudium zeigte mir, dass Gott nicht nur von jedem Christen erwartet, dass er Frucht bringt, sondern dass es eine Reihe verschiedener Früchte gibt:

1. Die Frucht eines geistlichen Charakters (Gal. 5,22-23)
2. Die Frucht der Gerechtigkeit (Phil. 1,11)
3. Die Frucht der Heiligung (Röm. 6,22)
4. Die Frucht der Güte (Eph. 5,9)
5. Die Frucht der Buße (Luk. 3,8)
6. Die Frucht, Menschen zu Christus zu führen und sie im Glauben aufzuerbauen (Röm. 1,13; 15,28)
7. Die Frucht eines Lebens, das Gott Lob und Ehre bringt (Heb. 13,15, Phil. 1,11)

Mit anderen Worten: Die Bibel zeigt uns, dass Gott nicht nur möchte, dass wir Frucht tragen, sondern auch, dass diese Frucht unterschiedliche Ausprägungen zeigt. „Fruchtbar sein" heißt beispielsweise auch, dass wir unser Leben auf eine Art und Weise führen, die Gott ehrt und Ihm Freude bereitet (Phil. 1,11). Es gibt Zeiten, so sagt es der Hebräerbrief, in denen Gott die Frucht unserer Lippen erwartet: Er möchte, dass wir Ihm Ehre geben und Ihn preisen. „Durch ihn lasst uns nun Gott beständig ein Opfer des Lobes darbringen, das ist die Frucht der Lippen, die seinen Namen bekennen." (Heb. 13,15)

An anderen Stellen spricht die Bibel davon, dass Gott möchte, dass unser Leben eine geistliche Wirkung auf andere Menschen hat, dass wir unseren Mitmenschen dienen, sie geistlich voran bringen, Menschen zu Christus führen, ihnen dabei helfen, im Glauben zu wachsen und Christus ähnlicher zu werden. Gott möchte, dass wir uns von Ihm als Seine Werkzeuge gebrauchen lassen, zum Besten unserer Gemeinde und der Welt. Paulus hat diese Art von Frucht im Sinn, wenn er in Römer 1,13 sagt: „Ich will euch aber nicht verschweigen, Brüder, dass ich mir schon oftmals vorgenommen habe, zu euch zu kommen – ich wurde aber bis jetzt verhindert – um auch unter euch etwas Frucht zu wirken, gleichwie unter den übrigen Heiden.“ (Vgl. auch Röm. 15,25-28; Kol. 1,3-6.)

Es sind schwerpunktmäßig diese Bibelstellen zum Thema Frucht, die mich dazu motiviert haben, das vorliegende Buch zu schreiben. Es geht mir darin um die Frage, wie unsere christliche Liebe gemäß 1. Korinther 13 den größtmöglichen Einfluss auf Andere haben kann. Ich werde dazu verschiedene praktische Vorschläge machen, die uns dabei helfen sollen, auf verschiedenste Weise gute Frucht zu bringen. Und mir ist es sehr wichtig zu betonen, dass alles darauf ankommt, was Gott selbst zu diesem Thema zu sagen hat. Sein Wort ist die Grundlage dafür, dass unser Leben eine Wirkung auf unsere Mitmenschen haben kann, sei es in der Familie, der Gemeinde oder der Welt.

So liegt der Hauptschwerpunkt des Buches auf der Frage, wie die Liebe gemäß 1. Korinther 13 die größtmögliche Auswirkung auf unsere Mitmenschen haben kann. Ich bin aber auch davon überzeugt, dass die verschiedenen Früchte, die wir Christus durch unser Leben darbringen, sich nicht voneinander trennen lassen. Das heißt, ich bin davon überzeugt, dass wir erst dann Frucht bringen und einen guten Einfluss auf andere Menschen haben können, wenn wir selbst Fortschritte in der Heiligung gemacht haben. Frucht im Leben Anderer zu bringen, ist ein Ding der Unmöglichkeit, solange wir nicht Fortschritte in der persönlichen Heiligung gemacht und es dem Geist erlaubt haben, seine Frucht in ihrer unterschiedlichen Auswirkung in unser Leben zu bringen.

Ich glaube nicht, dass wir eine bestimmte geistliche Frucht vorweisen und auf die anderen verzichten könnten. Sie sind alle miteinander verbunden und verwoben, und zwar so intensiv, dass man gelegentlich nicht weiß, wo die eine aufhört und die andere anfängt.

Und obwohl das so ist, liegt mir daran, den Schwerpunkt dieses Buches auf die Frage zu legen, wie wir ein geistlich fruchtbares

Leben so leben können, dass andere Menschen davon beeinflusst werden. Auch wenn alle Aspekte des Fruchttragens wichtig sind, ist dies gewissermaßen die Königsfrucht. Denn sie ermöglicht uns die Erfüllung des größten Gebotes, das uns der Herr gelehrt hat: Unsere Brüder und Schwestern zu lieben.

Kapitel 1
Der „weit vortrefflichere" Weg, etwas für Christus zu erreichen – Teil 1

Vor ein paar Jahren traf ich mich mit einem Bekannten, der etwas säuerlich auf die Frage reagierte, ob er bereits zum Kreis der „Senioren" gehörte. Ich selbst habe mich über diese Frage gefreut, denn sie ermöglichte uns einen Preisnachlass. Inzwischen bin ich 74 Jahre alt, und mich fragt niemand mehr an der Kasse, ob ich wirklich Rentner bin. Ich bin seit 58 Jahren Christ und stehe seit 52 Jahre im so genannten „vollzeitlichen Dienst." Mir werden andere Fragen gestellt – zum Beispiel diese:

„Wie erreicht man es in seinem Leben als Christ, eine möglichst große Wirkung auf seine Mitmenschen zu haben? Welcher Hauptfaktor ist dafür verantwortlich, dass das Leben eines Christen Frucht trägt, dass Menschen zu Christus geführt und im Glauben auferbaut werden? Wie schaffe ich es, dass mein Leben für die Ewigkeit zählt, und ich nicht am Ende mit welken Blättern statt reifen Früchten am Baum meines Lebens dastehe?"

Als ich über diese Fragen im Gebet nachdachte und mich fragte, wie eine biblische Antwort darauf aussehen könnte, wurde mir klar, dass diese in einer sehr bekannten Bibelstelle zu finden ist. Natürlich spielen auch andere Stellen eine Rolle – ich werde in diesem Buch darauf eingehen –, aber mein Hauptaugenmerk soll auf einem einzigen Bibelabschnitt liegen. Er fasst die Antwort auf diese wichtige Frage auf geradezu einzigartige Weise zusammen.

Die Stelle, die ich meine, ist 1. Korinther 12,31-13,8. Paulus geht in diesen bekannten Versen, inspiriert vom Heiligen Geist, auf eine Reihe verschiedener Fragen ein. Zunächst zeigt er, worauf es wirklich ankommt, was das Wichtigste ist. Dann widerlegt er eine Reihe falscher Auffassungen zum Thema „geistliche Frucht" und „missionarischer Dienst“. Und schließlich zeigt er anschaulich, wie eine „maximale Frucht“ des Geistes in unseren alltäglichen Beziehungen erreicht werden kann.

Möglicherweise werden Sie nun, nachdem Ihnen klar geworden ist, dass es in diesem Buch um eine Auslegung und Anwendung von 1. Korinther 13 geht, versucht sein, sofort mit dem Lesen aufzuhören und das Buch zur Seite zu legen. Schließlich handelt es sich bei dieser Stelle um einen der bekanntesten Bibelabschnitte überhaupt. Sollten Sie so denken, kann ich das nachvollziehen. Ich würde an Ihrer Stelle genauso reagieren.

Eigentlich wollte auch ich über diese Stelle nicht mehr predigen, geschweige denn ein Buch schreiben. Ich war mir sicher, die inhaltlichen Tiefen dieses Kapitels zur Gänze ausgelotet zu haben. Ich hatte 1. Korinther 13 auswendig gelernt und immer wieder betend über diesen Text nachgedacht. Ich hatte ihn studiert. Ich hatte gelesen, was Jonathan Edwards in seiner Auslegung über dieses wunderbare Kapitel geschrieben hat. Ich hatte wiederholt über diesen Abschnitt gepredigt, nicht nur in Gottesdiensten, sondern auch auf Freizeiten und Konferenzen. Was sollte es also noch geben, das ich in diesem Kapitel noch nicht entdeckt hätte?

Natürlich wollte ich auch deshalb nicht mehr über 1. Korinther 13 predigen oder schreiben, weil ich mir sicher war, dass auch andere Christen davon überzeugt waren, dass es in diesem Kapitel nichts gab, was sie nicht schon wussten. Doch trotz all dieser Einwände ging mir die Stelle nicht aus dem Kopf. Ich dachte immer wieder darüber nach. Ich betete um Gottes Führung hinsichtlich der Frage, wie meine nächsten Predigten aussehen sollten und was mein nächstes Buch enthalten sollte. Ich wusste, dass ich in diesem Bereich auch persönlich gefordert war. Und ich wusste auf Grund meiner Erfahrung als Pastor und Seelsorger, dass ein Mangel an wirklicher Liebe in den meisten Gemeinden auf tragische Weise zu spüren war. Ich machte mir keine Illusionen darüber, dass dieser Mangel an Liebe dafür verantwortlich war, dass Familien und Gemeinden zu Grunde gegangen waren. Auch bereitete mir die zunehmende Fruchtlosigkeit vieler Christen Sorge, wusste ich doch, dass wir als Christen dazu aufgerufen sind, Frucht für Gott zu bringen. Je mehr ich 1. Korinther 13 studierte, umso klarer wurde mir, dass unser Mangel an Frucht sehr häufig mit unserem Mangel an Liebe zusammenhängt. Ich kam zu dem Ergebnis, dass der Schlüssel zu reicher geistlicher Frucht – einer Frucht, die Gott verherrlicht (Joh. 15,8) – in einem rechten Verständnis von 1. Korinther 13 zu finden ist, sowie in einer Anwendung der dort erläuterten Wahrheiten.

Als ich über diese Dinge nachdachte und betete, verschwand mein anfänglicher Widerstand, und ich kam zu dem Ergebnis, dass es viele gute, biblische Gründe dafür gibt, diese wichtige Schriftstelle erneut auszulegen und über sie zu schreiben. Auf den restlichen Seiten des ersten und zweiten Kapitels (wie auch in späteren Kapiteln) wird es mir schwerpunktmäßig darum gehen zu zeigen, warum dieser Text und das, was er über die wahre Liebe lehrt, so wichtig ist. Wenn Sie nun immer noch nicht hundertprozentig davon überzeugt sind, dass das „Hohelied der Liebe" von außerordentlicher Bedeutung ist, lesen Sie bitte trotzdem weiter. Wenn Sie sich eine Sensibilität für biblische Wahrheiten bewahrt haben, werden Sie bald sehen, woher meine Begeisterung für diese Stelle kommt, und was ihre Auslegung für ein fruchtbares Christenleben bedeutet.

Es war mir im Laufe der letzten Jahre vergönnt, noch eine Reihe anderer Bücher zu schreiben. Doch für keines habe ich mich mehr begeistert als für dieses. Ich sage dies aus folgendem Grund: Die erneute Beschäftigung mit 1. Korinther 13 hat mein Denken innerhalb der letzten zwei Jahre auf eine Weise verändert, wie ich es noch nie zuvor erlebt habe. Ich hoffe und bete, dass Gott das, was er in meinem Leben durch das Studium dieses Kapitels getan hat, auch im Leben anderer Menschen tun wird.

Sollten Sie sich darum bei dem Gedanken ertappt haben, dass ein weiteres Studium von 1. Korinther 13 reine Zeitverschwendung ist, bitte ich Sie, dennoch „dranzubleiben". Sie könnten sich geirrt haben. Ich lade Sie stattdessen dazu ein, diesem Buch mit einer positiven Erwartungshaltung zu begegnen, mit der Erwartung, dass auch Sie herausgefordert, erleuchtet, überführt und verändert werden, kurz: Dass Sie zu einem (noch) liebevolleren Menschen werden.

Ich schlage vor, dass Sie die Lektüre eines jeden Kapitels mit Gebet beginnen. Bitten Sie Gott, Ihnen ein gehorsames Herz zu geben, ein Herz, das bereit ist, erleuchtet, unterwiesen, überführt und verändert zu werden. Studieren Sie dann sorgfältig jedes einzelne Kapitel. Bemühen Sie sich, ganz frisch und neu zu verstehen, was Sie persönlich aus 1. Korinther 13 über ein fruchtbares, Gott ehrendes und Ihre Mitmenschen veränderndes Leben lernen können. Schließen Sie Ihre Lektüre ab, indem Sie über das Gelesene betend nachdenken und die „Fragen zum Inhalt, zum Nachdenken und zur Anwendung“ beantworten.

Doch nun wollen wir, bevor wir in die Auslegung der einzelnen Verse einsteigen, das „Hohelied der Liebe“ aus 1. Korinther 13 selbst zu Wort kommen lassen (1.Kor 12,31-13,8a):

> Und ich will euch einen noch weit vortrefflicheren Weg zeigen: Wenn ich in Sprachen der Menschen und der Engel redete, aber keine Liebe hätte, so wäre ich ein tönendes Erz oder eine klingende Schelle. Und wenn ich Weissagung hätte und alle Geheimnisse wüsste und alle Erkenntnis, und wenn ich allen Glauben besäße, so dass ich Berge versetzte, aber keine Liebe hätte, so wäre ich nichts. Und wenn ich alle meine Habe austeilte und meinen Leib hingäbe, damit ich verbrannt würde, aber keine Liebe hätte, so nützte es mir nichts.
> Die Liebe ist langmütig und gütig, die Liebe beneidet nicht, die Liebe prahlt nicht, sie bläht sich nicht auf; sie ist nicht unanständig, sie sucht nicht das Ihre. Sie lässt sich nicht erbittern, sie rechnet das Böse nicht zu; sie freut sich nicht an der Ungerechtigkeit, sie freut sich aber an der Wahrheit; sie erträgt alles, sie glaubt alles, sie hofft alles, sie erduldet alles. Die Liebe hört niemals auf.

Zum biblisch-theologischen Hintergrund der Stelle

Bevor wir nun über diese Stelle nachdenken, möchte ich zunächst etwas zu ihrem äußeren Kontext sagen. Paulus schrieb diese Zeilen an die Gemeinde in Korinth in Griechenland, während er selbst auf Missionsreise in Ephesus war, das in der heutigen Türkei liegt.

Er stellt den Christen in dieser Gemeinde das Zeugnis aus, dass sie „Geheiligte in Christus“ sind (1,2). Er dankt Gott für die Gnade, die ihnen in Christus Jesus zuteil wurde (1,4) und bringt zum Ausdruck, dass die Korinther „keinen Mangel an Gnadengaben" hatten (1,5-7). In den ersten zwölf Kapiteln des Korintherbriefes behandelt der Apostel eine Reihe wichtiger Themen, die im persönlichen Leben und in der Gemeinde der Korinther eine Rolle spielten. Er schreibt, ihm sei zu Ohren gekommen, dass einige Gemeindemitglieder ein stolzes, ja, arrogantes Wesen an den Tag legten. Andere hatten sich moralischer Vergehen schuldig gemacht, und die Gemeinde wusste nicht, wie sie damit umgehen sollte. Darüber hinaus nimmt er zu einer Reihe anderer Fragen Stellung: Gerichtsverhandlungen unter Christen, Ehe und Scheidung, die Problematik des Götzenopferfleisches und die Frage, wie weit christliche Freiheit geht. Paulus erklärt der Gemeinde in Korinth, und damit auch uns, warum wir uns gelegentlich so schlecht fühlen und so verhalten wie wir es tun. Probleme zwischen Mann und Frau werden genauso behandelt wie solche, die sich aus dem Miteinander von Christen in einer Gemeinde ergeben – bis hin zu Fragen hinsichtlich des Abendmahls.

In den Kapiteln 12 bis 14 behandelt der Apostel die schwierige Frage nach dem rechten Verständnis der Geistesgaben. Es geht ihm darum, Fehler aufzuzeigen, die Christen unterlaufen, wenn sie versuchen, ein Leben im Geist zu führen und Frucht für Gott zu bringen. Offensichtlich war den Christen in Korinth nicht klar, wie sie für den Herrn Frucht bringen konnten. Dies hing mit falschen Vorstellungen über die besonderen Geistesgaben und deren Bedeutung für Gemeindewachstum und geistliche Reife zusammen.

Kapitel 12 zeigt, wie diese falschen Vorstellungen über den Heiligen Geist aussahen. Unter anderem waren die Korinther wohl der Ansicht, dass diejenigen, die besonders außergewöhnliche Geistesgaben besaßen, denen überlegen waren, die über weniger außergewöhnliche Gaben verfügten. Einige dachten, dass die außergewöhnlichen Gaben wichtiger seien als die „gewöhnlichen" Gaben der Verkündigung und Lehre.

In den Kapiteln 12 bis 14 stellt der Apostel klar, dass ein falscher Gebrauch der Geistesgaben die Gemeinde spaltet und das Werk Christi hindert. Diejenigen, die dachten, sie besäßen besondere

Gaben, waren stolz geworden und ließen es an Unterordnung fehlen. Eine Reihe von Versen im 1. Korintherbrief stellt klar, dass der Besitz besonders spektakulärer Geistesgaben nicht unbedingt etwas mit geistlicher Reife zu tun hat (vgl. 1. Kor.1,10-11; 3,1-3.16-21; 4,1-5.17-19 sowie 1.Kor 5-6).

Die Christen in Korinth hatten den Sinn der außergewöhnlichen Geistesgaben nicht verstanden. Ihnen war nicht klar, dass diese Gaben ihren besonderen Zweck nur solange erfüllten, bis der Kanon der Schrift vollständig vorlag. Danach würden sie nicht mehr benötigt. Gemäß Hebräer 2,3-4 sollten die Geistesgaben die Botschaft der Apostel, die Jesus noch selbst gehört hatten, bekräftigen. Sie waren auf das apostolische Zeitalter begrenzt. Solange die Apostel lebten, waren sie in Kraft, doch eben nur bis zum Zeitpunkt der Vollendung des Kanons.

Lesen wir, was Jonathan Edwards in seinem hervorragenden Kommentar „Charity and its Fruits“ zu den Geistesgaben ausführt:

> *Gewöhnliche Gaben, außergewöhnliche Gaben*: Die außergewöhnlichen Geistesgaben wie Zungenreden, Wunder, Prophetie etc. werden so genannt, weil sie ihrer Natur nach nicht zur gewöhnlichen göttlichen Fügung gehören. Sie werden gemäß der göttlichen Fügung nicht im Rahmen des gewöhnlichen Umgangs Gottes mit seinen Kindern verliehen, sondern nur zu außergewöhnlichen Gegebenheiten, so wie sie den Aposteln und Propheten gegeben wurden, damit sie die Absichten Gottes kundtun konnten, bevor der Kanon der Schrift vollständig vorlag, und so, wie sie der ersten Gemeinde verliehen wurden, um ihr darin beizustehen, ihren Ort und ihr Fundament in der Welt zu finden. Doch seit der Vervollständigung des Kanons und der Gründung und Errichtung der Gemeinde haben diese außergewöhnlichen Gaben aufgehört zu existieren. Die gewöhnlichen Geistesgaben jedoch existieren in der Gemeinde Gottes für alle Zeiten: Diese Gaben erweisen sich wirksam in Sündenerkenntnis und Bekehrung. Andere dienen der Erbauung und dem Trost der Heiligen.

Darüber hinaus herrschte bei den Korinthern Verwirrung hinsichtlich der Bedeutung der Geistesgaben für den einzelnen Christen. Welchen Stellenwert besaßen sie für den Einzelnen? Wenn jemand die Gabe der Zungenrede besaß oder Wunder wirken konnte, hieß das dann, dass dieser Mensch besonders heilig oder geistlich war? Natürlich nicht!

Was den Korinther fehlte, war die Einsicht, dass Gott seinem Volk die Geistesgaben, seien es gewöhnliche oder außergewöhnliche, nie mit dem Ziel verleiht, einen Menschen besonders hervorzuheben, so dass er andere damit beeindrucken könnte. Das Ziel der Geistesgaben, so wie es der Epheserbrief betont (Eph. 4,11-16), besteht in der Auferbauung der Gläubigen in Liebe. Dies bedeutet zweierlei: Zum einen, dass das *Mittel*, durch das der Leib auferbaut wird, die Liebe ist, dann aber auch, dass das *Ziel* dieses Prozesses die Liebe ist. Kurz gefasst, fehlte den Korinthern demnach das rechte Verständnis dafür,

- was wirklich wichtig ist für Gott,
- was der Sache Christi dienlich ist,
- wie man Auseinandersetzungen und Kämpfe untereinander schlichtet,
- warum sie nicht gegeneinander vor Gericht ziehen sollten,
- wie das rechte Miteinander in der Gemeinde aussieht,
- wie die Gemeinde das tun kann, wozu sie berufen ist.

Vor diesem Hintergrund wird Paulus vom Geist Gottes geleitet, 1. Korinther 13 niederzuschreiben, und vor diesem Hintergrund sagt Paulus das, was er in 12,31 sagt, um dann im 13. Kapitel aufzuzeigen, wie der „noch weit vortrefflichere Weg" aussieht.

Der „vortrefflichste Weg", etwas für Christus zu erreichen

Nachdem wir nun den Zusammenhang betrachtet haben, in dem 1. Korinther 13 steht, wollen wir uns anschauen, was Paulus hinsichtlich des „noch vortrefflicheren Weges", etwas für Christus zu erreichen, zu sagen hat. Er tut dies in den Versen 1-3.

Im ersten Vers geht es Paulus darum, den Korinthern (und uns) zu zeigen, dass ein Leben, das von Liebe durchdrungen und von Liebe motiviert ist, sehr viel mehr für Christus erreicht als das Leben eines Menschen, der die spektakuläre Gabe des Zungenredens besitzt.

Es ist sehr interessant, wie Paulus sein Argument aufbaut. Er tut es, indem er einmal theoretisch annimmt, er selbst wäre jemand, der außergewöhnliche Gaben besäße und Wunder vollbringen könnte. Er sagt in diesem Abschnitt, dass, selbst wenn dies alles zuträfe, aber er nicht von Liebe motiviert und durchdrungen wäre, alles nutzlos wäre. Es geht nicht darum, dass diese Dinge etwas Schlechtes oder dass sie nutzlos wären. Es geht darum, dass sie dann nutzlos sind, wenn sie nicht von Liebe getragen und motiviert sind.

Paulus beginnt seine Argumentation mit der Frage des Redens in Zungen der Menschen und der Engel. Das Wort, das er benutzt, findet sich in Apg. 2,4. Es bezeichnet das Reden in einer anderen Sprache, ohne dass man diese Sprache jemals gelernt hätte. Es hat nichts zu tun mit irgendeinem sinnlosen Gebrabbel oder einer magischen, geistlichen Sprache, in der wir zu unserem Herrn reden müssten.

Um zu verstehen, worum es bei dieser Gabe geht, müssen wir auf die Apostelgeschichte zurückgreifen (Apg. 2,6-11): „Als nun dieses Getöse entstand, kam die Menge zusammen und wurde bestürzt; denn jeder hörte sie in seiner eigenen Sprache reden. Sie entsetzten sich aber alle, verwunderten sich und sprachen zueinander: Siehe, sind diese, die da reden, nicht alle Galiläer? Wieso hören wir sie dann jeder in unserer eigenen Sprache, in der wir geboren wurden? Parther und Meder und Elamiter und wir Bewohner von Mesopotamien, Judäa und Kappadocien, Pontus und Asia; Phrygien und Pamphylien, Ägypten und von der Gegend Libyiens bei Kyrene, und die hier weilenden Römer, Juden und Proselyten, Kreter und Araber – wir hören sie in unseren Sprachen (oder: Zungen) die großen Taten Gottes verkündigen."

Dieses Verständnis von Zungenreden befindet sich mit Sicherheit in Übereinstimmung mit dem, was 1. Korinther 14,6-12.19 lehrt.

Paulus erwähnt nicht nur „Zungen der Menschen", sondern auch „Zungen der Engel". Wir wissen nicht, in welcher Sprache die Engel reden. In der Bibel sprechen und verstehen sie die Sprache der jeweiligen Menschen, denen sie dienen. Wir können deshalb folgern, dass der Ausdruck „in den Sprachen der Menschen und der Engel" so zu verstehen ist, als wären wir mit der unglaublichen Fähigkeit der Engel ausgestattet, jede Sprache der Welt zu sprechen und zu verstehen.

Paulus nimmt hier einmal an, er selbst besäße die wunderbare Gabe, an jeden Ort der Welt zu reisen und in der Sprache der dort lebenden Menschen zu sprechen. Er sagt, selbst dann, wenn er die unglaubliche Gabe von Gott verliehen bekommen hätte, alle Sprachen der Welt zu sprechen, wenn er in jeder Sprache der Welt reden, predigen und ermahnen könnte: Diese Fähigkeit wäre nutzlos; er würde nichts erreichen in der Gemeinde Gottes, wenn er nicht mit Liebe erfüllt, durchdrungen und durch Liebe motiviert wäre.

Paulus sagt, dass selbst der größte Linguist der Welt, der die Wahrheit klar und deutlich auf den Punkt bringen könnte, nutzlos, ja, schädlich für die Gemeinde wäre, wenn er dies aus irgendeinem anderen Grund täte als aus Liebe für Gott und die Mitmenschen. Ob es also der Apostel Paulus ist, ob Sie es sind, ob ich es bin: Wenn wir so handeln, sind wir nichts weiter als ein „tönendes Erz" oder eine „klingende Schelle", denn wir hätten keine Liebe.

Sicher sind auch Sie schon Menschen begegnet, die Sie nicht für vertrauenswürdig hielten. Wie reagieren Sie, wenn solche Menschen reden, und mögen sie es noch so laut und begeistert tun? Sie könnten genauso gut „Bla bla bla" sagen. Es ist nichts als heiße Luft.

Ich las einmal von einem Pfarrer, der bei der Auslegung dieses Verses einen gußeisernen Topf und einen Hammer mit auf die Kanzel brachte. Dann begann er mit dem Hammer auf den Topf zu schlagen. Anfangs fanden die Leute das ganz lustig, aber als er immer weiter fortfuhr mit dem Lärm, erstarb das Lächeln auf ihren Gesichtern. Und als er dann immer noch nicht damit aufhörte, ging ein Raunen durch die Reihen, und die Anwesenden wurden unruhig. Ganz zum Schluss fragte der Pastor: „Na, macht Ihnen das Geräusch Spaß? Finden Sie diesen Krach gut? Hilft er Ihnen irgendwie weiter? Soll ich noch ein bisschen weiter hämmern?" Allen war klar geworden, dass Krach ohne Inhalt bedeutungslos ist.[1]

Was können wir daraus lernen? Sie und ich mögen in der Lage

1 Alexander Strauch, *Leading with Love*. Littleton, Colorado: Lewis and Roth, 2006, S.10.

sein, die Sprache der Menschen, mit denen wir es zu tun haben, zu sprechen. Wir mögen Dinge sagen, die sie verstehen. Wir mögen zu Kindern auf die eine Weise, zu unseren Freunden auf die andere Weise reden. Wir mögen zu unseren Mitmenschen sprechen und zu den anderen Gemeindegliedern, mögen Dinge sagen, die wahr sind und die ihnen weiter helfen. Doch wenn unsere Worte nicht von Liebe durchdrungen sind, mit Liebe gefüllt und aus Liebe gesprochen werden, ja, wenn sie nicht geradezu „triefen vor Liebe", dann werden auch die besten Worte nichts nützen, und viele Menschen werden sich abwenden oder sogar ärgerlich werden.

Oh, wie überaus wichtig ist doch die Liebe für die Sache Christi! So wichtig, dass selbst dann, wenn unsere Botschaft wahr und aktuell wäre, sie nichts ausrichten würde, wenn wir nicht diese Art von Liebe im Herzen trügen!

Fragen zum Inhalt, zum Nachdenken, zur Anwendung des Gesagten und zur Diskussion

1. Wie sieht der biblisch-theologische Hintergrund zu 1. Korinther 13,1-7 aus?
2. Was sagt dieser Kontext über die Christen in Korinth, an die Paulus schreibt?
3. Welche falschen Vorstellungen hatten einige der Korinther hinsichtlich der außergewöhnlichen Geistesgaben?
4. Fassen Sie kurz zusammen, was Jonathan Edwards zu den gewöhnlichen und außergewöhnlichen Geistesgaben sagt.
5. Erklären Sie, was „Zungen der Menschen" und „Zungen der Engel" in Vers 1 bedeutet. Können Sie Ihre Meinung biblisch belegen?
6. Stimmen Sie der Auffassung zu, dass ein Leben, welches mit der in 1. Korinther 13 beschriebenen Liebe erfüllt ist, ein „noch weit vortrefflicherer" Weg ist, etwas für Christus zu erreichen? Inwiefern stimmen Sie dem zu bzw. nicht zu?
7. Was bedeutet es im Sinne dieses Kapitels, in den Sprachen der Menschen zu reden (d.h. nicht in den tatsächlichen Sprachen, wie Deutsch oder Französisch, sondern in dem Sinne, dass jemand besonders begabt ist, eine bestimmte Sorte von Men-

schen zu erreichen, etwa Kinder, Jugendliche, Nachbarn, Kolleginnen und Kollegen, verschiedene Persönlichkeitstypen, Männer, Frauen, gebildete oder ungebildete Schichten, Sportenthusiasten, Künstler, Musikfans, Menschen aus unterschiedlichen kulturellen oder ethnischen Hintergründen etc.)? Welche sprachlichen oder sonstigen Fähigkeiten besitzen Sie, Gottes Wort ohne Abstriche einer solchen Gruppe von Menschen auf eine Weise weiterzugeben, dass Ihre Worte von Liebe durchdrungen sind und zum Segen werden? Welche Auswirkungen müsste ein solches Verständnis von Liebe auf unsere christliche Arbeit haben?

8. Wie können Sie die Wahrheit von Vers 1 auf Ihr eigenes Leben und Ihren Dienst in der Gemeinde anwenden? Inwiefern sollten Sie sich ändern (und *werden* Sie sich ändern, mit Gottes Hilfe), was Ihre Beziehungen zu Ihren Mitmenschen in Ihrer Familie, Gemeinde und außerhalb der Gemeinde angeht?
9. Und nun noch ein ganz wichtiger Hinweis, den Sie nach jedem Kapitel dieses Buches bedenken sollten:

Bitte beachten Sie bei Ihrem Nachdenken über das in den einzelnen Kapiteln des Buches erläuterte „Prinzip der Liebe“, dass es bei der Auslegung und Anwendung...

a. nicht darum geht, uns zu entmutigen oder „herunterzumachen“,

b. sondern darum, uns zu motivieren und daran zu erinnern, dass wir nichts nötiger brauchen als eine Besinnung auf Jesus und auf das, was wir Seinem Tod am Kreuz zu verdanken haben. Gott sei Dank, dass wir Ihn haben.

c. Ebenso geht es darum, uns daran zu erinnern, dass wir täglich Seine Gnade benötigen, dass unsere Errettung nicht auf Werken beruht und niemals beruhen kann, sondern immer nur darauf, was Christus für uns getan hat und weiterhin tut. Mir ist daran gelegen, dass uns das Studium von 1. Korinther 13 in ein Kreuz-zentriertes Leben führt. Was das Kreuz für uns bedeutet, müssen wir jeden Tag neu in unserem Leben anwenden. Denken Sie bitte daran, dass es keinen einzigen Tag im Leben gibt, an dem wir ohne das Kreuz auskämen. An keinem Tag unseres Lebens können wir so sehr sündigen, dass das, was Christus am Kreuz vollbracht hat, nicht als Sühne ausreichen würde (Röm. 3,23; 5,20; Eph. 1,7; 1.Joh 1,7; 2,1-2).

d. Möge dieses Studium dazu führen, dass wir erkennen, dass wir unser bislang liebloses Leben, das Gott missfällt, jeden Tag neu ablegen müssen, um uns das anzueignen, was in 1. Korinther 13 so wunderbar beschrieben wird, so dass wir unserem Herrn und Heiland ähnlicher werden und ihm ein Leben voller Frucht darbringen, damit unsere Mitmenschen erkennen, dass Gottes Gnade in uns wirkt und uns verändert (Eph. 4,22-24; 1.Tim. 4,8).

Kapitel 2
Der „weit vortrefflichere" Weg, Menschen für Christus zu erreichen – Teil 2

Welche Bibelstelle wurde bei Ihrer Hochzeit vorgelesen – oder bei einer Hochzeit, bei der Sie anwesend waren? 1. Korinther 13 gehört zu den bekanntesten Texten der Bibel. Es ist ein Abschnitt, der bei Hochzeiten und feierlichen Anlässen öfter als jeder andere Bibelabschnitt zitiert wird, von Christen ebenso wie von Nichtchristen. Ich kann mich an keine Hochzeit erinnern, bei der ich eingeladen war oder eine offizielle Rolle spielte, wo dieser herrliche Bibeltext nicht zur Zeremonie gehörte. Ich frage mich allerdings, wie vielen Menschen bewusst ist, vor welchem Hintergrund und zu welchem Zweck Paulus diese Worte aufschrieb.

Wie wir im ersten Kapitel festgestellt haben, gehört 1. Korinther 13 in einen größeren Zusammenhang: Paulus erläutert die Rolle der Geistesgaben im Leben des Einzelnen und der christlichen Gemeinde. Er korrigiert in 1. Korinther 12-14 einige falsche Vorstellungen über Geistesgaben. Sie waren nicht nur unter den Korinthern verbreitet, sondern sind es auch unter vielen unserer Zeitgenossen. Das Thema ist heute ebenso wichtig, wie es zur Zeit des Paulus war, denn auch heute noch sind viele Menschen auf diesem Gebiet verunsichert. Weil dies so ist und weil wir diese Dinge verstehen müssen, um den ganzen Sinn des Textes erfassen zu können, möchte ich die wichtigsten Punkte des letzten Kapitels nun noch einmal zusammenfassen.

Paulus wendet sich gegen die unter vielen Korinthern verbreitete Auffassung, dass vor allem einige der in 1. Korinther 12 erwähnten besonderen Gaben dazu beitragen, Menschen für Christus zu erreichen. Er spricht sich gegen den Irrglauben aus, dass jeder Christ einige oder alle dieser außergewöhnlichen Gaben besitzen muss.

Die Korinther selbst waren offenbar der Ansicht, dass mit einem Christen, der diese Gaben nicht hatte, etwas nicht stimmen konnte.

Paulus korrigiert die Vorstellung, dass der Besitz dieser Geistesgaben einen Menschen wichtiger, heiliger oder einflussreicher in der Gemeinde macht, verglichen mit denen, die dieselben Gaben nicht oder in einem geringeren Maße besitzen. Auch wendet er sich gegen die irrige Auffassung, dass jeder in der Gemeinde so effektiv sein muss wie der andere und dass unterschiedslos dieselben Ergebnisse erreicht werden müssen (1.Kor. 13,4-11.13). Vielmehr kann ein Christ auch dann Frucht bringen für den Herrn, wenn er überhaupt keine der besonderen Gaben aufweisen kann. Paulus erklärt dann weiter, dass diejenigen, die solche Gaben besitzen, nicht in irgendeiner Weise „supergeistlich“ oder wichtiger sind für den Leib Christi als andere Gemeindeglieder.

Warum die ganze Aufregung?

Warum verwende ich so viel Zeit und Raum darauf, mich gegen diese falschen Vorstellungen zu wenden? Vielleicht sollten wir diese Frage lieber an Paulus richten. Warum verwendete der Apostel Paulus so viel Energie darauf, ein solch falsches Denken zu korrigieren?

- Er wusste, dass es sich um fehlgeleitetes Denken handelte.
- Er wusste, dass es sich um schädliche Vorstellungen handelte, die zu Verwirrung, Streit, Stolz und Arroganz unter bekennenden Christen geführt hatten.
- Sie hatten dazu geführt, dass einige Christen die christliche Lehre in Frage stellten und entmutigt worden waren.
- Er wusste, dass der Sinn aller geistlichen Gaben, seien sie gewöhnlich oder außergewöhnlich, darin bestand, die Gläubigen aufzuerbauen, zu trösten und zu einem gottesfürchtigen Leben anzuleiten (Eph. 4,12.15-16). Dies hatten die Korinther nicht verstanden, und deshalb benötigten sie Korrektur. Der Apostel wusste, dass der Sinn der außergewöhnlichen Geistesgaben darin bestand, die Botschaft und den Dienst der Apostel zu bekräftigen, solange der biblische Kanon noch nicht vollständig vorlag. Die Gaben sollten der Gemeinde die neu offenbarten Wahrheiten über Christus und das christliche Leben zeigen,

die sich im Alten Testament nicht finden. (Bedenken Sie, dass zu jener Zeit erst etwa 20 Jahre vergangen waren, seit Christus gestorben und auferstanden war, dass zwar einige neutestamentliche Schriften schon vorlagen, diese aber bei weitem nicht für alle zugänglich waren. Wie Sie wissen, war der Buchdruck noch nicht erfunden. Alles, was die Christen des Neuen Testaments besaßen, war das Alte Testament und die mündliche Überlieferung (vgl. 2.Kor. 12,11-12; Heb. 2,3-4).

- Ein weiterer Grund, warum Paulus diese Korrekturen vornahm, lag darin, dass ihm bei der Niederschrift von 1. Korinther 12,31 bewusst war, dass es für die Christen und die Gemeinde einen „noch weit vortrefflicheren Weg" gab, für Christus Frucht zu bringen.

Beachten Sie bitte, dass Paulus in 1. Korinther 12,31 und 14,1-3 nicht sagt, dass das Streben nach den Geistesgaben falsch ist. Ihm ging es lediglich darum, dass sich die Korinther aus lauteren Motiven nach den Gaben sehnten. Ihr Besitz sollte sie nicht selbstherrlich werden lassen. Sie sollten nicht andere beeindrucken oder sich selbst hervorheben, sondern ihre Mitchristen ermuntern, erbauen, trösten (*paramytheomai*), ermahnen (*parakaleo*), ihnen hilfreich zur Seite stehen, sie bitten, motivieren und vom Guten überzeugen.

Paulus schreibt dann in 1. Korinther 12,31: „Und ich will euch einen noch weit vortrefflicheren Weg zeigen." Zuvor war es ihm um das Streben nach den besseren Gaben gegangen. Nun redet er über einen sehr viel vortrefflicheren Weg, die Gemeinde zu erbauen. Das griechische Wort für „vortrefflich" ist *hyperbole*, „über alle Maßen hinaus". Wörtlich bedeutet es: „überschwänglich". Es geht auf das Verb *hyperballo* zurück: „darüber hinaus werfen", „übertreffen".

Ein weit vortrefflicherer Weg

Wie sieht also der „weit vortrefflichere Weg" aus, die christliche Gemeinde zu bauen? Es ist der Weg der echten Liebe. Paulus zeigt in den Versen 1-3 unseres Textes, wie dies im Einzelnen aussieht, und inwiefern die Liebe über all den irrigen Vorstellungen steht, die die Korinther vertraten. Der wichtigste Faktor für das Wachstum der christlichen Gemeinde liegt nicht in irgendwelchen besonderen

Gaben. Es ist die Liebe. Liebe ist der Weg, um andere Menschen für Christus zu erreichen. Paulus möchte, dass die Korinther (und wir) zur Kenntnis nehmen, dass der Weg der Liebe besser, wirksamer und wichtiger ist als ein ganzer Gemeindesaal voller Menschen mit der übernatürlichen Gabe des Zungenredens. Dies bringt uns zu dem zweiten Punkt, der Paulus so wichtig ist: Wenn es um das Fruchtbringen geht, dann ist es sehr viel wichtiger, dass unser Leben von echter Liebe durchdrungen und motiviert ist, als dass wir prophetische Gaben hätten und „wüssten alle Geheimnisse und hätten alle Erkenntnisse“.

Paulus stellt sich in den einleitenden Versen als ein Mensch dar, der die übernatürliche Gabe des Zungenredens besitzt, der alle Geheimnisse versteht und im Besitz besonderer Erkenntnis ist. Auf ganz unterschiedliche Weise sagt der Apostel: „Nehmen wir einmal an, Gott hätte mir die Gabe der Prophetie gegeben.“ Dies war natürlich der Fall. Dann fährt er fort: „Seid euch darüber im Klaren, dass selbst dann, wenn ich von Gott als Prophet begabt worden wäre, und diese Gabe nutzen würde, mein Dienst aber nicht durchdrungen, gesättigt und im Übermaß mit Liebe erfüllt wäre, ich null und nichtig wäre. Ich wäre nicht nur „nichts wert“ – ich wäre ein absoluter Nichtsnutz, ein Niemand. Ich hätte keine Bedeutung und würde nichts für die Sache Christi erreichen. Paulus stellt klar, dass der Besitz dieser Gabe einen Menschen nicht wichtig oder wertvoll macht. Mit anderen Worten: Es ist sehr viel wichtiger, ein Leben zu leben, das von echter Liebe erfüllt und motiviert ist, als außergewöhnliche Geistesgaben zu besitzen. Diese Vorstellung war für die Korinther offensichtlich völlig neu.

In Epheser 2,19-21 steht: „So seid ihr nun nicht länger Fremdlinge und Gäste, sondern Mitbürger der Heiligen und Gottes Hausgenossen, auferbaut auf der Grundlage der Apostel und Propheten, während Jesus Christus selbst der Eckstein ist, in dem der ganze Bau, zusammengefügt, wächst zu einem heiligen Tempel im Herrn.“ (vgl. auch 1.Kor. 12,28; Eph. 4,11)

Gott hat in der Gemeinde zunächst Apostel eingesetzt, dann Propheten. Der Begriff „Prophet“ klingt zwar vertraut, doch was bedeutet er? Nach 1. Korinther 13,2 sind Propheten Männer, denen Gott ein besonderes Verständnis Seiner Wahrheit verleiht. Eine solche Einsicht wird durch direkte Offenbarung vermittelt. Propheten sind „Haushalter der Geheimnisse Gottes". Ein Prophet ist demnach ein von Gott begabter Mensch, der Dinge versteht, die den Verstand eines Durchschnittsmenschen übersteigen. Ein Prophet weiß Dinge, die andere nicht wissen.

Schauen wir uns unter dieser Voraussetzung einmal die Verse 1. Korinther 14,1.4-5.29-33.37-38 an, in denen Paulus den prophetischen Dienst erklärt. Dieser Dienst war in der frühen Kirche deshalb so wichtig, weil die ersten Gemeinden das Neue Testament noch nicht hatten. Gott offenbarte sich also durch die Apostel und Propheten.

Paulus sagt: „Nehmen wir einmal an, ich hätte die Gabe der Prophetie, würde alle Geheimnisse verstehen und besäße sämtliches Wissen, das man nur besitzen kann. Nehmen wir an, es gäbe nichts mehr, das ich über Gott, die Dreieinigkeit, die Menschwerdung, den Heiligen Geist oder über Gottes Pläne und Seine Absichten nicht wüsste. Gesetzt den Fall, ich wüsste alles, was ein Theologe wissen kann, einfach alles, einschließlich der Eschatologie, der Lehre über die letzten Dinge. Man könnte mir jede Frage stellen, und ich könnte sie beantworten, weil ich der schlaueste, gebildetste und einsichtigste Mensch der Welt wäre. Wisst Ihr, wie bedeutungslos mein Leben und mein Dienst wären, wenn sie nicht von echter Liebe motiviert und durchdrungen wären? Ich wäre ein Nichts. Ich wäre mitnichten ein weiser Lehrer, der allen Respekt verdient und vor dem die Menschen sich verneigen. Oh nein, die Menschen würden keineswegs an meinen Lippen hängen und mir zuhören. Ich wäre vielmehr ein „tönendes Erz" oder eine „klingende Schelle".

Was für ein überwältigender Gedanke! Was für eine überraschende Aussage!

Was bedeutet dies nun für uns? Wie können wir das Gesagte auf unser Leben und unseren Dienst übertragen? Sicher wird niemand unter uns behaupten, er sei ein Prophet in dem Sinne, wie Paulus diesen Begriff hier verwendet. Auch käme niemand auf den Gedanken, er hätte sämtliche Antworten auf sämtliche Fragen. Und sicher wäre auch niemand so arrogant zu behaupten, er hätte es nicht nötig, noch irgendetwas zu lernen.

Und doch gibt es einige unter uns, die über ein fundiertes theologisches Wissen verfügen. Es gibt Menschen, deren Verständnis des Wortes Gottes und deren Wissen über Gott weit über dem Durchschnitt liegen. Und bestimmt sind einige unter uns davon überzeugt, dass wir Dinge verstehen, die andere nicht verstehen – vielleicht über das Leben im Allgemeinen, über Ehe und Kindererziehung oder was es auch sei. Und wir werden getrieben von dem Wunsch, dieses Wissen weiterzugeben.

Paulus würde dazu sagen: „Wenn Du tatsächlich über ein Wissen verfügst, das andere nicht haben, sei es als Freund oder Bekannter, als Gemeindeglied oder Kollege – dieses Wissen macht dich nicht besser! Im Gegenteil, dieses Wissen ist sogar hinderlich, wenn es dir nicht gelingt, es in einer Haltung echter Liebe weiterzuvermitteln. Gott verleiht niemandem eine Geistesgabe (oder besondere Fähigkeit) mit dem Zweck, andere Menschen „herunterzumachen", sie zu beeindrucken oder vor ihnen anzugeben. Welche besondere Einsicht oder welch besonderes Wissen auch immer Gott einem Menschen geben mag, es ist nutzlos, wenn dieser Mensch sein Wissen anderen nicht in echter Liebe weitergibt, und vor allem, wenn es nicht einer leidenschaftlichen Liebe zu Gott entspringt.

Ist Liebe wichtiger als großer Glaube?

Der nächste Punkt, der für einen effektiven, d.h. fruchtbringenden Dienst verantwortlich ist, und den der Apostel Paulus den Korinthern und uns verständlich machen möchte, besteht darin, dass es sehr viel wichtiger ist, ein Leben zu leben, das von echter Liebe durchdrungen und motiviert ist, als einen großen Glauben zu haben.

Wieder macht Paulus einige theoretische Annahmen. Er sagt: „Nehmen wir an, ich wäre ein Mensch, dessen Glaube so groß ist, wie man es sich nur vorstellen kann. Nehmen wir an, ich besäße einen Glauben, der Berge versetzen könnte, einen Glauben, der niemals wankt und der niemals erschüttert werden kann. Nie würde ich zweifeln, nie würde ich den Einflüssen der Welt nachgeben. Lasst uns einmal annehmen, ich hätte denselben Glauben, den Abraham hatte, als Gott ihm sagte, dass er 100 Jahre alt werden und ein Kind bekommen würde – und dass dieser Glaube nie gewankt hätte. Gesetzt den Fall, ich hätte den Glauben von Sadrach, Mesach und Abednego, als sie hörten, dass sie in den Feuerofen geworfen werden, oder den Glauben eines Daniel, oder den Glauben eines David, als er sich Goliath gegenüber sah. Nehmen wir also an“, fährt Paulus fort, „all dies würde zutreffen, aber mein Leben wäre nicht von echter Liebe gesättigt und durchdrungen und von echter Liebe motiviert. Wisst ihr, was ich wäre? – Ein Nichts wäre ich, eine Null.“

Natürlich kann niemand, der die Bibel liest, vor allem die Briefe des Paulus, an der Tatsache vorbeisehen, dass der Glaube eine außerordentlich wichtige Rolle für das christliche Leben und den christlichen Dienst spielt. Paulus trifft eine ganze Reihe wichtiger Aussagen über den Glauben:

- Wir sind durch den Glauben gerecht geworden (Röm. 5,1).
- Im Glauben haben wir Zugang zu Gott (Röm. 5,2).
- Der Glaube bringt Freude und Friede hervor (Röm. 15,13).
- Wir werden durch den Glauben gerettet (Eph. 2,8).
- Wir sind aufgefordert, fest im Glauben zu stehen (1.Kor. 16,13).
- Wir sollen durch den Glauben leben (Gal. 2,20).
- Glaube bringt Freude hervor (Phil. 1,25).
- Glaube bewirkt eine Dienst- und Opferhaltung (Phil. 2,17).
- Glaube wirkt Festigkeit (Kol. 2,5).
- Glaube wirkt Werke (1.Thess. 1,3).
- Glaube bewirkt „viel Freimütigkeit“ (1.Tim. 3,13).

Und das sind nur die Stellen, die Paulus geschrieben hat. Er unterschätzt also keineswegs die Bedeutung des Glaubens. Und doch sagt er in unserem Text, dass Glaube ohne Liebe wirkungslos ist. In Galater 5,6 schreibt Paulus, dass der Glaube durch die Liebe wirksam (Luther: „tätig“) ist. Liebe ist die Art und Weise, wie sich Glaube anderen Menschen gegenüber äußert.

Sehr oft finden wir in der Bibel, dass Glaube und Liebe miteinander verknüpft sind. So lautet die Zusammenfassung von 1. Korinther 13 (V. 13): „Nun aber bleiben Glaube, Hoffnung, Liebe, die größte aber von diesen ist die Liebe.“

Was bedeutet dies nun mit Blick auf unsere Frucht im Dienst für andere? Es bedeutet, dass wir sehr wohl bestimmte Überzeugungen haben können, dass wir beispielsweise glauben können, dass Gott allmächtig und allweise ist, dass Er gerecht ist und dafür sorgt, dass uns alles zum Besten dient, dass Christus der einzige Weg zu Gott ist, dass die Menschen umkehren und gläubig werden müssen, dass Menschen ohne Gott verloren sind, und dass die Sünde eine Katastrophe ist. Wir mögen all diese Wahrheiten anderen Menschen mitteilen, doch wenn wir es nicht in einer Haltung der Liebe tun, werden die Menschen uns ablehnen oder sich sogar gegen das wenden, was wir zu sagen haben.

Die meisten von uns haben schon einmal von einem Mann gehört, der später als der Heilige Augustinus in die Geschichte einging. Vor seiner Bekehrung führte dieser Mann ein sehr unmoralisches Leben, wenn er auch äußerst intelligent war. Bekannt ist auch, dass er eine Mutter hatte, die treu für ihn betete. Weniger bekannt ist die Tatsache, dass der Grund, warum er sich schließlich Christus zuwandte, mit der liebevollen Art eines Christen namens Ambrosius zusammenhing. Schon oft hatte Augustinus die Predigten des Ambrosius gehört. Und wenn er auch das ablehnte, was er sagte, so konnte er doch nicht umhin, von der Liebe dieses Mannes beeindruckt zu sein.[2]

Vielen Menschen ist es ähnlich ergangen. Sie berichten, dass sie zwar das Evangelium gehört hätten, es jedoch die bescheidene Liebe eines gläubigen Menschen gewesen sei, die den größten Eindruck hinterlassen und schließlich dazu geführt habe, dass die Saat in ihrem Herzen aufging. Sicher ist es wichtig, die Wahrheit zu sagen. Die Menschen brauchen die Fakten des Evangeliums. Aber unser Reden der Wahrheit muss von einem Glauben, der durch die Liebe tätig ist, unterstützt werden. Ohne die Liebe erreicht der Glaube nichts.

Ein Interview mit Greg Livingstone, dem Direktor von *Frontiers International*, einer Organisation, die unter Muslimen arbeitet, zeigt, wie wichtig ein „Glaube, der durch die Liebe tätig ist" (Gal. 5,6) sich erweist, und was er vollbringt. 1982 begannen Greg und seine Frau eine Gemeindegründungsarbeit. Die neu entstandenen Gemeinden sollten von Christen geleitet werden, die einem muslimischen Hintergrund entstammten. Livingstone berichtet: „Heute kommen mehr

2 Alexander Strauch, *Leading with Love*. Littleton, CO: Lewis and Roth, 2006, Seite 45.

Muslime zum Glauben an Christus als je zuvor in der Geschichte. Es sind Tausende." In Algerien zum Beispiel, wo die letzte christliche Kirche vor 120 Jahren verschwand, ist die christliche Gemeinde geradezu explodiert. Über 50.000 Muslime sind innerhalb der letzten 15 Jahre zum Glauben gekommen. In Mauretanien, einem Land, wo es seit 1.000 Jahren keine christliche Kirche mehr gegeben hat, wurde eine neue Gemeinde mit 550 Mitgliedern gegründet. Welche Faktoren waren dafür verantwortlich? Nicht nur das persönliche Zeugnis, sondern auch eine diakonische Arbeit, durch die über 14.000 jungen Müttern und ihren Kindern Grundnahrungsmittel zur Verfügung gestellt wurden. Wie Livingstone berichtet, sind in den letzten 30 Jahren 118 christliche Gemeinden in Ländern mit überwiegend muslimischer Bevölkerung gegründet worden.

Greg Livingstone ist sich sehr wohl bewusst, dass es letztlich die Macht und Gnade Gottes ist, die Menschen zu Christus führt und in Ihm wachsen lässt, aber er berichtet eben auch, dass *Frontiers International* Teams in diese Länder schickt, die sich an deren kulturelle Gegebenheiten anpassen und darüber nachdenken, wie das Kreuz Christi der muslimischen Welt am besten vermittelt werden kann. Livingstone berichtet: „Nur wenige Menschen kommen zum Herrn, weil sie ein Buch gelesen oder eine Predigt gehört haben. Es geht nichts darüber, unter den Menschen zu leben und eine vertrauensvolle Beziehung zu ihnen aufzubauen." [3]

Mit anderen Worten: Der wichtigste Faktor für das Erreichen eines Muslims für Christus ist der Erweis echter Liebe, die in eine vertrauensvolle Beziehung eingebettet ist. Nach den inspirierten Worten des Paulus in 1. Korinther 13,1-8 lässt sich das, was Livingstone über die Arbeit unter Muslimen sagt, auf das Erreichen jedes beliebigen Menschen übertragen. Jemand hat einmal gesagt, dass es zwar möglich ist, ohne Liebe ein erfolgreicher Arzt, Anwalt, Vertragspartner, Automechaniker oder Computerfachmann zu sein, nicht jedoch ein Diener Christi, der für seinen Herrn Frucht bringt.

3 Katherine Anderson in *Wheaton Alumni Journal*, 12.4, Ausgabe Herbst 2009, Seite 27.

Ein von Liebe durchdrungenes Leben ist wichtiger als jedes finanzielle Opfer

Ein weiteres Wort des Paulus an die Korinther (und uns) ist folgendes: Wenn es um geistliche Frucht in unserem Dienst und Leben geht, ist es sehr viel wichtiger, von echter Liebe durchdrungen und von echter Liebe motiviert zu sein als unser gesamtes Vermögen den Armen zu opfern.

Wenn Paulus also schreibt: „Und wenn ich alle meine Habe austeilte und meinen Leib hingäbe, damit ich verbrannt würde, aber keine Liebe hätte, so nützte es mir nichts“ (1.Kor. 13,3), so will er damit sagen: „Nehmen wir einmal an, ich wäre sehr großzügig, so großzügig, dass ich nicht nur einen Teil meines Vermögens weggäbe, sondern alles.“ Alles! Alles bedeutet: Sie haben ein Haus? Das wird verkauft. Sie haben ein Auto, Schmuck, Computer, Möbel? Weg damit! Das Geld geht an die Armen. Nehmen wir einfach an, wir täten genau das, was der reiche Jüngling in Markus 10 nicht tun wollte. Wäre das nicht bewundernswert?

Das in diesem Text verwendete Wort für „geben“ bedeutet im Griechischen: „Eine Gabe den Armen opfern, dies gewohnheitsmäßig tun.“ Also nicht nur einmal ein wenig geben. Genauso hat es Paulus gehandhabt. In Philipper 3,7-8 sagt er: „Aber was mir Gewinn war, das habe ich um des Christus willen für Schaden geachtet; ja, wahrlich, ich achte alles für Schaden gegenüber der alles übertreffenden Erkenntnis Christi Jesu, meines Herrn, um dessentwillen ich alles eingebüßt habe; und ich achte es für Dreck, damit ich Christus gewinne.“

In 2. Korinther 6 berichtet er den Korinthern, dass er arm war, dass es ihm oft an Nahrung mangelte und er nichts hatte. Das Kapitel zeigt auch sehr gut, wie Paulus zur Armut stand, denn er sagt in Vers 10, er gehöre zu denen, „die nichts haben und doch alles besitzen“ (2.Kor 6,10).

In Apostelgeschichte 20,33-35 schreibt er: „Silber oder Gold oder Kleidung habe ich von niemand begehrt; ihr wisst ja selbst, dass diese Hände für meine Bedürfnisse und diejenigen meiner Gefährten gesorgt haben. In allem habe ich euch gezeigt, dass man so arbeiten und sich der Schwachen annehmen soll, eingedenk der Worte des Herrn Jesus, der selbst gesagt hat: Geben ist glückseliger als nehmen."

Wie wir diesen Stellen entnehmen können, war Paulus jemand, der gab, und „dies gewohnheitsmäßig tat". Ihm ging es im Leben offensichtlich nicht darum, ein Vermögen anzuhäufen und es sich gemütlich zu machen. Und es ist sehr deutlich, dass er uns alle dazu anleiten möchte, großzügige Geber zu werden. Er war von dem Prinzip überzeugt, das er in Epheser 4,28 einmal so formulierte: „Wer gestohlen hat, der stehle nicht mehr, sondern bemühe sich vielmehr, mit den Händen etwas Gutes zu erarbeiten, damit er dem Bedürftigen etwas zu geben habe."

Paulus wollte, dass sich die Gläubigen Barnabas zum Vorbild nehmen, von dem in Apostelgeschichte 4,36 berichtet wird: „Joses aber, der von den Aposteln den Beinamen Barnabas erhalten hatte (das heißt übersetzt: „Sohn des Trostes"), ein Levit, aus Zypern gebürtig, besaß einen Acker und verkaufte ihn, brachte das Geld und legte es den Aposteln zu Füßen." In der Frühzeit der christlichen Kirche galt tatsächlich: „Was mein ist, ist auch dein."

Wie wichtig es dem Apostel war, den Armen zu helfen, sehen wir auch daran, dass er für die Bedürftigen in Jerusalem Geld sammelte (vgl. 1.Kor. 16,1-3; 2.Kor 8-9).

Jedoch sagt er, und damit kommen wir zurück zu 1. Korinther 13, dass es leider möglich ist, all dies zu tun und es dennoch ohne Liebe zu tun. Almosen und gute Taten können tatsächlich einer anderen Motivation als der Liebe entspringen:

- Wie die Gabe von Ananias und Saphira, können die guten Werke eines Menschen durch die Sucht nach Anerkennung motiviert sein. Den beiden ging es weniger um die Armen als um ihren eigenen guten Ruf unter den Menschen (Apg. 5).
- Wie bei den Pharisäern, die Jesus in Matthäus 6,1-4 erwähnt, geht es manchen Menschen nur darum, bei Anderen Eindruck zu schinden. Die Pharisäer gaben Almosen, um bei den Menschen Anerkennung zu finden.
- Auch der Pharisäer, der in Lukas 18,10-14 beschrieben wird, gab aus einer falschen Motivation heraus. Er versuchte, Gott zu

beeindrucken und handelte damit selbstbezogen und nur, um dem Gesetz zu gehorchen.

- Einige Menschen geben, um ihr schlechtes Gewissen zu beruhigen. Sie fühlen sich gut dabei. Sie geben Geld, um sich dessen rühmen zu können.
- Andere geben aus Pflichtgefühl und aus Zwang. Sie sind „griesgrämige Geber", ganz anders als es der 2. Korintherbrief fordert: „Jeder, wie er es sich im Herzen vornimmt; nicht widerwillig oder gezwungen, denn einen fröhlichen Geber hat Gott lieb." (2.Kor. 9,7)

Paulus sagt, dass ein Mensch, der außergewöhnlich großzügig ist, noch soviel geben kann: Wenn er es nicht aus Liebe tut, nützt es nichts. Er mag der Überzeugung sein, dass sein Geld hilft, aber das stimmt nicht. Die einzige Art von Spenden, die Gott gefallen, sind solche, die aus einer fröhlichen Geberhaltung heraus geschehen – einer Haltung, die von echter Liebe und echtem Mitgefühl motiviert ist.

Was hat all das mit uns zu tun?

Nun werden Sie sich sicher fragen, was dies alles mit Ihnen zu tun hat, und wie Sie das Gesagte praktisch anwenden können. Vor allem: Was hat es mit der Frage zu tun, wie wir Frucht bringen und andere Menschen für Christus erreichen können?

Es hat insofern etwas mit dieser Frage zu tun, als Gott weiß, ob wir geben oder nicht, und Gott weiß nicht nur, ob wir geben, sondern er sieht auch unsere Herzen, während wir geben. Gott wird seinen Segen von denen zurückhalten, die nicht geben. Dies ist das Prinzip, das wir in 2. Korinther 9,6 finden, wo es heißt: „Wer kärglich sät, der wird auch kärglich ernten, und wer segensreich sät, der wird auch im Segen ernten."

Doch es gilt noch ein Weiteres: Gott wird auch diejenigen nicht segnen, die zwar geben, aber deren Geben nicht von Mitgefühl und echter Liebe motiviert ist. Dieses Prinzip lässt sich der genannten Stelle entnehmen. Gott benutzt nur Menschen und Gemeinden, die uneigennützig sind, und denen die Armen und Bedürftigen am Herzen liegen.

Als nächstes sagt der Apostel, dass es sehr viel wichtiger ist, ein Leben zu leben, das von echter Liebe durchdrungen und getrieben ist, als zu leiden oder sogar als Märtyrer für die Sache Christi zu sterben. Wieder einmal nimmt Paulus sich selbst als Beispiel. Er sagt: „Nehmen wir an, ich wäre bereit, meinen Leib als Brandopfer hinzugeben. Nehmen wir an, ich würde nicht nur über das Opfern reden. In Römer 12,1 heißt es: „Ich ermahne euch nun, liebe Brüder, angesichts der Barmherzigkeit Gottes, dass ihr eure Leiber darbringt als ein lebendiges, heiliges, Gott wohlgefälliges Opfer: das sei euer vernünftiger Gottesdienst.

Nehmen wir also an, ich würde noch über das hinausgehen, was dieser Vers fordert und tatsächlich meinen Leib als lebendiges Opfer darbringen. Gesetzt den Fall, ich wäre in einer lebensbedrohlichen Lage, und etwas ganz Furchtbares und Schmerzvolles würde mir geschehen. Ich hätte den Tod nicht nur vor Augen, sondern würde ihn tatsächlich erleiden, und zwar einen qualvollen Tod, würde gefoltert oder gevierteilt, oder auf dem Scheiterhaufen sterben. Würde Gott daran Gefallen finden? Hätte dies eine positive Auswirkung auf andere Menschen? Würde es mir und der Sache Christi dienen?“

Die Bibel sagt deutlich, dass wir als Christen Verfolgung erleiden müssen. Es wird uns nicht immer so gut gehen wie heute (vgl. Mt. 5,10; Jak. 1,2; 1.Pe. 4,12-14). Die Bibel fordert von uns die Bereitschaft, um Christi willen zu leiden (Phil. 1,29; 2.Tim. 3,12).

Insofern ist das, was Paulus hier beschreibt, nicht nur eine theoretische Situation. Er hat eine solche Art von Leiden und Verfolgung tatsächlich persönlich erlitten. In Apostelgeschichte 14 lesen wir, dass der Apostel gesteinigt wurde. In Apg. 16 heißt es, dass er „viele Schläge“ erlitt und seine Füße „in den Block“ gelegt wurden (Apg. 16,23f). Im 2. Korintherbrief wird berichtet, dass er „dreimal mit Ruten geschlagen“ wurde (2.Kor. 11,25), dass er gesteinigt wurde und in Gefahr war, „in der Wüste, auf dem Meer, unter falschen Brüdern“ (Vers 26). In 2. Korinther 4,11 lesen wir, dass Paulus „beständig dem Tod preisgegeben“ war.

Durch die Jahrhunderte hindurch haben Abertausende von Christen den Märtyrertod erlitten. Sie wurden erhängt, auf dem Scheiterhaufen verbrannt und ins Gefängnis geworfen, und noch heute müssen sie diese Art von Verfolgung in China, Indien, Nordkorea und den islamischen Ländern erdulden. Paulus sagt, dass die Möglichkeit besteht, dass alles, was er oder andere erlitten haben, nichts wert ist, dass es nichts zählt für das eigene Leben, für andere oder für die Sache Christi. Es ist durchaus möglich, so etwas aus egoistischen Gründen zu tun. Menschen anderer Religionen leiden sehr oft, aber sie tun dies, weil ihnen durch das Leiden die Aufnahme in das Paradies versprochen wird, weil sie einen Harem voller Jungfrauen erwarten, oder weil sie als ein tapferer Mensch in die Geschichte eingehen möchten. Sie wollen lieber ein Held sein als ein Feigling. Manche wollen auch durch den Tod Problemen oder Demütigungen aus dem Weg gehen.

Jonathan Edwards schreibt in Übereinstimmung mit dem, was Paulus in Vers 3 sagt:

> Viele haben eine mühselige Pilgerreise auf sich genommen und sich selbst von den Vorzügen und Vergnügungen der menschlichen Gesellschaft ausgeschlossen, um ihr Leben in Einöde und Absonderung zu verbringen. Einige dieser Menschen haben den Tod erlitten. Dennoch haben wir keinen Grund anzunehmen, dass sie dies aus herzlicher Liebe zu Gott taten. Unzählige Papisten haben aus freien Stücken ihr Leben in blutigen Kriegen gelassen, weil sie der Hoffnung waren, sich dadurch den Himmel zu verdienen. In den Kriegen mit den Türken und Sarazenen, die sie „heilige Kriege“ oder „Kreuzzüge“ nannten, haben sich Tausende den Gefahren der kriegerischen Auseinandersetzung ausgesetzt, weil sie hofften, auf diese Weise Vergebung der Sünden zu erlangen und im Jenseits belohnt zu werden. Viele Tausende, ja Millionen, haben auf diese Weise ihr Leben verloren, so dass große Teile Europas zu einem beträchtlichen Teil entvölkert wurden. Und die Türken entbrannten in unsäglicher Wut gegen sie und gaben ihr Leben, eilten geradezu dahin, dass sie vom Schwert ihrer Feinde gefressen würden, weil ja Mohammed ihnen versprochen hatte, dass alle, die im Krieg sterben, solange es zur Verteidigung des mohammedanischen Glaubens geschieht, direkt ins Paradies gelangen. Auch berichtet uns die Geschichte, dass einige Men-

> schen freiwillig den Tod auf sich nahmen. Sie taten dies in einer Haltung des Widerstands und der Unbeugsamkeit des Geistes. Statt den Forderungen anderer nachzugeben, wollten sie lieber für ihr Land sterben als ihre Ehre verlieren. Ebenso sind viele als Märtyrer für einen falschen Glauben gestorben, wenn ihre Zahl auch in keiner Weise die Anzahl derer erreicht, die als Märtyrer für den wahren Glauben gestorben sind. All diese Fälle zeigen, dass Menschen zweifellos Leiden ertragen oder den Tod auf sich nehmen, ohne jedoch die wahre Liebe zu Gott im Herzen zu tragen.[4]

Was Paulus – und mit ihm Jonathan Edwards – verdeutlichen will, ist die Tatsache, dass unser menschliches Herz so verderbt ist, dass wir zwar das Richtige tun wollen, es aber aus den falschen Gründen tun. Mit anderen Worten, wir tun es nicht zum Besten unserer Mitmenschen.

Was hat dies nun mit unserer Frage zu tun, wie wir unsere Mitmenschen für Christus erreichen können? Es ist hier nicht anders als in dem Vers, in dem es um unsere Gaben für die Armen geht. Gott möchte nicht nur, dass wir zum Leiden bereit sind; er will auch, dass wir es aus den richtigen Gründen sind, nicht um einer Demütigung aus dem Weg zu gehen, oder weil wir keinen anderen Ausweg sehen, sondern zum Wohle unserer Mitmenschen und zur Verherrlichung unseres Gottes. Wenn wir es nicht aus den rechten Motiven heraus tun, wird auch das Leiden um Christi willen nichts dazu beitragen, andere Menschen für Ihn zu erreichen. Ohne echte Liebe wird unser Leiden keine geistlichen Auswirkungen auf andere Menschen haben.

Was hat dies nun praktisch zu bedeuten? Lassen Sie es mich anhand eines Beispiels zusammenfassen, das Jerry Bridges benutzt hat:

> Schreiben Sie, entweder tatsächlich auf ein Blatt Papier, oder nur in Ihrer Vorstellung, eine ganze Seite voller Nullen: 0+0+0+0 ... Wie groß ist die Summe? Null! Es kommt nichts Positives dabei heraus, auch wenn Sie tausende von Nullen

4 Jonathan Edwards, *Charity and Its Fruits*, London: Verlag des Banner of Truth Trust, 1969, Seite 54.

> aneinanderreihen würden. Wenn Sie jedoch eine Eins davor setzen, wird das Ergebnis sofort positiv. Genauso verhält es sich mit unseren Gaben, dem Glauben und der Hingabe. Sie sind nichts als eine Ansammlung von Nullen auf einer Seite Papier. Ohne echte Liebe zählen sie nicht. Nehmen Sie aber die Liebe dazu, dann hat alles einen Wert. Und wie der Wert steigt, wenn Sie eine Zwei statt einer Eins davor schreiben, so kann der Wert unserer Geistesgaben steigen, wenn die Liebe unser Leben bestimmt – je mehr Liebe, desto mehr Wert.[5]

Gott möchte, dass wir alle Frucht bringen, und dass unser Glaube Auswirkungen auf das Leben unserer Mitmenschen hat. Was muss passieren, damit das geschieht? Wie können wir als Einzelne und als Gemeinde dies erreichen? Wie können wir zu effektiven Zeugen in unserer Welt werden? Einige der Korinther dachten, es komme vor allem auf außergewöhnliche Zeichen an, oder auf einen Glauben, der Berge versetzt. Ähnliches wird uns auch heute von manchen Predigern erzählt. Hören Sie nicht auf sie! Hören wir lieber auf Paulus. Schauen wir uns an, was er zu sagen hat. Paulus sagt uns, dass der bessere Weg der Weg der Liebe ist. Und es ist nicht nur der „bessere Weg“. Es ist, wie es im griechischen Text heißt, der *hyperbole*-Weg, der „über alles hinausgehende“ Weg, der „weit vortrefflichere“ Weg. Brüder und Schwestern in Christus, am Ende dieses Kapitels möchte ich Sie fragen: Wollen Sie, dass Ihr Leben Menschen für Christus erreicht? Ich für meinen Teil will es, und ich bin davon überzeugt, dass Sie es auch wollen, wenn Sie an Ihn glauben. Ich lade Sie darum ein, auf den weiteren Seiten dieses Buches noch ausführlicher zu lernen, was es für uns bedeutet, ein Leben in Liebe zu führen.

Fragen zum Inhalt, zum Nachdenken, zur Anwendung des Gesagten und zur Diskussion

1. Warum verwendet Paulus so viel Mühe darauf, einige der falschen Vorstellungen zu korrigieren, die die Korinther in Bezug auf die außergewöhnlichen Geistesgaben hatten?

5 Jerry Bridges, *Growing Your Faith*. Colorado Springs: NavPress, 2004, Seite 164-65.

2. Was ist, biblisch gesehen, ein Prophet?
3. Warum war der Dienst des Propheten für die Gemeinde zu Beginn des ersten Jahrhunderts so wichtig? Was bedeutet er für die christliche Gemeinde heute?
4. Wenn auch niemand von uns heute die Gabe der Prophetie hat, was bedeuten die Worte des Paulus hinsichtlich eines prophetischen Dienstes in unserer Zeit?
5. Was bedeutet die Aussage des Paulus über einen „Glauben, der Berge versetzt" für uns und unsere christliche Arbeit heute?
6. Was bedeutet die Aussage des Paulus über das „Hingeben unserer Habe für die Armen" für uns und unsere christliche Arbeit heute?
7. Was könnte der Grund für die Aussage des Apostels Paulus sein, dass unsere guten Werke – wie zum Beispiel das Hingeben unserer Habe für die Armen – nicht immer von echter Liebe motiviert sind?
8. Wie ist es zu erklären, dass selbst eine Hingabe des eigenen Lebens aus einer anderen Motivation als der Liebe geschehen kann? Welche anderen Beweggründe wären denkbar?
9. Was hat all das mit der Frage zu tun, wie wir Menschen für Christus erreichen können?
10. Fassen Sie kurz zusammen, was Jerry Bridges über die Bedeutung der Liebe für einen fruchtbaren Dienst ausführt.
11. Was hat das Gesagte, besonders im Licht von 1. Korinther 13,2-3, damit zu tun, wie wir die Aufgaben der christlichen Gemeinde sehen und praktisch verwirklichen?
12. Wie können Sie persönlich die Aussagen von 1. Korinther 13,2-3 in Ihrem Leben verwirklichen – in der Familie, im Umgang mit Anderen und in Ihrer Gemeinde? Wie können und sollten Sie sich – mit Gottes Hilfe – verändern, was Ihre Beziehungen zu anderen Menschen angeht und Ihren Dienst für Gott?
13. Beachten Sie bitte den Hinweis auf Seite 27.

Kapitel 3
Die wichtigsten Eigenschaften der Liebe

Ein Leben, das zählt, ist ein Leben der Hingabe

Möchten Sie, dass Ihr Leben für Christus zählt? Möchten Sie, dass es Frucht bringt? Ich weiß nicht, was Sie auf diese Frage antworten würden, aber was mich betrifft, so ist dies mein innigster Wunsch. Ich möchte, dass mein Leben alle Früchte trägt, die in der Bibel beschrieben werden. Wenn ich einmal sterbe und vor Gottes Richterstuhl stehe, sehne ich mich danach, dass Er zu mir sagt: „Gut gemacht, du treuer Knecht! Du hast die Frucht der Heiligkeit getragen, hast Gott mit deinem Leben Ehre gemacht, hast Menschen für Christus erreicht, die Ungläubigen evangelisiert und die Gläubigen auferbaut."

Am Tag des Jüngsten Gerichts, wenn wir vor Gott stehen, werden die meisten Dinge, die wir heute für wichtig halten, keine Rolle mehr spielen. Es wird an jenem Tag egal sein, ob wir ein großes oder ein kleines Haus hatten, ob wir viel Geld auf der Bank hatten oder gar keins, ob wir eine teure Ausbildung durchlaufen haben oder ungebildet waren, ob wir hübsch oder hässlich waren.

Das Einzige, was an jenem Tag zählt, ist die Frage, ob wir so gelebt haben, wie Gott es wollte. Wir werden uns fragen müssen: „Habe ich das getan, was Er wollte? Habe ich Ihn geliebt und Ihm so gedient, wie Er es verdient hat?"

Werden wir an jenem Tag zusammen mit dem Apostel Paulus sagen können: „Kraft Seiner Gnade habe ich den guten Kampf gekämpft. Ich habe Glauben gehalten und den Willen meines Herrn und Meisters getan. Ich habe Ihm gehorcht und meinen Teil dazu beigetragen, alle Völker zu Jüngern zu machen. Ich habe mir Mühe gegeben, meine Geschwister im Glauben aufzurichten und ihnen Mut zu machen. Ich habe die Frucht eines geheiligten Lebens getragen und gelebt, um Gott Lob und Ehre zu bringen. Ich habe etwas im Leben anderer Menschen bewirkt, habe die christliche Gemeinde unterstützt, die Frucht der Heiligkeit getragen und mich Gott als Werkzeug zur Verfügung gestellt – zur Rettung und Auferbauung anderer." Werden wir so antworten können?

Ich glaube, dass wir uns für all das begeistern sollten. All diese Dinge sollten im Mittelpunkt unseres Lebens stehen, solange wir noch auf dieser Welt sind. Es ist wichtig, für Christus zu arbeiten, solange es noch Tag ist, denn „die Nacht kommt". Und wenn wir uns auf diese Weise im Dienst für Gott verausgaben, dürfen wir nicht vergessen, dass wir das nur durch Seine Gnade, Seine Kraft und Seinen Willen tun können.

Der wichtigste Faktor, um dieses geistliche Ziel zu erreichen

Die entscheidende Frage ist die: Welches ist der wichtigste Faktor in unserem Bemühen, für Gott die Frucht zu bringen, die Er von unserem Leben erwartet? Was würden Sie antworten, wenn ich Ihnen diese Frage stellen würde?

Würden Sie sagen, das Wichtigste sei die Gabe der Evangelisation oder der Lehre? Oder dass es vor allen Dingen auf eine deutliche und wohl artikulierte Sprache ankommt? Auf eine gute theologische Ausbildung, ein fundiertes Bibelwissen oder die Fähigkeit, die Abfolge der Heilsgeschichte hübsch anschaulich in Diagrammen darstellen zu können?

Würden Sie antworten, dass es auf einen großen Glauben ankommt? Oder darauf, mehr Geld zu verdienen, um auf diese Weise große Summen an die Gemeinde und die Armen spenden zu können? Würden Sie sagen, dass die Mehrheit der Christen zu wenig Mut und Kühnheit in der Verkündigung besitzt? Dass wir zu wenig gewillt sind, für Christus zu leiden und Risiken in Kauf zu nehmen? Kommt es darauf an, keine Menschenfurcht zu haben? Ist es vor allem wichtig, die richtige Evangelistenschule besucht zu haben, die richtige Seelsorgeausbildung durchlaufen zu haben, die richtige Technik und Methodik gelernt zu haben?

Sämtliche Aspekte, die ich angeführt habe, sind gut und wichtig.

Sie sind sogar ausnahmslos wichtig, und nichts liegt mir ferner, als die Bedeutung dieser Dinge gering zu achten. Doch so wichtig diese Dinge sind, ich bin überzeugt, dass der Apostel Paulus, wenn wir ihn fragen würden: „Was ist deiner Ansicht nach der wichtigste Faktor, um Menschen für Christus zu erreichen?“, eine Antwort geben würde, die sich von all den Antworten, die ich vorgeschlagen habe, unterscheiden würde. Es ist nicht nur so, dass ich dies theoretisch annehme. Ich *weiß*, dass seine Antwort anders ausfallen würde, und ich weiß es deshalb, weil er die Antwort auf diese Frage in unserem Bibeltext (1. Korinther 12,31-13,13) schon gegeben hat.

In 1. Korinther 12,31 sagt uns Paulus, dass es gut ist, Geistesgaben zu besitzen, dass es aber noch etwas viel Besseres gibt, etwas „weit Vortrefflicheres“, etwas sehr viel Wichtigeres. In 1. Korinther 13,1-3 zeigt er uns, wie der „weit vortrefflichere“ Weg aussieht. Es ist der Weg der Liebe.

Paulus sagt uns in diesen Versen, dass Liebe wichtiger ist als die Fähigkeit, gut zu sprechen. Liebe ist wichtiger als die Gabe der Prophetie, wichtiger, als alle Geheimnisse Gottes zu verstehen. Sie überragt alle Anhäufung von Wissen, ja sogar den Glauben, der Berge versetzt. Liebe ist wichtiger als eine nie gesehene finanzielle Großzügigkeit, wertvoller sogar als der Wille, für Christus zu leiden und zu sterben. Paulus sagt also, dass das, was zählt, wenn es darum geht, Menschen für Christus zu erreichen, ein von Herzen liebender Mensch ist.

In 1. Korinther 13,4-8 führt Paulus dann aus, wie die Liebe, von der er gesprochen hat, konkret aussieht. Der Apostel beschreibt im Detail, wie wahre Liebe aussieht, denn ihm ist sehr wohl bewusst, dass es viele Menschen gibt, die das Wort „Liebe“ im Mund führen und sich für liebevolle Menschen halten.

Echte Liebe ist anders als alles, was wir unter Liebe verstehen

Wenn man einen Menschen fragt: „Halten Sie sich für eine liebevolle Person?“, werden die meisten antworten: „Dumme Frage! Wie kommen Sie darauf? Natürlich bemühe ich mich, ein liebevoller Mensch zu sein!“ Bislang ist mir noch kein Mensch begegnet, der sich selbst so charakterisiert hätte, wie Paulus die Menschen in Titus 3,3 beschreibt: „verhasst und einander hassend."

Leon Morris beschreibt in seinem Buch *Testaments of Love*, wie die meisten Menschen über die Liebe denken. Er führt aus, dass fast alle menschlichen Vorstellungen über die Liebe fehlerhaft und unvollständig sind. Dann beschreibt er, was seiner Ansicht nach getan werden müsste, um diese falschen Vorstellungen zu korrigieren:

> Dass Liebe das Größte auf der Welt ist, brauchen wir der jungen Generation nicht zu erklären. Christen wie Nichtchristen finden sich in dieser Aussage wieder. Wir schreiben über die Liebe, reden über die Liebe, predigen darüber, loben und preisen sie, drucken das Wort „Liebe" auf T-Shirts und tragen es auf Plakaten herum. Wir halten uns für liebevolle Menschen und werden ärgerlich, wenn andere uns nicht so lieben, wie wir es von ihnen erwarten.
>
> Viel ist schon über die Liebe gesagt und geschrieben worden. Wohl kaum jemand würde bestreiten, dass sie sehr wichtig ist. Bekannt ist auch, dass das Christentum großen Wert auf diese Tugend legt. Insofern ist es schon verwunderlich, dass es so wenige Untersuchungen darüber gibt, was die Bibel eigentlich meint, wenn sie dieses Wort benutzt. Wir nehmen für gewöhnlich an, dass alle wissen, was Liebe bedeutet, und dass über die Definition des Begriffs Einigkeit herrscht.
>
> Aber ich bin mir nicht sicher, ob das so ist, denn das Wort „Liebe" ist sehr schillernd in seiner Bedeutung. Wir täten besser daran, in diesem Zusammenhang nicht allzu viel vorauszusetzen und lieber darüber nachzudenken, wie unsere Vorstellung von Liebe aussieht. Für den Christen ist der Ausgangspunkt dieses Unternehmens immer die Bibel.[6]

Meiner Ansicht nach hat John Morris mit dieser Einschätzung den „Nagel auf den Kopf getroffen", wenn er behauptet, die meisten Menschen seien davon überzeugt, sie wüssten, was Liebe sei. Und vor allem hat er Recht, wenn er fordert, dass der Ausgangspunkt für unsere Definition von Liebe die Bibel sein sollte. Deshalb schrieb er

6 Leon Morris, *Testaments of Love*. Grand Rapids: Eerdmans, 1981, Seite 1-2).

sein ausgezeichnetes Buch, und deshalb habe ich das Buch geschrieben, das Sie gerade lesen.

Wie ist es zu erklären, dass sich die meisten Menschen für liebevoll halten? Es liegt daran, dass sie entweder sich selbst nicht kennen, oder dass sie nicht wissen, was Liebe ist. Paulus wusste, dass den meisten Menschen nicht wirklich klar ist, wie Gott echte Liebe definiert, und er hat sich deshalb unter der Leitung des Heiligen Geistes die Zeit genommen, im Detail zu beschreiben, was wahre Liebe ausmacht. Der Apostel zeigt uns in seinem „Hohen Lied der Liebe" fünfzehn Eigenschaften der Gott gemäßen Liebe – einer Liebe, die wichtiger ist als alles andere auf der Welt, wenn es darum geht, den Menschen um Christi willen zu dienen.

Bevor ich nun jedoch im Einzelnen darlege, was Paulus über Gottes Definition von Liebe sagt, möchte ich eine Warnung aussprechen. Wenn Sie nicht willens sind, sich von Gott herausfordern und ins Gewissen reden zu lassen, werden Sie keine Freude an diesem thematischen Bibelstudium haben. Es wäre in diesem Fall tatsächlich besser, wenn Sie das Buch jetzt gleich zur Seite legten. Das Studium von 1. Korinther 13 ist keine leichte Kost. Dieses Kapitel ist dazu geeignet, uns alle wachzurütteln und zur Veränderung herauszufordern.

Ich kann dies sehr gut beurteilen, denn es ist mir selbst so ergangen, als ich mich in diese Verse vertieft habe. Ich bin auf Grund meines eigenen Studiums davon überzeugt, dass es in der Bibel – ein korrektes Verständnis vorausgesetzt – keine Stelle gibt, die uns stärker herausfordern oder stärker ins Gewissen reden würde. Ich weiß, dass dies eine gewagte Aussage ist.

Wenn es Ihnen also ernst ist mit dieser geistlichen Herausforderung, bitte ich Sie, sich auf eine „Operation am offenen Herzen" einzustellen. Wir werden uns gemeinsam anschauen, was Gott in 1. Korinther 13 über die Liebe zu sagen hat. Ich möchte Sie nur vorab warnen, dass dieses Kapitel für Ihr Ego nicht sehr schmeichelhaft sein wird. Wenn es Ihnen also um ein „positives Selbstbild" geht und sie Ihrem Ego etwas Gutes tun möchten, ist 1. Korinther 13 mit Sicherheit die falsche Bibelstelle für Sie. *Wenn Ihnen jedoch daran gelegen ist, als Christ und als Zeuge für Christus zu wachsen, dann ist es genau die richtige Stelle.*

Wenden wir uns nun, nachdem ich meinen Warnruf losgeworden bin, dem Text zu, und beginnen wir dabei mit der ersten Eigenschaft der wahren Liebe, so wie sie in 1. Korinther 13,4 erklärt wird.

Liebe ist wie ein Diamant

Wie ein Diamant in verschiedenen Facetten funkelt, eine schöner als die andere, so ist auch die wahre Liebe voller verschiedener Facetten – wobei alle gleich wichtig sind. Die einzelnen Facetten ergänzen einander, und doch ist jede einzelne für sich wichtig. Paulus beschreibt in unserem wunderbaren Kapitel eine nach der anderen. Auf den verbleibenden Seiten dieses Buches möchte ich jede der fünfzehn Facetten (oder Charakteristika) der Liebe sorgfältig untersuchen, das Gelernte anwenden und mich herausfordern lassen durch Gottes Verständnis von Liebe, das im Mittelpunkt unseres bekannten Bibelabschnitts steht. Für mich war dies ein faszinierendes und praxisrelevantes Studium, und ich bete, dass es dies auch für Sie sein wird.

Zu Beginn von 1. Korinther 13 erklärt Paulus, dass eine Liebe, die andere Menschen für Christus erreicht, „langmütig" ist. Das griechische Wort für „langmütig" besteht aus zwei Teilen: *macro,* „lang" und *thymeo,* „leiden". Das Adjektiv bezeichnet eine ruhige und besonnene Reaktion auf Leiden, Druck, Schwierigkeiten oder Verletzungen, die durch Menschen (im Gegensatz zu Umständen) verursacht wurden. Das Wort bedeutet „lang leiden", leiden, ohne die Geduld zu verlieren, ohne wütend oder ärgerlich zu werden und ohne Rache oder Vergeltung üben zu wollen.

Nach Jonathan Edwards bedeutet es, dass wir bereit sein müssen, Verletzungen zu ertragen, ohne uns zu rächen, sei es durch Taten, die andere verletzen, sei es durch bittere Worte. Es bedeutet, die Verletzungen anderer Menschen zu ertragen, ohne die Ruhe und Ausgeglichenheit des eigenen Herzens zu verlieren. Es bedeutet, dass wir, wenn wir verletzt werden, bereit sind, vieles für den Frieden zu erleiden, und nicht das zu tun, wozu wir die Möglichkeit und vielleicht auch das Recht hätten, nämlich uns selbst zu verteidigen.[7]

Das Wort bedeutet, dass wir nicht nur unbedeutende, sondern

7 Jonathan Edwards, *Charity and Its Fruits.* London: Verlag des *Banner of Truth Trust,* 1969, Seite 71.

sogar tiefe Verletzungen auf uns nehmen, ohne uns zu verteidigen. Wir sollen diese Verletzungen in aller Demut ertragen, ohne rachsüchtig zu werden, selbst wenn sie sich über eine lange Zeit erstrecken. Es wird die Bereitschaft von uns gefordert, eine geraume Zeit lang zu leiden und unsere eigenen Interessen hinten anzustellen, bevor wir uns verteidigen. Und wenn wir uns dann verteidigen müssen, dann nur deshalb, weil es sich so ergeben hat und wir keine andere Wahl haben. Auch dann noch sollen wir uns auf eine Weise verteidigen, die dem Menschen, der uns verletzt hat, keine unnötige Verletzung zufügt.

Wir sollen „langmütig" sein. Aber was bedeutet das genau? Es bedeutet das, was Paulus den Korinthern in 1. Korinther 6,7 riet, als ihnen Unrecht geschah: „Es ist ja überhaupt schon ein Schaden unter euch, dass ihr Prozesse miteinander führt. Warum lasst ihr euch nicht lieber Unrecht tun?"

Jonathan Edwards führt dazu weiter aus, dass eine langmütige Liebe in der Praxis bedeutet, dass ein Mensch Verletzungen erleidet und trotzdem in seinem Inneren demütig, ruhig und gütig bleibt. Langmütig zu sein bedeutet, dass wir es still und sanft – und „lange leidend" ertragen, ...

1. wenn die anderen uns unfair behandeln oder nicht ehrlich sind im Umgang mit uns,
2. wenn sie Versprechen nicht einhalten,
3. wenn sie uns durch ihre Kritik verletzen, wenn sie uns verleumden, hinter unserem Rücken über uns reden, wenn sie Gerüchte und Lügen über uns verbreiten,
4. wenn die anderen uns missverstehen oder sich übermäßig über unsere Fehler und Eigenarten aufregen,
5. wenn sie kritisch über uns denken und, ohne es auszusprechen, negative Gefühle uns gegenüber hegen,
6. wenn sie diese Gefühle aussprechen und ihrem Ärger Luft machen, das heißt, wenn sie uns verbal angreifen,
7. wenn Menschen, die uns nach Gottes Ordnung unterstellt sind, unsere Autorität nicht respektieren und nicht mit uns zusammenarbeiten wollen, obwohl sie dies, rechtlich gesehen, müssten,

8. wenn Menschen, die uns nach Gottes Ordnung vorgesetzt sind, ihre Autorität missbrauchen, indem sie sich überheblich, egoistisch, arrogant und alles andere als fürsorglich verhalten,
9. wenn es ihnen einzig und allein um ihren eigenen Vorteil geht,
10. wenn sie sich stur stellen und mit dem Kopf durch die Wand wollen. Wenn sie sich als beratungsresistent erweisen und ihren eigenen Weg gehen, auch wenn sie damit sich und anderen weh tun,
11. wenn es ihnen offensichtlich Freude bereitet, dass es uns schlecht geht, weil sie in der Bosheit ihres Herzens davon ausgehen, dass unser Versagen ihnen Vorteile einbringt,
12. wenn sie einen Groll gegen uns hegen und uns gegenüber auch langfristig eine unversöhnliche und rachsüchtige Haltung einnehmen,
13. wenn sie uns die Schuld für etwas geben, das wir gar nicht gesagt oder getan haben,
14. wenn sie sich weigern, mit uns zu kooperieren,
15. wenn sie vereinbarte Termine nicht einhalten und länger mit ihrer Arbeit beschäftigt sind als es nötig wäre,
16. wenn sie die Türen offenlassen, die Kleider nicht an ihren Platz hängen, Geräte nicht zurückräumen und die Bücher, die wir ihnen geliehen haben, ewig behalten,
17. wenn sie uns nicht zuhören und wir alles zweimal sagen müssen,
18. wenn sie alles zweimal sagen,
19. wenn sie mit uns verabredet sind und zu spät kommen.

Dies sind einige bekannte Alltagssituationen, in denen es auf eine „langmütige" Liebe ankommt. Was dies in der Praxis bedeutet, möchte ich Ihnen jetzt anhand einiger Situationen erläutern, die sich tatsächlich ereignet haben. Im 2. Korintherbrief, Kapitel 6, gibt uns Paulus ein gutes Beispiel dafür, wie sich die Haltung einer geduldigen Liebe in seinem eigenen Leben auswirkte. In den Versen 4-5 berichtet er, dass er Bedrängnisse, Nöte, Ängste und Schläge erlitt, dass er im Gefängnis war und Zeiten der Unruhe und Mühe durchlebte, dass man ihm übel nachredete und ihn sogar für einen Verführer hielt (2.Kor. 6,8). Wie reagierte Paulus auf diese Art von

Anschuldigungen? Er sagt in diesem Kapitel, dass er trotz ungerechter und unverdient schlechter Behandlung darauf achtete, niemanden zu verletzen. Sein Amt und sein Ruf sollten nicht beschädigt werden, denn der Diener Gottes war jemand, der „langmütig" ausharrte, der alles ertrug, ohne auf Rache oder Vergeltung zu sinnen (2. Kor. 6,3-4.6). In 1. Korinther 4,11-13 lesen wir: „Bis zu dieser Stunde leiden wir Hunger, Durst und Blöße, werden geschlagen und haben keine Bleibe und arbeiten mühsam mit unseren eigenen Händen. Wenn wir geschmäht werden, segnen wir; wenn wir Verfolgungen erleiden, halten wir stand; wenn wir gelästert werden, spenden wir Trost; zum Kehrricht der Welt sind wir geworden, zum Abschaum aller bis jetzt."

Was bedeutet es also, langmütig zu lieben? Es bedeutet, auf Misshandlungen so zu reagieren, wie es Paulus in diesem Text beschrieben hat. Wenn wir uns in diesem Zusammenhang Apg. 7 ansehen, finden wir ein weiteres Beispiel dafür, wie Langmut aussah. Der Tod des Stephanus ist ein beeindruckendes Beispiel hierfür. Es heißt in Apg. 7,1-53, dass er einer großen Menge von Menschen Jesus als den Retter verkündigt. Doch die Menge reagiert auf eine abscheuliche Art und Weise (Apg. 7,54-59). Sie entbrennen in Wut und Ärger und steinigen den Verkündiger zu Tode. Wie Stephanus reagiert, lesen wir in den Versen 59 und 60: „Der betete und sprach: Herr Jesus, nimm meinen Geist auf! Und er kniete nieder und rief mit lauter Stimme: Herr, rechne ihnen diese Sünde nicht an! Und nachdem er das gesagt hatte, entschlief er."

Was bedeutet es, langmütig zu sein? Sehen wir uns 1. Mose 13 an, wo über einen Mann namens Abram (Abraham), berichtet wird. Sehen wir uns an, welch eine geduldige Liebe dieser Mann an den Tag legte. In den Versen 1-7 wird uns über die Auseinandersetzungen zwischen den Hirten Lots und den Hirten Abrahams berichtet.

„Da sprach Abram zu Lot: Es soll doch nicht Streit sein zwischen mir und dir, zwischen meinen Hirten und deinen Hirten. Denn wir sind Brüder. Steht dir nicht das ganze Land offen? Trenne dich von mir! Willst du zur Linken, so gehe ich zur Rechten; und willst du zur Rechten, so gehe ich zur Linken! Da hob Lot seine Augen auf und sah die ganze Jordanaue; denn sie war überall bewässert, wie der

Garten des HERRN, wie das Land Ägypten, bis nach Zoar hinab, bevor der HERR Sodom und Gomorra zerstörte. Darum erwählte sich Lot die ganze Jordanaue und zog gen Osten. So trennte sich ein Bruder von dem anderen. Abram wohnte im Land Kanaan, und Lot wohnte in den Städten der Aue, und er schlug sein Zelt auf bis nach Sodom hin." (1.Mose 13,8-12)

Das wichtigste Beispiel für Langmut

Ich könnte noch viele weitere Beispiele für das langmütige Verhalten biblischer Gestalten anführen, möchte mich aber nun dem wichtigsten Beispiel für Langmut zuwenden, das es überhaupt gibt.

In 2. Mose 34,6 heißt es, dass Gott selbst langmütig und gnädig ist. Und Paulus sagt im Römerbrief, dass Gott voll des Reichtums an „Güte, Geduld und Langmut" ist (Röm. 2,4). Unser Gott ist ein Vorbild an langmütiger Liebe.

Die Langmut Gottes zeigt sich in der Art und Weise, wie er die zahlreichen und nie enden wollenden Missetaten der Menschheit geduldig erträgt. Die Menschen haben Gott ignoriert, Seine Existenz geleugnet, Ihn verflucht, sich gegen Ihn aufgelehnt. Und doch hat Gott davon abgesehen, die Menschheit im Zorn zu vernichten.

Machen wir uns eigentlich klar, mit welcher Geduld und Langmut Gott den Dreck und die Unmoral in den großen und kleinen Städten unserer Welt erträgt? Merken wir, wie langmütig der Herr ist, wenn er bestimmten Menschen gnädig ist und sie verschont? So war es zu allen Zeiten, so geschah es an den unterschiedlichsten Orten. Denken Sie auch daran, wie langmütig Er sich Ihnen gegenüber erwiesen hat, seit Sie an Ihn gläubig geworden sind.

Bedenken Sie, wie langmütig die Liebe Christi ist, die Er uns als Beispiel vorgelebt hat. In 2. Korinther 10,1 lesen wir über die „Sanftmut und Freundlichkeit des Christus", und in Matthäus 11,29 wird von Jesus berichtet, dass er „sanftmütig und von Herzen demütig" war. Überall in den Evangelien wird uns von der Geduld und Langmut Christi berichtet. Hier sind nur einige der wichtigsten Beispiele:

- Matthäus 11,16-24: Die Menschen in Kapernaum lehnten Jesus ab, verunglimpften ihn sogar. Und doch lesen wir in Kapitel 11,28-30: „Kommt her zu mir alle, die ihr mühselig und beladen seid, so will ich euch erquicken. Nehmt auf euch mein Joch und lernt von mir, denn ich bin sanftmütig und von Herzen demütig; so werdet ihr Ruhe finden für eure Seelen! Denn mein Joch ist sanft und meine Last ist leicht."

- Johannes 10,20: Die Menschen sagen von Jesus, er sei „von Sinnen" und habe „einen Dämon".
- Johannes 10,33: Man wirft ihm vor, Gott zu lästern.
- Matthäus 10,25: Man wirft Jesus vor, „Beelzebul", also der Teufel persönlich, zu sein.
- Johannes 5,16 (und weitere Stellen): Jesu Feinde versammeln sich, um Pläne zu schmieden, wie sie ihn umbringen.
- Das wichtigste Beispiel für die Geduld und Langmut Christi finden wir in den Tagen kurz vor seiner Kreuzigung. Er war langmütig gegenüber Judas Ischariot. Er hatte Geduld mit denen, die ihn gefangen nahmen, üble Nachrede über ihn verbreiteten, ihn vor Gericht zerrten, ihn lästerten, ihn anspuckten. Im 1. Petrusbrief heißt es: „Denn dazu seid ihr berufen, weil auch Christus für uns gelitten und uns ein Vorbild hinterlassen hat, damit ihr seinen Fußstapfen nachfolgt. Er hat keine Sünde getan, es ist auch kein Betrug in seinem Mund gefunden worden; als er geschmäht wurde, schmähte er nicht wieder, als er litt, drohte er nicht, sondern übergab es dem, der gerecht richtet." (1.Petr. 2,21-23) Im Propheten Jesaja heißt es: „Er wurde misshandelt, aber er beugte sich und tat seinen Mund nicht auf wie ein Lamm, das zur Schlachtbank geführt wird, und wie ein Schaf, das verstummt vor seinem Scherer und seinen Mund nicht auftut." (Jes. 53,7) Und als Jesus am Kreuz hing, betete er: „Vater, vergib ihnen, denn sie wissen nicht, was sie tun." (Luk. 23,34)
- Jesus erwies sich als langmütig seinen Jüngern gegenüber, als sie ihn nicht verstanden, z.B. als er ihnen erklärte, er müsse gekreuzigt werden. Er war langmütig, als die Jünger nur an sich selbst dachten und in Gethsemane vom Schlaf übermannt wurden, obwohl Jesus sie so dringend brauchte.
- In Johannes 13,34 (und an vielen anderen Stellen) gebietet uns Jesus, einander so zu lieben, wie er uns geliebt hat. Unsere Lie-

be für unsere Mitmenschen soll sich am Vorbild seiner Liebe zu uns orientieren. In Johannes 15,12 sagte Jesus seinen Jüngern (und uns heute): „Das ist mein Gebot, dass ihr einander liebt, gleichwie ich euch geliebt habe." Und wie hat er uns geliebt? Nur wenige Verse vorher wird die Qualität dieser Liebe so beschrieben: „Gleichwie mich der Vater liebt, so liebe ich euch." (Joh. 15,9) Ist das nicht unglaublich? Wir sollen die Menschen so lieben, wie der Vater uns liebt, und der Vater liebt uns genauso, wie Er Jesus liebt.

Und was bedeutet das in der Praxis? Jedenfalls gehört dazu, dass unsere Liebe langmütig sein soll, und dass wir bereit sein sollen, Verletzungen, die andere uns zufügen, demütig zu ertragen, ohne gleich auf Rache oder Vergeltung zu sinnen, ohne innerlich einen Groll oder Bitterkeit gegen sie zu hegen, und auch ohne sie dies durch unser Verhalten oder unseren Tonfall spüren zu lassen.

Ich frage mich jetzt natürlich, was in Ihrem Kopf vorgeht, wenn Sie diese Worte lesen. Ob es wohl irgendjemanden gibt, der an dieser Stelle von sich sagen könnte: „Ich lebe diese Art von Liebe. Ich war mein ganzes Leben lang langmütig und geduldig?"

Wahrscheinlich ist es eher so, dass Sie davon überzeugt sind, dass das, was ich beschrieben habe, schon stimmt und der Lehre der Heiligen Schrift entspricht. Aber wie oft haben Sie sich versündigt, wenn es darum ging, auf biblische Weise zu reagieren? Vielleicht müssen Sie gerade jetzt innehalten und Gott im Gebet um Vergebung bitten. Vielleicht müssen Sie Gott darum bitten, dass er Sie erst zu einem langmütigen Menschen umformt? Für mich jedenfalls trifft das zu.

Vielleicht reagieren Sie aber auch anders. Sie sagen: „Es mag ja sein, dass die Bibel dies lehrt, aber es ist vollkommen unrealistisch, ja eigentlich unmöglich. Ich kann die Menschen nicht so lieben, wie es hier gefordert wird." Vielleicht sind Sie in der Vergangenheit durch andere Menschen so sehr verletzt worden, dass sie es nun nicht mehr wagen, sich durch diese Art von Langmut verletzlich zu machen. Die Anderen würden das ausnutzen und Sie nur noch mehr verletzen. Die Menschen würden auf Ihre Liebe nicht positiv, sondern negativ reagieren und Ihnen noch mehr Böses zufügen. Haben Sie solche

Gedanken? Ich weiß nicht, wie Ihre Reaktion auf das Gesagte aussieht, aber ich weiß, dass das, was ich hier ausgeführt habe, Gottes Gedanken über die Liebe sind, und wenn wir uns gegen Seine Sicht der Liebe auflehnen, lehnen wir uns gegen Seinen Plan und Willen auf. Für mich jedenfalls ist diese Art von Liebe eine große Herausforderung, und ich wurde bei den Vorbereitungen für dieses Buch daran erinnert, wie sehr ich mich in diesem Bereich versündigt habe. Ich persönlich habe es mir zum Ziel gesetzt, in diesem Bereich zu wachsen, und ich hoffe, dass dies auch für Sie zutrifft.

Ein wichtiger Hinweis

Bevor ich dieses Kapitel beende, möchte ich Sie noch an ein paar wichtige Dinge erinnern:

- Das Kapitel richtet sich an Christen. Paulus erklärt uns nicht, wie wir Christen werden können. Er erklärt uns, wie wir als Christen leben sollen.
- Dass 1. Korinther 13 an Christen geschrieben wurde, bedeutet, dass Paulus sich an Menschen wendet, die „neue Kreaturen" (2.Kor. 5,17) in Christus geworden sind, und in denen der Heilige Geist Wohnung genommen hat. Wenn dies für Sie nicht zutrifft, können Sie unmöglich so leben, wie Paulus es fordert. Sie haben dazu nicht die Kraft, und ohne die Kraft Christi können Sie nichts tun.
- Wichtig ist vor allem, dass Sie erkennen, dass die in 1. Korinther 13 beschriebene Liebe Gottes Willen entspricht. Erkennen Sie an, dass Sie bisher nicht so gelebt haben, wie es hier gefordert wird, und bitten Sie Gott um Vergebung durch Christus. Dann wird Gott Ihnen in Ihren Bemühungen, ein langmütiger Mensch zu werden, beistehen. Für mich gilt genau dasselbe: Sie und ich, wir müssen beide bekennen, dass wir gesündigt haben. Wir müssen Ihn um Hilfe anflehen und unseren Sinn ändern. Wir können als langmütige Menschen in Liebe leben, wenn wir daran denken, wie langmütig Gott, der Vater, und sein Sohn Jesus Christus uns gegenüber waren und sind.
- Und noch auf etwas Weiteres möchte ich in diesem Zusammenhang hinweisen: Vergessen wir nie, was Paulus für das

Wichtigste hält: Er möchte, dass wir begreifen, dass das Annehmen und Ausleben dieser Art von Liebe die wichtigste Voraussetzung für unseren Dienst als Zeugen Jesu Christi ist – in unseren Familien, in unseren Gemeinden, in unserer Welt. Unsere Welt ist eine Welt voller Finsternis, in der Menschen leben, wie Paulus sie in Römer 1 beschreibt. Es sind Menschen, die die „Wahrheit durch Ungerechtigkeit aufhalten" (Vers 18), die Gott erkannten, ihn aber nicht als Gott geehrt, noch ihm gedankt haben (Vers 21); eine Welt, in der die Menschen „die Herrlichkeit des unvergänglichen Gottes vertauscht (haben) mit einem Bild, das dem vergänglichen Menschen ... gleicht" (Vers 23); eine Welt, in der Gott die Menschen „dahin gegeben (hat) in die Begierden ihrer Herzen" (Vers 24); eine Welt voller Menschen, die „die Wahrheit Gottes mit der Lüge vertauschten und dem Geschöpf Ehre und Gottesdienst erwiesen statt dem Schöpfer" (Vers 25); eine Welt, auf der die Menschen „dahingegeben (wurden) in entehrende Leidenschaften" (Vers 26); eine Welt, die Gott „nicht der Anerkennung würdigt" (Vers 28) und sich Ihm nicht unterstellt. Es ist eine Welt, in der die Menschen „voll sind von aller Ungerechtigkeit, Unzucht, Schlechtigkeit, Habsucht, Bosheit; voll Neid, Mordlust, Streit, Betrug und Tücke" (Röm. 1,29). Und die Menschen verüben diese Untaten nicht nur selbst, „sondern haben auch Gefallen an denen, die sie verüben" (Röm. 1,32).

So hat Gott die Welt zur Zeit des Apostels Paulus beschrieben, und nicht anders beschreibt Er sie heute. Es ist kein positives Bild unserer Welt, das hier gezeichnet wird, aber es ist genau die Welt, in die Gott uns schickt, um für Ihn Frucht zu bringen und Licht zu sein. Es ist die Welt, in der wir als Christen leben – als solche Christen, für die 1. Korinther 13 geschrieben wurde. Und mit welchem Ziel wurde das Kapitel geschrieben? Paulus will uns zeigen, dass wir, wenn wir das Ziel haben, die Welt um uns herum für Ihn zu erreichen, dieses Ziel nur erreichen können, wenn wir Menschen sind, die Gott von ganzem Herzen und von ganzer Seele lieben – und die ihre Mitmenschen auf die Art und Weise lieben, wie sie in 1. Korinther 13 beschrieben wurde.

In Johannes 15,16 sagt uns Jesus, wie das geschehen kann: „Nicht ihr habt mich erwählt, sondern ich habe euch erwählt und euch dazu bestimmt, dass ihr hingeht und Frucht bringt und eure Frucht bleibt, damit der Vater euch gibt, was auch immer ihr ihn bitten werdet in meinem Namen.“ Worin liegt also das Erfolgsrezept, wenn wir Seinen Willen tun wollen? Im Leben der Liebe, die in 1. Korinther 13 beschrieben wird.

Fragen zum Inhalt, zum Nachdenken, zur Anwendung des Gesagten und zur Diskussion

1. Worauf kommt es an erster Stelle an, wenn wir als Christen die Frucht bringen wollen, die Gott für uns vorgesehen hat?
2. Wie würde Paulus diese Frage beantworten?
3. Aus welchen Gründen würde Paulus diese Antwort geben?
4. Was meint Paulus (gemäß der Auslegung von Jonathan Edwards), wenn er sagt: „Die Liebe ist langmütig“?
5. Welche Situationen oder reale Begebenheiten können Sie sich vorstellen, in denen Langmut gefordert ist? Lesen Sie noch einmal die von mir zitierten Beispiele (siehe die Punkte 1-19 weiter oben), und beurteilen Sie Ihre wahrscheinliche Reaktion auf die geschilderten Situationen auf einer Skala von 1 bis 4: 4=immer, 3=meistens, 2=selten, 1=nie.
6. Wie würden Sie sich nach Auswertung dieser Punkte auf einer „Langmut-Skala“ von 1-10 selbst einschätzen?
7. Führen Sie einige biblische Beispiele für langmütiges Verhalten an. Beschreiben Sie, wie sich die Langmut in diesen Begebenheiten konkret zeigte und auswirkte.
8. Führen Sie Beispiele aus der Bibel an, in denen Jesus seine langmütige Liebe für die Menschen unter Beweis stellte.
9. Haben Sie eine solche langmütige Liebe schon einmal bei anderen Menschen beobachten können? Nennen Sie Beispiele.
10. Nennen Sie ein Beispiel aus Ihrem eigenen Leben, wo Sie Langmut praktiziert haben.
11. Nennen Sie auch Beispiele, wo Sie es nicht geschafft haben, langmütig zu reagieren.
12. Wie reagieren Sie auf die in diesem Kapitel vorgenommene

Auslegung des Verses „Die Liebe ist langmütig"? An welchem Punkt müssen Sie sich ändern, um eine solche Liebe zu leben?

13. Beachten Sie bitte den Hinweis auf Seite 27.

Kapitel 4
Liebe und Güte: Zwei Seiten einer Medaille

Denk ich an den Himmel...

Wenn jemand Sie fragen würde, ob Sie in *einem* Satz sagen könnten, wie es im Himmel ist, was würden Sie antworten? Vielleicht: „Im Himmel werde ich Christus von Angesicht zu Angesicht sehen"? Oder: „Wenn ich an den Himmel denke, denke ich an das Wiedersehen mit meinen Lieben, die mir vorausgegangen sind"? Vielleicht auch: „Wenn ich an den Himmel denke, erinnere ich mich daran, dass es dort keinen Schmerz und kein Leid mehr gibt, keine Kriege und keine Tränen."

Alle diese Antworten sind richtig. Hätte man dieselbe Frage Jonathan Edwards gestellt, so hätte er geantwortet: „Wenn ich an den Himmel denke, denke ich an eine Welt voller Liebe." Wir wissen das deshalb so genau, weil Edwards genau diese Worte immer wieder gebraucht hat.

Jonathan Edwards gilt als einer der bekanntesten und angesehensten Theologen der amerikanischen Kirchengeschichte. Manche gehen sogar so weit, ihn als einen der brillantesten Köpfe zu bezeichnen, den Amerika je hervorgebracht hat. Edwards war mehr als ein Theologe. Er war in erster Linie ein Mann, der Hunderte von Predigten publizierte, von denen viele immer wieder aufgelegt wurden und bis heute im Umlauf sind.

Seine bekannteste Predigt trägt den Titel: „Sünder in der Hand eines zornigen Gottes." Diese Predigt wurde im Jahre 1741 das erste Mal gehalten. Gott benutzte sie, um in der Folgezeit die „Große Erweckung" *(The Great Awakening)* auszulösen, in deren Verlauf Hunderte von Menschen, wenn nicht Tausende, zu Christus fanden und Seiner Gemeinde zugezählt wurden.

Die zweitberühmteste seiner Predigten ist überschrieben: „Der

Himmel ist eine Welt voller Liebe." In ihr schildert Edwards, dass der Himmel kein Ort ist, an dem die Liebe in kleinen Bächlein sprudelt, sondern in mächtigen, reißenden Strömen. Diese mächtigen Ströme, so fährt Edwards fort, ergießen sich in einen „Ozean der Liebe", in dem die erlösten Seelen in einer Freude und Seligkeit baden, die sie sich nie hätten vorstellen können. Nach dieser sehr bildhaften Beschreibung der Liebe führt er aus: „Wenn du den Weg zum Ort der Liebe finden willst, sieh zu, dass du ein Leben voller Liebe lebst, der Liebe zu Gott und der Liebe zu deinen Mitmenschen. Wir alle möchten gerne nach dem Tod den Ort der Liebe erreichen, und deshalb sollten wir den Geist der Liebe schon jetzt suchen und unser Leben hier auf Erden in heiliger Liebe leben."[8]

Wie in seinen anderen Predigten auch, ruft Edwards seine Hörer und Leser dazu auf, den Himmel auf die Erde zu bringen. Nur so, sagt er, könne ein Mensch zu einem Bürger des Himmels werden. Praktisch bedeutet dies, dass wir unsere persönlichen Bedürfnisse hinter die unseres Nächsten zurückstellen. Es bedeutet, dass wir in Liebe reden und in Liebe handeln, selbst dann, wenn es unbequem wird und uns etwas kostet. Edwards möchte, dass wir als wahre Christen in dieser Welt leben und nicht nur als Menschen, die vorgeben, Christen zu sein.

Edwards fordert uns auf, unsere Vorstellungskraft zu gebrauchen und uns einmal auszumalen, welche Auswirkungen es hätte, wenn wir als Christen im Namen Christi tätige Liebe üben würden. Edwards sagt also genau dasselbe, was Paulus in 1. Korinther 13 sagt: Wenn unser Leben und unsere Arbeit Frucht bringen soll, müssen wir Menschen werden, deren Leben von echter Liebe geprägt ist.[9]

Die Frage ist nur: Wie sieht die Art von Liebe, die uns in dieser Welt fruchtbar sein lässt, aus? Diese Frage beantwortet Paulus in 1. Korinther 13,4-8.

In den vergangenen Kapiteln haben wir uns auf den ersten Teil von Vers 4 konzentriert, in dem uns Paulus sagt, dass Liebe, wenn sie konkrete Auswirkungen haben soll, geduldig und langmütig sein

8 Jonathan Edwards, *Charity and Its Fruits*. London: Verlag des *Banner of Truth Trust*, 1969, Seite 367).

9 vgl. Edwards, *Charity and its Fruits*, 321-368.

muss. In diesem Kapitel werden wir das zweite Element der Liebe besprechen, das Paulus in Vers 4 behandelt: „Die Liebe ist gütig" (Lutherübersetzung: „freundlich").

Was bedeutet es, von einer Liebe erfüllt zu sein, die gütig ist?

Das griechische Wort, das hier benutzt wird, findet sich auch in Lukas 6,35: „Liebt eure Feinde und tut Gutes und leiht, ohne etwas dafür zu erhoffen; so wird euer Lohn groß sein, und ihr werdet Söhne des Höchsten sein, denn er ist *gütig* gegen die Undankbaren und Bösen." Gott, so heißt es hier, tut denen Gutes, die Ihm nichts Gutes tun. Er versorgt die Menschen, die Ihn ignorieren und Böses tun. Er „leiht" ihnen etwas, auch wenn er es nicht zurückerhält.

Auch in Matthäus 11,30 wird dieses Adjektiv gebraucht: „Denn mein Joch ist sanft (angenehm, gütig), und meine Last ist leicht." In Galater 5,22 ist in diesem Zusammenhang von „Freundlichkeit" die Rede: „Die Frucht aber des Geistes ist Liebe, Freude, Friede, Langmut, Freundlichkeit, Güte, Treue, Sanftmut, Selbstbeherrschung."

Und im 1. Petrusbrief 2,3 heißt es: „ ... wenn ihr wirklich geschmeckt habt, dass der Herr *freundlich* ist." In Römer 11,22 wird das Wort für „Güte" dem Wort „Strenge" gegenübergestellt: „So sieh nun die Güte und die Strenge Gottes." „Güte" ist in der Bibel das Gegenteil von „Strenge", und Strenge bedeutet: „Härte" – ein Handeln ohne Mitleid, ohne Milde, ohne Fürsorge.

Epheser 4,32 („Seid aber gegeneinander freundlich") stellt diese Freundlichkeit den Begriffen „Bitterkeit und Wut und Zorn und Geschrei und Lästerung" gegenüber (Vers 31). Mein griechisches Wörterbuch führt dazu aus, dass sich das hier benutzte Wort nicht nur auf eine gütige innere Einstellung bezieht, sondern auf eine Güte, die sich in entsprechenden Handlungen äußert. Vielleicht könnte man sagen: „Güte ist Liebe in Aktion." Güte bedeutet Hilfsbereitschaft, Gutes tun, Lasten tragen, nützlich sein, mitfühlend und liebevoll sein und handeln, einen Blick für die Not der Mitmenschen haben – und vor allem dann auch praktisch zupacken.

Freundlichkeit (Güte) führt dazu, dass wir den Menschen an Leib und Seele Gutes tun, weil wir sie lieben und weil wir Gott lieben. Dies bedeutet zum Beispiel:

- Menschen zu Jüngern Christi zu machen (Mt. 28,19)
- Evangelisation, Zeuge Christi für die Verlorenen sein (1.Kor. 9,19-23; 10,32-33)
- in aller Weisheit einander lehren und ermahnen (Kol. 3,16)
- in Sünde gefallene Mitchristen wieder zurechtbringen (Gal. 6,1-2)
- mit Hoffnung erfüllt sein (Röm. 15,13)
- einander ermahnen und im Glauben auferbauen (1.Thess. 5,11)
- die Unordentlichen ermahnen, die Kleinmütigen trösten, sich der Schwachen annehmen (1.Thess. 5,14)
- gastfreundlich sein ohne Murren und einander zur Ehre Gottes dienen (1.Petr. 4,9-10)

Vor kurzem schickte mir eine Bekannte eine Email. Sie enthielt die Geschichte „Glauben Sie an Ostern?“ und zeigt auf beeindruckende Weise, was es bedeutet, gütig und freundlich zu sein.

> Edith Burns war eine wunderbare Christin, die in San Antonio, Texas lebte. Sie war die Patientin eines Arztes mit Namen Will Phillips. Dr. Phillips war ein mitfühlender Arzt, der seine Patienten als Menschen sah. Und seine Lieblings-Patientin hieß Edith Burns.
>
> Eines Morgens, als er in sein Sprechzimmer ging, war er traurig und bedrückt. Seine Stimmung hing mit Edith Burns zusammen. Als er das Wartezimmer betrat, sah er Edith mit ihrer großen schwarzen Bibel auf dem Schoß auf einem Stuhl sitzen. Sie war in ein Gespräch mit einer jungen Mutter vertieft, die neben ihr saß.
>
> Edith Burns hatte die Angewohnheit, sich folgendermaßen vorzustellen: „Hallo, mein Name ist Edith Burns. Glauben Sie an Ostern?“ Und dann erklärte sie ihrem Gesprächspartner, was Ostern bedeutete.
>
> Beverly, die Laborassistentin, rief Edith ins Behandlungszimmer, weil einige Untersuchungen vorgenommen werden mussten. Als sie ihr die Manschette zum Blutdruckmessen anlegte, sagte Edith: „Mein Name ist Edith Burns. Glauben Sie an Ostern, Schwester?“

„Na ja, ich denke schon", antwortete Beverly.
„Und was bedeutet Ostern Ihnen?", hakte Edith nach.
„Hm", überlegte Beverly. „Ich finde es schön, Ostereier zu suchen, in die Kirche zu gehen und mich fein zu machen."
Aber Edith gab sich mit dieser Antwort nicht zufrieden. Sie gab nicht eher Ruhe, bis sie der Schwester die wahre Bedeutung von Ostern erklärt hatte.
Als Edith ins Sprechzimmer gerufen wurde, setzte sie sich dort auf einen Stuhl und wartete auf den Arzt. Schon bald kam er herein. Aber irgendetwas schien nicht zu stimmen mit ihm.
„Herr Doktor, warum sehen Sie so traurig aus? Lesen Sie Ihre Bibel? Beten Sie?"
Mir belegter Stimme antwortete Dr. Phillips: „Ihr Befund ist inzwischen eingetroffen, Mrs. Burns, und ich muss Ihnen leider mitteilen, dass es nicht gut aussieht. Wir haben einen bösartigen Tumor entdeckt, und ... die Lebenserwartung ist bei dieser Art von Tumor nicht sehr hoch."
Doch Edith Burns antwortete: „Also, Herr Doktor, das ist nun wirklich kein Grund zur Trauer. Glauben Sie, Gott macht einen Fehler? Sie erklären mir gerade, dass ich auf dem Weg nach Hause bin, dass ich meinen Herrn Jesus sehen werde, meinen verstorbenen Ehemann und alle meine Lieben. Sie haben mir die Eintrittskarte für ein ewiges Osterfest überreicht, und das sollten Sie nicht mit einem solch traurigen Gesicht tun! Sie sollten sich schämen, Herr Doktor!"
Der Arzt dachte bei sich: „Was für eine außergewöhnliche Frau diese Edith Burns ist!"
Edith Burns hatte danach noch mehrere Termine bei Dr. Phillips. Weihnachten kam, und die Praxis blieb bis zum 3. Januar geschlossen. Als sie wieder öffnete, erschien Edith nicht. Noch am selben Abend rief sie ihren Arzt an und sagte ihm, sie habe den Eindruck, es werde nicht mehr lange dauern.
„Ich wäre Ihnen sehr dankbar, Herr Doktor, wenn Sie dafür sorgen könnten, dass ich mit ein paar Patientinnen im Zimmer liege, die die Osterbotschaft noch nicht gehört haben. Ich glaube, ich werde sehr bald heimgehen."

Ihr Wunsch wurde erfüllt, und sie wurde mit mehreren Frauen in ein großes Krankenzimmer verlegt. Die ganze Station war beeindruckt von dieser Frau, so beeindruckt, dass man sie nur noch „Oster-Edith" nannte. Nur einer gefiel das überhaupt nicht, Phyllis Cross, der Oberschwester.

Sie ließ niemanden im Zweifel darüber, dass sie mit Edith Burns nichts zu tun haben wollte. Phyllis hatte nichts übrig für religiöse Fanatiker. Sie hatte schon im Armeekrankenhaus gearbeitet und hatte sich dort den Respekt selbst der hartgesottensten Soldaten verdient. Sie hatte drei Ehen hinter sich. Phyllis tat ihren Dienst; sie tat ihn militärisch korrekt, aber ansonsten wollte sie in Ruhe gelassen werden.

Eines Morgens berichteten die zwei Schwestern, die sich um Edith kümmerten, dass es ihr nicht gut ginge. Sie hatte sich mit einem Grippevirus infiziert und brauchte dringend eine Injektion. Phyllis ging zu Edith ins Zimmer und wurde mit einem freundlichen Lächeln begrüßt: „Oberschwester, wie schön, Sie zu sehen. Ich habe viel für Sie gebetet, und nun sind Sie da!"

„Das mit dem Beten können Sie vergessen!", raunzte Phyllis Cross. „Geben Sie sich keine Mühe. Das ist nichts für mich!"

„Aber ich habe fest gebetet, dass Gott mich nicht eher zu sich holt, bevor Sie nicht auch zu Seiner Familie gehören."

„Wunderbar", antwortete Phyllis trocken. Dann werden Sie noch lange leben, denn das wird nicht passieren!" Mürrisch und ohne sich noch einmal umzudrehen verließ sie das Krankenzimmer.

Doch jeden Tag, wenn Phyllis zu Edith ins Zimmer kam, lächelte Edith sie an und sagte: „Wie schön, Sie zu sehen. Ich bete weiter für Sie!"

Oberschwester Phyllis berichtete, sie sei eines Tages geradezu magnetisch von der Zimmertür angezogen worden, hinter der Edith Burns mit ihren Mitpatientinnen lag. Sie trat ein und setzte sich zu Edith auf die Bettkante. Edith strahlte sie an und sagte: „Wie schön, Sie zu sehen. Heute ist Ihr ganz besonderer Tag, ich weiß es!" Die Oberschwester antwortete: „Jedem haben

Sie die Frage gestellt: ‚Glauben Sie an Ostern?', ob die Leute es hören wollten oder nicht, aber mir haben Sie diese Frage nie gestellt!"

„Ich war mehrmals kurz davor", antwortete Edith, aber dann habe ich mich entschlossen, so lange zu warten, bis Sie selbst drauf kommen, und jetzt ist es endlich soweit." Dann griff Edith Burns nach ihrer Bibel und erklärte der Oberschwester, wie Jesus gestorben war, begraben und wieder auferweckt wurde. „Glauben Sie an Ostern?", fragte sie dann ganz leise. „Glauben Sie, dass Jesus noch heute lebt und in Ihrem Herzen wohnen möchte?"

Phyllis Cross antwortete: „Wie gerne würde ich von ganzem Herzen glauben! Ich wünsche mir sehr, dass Jesus in mein Leben kommt." Und kurz darauf betete Phyllis Cross und nahm Christus als ihren Erlöser an.

Zwei Tage später kam Phyllis wieder zu Edith, und Edith sagte: „Wissen Sie, welcher Tag heute ist?"

Phyllis antwortete: „Aber sicher, heute ist Karfreitag." Doch Edith sagte: „Für Sie ist heute schon Ostern. Frohe Ostern, Phyllis!"

Zwei Tage später, am Ostersonntag, kam Phyllis wie gewohnt auf die Station, verrichtete einige Routinearbeiten und ging dann zum Blumenladen, um ein paar Osterglocken zu kaufen. Sie wollte nämlich ihrer neuen Freundin Edith ein paar Blumen ins Zimmer stellen und ihr Frohe Ostern wünschen.

Als sie das Zimmer betrat, lag Edith im Bett. Ihre große schwarze Bibel lag auf ihrem Schoß. Zwei ihrer Finger waren in der Bibel und schienen auf bestimmte Versen zu deuten.

Auf ihrem Gesicht lag ein friedliches Lächeln. Als Phyllis Cross ihre Hand berührte, wusste sie, dass Edith tot war.

Sie las die Stelle, auf der Ediths linke Hand gelegen hatte. Es war Johannes 14: „Im Haus meines Vaters sind viele Wohnungen; wenn nicht, so hätte ich es euch gesagt. Ich gehe hin, um euch eine Stätte zu bereiten. Und wenn ich hingehe und euch eine Stätte bereite, so komme ich wieder und werde euch zu mir nehmen, damit auch ihr seid, wo ich bin." (Joh.

14,2-3) Der Finger der anderen Hand wies auf Offenbarung 21,4: „Und Gott wird abwischen alle Tränen von ihren Augen, und der Tod wird nicht mehr sein, weder Leid noch Geschrei noch Schmerz wird mehr sein; denn das Erste ist vergangen."
Phyllis Cross blickte auf den Leichnam, trat zum Fenster und schaute in den Morgenhimmel. Mit tränenerstickter Stimme drehte sie sich noch einmal um, sah zu Edith hin und sagte: „Frohe Ostern, Edith. Frohe Ostern!"
Dann fasste sie sich, ging ins Schwesternzimmer zurück, wo schon zwei neue Schwesternhelferinnen auf sie warteten. Sie begrüßte die Neuen freundlich und sagte: „Schön, dass sie da sind. Mein Name ist Phyllis Cross. Glauben Sie an Ostern?"[10]

Diese Geschichte illustriert auf sehr anschauliche Art und Weise, was es bedeutet, Güte und Freundlichkeit zu praktizieren, nämlich anderen Gutes zu tun, weil Jesus uns liebt – und wir Ihn. Gütige Liebe bedeutet, den Mitmenschen auch materiell Gutes zu tun, denn wir lieben unseren Nächsten, wie wir Gott lieben. Wenn wir dies tun, verhalten wir uns...

- wie der barmherzige Samariter in Lukas 10,
- wie „unsere Schwester Phoebe" in Römer 16,1-2,
- wie Aquila und Priscilla in Römer 16,3-4,
- wie Barnabas in Apostelgeschichte 4,36-37,
- wie Jesus selbst in Johannes 8 oder in Markus 8, als er 4000 Menschen satt machte.

Wir praktizieren das, was in Galater 6,10 und 1. Johannes 3,16-17 von uns gefordert wird. Wir tun das, was gemäß Matthäus 25,35-36 jeder Christ tun sollte. Wir halten uns an Römer 12,17 und 1. Korinther 12,26. Wir verhalten uns wie Paulus in Apostelgeschichte 20,34 und 1. Thessalonicher 2,9. Wir halten uns an Jakobus 1,27, weil wir Gott und sein Volk lieb haben. Wir behandeln die Menschen so, wie es Matthäus 7,12 uns gebietet. Wir leben so, wie sich die Edith Burns unserer Geschichte gegenüber Phyllis Cross und ihren Mitpatientinnen gegenüber verhalten hat.

10 Anmerkung des Übersetzers: Autor dieser Geschichte, die in den USA unter dem Titel *Do you believe in Easter?* oder *The story of Edith Burns* eine weite Verbreitung per Internet und Email gefunden hat, ist der Dichter Russell Kelfer, 1933-2000.

Und nun, am Ende dieses Kapitels, möchte ich noch einmal unterstreichen, dass sich Güte auf eine ganz unterschiedliche Art äußern kann. Sie zeigt sich in unseren Worten und unseren Taten. Sie zeigt sich in dem, was wir sagen, aber auch in dem, was wir nicht sagen (vgl. Spr. 15,1-2; Eph. 4,29). Denken Sie einmal über all die Beispiele für Güte nach, die Ihnen einfallen. Güte und Freundlichkeit zeigen sich zum Beispiel...

- im Tonfall unserer Worte, d.h. *wie* wir etwas sagen (Spr. 16,21; Kol. 4,6),
- *wann* wir etwas sagen (Eph. 4,29),
- *wo* wir etwas sagen (Mt. 18,15; Joh. 21,12-17),
- darin, was wir tun und nicht tun: Wir halten uns an Verabredungen und Termine; wir sind Vorbilder.

Mehr noch:

- Wir lachen und weinen mit unseren Geschwistern.
- Wir lassen sie an unserem Leben teilhaben und herrschen nicht über sie.
- Wir verhalten uns nicht dominant; wir zwingen niemandem unseren Willen auf.
- Wir tratschen und lästern nicht über andere; wir ignorieren niemanden.
- Wir sind gute Zuhörer und verbreiten keine Lügen.
- Wir leihen uns nichts aus, ohne vorher zu fragen. Wenn wir etwas ausgeliehen haben, geben wir es pünktlich und im selben Zustand zurück.

All das gehört zu einer gütigen und freundlichen Liebe. Und da Gott uns in Seinem Wort herausfordern möchte, sollten wir nicht zögern, uns selbst zu prüfen, ob wir wirklich eine solche gütige Liebe praktizieren. Sie zu praktizieren ist aus verschiedenen Gründen sehr wichtig. Einer der wichtigsten Gründe ist, dass wir nur dann die Welt für Christus erreichen können, wenn wir diesen „weit vortrefflicheren Weg“ konsequent gehen.

Fragen zum Inhalt, zum Nachdenken, zur Anwendung des Gesagten und zur Diskussion

1. Wie heißt die zweitbekannteste Predigt von Jonathan Edwards?
2. Was meint Jonathan Edwards, wenn er sagt, wir sollten als Christen den Himmel auf die Erde bringen?
3. Wie kann dies praktisch geschehen – den Himmel auf die Erde zu bringen?
4. Was meint Paulus, wenn er sagt, die Liebe sei gütig?
5. Was sagt dieses Kapitel darüber, wie eine Liebe, die gütig ist, sich auswirkt?
6. Inwiefern ist die Geschichte von Edith Burns ein Beispiel dafür, wie sich Liebe praktisch auswirkt?
7. Konnten Sie (in Ihrer Familie, in Ihrer Gemeinde oder bei Ihren Mitchristen) schon einmal beobachten, wie sich gütige Liebe praktisch auswirkt?
8. Bei welchen Gelegenheiten haben Sie selbst schon einmal freundliche Liebe *praktiziert*, sei es in Ihrer Familie, in Ihrer Gemeinde oder im Umgang mit Ihren Mitmenschen?
9. Bei welchen Gelegenheiten haben Sie *versagt*, als es darum ging, gütige Liebe zu praktizieren – in Ihrer Familie, in Ihrer Gemeinde oder im Umgang mit Ihren Mitmenschen?
10. Auf welche Weise möchten Sie (und werden Sie, mit Gottes Hilfe) in Zukunft mehr die hier beschriebene gütige und freundliche Liebe praktizieren? Bitte nennen Sie konkrete Beispiele.
11. Beachten Sie bitte den Hinweis auf Seite 27.

Kapitel 5
„Die Liebe ist gütig …"
– wie sieht das praktisch aus?

Noch sehr gut erinnere ich mich an eine Predigtserie von John Piper, Pfarrer an der *Bethlehem Baptist Church* in Minneapolis im US-Bundesstaat Minnesota. Er sagte zum Thema „Liebe" einmal Folgendes: „Wir alle beten für eine geistliche Erweckung. Wir werden eine solche Erweckung, wenn sie denn kommt, daran erkennen, dass sie diese Merkmale aufweist." Was John Piper damit unterstreichen wollte, war die Bedeutung echter Liebe. Wenn Erweckung geschieht, ist es eine Erweckung durch Liebe.

Piper sagte in dieser Predigt weiter: „Was die Liebe betrifft, so sehne ich mich danach, auch persönlich darin zu wachsen. Es tröstet mich, dass auch der Apostel Paulus betont, dass man die Liebe nicht ein für alle Mal hat. Oft brauchen wir viele Jahre, um darin zu wachsen. Warum sonst sollte Paulus in Philipper 1,9 sagen: ‚Ich bete, dass eure Liebe noch mehr und mehr überströme in Erkenntnis und allem Urteilsvermögen?' Genau danach sehne ich mich, genau das möchte ich haben – jetzt, da ich älter werde."

Piper erinnert in dieser Predigt seine Gemeinde auch daran, dass die Wichtigkeit der Liebe sich oft erst auf dem Totenbett zeigt. Niemand wird kurz vor dem Sterben seinen Lieben in die Augen sehen und sagen: „Ach, hätte ich doch nur mehr Zeit im Büro verbracht." Es gibt nichts Schlimmeres, so Piper, als wenn man erst auf dem Sterbebett feststellt, dass man mehr Zeit mit seiner Familie hätte verbringen sollen.

Am Ende seiner Predigt weist er noch einmal auf die Worte des Paulus in 1. Korinther 16,14 hin und sagt: „Ich wünsche mir, dass in diesen Wochen des Bibelstudiums in unserer Gemeinde Wirklichkeit wird, was Paulus gesagt hat: „Lasst alles bei euch in der Liebe geschehen."

John Piper ist also davon überzeugt, dass immer dann, wenn der Heilige Geist eine Erweckung schenkt, die Frucht dieser Erweckung eine Neubelebung der Liebe in der Gemeinde ist. Und das Bedürfnis, auf seiner persönlichen „Skala der Nächstenliebe" nach oben zu klettern, hat für ihn oberste Priorität.

Liebe an die erste Stelle setzen – was sagt die Bibel dazu?

Wie mag John Piper zu seiner Überzeugung gelangt sein, dass die Liebe das Wichtigste für den christlichen Dienst und das christliche Leben ist? Sie beruht sicher auf verschiedenen Bibelstellen, aber in erster Linie auf dem Text, den wir hier gemeinsam studieren. Ich kann dies deshalb mit Sicherheit sagen, weil Piper an mehreren Stellen seiner Predigtreihe auf 1. Korinther 13 Bezug nimmt.

Vielleicht hätte der Apostel Paulus ihm ermutigend zugerufen: „Recht hast Du!" Denn was sagte der Apostel? „Wenn ich in Sprachen der Menschen und der Engel redete, aber keine Liebe hätte, so wäre ich ein tönendes Erz oder eine klingende Schelle. Und wenn ich Weissagung hätte und alle Geheimnisse wüsste und alle Erkenntnis, und wenn ich allen Glauben besäße, so dass ich Berge versetzte, aber keine Liebe hätte, so wäre ich nichts. Und wenn ich alle meine Habe austeilte und meinen Leib hingäbe, damit ich verbrannt würde, aber keine Liebe hätte, so nützte es mir nichts."

Wenn es also um die geistliche Frucht im christlichen Dienst geht, gibt es nach Paulus nichts Wichtigeres als die Liebe.

Das Zeugnis der Liebe im alltäglichen Leben

Es stellt sich nun natürlich die Frage: Wie sieht die Liebe – eine Liebe, die uns zu wirksamen Zeugen Christi macht – in der Praxis aus? Paulus beantwortet sie in den Versen 4-8. Dort erläutert er, dass eine Liebe, durch die wir die Welt für Christus erreichen können, insgesamt fünfzehn Eigenschaften aufweist. Die erste Eigenschaft der Liebe, die „Geduld" oder „Langmut", die im ersten Teil von

Vers 4 erwähnt wird, haben wir uns bereits angeschaut. Daran anschließend haben wir uns dem zweiten Aspekt zugewandt, den Paulus anspricht, dass die Liebe freundlich bzw. gütig ist.

Das griechische Adjektiv für „gütig" bedeutet soviel wie „gut" oder „freundlich zu den Menschen" zu sein. Diese Eigenschaft geht über ein normales Mitgefühl hinaus. Es geht dabei nicht um Mitleid oder fürsorgliche Gefühle für die Bedürftigen. Güte ist eine Haltung, die nicht bei den Gefühlen stehen bleibt. Gefühle gehören immer mit dazu, aber wirkliche Güte zeigt sich darin, dass den Gefühlen Handlungen folgen.

Gütige und freundliche Liebe wendet sich auch den geistlichen Bedürfnissen der Menschen zu. So gesehen ist Mission und Evangelisation, ebenso wie der hilfreiche Dienst für die Gläubigen, ein Akt der Güte. Desgleichen bedeutet Güte, sich konkret der physischen und materiellen Bedürfnisse unserer Mitmenschen anzunehmen.

Güte und Freundlichkeit im Alltag

In den vorangegangenen Abschnitten habe ich mich zunächst allgemein mit der Frage beschäftigt, wie Freundlichkeit und Güte aussehen. Wenn wir jedoch im Detail und auf „alltagstaugliche" Weise erfassen wollen, was es bedeutet, diese Art von Liebe zu haben, wäre es sicher hilfreich, wenn wir noch eine weitere Frage beantworten würden, nämlich: „*Wem gegenüber* sollen wir uns als freundlich und gütig erweisen?"

- In Sprüche 31,26 heißt es von der fleißigen Hausfrau: „Ihren Mund öffnet sie mit Weisheit, und freundliche Unterweisung ist auf ihrer Zunge." Hier zeigt sich die Freundlichkeit der Frau in der Art und Weise, wie sie mit ihrer Familie spricht.
- In Kolosser 3,19 wird den Ehemännern gesagt, dass Bitterkeit das Gegenteil von Güte ist: „Ihr Männer, liebt eure Frauen und seid nicht bitter gegen sie." Positiv ausgedrückt: „Liebt eure Frauen und geht freundlich mit ihnen um."
- In 1. Timotheus 3,5 ermahnt Paulus die Väter, ihre Kinder respektvoll zu behandeln: „Wenn aber jemand seinem eigenen Haus nicht vorzustehen weiß, wie wird er für die Gemeinde Gottes sorgen?" Hier haben wir einen Mann, der Freundlichkeit

und Güte vorlebt, indem er seine Kinder mit Würde und Respekt behandelt.

- In Epheser 6,4 heißt es, dass die Väter ihre Kinder nicht zum Zorn reizen sollen.
- Kolosser 3,21 sagt den Vätern, sie sollen ihre Kinder „nicht erbittern, damit sie nicht unwillig werden."
- Weiter lesen wir im 1. Timotheusbrief, dass christlicher Glaube zu Hause beginnt, denn wie kann ein Mann „für seine Hausgenossen sorgen", ohne dabei Güte walten zu lassen?
- In Markus 7,10 wird von den Kindern gefordert, Vater und Mutter zu ehren – mit anderen Worten, freundlich zu ihnen zu sein.
- In Galater 6,10 wird uns gesagt, dass wir „Gutes tun", also „gütig" sein sollen, „wo wir Gelegenheit haben, ... besonders aber an den Hausgenossen des Glaubens".
- In 1. Korinther 12,25-26 steht, dass es keinen „Zwiespalt im Leib" (= in der Gemeinde) geben darf, sondern dass „die Glieder füreinander sorgen" sollen. „Und wenn ein Glied leidet, so leiden alle Glieder mit; und wenn ein Glied geehrt wird, so freuen sich alle Glieder mit." Hier zeigt sich gütige Liebe darin, dass wir mit anderen leiden und uns mit ihnen freuen, wenn es ihnen gut geht.
- Matthäus 5,43-45 schlägt den Bogen noch weiter und zeigt, dass wir auch denen Gutes tun sollen, die unsere Feinde sind. Hier wird Güte und Freundlichkeit denen gegenüber gefordert, die uns hassen, beleidigen und verfolgen (Vers 44). Wir sind dazu aufgerufen, uns die Güte und Menschenfreundlichkeit unseres himmlischen Vaters zum Vorbild zu nehmen. „Denn er lässt seine Sonne aufgehen über Böse und Gute und lässt es regnen über Gerechte und Ungerechte." (Vers 45)
- Jonathan Edwards führt aus: „Solange wir noch in dieser Welt leben, müssen wir damit rechnen, einigen Menschen mit sehr bösen Eigenschaften zu begegnen. Einige hegen eine hasserfüllte Gesinnung, einige leben entsprechend dieser Gesinnung. Einige sind stolz, manche unmoralisch, voller Begierde, fern jeglicher Frömmigkeit, ungerecht und hart, Gott

verachtend. Und doch dürfen uns diese bösen Eigenschaften nicht daran hindern, ihnen freundlich zu begegnen und ihnen Gutes zu erweisen, sofern wir die Gelegenheit dazu haben. Wir sollten uns ernsthaft bemühen, ihnen zu helfen und sie für Christus zu gewinnen. Denn die geistliche Hilfe ist die wichtigste Hilfe." [11]

- In Römer 12,17-18 begegnet uns eine ähnliche Herausforderung. Dort heißt es: „Vergeltet niemand Böses mit Bösem! Seid auf das bedacht, was in den Augen aller Menschen gut ist. Ist es möglich, soviel an euch liegt, so haltet mit allen Menschen Frieden."
- Der 1. Thessalonicherbrief ermahnt uns in einer Parallelstelle (1.Thess. 5,15): „Seht darauf, dass niemand Böses mit Bösem vergilt, sondern trachtet allezeit nach dem Guten, sowohl untereinander als auch gegenüber jedermann."
- In Lukas 6,35 sagt Jesus: „Vielmehr liebt eure Feinde und tut Gutes [= seid gütig] und leiht, ohne etwas dafür zu erhoffen; so wird euer Lohn groß sein, und ihr werdet Söhne des Höchsten sein, denn er ist gütig gegen die Undankbaren und Bösen."
- Wenn es um Güte und Freundlichkeit geht, sollen wir uns das Beispiel unseres Herrn vor Augen halten, so wie es Römer 5,8 beschreibt: „Gott aber beweist seine Liebe zu uns dadurch, dass Christus für uns gestorben ist, als wir noch Sünder waren."
- Kolosser 1,21-22: „Auch euch, die ihr einst entfremdet und feindlich gesinnt wart in den bösen Werken, hat er nun versöhnt in dem Leib seines Fleisches durch den Tod."

Die Auswirkungen von Güte und Freundlichkeit

Dies bringt uns zu einer weiteren wichtigen Frage: *„Auf welche Weise können wir unsere freundliche Liebe anderen Menschen gegenüber zum Ausdruck bringen?"* Die Antwort gibt uns zum einen die inhaltliche Definition des Wortes „Güte"; zum anderen ist sie in einer Reihe von Versen zu finden, von denen ich einige bereits zitiert habe.

Wie wir bereits feststellten, beinhaltet „Güte" zwar „Gutes tun",

11 Jonathan Edwards, *Charity and Its Fruits*. London: Verlag des *Banner of Truth Trust*, 1969, Seite 100.

aber hinter der gütigen Tat steht ein gütiges Herz, eine gütige Einstellung. Es ist eine Einstellung, die dem Mitmenschen Gutes tut, nicht weil er es verdient hat, sondern weil der gütige Mensch von der Liebe Gottes motiviert wird, und die Liebe Gottes beruht nicht auf Verdienst.

In Epheser 2,4-9 heißt es: „Gott aber, der reich ist an Erbarmen, hat um seiner großen Liebe willen, mit der er uns geliebt hat, auch uns, die wir tot waren durch die Sünden, mit Christus lebendig gemacht – aus Gnade seid ihr gerettet! – und hat uns mit ihm auferweckt und mitversetzt in die himmlischen (Regionen) in Christus Jesus, damit er in den kommenden Weltzeiten den überschwänglichen Reichtum seiner Gnade in Güte an uns erweise in Christus Jesus. Denn aus Gnade seid ihr gerettet worden durch den Glauben, und das nicht aus euch – Gottes Gabe ist es; nicht aus Werken, damit niemand sich rühme."

Diese Stelle und der gesamte Kontext machen es sehr deutlich, dass Gott uns Gutes erwiesen hat, als wir Ihm noch ungehorsam waren und in der Welt lebten. Er war uns gütig, als wir noch auf den Teufel hörten und nicht den Geboten des Schöpfers folgten.

Echte Liebe zeigt sich in einer gebenden Haltung, die frei von einem jeglichen Denken des „Gebens, um zu Empfangen" ist.

- In Lukas 6,35 lehrt uns Jesus genau diesen Aspekt der Güte, wenn er sagt, dass wir anderen Menschen leihen sollten, ohne etwas zurückzuerwarten.
- Lukas 14,12-14 betont denselben Aspekt. Jesus spricht: „Wenn du ein Mittags- oder Abendmahl machst, so lade nicht deine Freunde, noch deine Brüder, noch deine Verwandten, noch reiche Nachbarn ein, damit nicht etwa auch sie dich wieder einladen und dir vergolten wird; sondern wenn du ein Gastmahl machst, so lade Arme, Krüppel, Lahme, Blinde ein, so wirst du glückselig sein, denn weil sie es dir nicht vergelten können, wird es dir vergolten werden bei der Auferstehung der Gerechten."
- In 1. Petrus 4,8-9 heißt es: „Vor allem aber habt innige Liebe untereinander; denn die Liebe wird eine Menge von Sünden zudecken. Seid gegeneinander gastfreundlich ohne Murren!"

- 2. Korinther 9,7 betont: „Jeder (gebe), wie er es sich im Herzen vorgenommen hat, nicht widerwillig oder gezwungen, denn einen fröhlichen Geber hat Gott lieb."
- Und in 5. Mose 15,7-8 heißt es: „Wenn aber ein Armer bei dir ist, irgendeiner deiner Brüder in einem deiner Tore in deinem Land, das der HERR, dein Gott, dir gibt, so sollst du dein Herz nicht verhärten noch deine Hand vor deinem armen Bruder verschließen, sondern du sollst ihm deine Hand weit auftun und ihm reichlich leihen, soviel er nötig hat."

Freundlichkeit und Güte zu leben, bedeutet also auch, dass wir von Herzen *geben*. Wir tun das nicht mit einer murrenden Haltung oder weil wir uns dazu gedrängt fühlen, sondern wir helfen unseren bedürftigen Mitchristen von ganzem Herzen.

„Die Liebe ist gütig" – was motiviert uns, eine solche Liebe zu leben?

Dies bringt uns schließlich zu der Frage, was gütige Liebe praktisch bedeutet. Warum sollte uns daran gelegen sein, besonders diesem Aspekt der echten Liebe nachzustreben?

Unsere Motivation dafür, den Aspekt der Freundlichkeit und Güte in unserem Leben dauerhaft zu verwirklichen, sollte darin liegen, dass ohne Freundlichkeit und Güte Liebe nicht möglich ist. Niemand kann lieben, ohne gütig und freundlich zu sein. Freundlichkeit bedeutet für die Liebe das, was Wärme für das Feuer bedeutet. Ein Feuer ohne Wärme existiert nicht. Es gibt zwar Versuche, Feuer zu imitieren, aber echtes Feuer strahlt immer Wärme aus. Haben Sie schon einmal versucht, sich an einem dekorativen künstlichen Kamin zu wärmen, dessen „Feuer" von einer roten Lampe betrieben wurde? Es funktioniert nicht.

Freundlichkeit gehört zur Liebe wie Wasserstoff und Sauerstoff zum Wasser. Ohne die beiden Elemente gibt es kein Wasser. Und ohne die Elemente Güte und Freundlichkeit gibt es keine Liebe. Der 1. Johannesbrief drückt es folgendermaßen aus: „Meine Kinder, lasst uns nicht mit Worten lieben, noch mit der Zunge, sondern in Tat und Wahrheit. Und daran erkennen wir, dass wir aus der Wahrheit sind, und damit werden wir unsere Herzen vor Ihm stillen." (1.Joh. 3,18-19)

Schließlich sollte unsere Motivation dafür, echte Liebe zu leben, darin liegen, dass Gott uns zuerst geliebt hat. In Titus 3,4-6 heißt es: „Als aber die Freundlichkeit und Menschenliebe Gottes ... erschien, da hat er uns – nicht um der Werke der Gerechtigkeit willen, die wir getan hätten, sondern aufgrund seiner Barmherzigkeit – errettet durch das Bad der Wiedergeburt und durch die Erneuerung des Heiligen Geistes."

Gott hat sich uns gegenüber als freundlich und gut erwiesen! Er hat uns gerettet, nicht aufgrund unserer Werke der Gerechtigkeit, sondern durch Christi vollkommene Gerechtigkeit (vgl. Röm. 5,8; 2.Kor. 8,9; Eph. 2,4-7; 1.Joh. 4,10-11). Wir sind aufgefordert zu lieben, weil Er uns zuerst geliebt hat. Wie sollten wir miteinander nicht freundlich umgehen, wenn Gott so freundlich zu uns war und ist?

Ich möchte Ihnen anhand eines Beispiels erzählen, warum wir uns um freundliche Liebe bemühen sollten. Freundliche und gütige Liebe wird unserem Zeugnis gegenüber den Ungläubigen Kraft und Nachdruck verleihen. Dasselbe gilt für unsere Bemühungen, die Gläubigen in Christus aufzuerbauen.

Mitte des 19. Jahrhunderts, zur Zeit der Befreiung der schwarzen Sklaven, hieß der Präsident der Vereinigten Staaten Abraham Lincoln. Lincoln hatte viele Feinde, aber sein schlimmster Feind war ein Mann namens Edwin Stanton. Bevor Lincoln zum Präsidenten gewählt wurde, opponierte Stanton gegen ihn, wo er nur konnte. Er nannte Lincoln einen „Taugenichts" und einen „wahren Gorilla". Stanton erzählte den Menschen, sie bräuchten nicht den weiten Weg nach Afrika zu nehmen, wenn sie einmal einen echten Gorilla sehen wollten, denn einen solchen gäbe es auch ganz in der Nähe, nämlich in Springfield, Illinois (Lincolns Geburtsort). Lincoln selbst äußerste sich nie zu diesen Verunglimpfungen. Als er schließlich Präsident wurde, ernannte er Stanton zu seinem Kriegsminister. Als einer seiner Freunde Lincoln ungläubig fragte, wie er auf Stanton gekommen sei, antwortete Lincoln: „Es gibt keinen besseren Mann für diesen Job." Statt die Beleidigungen zurückzugeben oder sich zu rechtfertigen, zeigte Präsident Lincoln, dass er ein langmütiger und gütiger Christ war. Stantons Widerstand gegen Lincoln löste sich bald in Luft auf. Als Lincoln viele Jahre später ermordet wurde, stand Stanton an seinem Sarg und sagte: „Hier liegt der größte Staatsmann, den die Welt je gesehen hat."[12]

Diese Geschichte veranschaulicht sehr gut das, was Paulus uns in 1. Korinther 13 lehrt, nämlich dass echte Liebe Hindernisse überwindet und die Menschen, mit denen wir es zu tun haben, nachhaltig beeindruckt.

Vielleicht kennen Sie die Lebensgeschichte von Amy Carmichael, einer Frau, die als Missionarin nach Indien ging, um dort jenen armen, vernachlässigten Kindern und Mädchen zu helfen, die von den Hindupriestern zur Tempelprostitution missbraucht werden sollten. Amy Carmichael begann dort eine Arbeit, die unter dem Namen *Dohnavur Fellowship* bekannt geworden ist. Hunderte von Mädchen bekamen durch diese Organisation Obdach und Nahrung. Sie wurden mit Jesus Christus bekannt gemacht und im christlichen Glauben unterwiesen. Amy und die anderen Frauen, die dort arbeiteten, kamen stets in Saris zur Arbeit. Und die Mädchen, um die sie sich kümmerten, erhielten neue, indische Namen. Amy Carmichael hatte in Indien den Ruf einer Frau, der die gütige Liebe über alles ging. Nichts war ihr und ihren Kolleginnen wichtiger, als sich für die indischen Mädchen aufzuopfern und ihnen das zu geben, wonach Körper und Seele sich sehnten. „Man kann nicht Menschen zum Glauben führen," sagte Amy einmal, „und sie anschließend mit einer Mistgabel gen Himmel schicken." Sie wollte damit wohl sagen, dass man sich auf ganzheitliche Weise um die Menschen kümmern muss, wenn sie zum Glauben gekommen sind. Menschliche Seelen hausen in menschlichen Körpern, und da man die Seele nicht aus dem Körper herausholen kann, muss man sich eben um beide kümmern – um den Leib und um die Seele.

Einer ihrer Biographen schreibt, dass Amy Carmichael ein Leben der Liebe gelebt hat. Es war eine Liebe, die so stark strahlte, dass sie andere Menschen wie ein Magnet anzog. Den Hindus blieb dies nicht verborgen, und so nannten sie die Missionarin „Missie Ammal, die Kinderfängerin". Dies war ihr indischer Name und er bedeutet soviel wie „Mutter". Manche der Hindus glaubten, dass Mutter Amy

12 John MacArthur in seiner Auslegung des 1. Korintherbriefes. *The MacArthur New Testament Commentary*. Chicago: Moody, 1984, Seite 339.

die jungen Frauen mit Hilfe irgendwelcher Zauberkräfte anzog, und dass die Mädchen gar nicht anders konnten, als an ihren Lippen zu hängen und ihr zuzuhören. Doch Amys „Zaubertrank" war nichts anderes als die Liebe Gottes, eine Liebe der Art, wie sie Paulus im 1. Korintherbrief so anschaulich beschreibt.[13]

Es sind unter anderem diese drei Gründe, die uns davon überzeugen sollten, dass es wichtig ist, sich um ein Leben in gütiger Liebe zu bemühen, denn Güte ist die Quintessenz der Liebe. Wir sollten dies um der Güte willen tun, die Gott uns und anderen erwiesen hat. Wir sollten es tun, weil wir ohne Güte niemals unsere Mitmenschen für Christus werden erreichen können.

Abschließende Gedanken zur Anwendung und zum persönlichen Wachstum

Auch am Ende dieses Kapitels frage ich mich, wie wohl Ihre Reaktion auf das Gelesene aussieht. Sie haben gehört, wie wichtig es ist, dass unser Leben dauerhaft von gütiger Liebe geprägt ist. Deshalb möchte ich Sie fragen, meine lieben Brüder und Schwestern in Christus: Wollen Sie wirklich ein Leben im Dienst für Gott führen, das Frucht für Ihn bringt? Wenn Sie Christ sind, kann die Antwort nur „Ja" lauten.

Vergessen wir nie, was die Bibel immer wieder betont: Der wichtigste Faktor, um andere Menschen für Christus zu erreichen, liegt nicht in unserem Wissen und Können, nicht im Aufgeben unseres Besitzes oder der Hingabe unseres Lebens auf dem Scheiterhaufen. Das einzig Wichtige ist ein Leben, das von echter Liebe durchdrungen ist. Und wir haben gesehen, dass die Liebe dann am meisten bewirkt, wenn sie langmütig und gütig ist.

Denken Sie bitte im Licht dieser Tatsache darüber nach, wie Sie auf das Gesagte reagieren wollen. Wenn ich Sie fragen würde, auf welche Weise Sie diese Woche gütige Liebe praktiziert haben, könnten Sie Beispiele anführen? Wenn ich Sie fragen würde, ob Ihre Liebe Sie dazu motiviert hat, anderen Menschen etwas von Christus zu erzählen, könnten Sie mit „Ja" antworten? Haben Sie

13 Frank L. Houghton, *Amy Carmichael of Dohnavur: The Story of a Lover and Her Beloved.* Fort Washington, PA: Christian Literature Crusade, 1992, Seite 219.

vielleicht sogar in der letzten Woche eine evangelistische Schrift weitergegeben? Wenn ich mich nach den Gelegenheiten erkundigte, bei denen Sie Güte gezeigt haben, indem Sie andere Christen ermutigt, getröstet oder für sie gebetet haben, würden Ihnen Gelegenheiten einfallen? Und wie steht es mit Hilfsangeboten im ganz praktischen physischen Bereich? Haben Sie in dieser Beziehung etwas für Christus getan?

Wahrscheinlich werden einige unter Ihnen bezeugen: „Ja, wir haben unseren Mitmenschen Gutes getan.“ Andere, die dieses Buch lesen, haben ein Zeugnis für Christus gegeben. Wieder andere haben Menschen in die Gemeinde eingeladen, oder haben denen, die wenig besitzen, materiell weitergeholfen. Wieder andere haben für Kranke gebetet, sie besucht, oder ihnen einen Gruß geschickt. Viele unter meinen Lesern haben sich auf diese Weise als gütig und freundlich erwiesen.

Wenn das auf Sie zutrifft, möchte ich Ihnen das sagen, was Paulus den Thessalonichern geschrieben hat: „Über die Bruderliebe aber braucht man euch nicht zu schreiben; denn ihr seid selbst von Gott gelehrt, einander zu lieben. [...] Wir ermahnen euch aber, ihr Brüder, dass ihr darin noch mehr zunehmt.“ (1.Thess. 4,9-10) Paulus sagt also: „Gut gemacht, Leute, und ihr könnt noch mehr tun.“

Viele unter Ihnen haben den Brüdern und Schwestern in Christus Gutes getan. Viele haben sich als gütig und liebevoll erwiesen. Doch es gibt wohl niemanden unter uns Gläubigen, der sagen könnte: „Ich liege auf der Freundlichkeitsskala auf Platz Eins. Ich kann nicht noch weiter nach oben rutschen. Denen, die es wirklich ernst mit der Liebe meinen, möchte ich deshalb Mut machen, noch weiter in der Liebe zu wachsen. Brüder und Schwestern, lasst uns mit neuer Hingabe in die Welt hinausgehen. Lasst uns die Augen offen halten und nach Gelegenheiten Ausschau halten (und dafür beten), wie wir Nichtchristen und Christen diese Art von Liebe vorleben können. Halten Sie doch gleich jetzt inne und erneuern Sie im Gebet Ihre Hingabe zu Gott.

Zum Schluss möchte ich aber auch noch ein paar Worte an die Adresse derer richten, die sich in ihrem Leben keinerlei Mühe gegeben haben, ihren Mitmenschen mit gütiger Liebe zu begegnen. Statt sich darum zu kümmern, andere Menschen mit Liebe zu erreichen und ihnen geistlich und materiell Gutes zu tun, haben sie nur wenig dazu beigetragen, dass es den Menschen um sie herum besser geht. Würde die ganze Wahrheit auf den Tisch kommen, würde sich sogar zeigen, dass einige von Ihnen das Leben für die anderen Menschen noch schwerer gemacht haben, als es ohnehin schon ist, sei es durch Worte, sei es durch Taten, sei es durch Unterlassung. Sie haben sich wie das Gegenteil von Amy Carmichael verhalten.

Sollte dies auf Sie zutreffen und sollten Sie dennoch von sich behaupten, ein Christ zu sein, müssen Sie Buße tun und Gott um Vergebung Ihrer Schuld bitten. Bitten Sie Ihn um Hilfe, denn er ist deshalb für uns gestorben, „damit wir Gott Frucht bringen" (Röm. 7,4).

Es könnte aber auch ganz anders sein. Vielleicht haben Sie Ihr Leben überprüft und dabei festgestellt, dass Ihnen eigentlich gar nichts daran gelegen ist, den Menschen in Ihrer Familie oder außerhalb Ihrer Familie geistlich oder materiell weiterzuhelfen. Möglicherweise bereitet Ihnen eine solche Lieblosigkeit noch nicht einmal Kopfzerbrechen. In diesem Falle könnte es sein, dass Sie gar kein wiedergeborener Christ sind. Gott rettet uns nicht aufgrund unserer Werke der Liebe, sondern Er errettet uns zuerst und legt uns dann den Wunsch ins Herz, die Mitmenschen zu lieben.

Der Apostel Petrus drückt dies folgendermaßen aus: „Da ihr eure Seelen im Gehorsam gegen die Wahrheit gereinigt habt durch den Geist zu ungeheuchelter Bruderliebe, so liebt einander beharrlich und aus reinem Herzen." Petrus sagt also, dass niemand Christ werden kann, weil er von sich aus gütig und liebevoll wäre, sondern jeder, der seine Schuld bereut und an Christus gläubig geworden ist, wird das Verlangen und das Vermögen geschenkt bekommen, seine Errettung dadurch zu zeigen, dass er seine Mitmenschen mit gütiger und langmütiger Liebe liebt.

Deshalb mein ernstes Wort für Sie: Wenn Sie weder das Verlangen, noch das Vermögen in sich tragen, auf diese Weise zu lieben, sollten Sie erkennen, dass Ihr Mangel an Liebe ein Zeichen dafür ist, dass Sie kein Christ sind. Sie müssen zu Christus kommen, um errettet zu werden, damit Ihre Seele gereinigt wird durch das, was Er am Kreuz vollbracht hat.

Fragen zum Inhalt, zum Nachdenken, zur Anwendung des Gesagten und zur Diskussion

1. Wie lautet die kurze Definition von „gütig“ zu Beginn dieses Kapitels?
2. Welche fehlerhaften bzw. nicht zutreffenden Definitionen des Adjektivs „gütig“ werden durch diese Definition ausgeschlossen?
3. Was mögen die Menschen meinen, wenn sie sagen: „Güte ist Liebe in Aktion?“
4. Denken Sie noch einmal über die Frage nach, *wem* wir Güte erweisen sollen. Nennen Sie Bibelverse, welche die „Zielgruppe“ unserer Liebe beschreiben.
5. Nach Ihren Überlegungen, *wem* wir unsere Güte und Freundlichkeit erweisen sollen, denken Sie darüber nach, *auf welche Weise* wir das tun können. Nennen Sie Beispiele!
6. Was ist damit gemeint, wenn in unserem Kapitel gesagt wurde, die Liebe solle frei sein von einem Denken des „Gebens, um zu Empfangen“?
7. Kennen Sie, entweder aufgrund Ihres Bibelstudiums oder aufgrund geschichtlicher oder persönlicher Erfahrungen Beispiele, wo Menschen gegeben haben um zu empfangen? Inwiefern könnten Ehemänner, Ehefrauen, Eltern, Kinder oder Gemeindemitglieder in der Gefahr stehen zu geben, um wieder zu nehmen?
8. Wenn Sie jemand fragen würde, warum wir anderen Menschen gütige Liebe erweisen sollen, was würden Sie nach dem Studium dieses Kapitels antworten?
9. Fallen Ihnen, neben den in diesem Kapitel angeführten Gründen, noch weitere Gründe ein, warum wir uns um gütige Liebe bemühen sollten?
10. Was meinte die Missionarin Amy Carmichael, als sie sagte: „Man kann nicht Menschen zum Glauben führen, und sie anschließend mit einer Mistgabel gen Himmel schicken.“ Was

sagt dieser Spruch hinsichtlich unserer Bemühungen, gütige Liebe zu leben?

11. Auf welche Weise möchten Sie (und werden Sie, mit Gottes Hilfe) nach dem Studium dieses Kapitels sich darum bemühen, gütige Liebe in Ihrem Leben zu verwirklichen? Bitte nennen Sie konkrete Beispiele.
12. Beachten Sie bitte den Hinweis auf Seite 27.

Kapitel 6
Eifersucht und Neid sind der Liebe Feind

Paulus zeigt uns in 1. Korinther 13,13, was die drei wichtigsten Merkmale im Leben eines jeden Christen sein sollten: „Nun aber bleiben Glaube, Hoffnung, Liebe, diese drei." Der Apostel ist demnach davon überzeugt, dass es letztlich nur auf eins ankommt: Gott möchte, dass unser Leben durch den Dreiklang von Glaube, Hoffnung und Liebe bestimmt wird.

Paulus geht noch einen Schritt weiter. Wenn man diese drei Merkmale in der Reihenfolge ihrer Wichtigkeit sortiert, dann muss die Liebe ganz oben auf der Werteskala stehen: „Die größte aber von diesen ist die Liebe." (1.Kor. 13,13b)

Bitte verstehen Sie mich nicht falsch. Ich behaupte nicht (genausowenig wie Paulus das tut), dass Glaube und Hoffnung unwichtig wären. Paulus wusste um deren Bedeutung. Jeder, der sich in der Heiligen Schrift auskennt, gelangt zwangsläufig zu der Erkenntnis, dass alle drei Eigenschaften für das christliche Leben von hoher Wichtigkeit sind. Ein im Glauben verwurzelter Mensch wird immer auch Hoffnung haben, und wer Hoffnung hat, hat meist auch Liebe. Aus diesem Grunde werden alle drei Eigenschaften oder Haltungen in der Bibel oft miteinander verknüpft (Gal. 5,6; Kol. 1,3-5; 1.Thess. 1,2-3).

„Die größte aber von diesen ist die Liebe." – Wie begründet Paulus diese Aussage?

Es gibt sicher eine ganze Reihe von Gründen, warum Paulus sagt, dass die Liebe „die größte von diesen" ist. Für unsere Zwecke ist mir im Rahmen unseres Studiums von 1. Korinther 13 vor allem einer wichtig. Er ergibt sich direkt aus dem Gesamtzusammenhang des Textes: Wenn es darum geht, einen guten, biblischen Einfluss auf andere Menschen zu nehmen und sie für Christus zu erreichen, mögen wir Glauben und Hoffnung aufweisen, wenn wir jedoch keine Liebe haben, wird unser Dienst am Nächsten wirkungslos bleiben.

In den ersten und letzten Abschnitten von 1. Korinther 13 sagt uns Paulus, dass immer dann, wenn es um den Dienst des Christen am Nächsten geht, die Liebe ganz oben auf der Werteskala stehen muss. Paulus beschreibt in den Versen 4 bis 8 detailliert die fünfzehn Merkmale echter Liebe. Es ist eine Liebe, die uns zu Werkzeugen Gottes macht – zu Menschen, die im Leben anderer Menschen eine Veränderung bewirken. Bislang haben wir uns zwei dieser Eigenschaften näher angeschaut. Zuerst haben wir festgestellt, dass nach Paulus *Langmut* oder *Geduld* eine Eigenschaft ist, die uns zu wirksamen Zeugen Jesu macht. Danach haben wir uns mit einer weiteren Facette der Liebe beschäftigt, nämlich der *Freundlichkeit* oder *Güte.*

Das dritte Merkmal einer Liebe, die andere Menschen erreicht

Wenden wir uns nun dem vierten Vers zu. In 1. Korinther 13,4 geht es um ein weiteres Kennzeichen der echten Liebe – einer Liebe, die Auswirkungen auf andere hat und sie für Christus erreichen möchte. Echte Liebe „beneidet nicht“, d.h., sie ist nicht neidisch. Was meint Gott damit? Wir sollten uns diesen Vers sehr genau ansehen, denn viele Christen verstehen nicht, was Neid oder Missgunst bedeutet. Sie sagen: „Neid? Damit habe ich keine Probleme! Darüber brauchen wir uns nicht zu unterhalten. Schauen wir uns lieber gleich das nächste Merkmal der Liebe an.“ Doch ich möchte Sie an diesem Punkt um ein wenig Geduld bitten. Eine Definition der Begriffe wird uns dabei helfen, den wahren Charakter der Liebe besser zu verstehen, denn Neid und Liebe sind Gegensätze.

„Die Liebe beneidet nicht“ – Beispiele und Definitionen

Unter Neid oder Missgunst verstehen wir eine Haltung der Unzufriedenheit mit der Tatsache oder dem Gefühl, dass jemand besser oder höher gestellt ist als wir. Das kann sich auf den Respekt beziehen, der einem Menschen entgegengebracht wird, auf den Beruf, die Ehre, den Erfolg, die Effektivität oder den Besitz.

Die Bibel gibt uns eine ganze Reihe von Beispielen für Neid, Eifersucht und Missgunst:

- Satan war neidisch, dass Gott im Leben von Adam und Eva einen solch hohen Stellenwert hatte. Er wollte nicht, dass die ersten Menschen Ihn ehrten. Der Teufel wollte diese Ehre selber haben und gönnte sie Gott nicht (1.Mo. 3).
- Kain war neidisch auf seinen Bruder Abel (1.Mo. 4).
- Sarai war eifersüchtig auf ihre Magd Hagar (1.Mo. 16).
- Die Brüder Josefs waren eifersüchtig auf ihn (1.Mo. 37).
- Korah, Dathan und Abiram waren neidisch auf das Ansehen des Mose, auf den Respekt, der ihm entgegengebracht wurde (4.Mo. 16).
- Saul war über die Maßen eifersüchtig auf David (1.Sam. 18).
- Die Pharisäer beneideten Jesus um die Anerkennung, die er genoss (Matth. 12).
- Im Gleichnis vom verlorenen Sohn war der ältere Bruder eifersüchtig auf den jüngeren Bruder, weil er meinte, der Vater würde ihn bevorzugen (Luk. 15).

Jonathan Edwards schreibt: „Es ist eine häufige Erfahrung, dass der Mensch niemanden neben sich duldet. ... Die Menschen wollen, was Rang und Namen angeht, allein stehen. Eine solche Haltung wird in der Schrift als Neid bezeichnet. ... Man will außergewöhnlich sein, geehrt und beachtet werden, mehr als die anderen, die unter einem stehen [und, wie ich hinzufügen möchte, dort auch bleiben sollen]. Jedem soll klar sein, wie die Machtverhältnisse aussehen."[14]

Haman, so wie er im Buch Esther beschrieben wird, ist ein Beispiel für einen solch neidischen Menschen, wie ihn Jonathan Edwards beschrieben hat (Esther 3,1-5.13). Haman hegte innerlich einen Groll, und dieser Groll hatte verschiedene Gründe. Einer davon war, dass Haman davon überzeugt war, von Mordechai nicht die Anerkennung und den Respekt bekommen zu haben, der ihm zustand. Zudem hatte man Mordechai gestattet, im „Tor des Königs"

14 Jonathan Edwards, *Charity and Its Fruits*. London: Verlag des *Banner of Truth Trust*, 1969, Seite 112.

zu sitzen (Vers 2), an einem besonders bevorzugten Ort. Auch wusste Haman um die enge Beziehung zwischen Mordechai und der Königin Esther, und er wusste, dass Mordechai ein Mordkomplott gegen den König aufgedeckt hatte. Es war Haman klar, dass Mordechais Einfluss zugenommen hatte, und dies ärgerte ihn sehr. Er wollte die Ehre und den Einfluss Mordechais selber haben und wurde deshalb innerlich von Eifersucht und Neid zerfressen.

Neid in unserer Zeit

Sehen wir uns einige Beispiele aus der heutigen Zeit an. Kein Pastor oder Prediger wird jemanden beneiden, der ihm in geschäftlichen Dingen überlegen ist oder mehr Erfolg an der Börse hat. Wohl aber wird er einen seiner predigenden Kollegen beneiden, wenn diesem mehr Ehre und Respekt erwiesen wird. Jeder Pastor steht in der Gefahr, andere Pastoren zu beneiden, wenn diese größere Gemeinden haben oder in der christlichen Welt „berühmter“ sind.

Ein Geschäftsmann mag nicht in der Gefahr stehen, einen Sportler zu beneiden, weil dieser mehr Medaillen gewinnt, wohl aber wird er einen anderen Geschäftsmann beneiden, der ihm Kunden abgewinnt oder dessen Unternehmen schneller wächst.

Eine junge Mutter beneidet vielleicht nicht gerade ein Modell aus dem Fernsehen, das schöner oder berühmter ist als sie selbst, aber sie könnte neidisch werden auf eine andere junge Mutter, deren Kinder besser gehorchen und ihrer Mutter mehr Respekt erweisen. Vielleicht schaut sie auch neidisch auf eine Freundin, deren Ehemann verständnis- und rücksichtsvoller ist. Oder sie beneidet eine andere Frau, die einer wohlhabenden Familie entstammt und Eltern hat, die ihre Tochter mehr geschätzt und geliebt haben als sie es selbst erfahren hat.

Neid in der Bibel

Wenn wir in das erste Buch der Bibel sehen, stellen wir fest, dass die Philister neidisch auf Isaak waren, weil er reicher war als sie und immer noch reicher wurde (1.Mose 26,12-14). Ich bezweifle, dass die Philister auf Isaak neidisch gewesen wären, wenn es um das Thema Körpergröße gegangen wäre oder die Frage, wer schöner singen kann. Der Grund, warum sie neidisch waren, bestand darin, dass Isaak das hatte, was sie selber nicht hatten: materiellen Reichtum.

Ebenso bezweifle ich, dass Saul neidisch auf David war, weil David besser Harfe spielen oder schwerere Gewichte stemmen konnte. Nein, er war deshalb neidisch auf ihn, weil David in einem Bereich erfolgreicher war, der Saul überaus wichtig war, nämlich militärische Macht und Anerkennung (1.Sam. 18–31).

Oder sehen wir uns das 4. Buch Mose an. Josua war davon überzeugt, dass den Männern Eldad und Medad mehr Ehre erwiesen wurde als ihm (4.Mo. 11). Sie hielten sich für die wahren Propheten in Israel, ein Titel, der nach Ansicht des Josua nur Mose zustand. In Vers 28 bittet Josua Mose, „ihnen zu wehren". Dann heißt es weiter: „Aber Mose sprach zu ihm: Eiferst du für mich? Ach, dass doch das ganze Volk des HERRN weissagen würde! Dass doch der HERR seinen Geist auf sie legen würde!" (4.Mo. 11,29)

Eine ähnliche Haltung begegnet uns in Galater 1,13-14, wo Paulus sagt, dass er vor seiner Bekehrung von einem übermäßigen Eifer für die Überlieferungen der Väter getrieben wurde. Wahrscheinlich hegte er die Sorge, dass die neue christliche Lehre an die Stelle der Tradition treten würde, der er sich verpflichtet sah. Womöglich, so fürchtete Saulus, würde dieser neue Glaube sogar diese traditionelle Überzeugung ersetzen – und deshalb verfolgte er die Gemeinde.

Oder nehmen wir den Komponisten Gustav Mahler. Er heiratete eine Frau, die ähnlich begabt war wie er. Dies habe ich gerade in einem Wikipedia-Artikel gelesen. Doch nach der Eheschließung machte Mahler seiner Ehefrau klar, dass sie nur *eine* Aufgabe hatte, nämlich sich um die Bedürfnisse ihres Mannes zu kümmern. Das ging soweit, dass Mahler befahl: „Von nun an wird in diesem Hause nur noch eine Art von Musik gespielt, und zwar meine!" Dieser Mann beneidete offensichtlich seine Frau um ihre musikalische Begabung. Ich bin mir sicher, dass die Eifersucht sich nur auf dieses eine Gebiet bezog. Er hätte mit Sicherheit nicht gesagt: „Liebe Frau, von nun an kommt bei uns nur noch ein Essen auf den Tisch, nämlich das, das ich gekocht habe!" Oder gar: „Der einzige Putzdienst, der ins Haus kommt, besteht aus mir und meinem Besen!" Nein, die Eifersucht dieses Mannes bezog sich auf ein Gebiet, auf dem seine Frau ihm

Konkurrenz machte. Auf diesem einen Gebiet duldete er niemanden neben sich, nicht einmal seine Ehefrau.

Neid und Eifersucht in den „Lasterkatalogen" der Heiligen Schrift

Vor einiger Zeit habe ich mir noch einmal die Aufzählungen menschlicher Sünden in der Bibel angeschaut. Manche Theologen sprechen in diesem Zusammenhang von einem „Lasterkatalog". Mir fiel sofort auf, wie oft die Sünde des Neids in diesen Listen auftaucht. Wir finden sie in Markus 7,21-23, in Römer 1,29-31 und Galater 5,19-21. Ich finde es interessant, dass diese Sündenkataloge zwar nicht jede Übertretung beinhalten, die wir Menschen begehen können, dass aber Neid oder Missgunst in jeder einzelnen auftaucht.

Dies bedeutet mit Sicherheit, dass es sich hierbei um eine sehr häufige Sünde handelt – und um eine, die wir nur ungern zugeben.

In seinem Buch *Leading with Love* (deutscher Titel: „Mit Liebe leiten") führt Alexander Strauch hierzu aus:

> Niemand von uns ist immun gegen kleinlichen, selbstbezogenen Neid. Selbst die größten Männer Gottes haben im Dienst für den Herrn mit dieser Sünde zu kämpfen gehabt. So Georg Müller, der Gründer des Ashley Down Kinderheims in Bristol. Müller hatte einen Kollegen im Pfarramt, einen Reverend Henry Craik, und Müller musste bald feststellen, dass seine Gemeinde sich zu den Predigten dieses Mannes mehr hingezogen fühlte als zu seinen eigenen. Henry Craik war nicht nur ein hervorragender Bibelkenner, sondern auch ein sehr gebildeter Mann, der des Hebräischen kundig war. ... Nun war Georg Müller ein Mann des Gebets und des Glaubens. Er nannte die Sünde des Neides beim Namen, bekannte sie vor Gott und bekämpfte sie. Müller schrieb über diesen inneren Kampf: „Als mir im Jahre 1832 klar wurde, dass meine Gemeinde die Arbeit meines lieben Freundes mehr schätzte als die meinige, nahm ich mir – mit Gottes Hilfe und Kraft – fest vor, mich darüber zu freuen und ihm diese Tatsache nicht zu neiden. Vielmehr nahm ich mir die Worte Johannes

des Täufers zu Herzen, der gesagt hat: ‚Ein Mensch kann sich nichts nehmen, es sei denn, es ist ihm vom Himmel gegeben.' (Joh. 3,27) Auf diese Weise war ich im Stande, dem Bösen zu widerstehen, weshalb es dem Teufel nicht gelungen ist, unsere Herzen einander zu entzweien." Georg Müller und Henry Craik blieben fast 60 Jahre lang beste Freunde, bis Craik als erster von beiden heimging. Beide waren starke, sehr begabte Männer mit völlig unterschiedlichen Charakteren. Ihre lang andauernde Freundschaft war ein Zeugnis für die Macht der christlichen Liebe. Müller war darüber hinaus auch bekannt für seine lebenslange Freundschaft mit Männern wie Hudson Taylor, Charles Spurgeon, Dwight L. Moody, Robert Chapman und anderen. Menschen, die neidisch auf andere sind, haben dagegen wenige Freunde und viele Probleme.

Es muss uns immer bewusst sein, welch eine große Gefahr der Neid für das Volk Gottes ist, insbesondere für christliche Leiterpersönlichkeiten. Es gibt Pastoren, die sich alles Mögliche haben einfallen lassen, um fähige und begabte Menschen aus ihrer Gemeinde hinauszudrängen, nur weil sie sich von ihnen bedroht fühlten. Es gibt Gemeinden, die auf andere Gemeinden eifersüchtig sind, weil diese schneller wachsen. Und mancher Missionar neidet es anderen Missionaren, dass sie mehr Erfolg haben oder treuer unterstützt werden. Bibelgruppenleiter beneiden andere Leiter, weil sie beliebter sind. Ein Chor beneidet einen anderen Chor, weil er längeren oder lauteren Applaus bekommt. Gemeindeälteste sind eifersüchtig auf andere Älteste, weil ihr Führungsstil oder ihr Bibelwissen besser ankommt, und Diakone sehen neidisch auf andere Diakone, weil sie effektiver arbeiten und man sie öfter um Hilfe ersucht.[15]

Die Tatsache, dass Neid in vielen biblischen Sündenregistern vorkommt, zeigt, wie zerstörerisch diese Haltung ist. Sie war zerstörerisch im Leben von Kain und Abel. Sie zerstörte die Gemeinschaft zwischen Joseph und seinen Brüdern, zwischen Saul und David, zwischen den Pharisäern und Jesus.

---

15 Alexander Strauch, *Leading with Love*. Littleton, Colorado: Verlag Lewis and Roth, 2006, Seite 49-50.

In Sprüche 27,4 heißt es: „Grausam ist der Zorn und überwallend der Grimm; aber wer kann vor der Eifersucht bestehen?" Auch hier merken wir, wenn wir uns die in diesem Vers beschriebenen Emotionen genauer ansehen, welch zerstörerische Kraft ihnen innewohnt. Eifersucht wird als noch stärker und zerstörerischer als „Zorn" beschrieben. Zorn und Grimm sind mit Sicherheit starke Emotionen, doch Salomo stellt klar, dass Eifersucht wohl die stärkste ist. Niemand kann Eifersucht wirklich beherrschen. Bruce Waltke sagt in seinem Kommentar zum Buch der Sprüche, dass Zorn und Grimm Emotionen sind, die einen Menschen überwältigen können, dass aber Eifersucht, die als Nebenwirkung dieser Gefühle auftritt, geradezu unerträglich ist. Die in diesen Versen benutzten Metaphern, so Waltke, schildern den Zorn als eine Emotion mit irrationalen, gewaltsamen und zerstörerischen Auswirkungen. Waltke fährt fort: „Anders als Eifersucht ist Zorn jedoch beherrschbar. Bileam weissagte gegen Moab, und er tat dies trotz des Zornes Balaks (4.Mose 23,11). David jedoch konnte vor Sauls Eifersucht nur noch fliehen. ... In den Sprüchen wird der Mensch, der Eifersucht hervorruft, mit einem Diener verglichen, der im Strudel seiner Gefühle untergeht."[16]

Was die zerstörerische Kraft der Eifersucht angeht, so steht in Sprüche 6,34-35: „Eifersucht versetzt einen Mann in glühenden Zorn, und am Tag der Rache wird er nicht schonen; er wird nicht bereit sein, ein Lösegeld anzunehmen, und lässt sich auch durch das größte Geschenk nicht besänftigen."

Mit anderen Worten: Sind Eifersucht und Missgunst erst einmal entfacht, so wird ein Mensch vom Zorn zerfressen. Er kann dann nicht mehr glücklich sein. Eifersucht nützt also niemandem etwas, am wenigsten dem, der sie selbst erfährt.

Mariano DiGangi beschreibt in seinem Buch *Christian Love,* was Missgunst anrichten kann:

> Ich erinnere mich an einen eifersüchtigen Mann, dem sein Gefühl ins Gesicht geschrieben stand. Jeden Tag wurde er gefragt: „Sag mal, du siehst so bedrückt aus? Ist etwas Schlim-

16 Bruce Waltke, *The Book of Proverbs*, Auslegung der Kapitel 15-31, Grand Rapids: Eerdmans, 2005, Seite 375.

mes passiert? Ist vielleicht jemandem, den du kennst, etwas zugestoßen?“ Neid und Eifersucht leiden unter den Gaben und Talenten der anderen. Ein eifersüchtiger Mensch kocht geradezu über. ... Liebe jedoch ist großzügig. Sie kennt solche Emotionen nicht. Sie gönnt dem anderen etwas und freut sich mit ihm.[17]

Eifersucht zerstört nicht nur den Menschen, den sie beherrscht, sondern auch die Menschen, gegen die sie sich richtet. Sprüche 6,34-35 stellt fest, dass ein Mensch, wenn er zur Eifersucht gereizt wird, unvernünftig und sogar böse wird, und dass er nur noch ein Ziel verfolgt: Dem Menschen, der ihm den Anlass zur Eifersucht gegeben hat, zu schaden.

Jakobus 3,14-16 schildert die zerstörerische Macht dieser Emotion folgendermaßen: „Wenn ihr aber bitteren Neid und Streitsucht in euren Herzen habt, so rühmt euch nicht und lügt nicht gegen die Wahrheit! Das ist nicht die Weisheit, die von oben kommt, sondern eine irdische, seelische, dämonische. Denn wo Neid und Streitsucht ist, da ist Unordnung und jede böse Tat.“

Wir Menschen mögen die Sünde des Neides auf die leichte Schulter nehmen, aber Gott sieht das anders. Er weiß, wie zerstörerisch diese Emotion ist. Ich fasse noch einmal zusammen: Wir haben gesehen, dass Neid die Macht hat, einem Menschen den inneren Frieden und die Freude zu rauben. Neid führt dazu, dass unsere Mitmenschen und die Beziehung zu ihnen durch Worte und Taten zerstört werden. Schlimmer noch: Neid zerstört die Beziehung eines Menschen zu Gott. Überdies führt er gemäß 1. Korinther 13 dazu, dass ein Christ für seinen Herrn nicht mehr brauchbar ist. Täuschen wir uns nicht: Gott wird seinen Segen all denen vorenthalten, die in Neid und Missgunst gefangen sind.

Ich möchte Sie darum am Ende dieses Kapitels erneut daran erinnern, wie sehr die Liebe, die nicht neidet und nicht eifersüchtig ist, mit dem Thema zusammenhängt, um das es in diesem Buch und in 1. Korinther 13 geht: Gott möchte, dass die Gläubigen Ihn verherrlichen, und die wichtigste Art und Weise, wie wir das tun, besteht darin, dass wir Frucht bringen (vgl. Joh. 15,1-8).

---

17 Mariano DiGangi, *Christian Love*. Philadelphia: Verlag *Time and Eternity*, 1966, Seite 11.

Fragen zum Inhalt, zum Nachdenken, zur Anwendung des Gesagten und zur Diskussion

1. Nennen Sie die drei Dinge/Eigenschaften, die nach der Ansicht des Apostels Paulus das Leben eines jeden Christen auszeichnen sollten.
2. Aus welchen Gründen hält Paulus die Liebe für „die größte unter ihnen?“
3. Was könnten – neben den in diesem Kapitel angesprochenen Gründen – noch weitere Gründe dafür sein, dass die Liebe das Größte und Wichtigste ist?
4. Warum ist es wichtig, dass wir uns über die korrekte Definition von Neid und Eifersucht im Klaren sind?
5. Wie würden Sie nach der Lektüre dieses Kapitels Neid (Eifersucht) definieren?
6. Führen Sie Beispiele aus der Bibel für Neid (Eifersucht) an. Inwieweit veranschaulichen diese Beispiele, was Neid bedeutet?
7. Lesen Sie noch einmal die Ausführungen von Jonathan Edwards zu „Neid“ und gehen Sie sie Satz für Satz durch.
8. Studieren Sie Esther 3,1 bis 7,10. Inwieweit verdeutlicht uns die Geschichte von Haman, was Neid ist und wie er sich auswirkt?
9. Lesen Sie 1. Samuel 18,1 bis 31,13. Achten Sie darauf, was uns im Leben Sauls dabei hilft, die Emotionen „Neid“ und „Eifersucht“ besser zu verstehen. Wie zeigen sie sich in seinem Leben?
10. Was lehren uns die „Sündenregister“ des Neues Testaments über Neid und Eifersucht?
11. Inwieweit können wir aus Sprüche 27,4 lernen, wie ernst Neid und Eifersucht zu nehmen sind?
12. Was lehrt uns Sprüche 6,34-35? Inwiefern sind diese Verse Ihrer Meinung nach ein Hinweis darauf, dass Neid und Eifersucht noch schlimmer sind als Zorn und Grimm?
13. Was sagt Jakobus 3,14-15 über die zerstörerische Wirkung von Neid? Fallen Ihnen Beispiele dafür ein, wie nach den Aussagen dieses Verses die Folgen von Selbstsucht und Neid aussehen könnten?

14. Denken Sie einmal an Erfahrungen, die entweder Sie persönlich oder andere Menschen – vielleicht auch historische Persönlichkeiten – gemacht haben: Was waren Gelegenheiten, bei denen sich die Sünden des Neides und der Missgunst gezeigt haben (an Ihrem Arbeitsplatz, in Ihrem Zuhause, in Ihrer Gemeinde)? Wie und wo zeigte sich Neid zwischen Mann und Frau, Kindern und Eltern oder unter einzelnen Gemeindegliedern?
15. Inwieweit beantwortet dieses Kapitel die Frage: „Warum sollten wir uns darum bemühen, eine Liebe zu leben, die nicht neidet?"
16. Inwieweit haben Sie persönlich in letzter Zeit ein Leben geführt, das von einer Liebe geprägt war, die nicht neidisch (eifersüchtig) war. Denken Sie an Ihre Beziehung zu Menschen in Ihrer Gemeinde, in Ihrer Familie und außerhalb Ihrer Familie. Führen Sie konkrete Beispiele an.
17. Inwieweit haben Sie es in letzter Zeit versäumt, ein Leben zu führen, das von dieser Art nicht neidischer und nicht eifersüchtiger Liebe geprägt war (in der Familie, der Gemeinde und außerhalb der Gemeinde)?
18. Wie möchten Sie (und werden Sie, mit Gottes Hilfe) nach der Lektüre dieses Kapitels nach Möglichkeiten Ausschau halten, eine nicht eifernde Liebe zu leben? Nennen Sie konkrete Beispiele.
19. Beachten Sie bitte den Hinweis auf Seite 27.

Kapitel 7
Das Gegenteil von Neid und Eifersucht

Im vorigen Kapitel haben wir gesehen, dass echte Liebe „nicht neidet" und nicht eifersüchtig ist. Nun möchte ich einmal diese negative Aussage des Apostels Paulus umdrehen und eine positive daraus machen. Folgende zwei Fragen können dabei helfen: Erstens: *Was ist das Gegenteil von Neid?* Und zweitens*: Welche Eigenschaft der Liebe ist das Gegenstück der Eifersucht*?

Das Gegenteil von Neid

Wenn wir versuchen, 1. Korinther 13,4 einmal positiv auszudrücken, kommen wir zu dem Ergebnis, dass ein liebender Mensch jemand ist, der mit dem zufrieden ist, was er hat. Wenn Liebe das Gegenteil von Eifersucht ist und ein eifersüchtiger Mensch ein unzufriedener Mensch ist, folgt daraus, dass ein liebender Mensch ein zufriedener Mensch ist. Ein liebender Mensch ist das Gegenteil dessen, was in Sprüche 30,15-16 beschrieben wird: „Der Blutegel hat zwei Töchter: ‚Gib her, gib her!' Drei Dinge werden nimmer satt und vier sagen nie: ‚Es ist genug!' Das Totenreich, der verschlossene Mutterleib, die Erde, die vom Wasser nicht satt wird, und das Feuer, das nie spricht: ‚Es ist genug!'"

Hier werden Menschen beschrieben, die immer nur über das nachdenken, was sie *nicht* haben. Ständig überlegen sie, was sie noch brauchen und was sie sich noch verdient haben. Die eigenen Wünsche und Bedürfnisse stehen im Mittelpunkt.

Paulus sagt, dass ein Mensch, der Gott und seine Mitmenschen liebt, anders ist. Ein solcher Mensch ist nicht ständig unzufrieden. Er denkt nicht ständig darüber nach, was er noch gebrauchen könnte, oder was er sich noch verdient hat, sei es eine bessere Stelle, mehr Ehre, Erfolg oder Prestige, ein neues Auto, einen größeren Besitz, Liebe und Anerkennung anderer Menschen, mehr Talente und

Fähigkeiten. Haben Sie nicht auch manchmal den Eindruck, dass es Menschen gibt, die wie eine „Endlosschleife" klingen? „Ich hätte gern, ich bräuchte noch... Ich hätte gern, ich bräuchte noch ..." So denkt der neidische, eifersüchtige Mensch, der Mensch, der sich nur um sich selbst dreht und darum seine Mitmenschen nicht lieben kann.

In Philipper 4,11-12 sagt Paulus, dass er es gelernt hat, zufrieden zu sein, unabhängig davon, ob er Mangel leidet oder im Überfluss lebt. Könnte ein neidischer Mensch so etwas sagen? Sicher nicht. Ein neidischer Mensch ist niemals zufrieden. Paulus aber war es. Er sagt: „Nicht wegen des Mangels sage ich das; ich habe nämlich gelernt, mit der Lage zufrieden zu sein, in der ich mich befinde. Denn ich verstehe mich aufs Armsein, ich verstehe mich aber auch aufs Reichsein; ich bin mit allem und jedem vertraut, sowohl satt zu sein als auch zu hungern, sowohl Überfluss zu haben als auch Mangel zu leiden."

Wenn Paulus hier von der Lage spricht, in der er sich befindet, hat er dabei möglicherweise auch Situationen im Blick, in denen er gelobt oder kritisiert wurde. Er war zufrieden, wenn die Menschen ihm Respekt erwiesen. Er war aber auch zufrieden, wenn sie es nicht taten. Er war zufrieden, wenn die Umstände günstig waren. Er war auch zufrieden, wenn es anders kam als gedacht. Wenn der Weg vor ihm eben war, war der Apostel zufrieden, wenn es bergauf und über mächtige Steine ging, war er es auch.

Echte Befreiung von Eifersucht und Neid

Wie um alles in der Welt kann ein Mensch so etwas sagen – und es sogar ernst meinen? Paulus konnte es sagen, weil ihm Eifersucht und Neid völlig fremd waren. Ein eifersüchtiger oder neidischer Mensch könnte die Aussagen des Paulus niemals unterschreiben, denn ein neidischer oder eifersüchtiger Mensch ist niemals zufrieden. Paulus hatte das Geheimnis der Genügsamkeit gelernt. Es liegt in Jesus Christus begründet. Nicht andere Menschen, nicht die Umstände, nicht das Ansehen und nicht das Geld waren dafür verantwortlich, dass Paulus genügsam war. Er wusste, dass er in seinem Herrn und Heiland Jesus Christus alles hatte. Weil Seine Gnade genügt, war Paulus zufrieden. Was brauchte er sonst?

Vielleicht fragen Sie nun: „Was hat all das mit der Tatsache zu tun, dass die Liebe nicht neidet?" Sehr viel! Wenn Christus genügt, wenn in Ihm meine Zufriedenheit begründet ist, werde ich dazu befreit, meine Mitmenschen zu lieben. Wenn Er der Grund meiner Zufriedenheit ist, brauche ich nicht neidisch auf die zu sehen, die mehr Ansehen, Ehre, Prestige oder Geld haben. Ich habe ja schon alles, was ich brauche – in Jesus.

Als zufriedene Christen sind wir nicht irgendwelchen Menschen oder Umständen ausgeliefert. Wir haben es nicht nötig, jemanden anzubetteln, unser Selbstwertgefühl zu stärken. Jesus selbst stärkt unser Selbstwertgefühl. Weil er uns mit Seinem Geist füllt, brauchen wir uns nicht von anderen Menschen „füllen" zu lassen. Wem das klar wird, der wird dazu befreit, den Blick von sich selbst abzuwenden. Er kann andere wirklich lieben.

Wir haben einen Herrn und Heiland, der in jeder Beziehung genügt. Wir haben das, was er für uns bestimmt hat. Und er ist unser Friede und unsere Zufriedenheit.

Jonathan Edwards schreibt hierzu in seinem Buch *Charity and its Fruits* (Die Liebe und ihre Früchte):

> Eine christliche Einstellung vermag Zufriedenheit in uns zu bewirken, ein sich Genügen lassen an den Umständen, in die uns Gott gestellt hat. Wir kommen zur Ruhe und sind vollends zufrieden mit unserem Los, wie auch mit unserem Besitz und den anderen Gegebenheiten, die Gott für uns in seiner wunderbaren Vorsehung bereitet hat. Sei unsere Stellung so hoch erhoben wie die der Engel oder so niedrig wie des Bettlers an der Pforte des reichen Mannes (Lukas 16,20); wir nehmen beides gleichermaßen an. Wir sind zufrieden mit den Gegebenheiten und bemühen uns, Ihm darin wohl zu gefallen und Ihm treu zu dienen.[18]

Wie Jerry Bridges „Genügsamkeit" lernte

Jerry Bridges erläutert Philipper 4,11-20 folgendermaßen:

18 Jonathan Edwards, *Charity and Its Fruits*. London: Verlag des *Banner of Truth Trust*, 1969, Seite 116.

Die Begriffe, die in unseren Bibeln mit „zufrieden“ oder „Zufriedenheit“ übersetzt werden, bedeuten eigentlich so viel wie „Genügsamkeit“. In 1. Timotheus 6,6 ist in diesem Zusammenhang tatsächlich von „Genügsamkeit“ die Rede. Und im 2. Korintherbrief heißt es: „Gott aber ist mächtig, euch jede Gnade im Überfluss zu spenden, so dass ihr in allem allezeit alle Genüge habt.“ (2.Kor. 9,8) Dies ist das Geheimnis des Paulus, der gesagt hat: „Ich habe nämlich gelernt, mit der Lage zufrieden zu sein, in der ich mich befinde.“ (Phil. 4,11) Weil Gottes Gnade genügt, können wir zufrieden sein. Ich selbst leide seit meiner Kindheit unter einer Sehschwäche. Das hat mich schon oft frustriert. Außerdem bin ich schwerhörig, was mir oft unangenehm ist, zum Beispiel wenn Menschen mir etwas sagen und ich sie nicht höre. Manche meinen dann, ich würde sie einfach ignorieren. Doch dies sind nicht meine einzigen körperlichen Defizite. Ich erinnere mich noch an den Tag, als ich mich im Schlafzimmer vor den Spiegel stellte und sieben Dinge aufführte, die an einem Körper „nicht stimmten“. Es waren Eigenarten, die ich nicht annehmen konnte, und über die ich mich oft geärgert hatte. Doch dann sagte ich vor meinem Spiegelbild: „Herr, ich erkenne hiermit die Tatsache an, dass du mich geschaffen hast und dass deine Gnade genügt, auch für das an mir, was ich nicht mag.“ Ich würde lügen, wenn ich behaupten würde, dass mich meine körperlichen „Beschränkungen“ seit diesem Tag nie mehr gestört hätten. Aber ich kann wirklich sagen, dass ich seither zufrieden mit meinem Aussehen bin und weiß, dass Gottes Gnade auch in diesem Bereich genügt. Auch wenn mir das vielleicht nicht jede Sekunde meines Lebens klar ist, so ist es doch wahr. Ich muss mich nur jeden Tag neu entscheiden, es so zu sehen. Und auch Sie können sich jeden Tag neu entscheiden, wie immer Ihre Umstände aussehen mögen.

Darin besteht das Geheimnis der Genügsamkeit [Anmerkung: und damit auch das Geheimnis, frei von Neid und Eifersucht zu leben]: Lernen und immer wieder neu akzeptieren, dass wir täglich von Gottes unverdienter Gnade in Christus abhängen, und dass wir in der Kraft des Heiligen Geistes auf jede gegebene Situation richtig reagieren können.[19]

Geteiltes Leid ist halbes Leid, geteilte Freude ist doppelte Freude

Wenn wir die Negativaussage des Paulus ins Positive wenden, könnten wir vielleicht definieren, dass nach 1. Korinther 13 *eine nicht neidische und nicht eifersüchtige Liebe dazu führt, dass ein derart liebender Mensch sich dankbar darüber freut, wenn andere Menschen Erfolg und Anerkennung finden – sofern das, was ihnen die Anerkennung verschafft, nicht im Widerspruch zu Gottes Geboten steht.* Wenn wir andere so lieben, wie wir uns selbst lieben, tun wir das, was Römer 12,15 uns befiehlt: „Freut euch mit den Fröhlichen und weint mit den Weinenden!" William Hendriksen schreibt in seinem Kommentar zum Römerbrief: „Das Gegenteil von Mitfreuen ist Neid, und das Gegenteil von Mitweinen ist Schadenfreude."[20] Wenn wir wirklich unseren Nächsten lieben wie uns selbst, dann werden wir uns, wenn andere gesegnet werden, ebenso darüber freuen, als wenn wir selbst gesegnet würden. Andere so zu lieben wie uns selbst, bedeutet, dass wir uns daran halten, was 1. Korinther 12,25 uns aufgibt – darauf zu achten, dass es keine Spaltung im Leib Christ gibt, „sondern die Glieder ... füreinander sorgen". Gott hat unser Leben so eingerichtet, dass wir füreinander da sein sollen. Was anderen passiert, soll uns ganz genauso berühren wie das, was uns selbst widerfährt. Wir leben demgemäß, was 1. Korinther 12,26 fordert: „Und wenn ein Glied leidet, so leiden alle Glieder mit; und wenn ein Glied geehrt wird, so freuen sich alle Glieder mit."

Paulus benutzt hier die Metapher des menschlichen Leibes, um zu zeigen, wie wir als Christen miteinander umgehen und füreinander sorgen sollen. Da wir aneinander Anteil haben, freuen sich alle, wenn sich ein Glied freut. Es gibt keine „Separatveranstaltungen" im Leib des Herrn.

19 Jerry Bridges, *The Practice of Godliness.* Colorado Springs: NavPress, 1989, Seiten 105, 120-121.
20 William Hendriksen, *Romans.* Grand Rapids: Baker, 1981, Seite 418.

Biblische Beispiele für Menschen mit einer Liebe ohne Neid und Eifersucht

Die Bibel berichtet über eine ganze Reihe von Menschen, deren Leben von einer nicht eifersüchtigen Liebe geprägt war, einer Liebe, die sich am Wohlergehen der anderen freut.

Ein bekanntes Beispiel ist Jonathan, der Sohn des Königs Saul. Eigentlich war er als direkter Nachfolger Thronanwärter, und doch freute er sich über den Erfolg Davids. Er freute sich über dessen Ansehen bei den Menschen und über das, was er erreicht hatte. Seine Liebe ging so weit, dass er bereit war, David auch dann noch zu unterstützen und zu verteidigen, als klar wurde, dass David und nicht Jonathan der nächste König in Israel werden sollte (1.Sam. 18,1-5; 19,1-4; 20,1-4. 16-17.30-34).

Ein weiteres Beispiel für eine nicht neidende, nicht eifersüchtige Liebe finden wir in Timotheus, dem Mitarbeiter des Paulus. Im Philipperbrief schreibt Paulus über ihn: „Denn ich habe sonst niemand von gleicher Gesinnung, der so redlich für eure Anliegen sorgen wird." (Phil. 2,20)

Auch der Apostel Johannes ist ein gutes Beispiel für großzügige Liebe. Seine nicht neidende Liebe wird im 3. Johannesbrief folgendermaßen beschrieben (3.Joh 3-4): „Ich freute mich sehr, als Brüder kamen und von deiner Wahrhaftigkeit Zeugnis ablegten, wie du in der Wahrheit wandelst. Ich habe keine größere Freude als die, zu hören, dass meine Kinder in der Wahrheit wandeln."

Wer waren diese Kinder? Es waren mit Sicherheit nicht die leiblichen Kinder des Apostels, sondern andere Gläubige, Menschen, denen er mit dem Evangelium gedient hatte. Beachten Sie, dass er sagt „keine größere Freude". Johannes empfand nicht nur einfach Freude. Es war mehr als das. Er freute sich genauso sehr darüber, dass andere Menschen Fortschritte im Glauben machten, wie er sich über seine eigenen, leiblichen Kinder gefreut hätte.

Paulus selbst gibt uns ein Beispiel für diese Art von selbstloser Liebe. Im 2. Korintherbrief beschreibt er, was er so oft erfahren hat (2.Kor. 11,28-29): „... zu alledem der tägliche Andrang zu mir, die Sorge für alle Gemeinden. Wer ist schwach, und ich bin nicht auch schwach? Wem wird Anstoß bereitet, und ich empfinde nicht brennenden Schmerz?“ Paulus litt mit, wenn andere Christen schwach wurden. Es brach ihm das Herz, wenn sie in Sünde fielen.

Ich möchte ein letztes Beispiel für die Liebe des Apostels Paulus anführen – eine Liebe, die anderen nichts neidet, sondern sich freut, wenn es ihnen gut geht. Es ist das beeindruckendste Beispiel, das ich überhaupt kenne. Wir finden es im Philipperbrief 1,12-18, wo Paulus aus dem Gefängnis schreibt: „Ich will aber, Brüder, dass ihr erkennt, wie das, was mit mir geschehen ist, sich vielmehr zur Förderung des Evangeliums ausgewirkt hat, so dass in der ganzen kaiserlichen Kaserne und bei allen Übrigen bekannt geworden ist, dass ich um des Christus willen gefesselt bin, und dass die meisten der Brüder im Herrn, durch meine Fesseln ermutigt, es desto kühner wagen, das Wort zu reden ohne Furcht. Einige verkündigen zwar Christus auch aus Neid und Streitsucht, andere aber aus guter Gesinnung; diese verkündigen Christus aus Selbstsucht, nicht lauter, indem sie beabsichtigen, meinen Fesseln noch Bedrängnis hinzuzufügen; jene aber aus Liebe, weil sie wissen, dass ich zur Verteidigung des Evangeliums bestimmt bin. Was tut es? Jedenfalls wird auf alle Weise, sei es zum Vorwand oder in Wahrheit, Christus verkündet, und darüber freue ich mich, ja, werde mich auch weiterhin freuen!“

Als Paulus dies schrieb, war seine Bewegungsfreiheit stark eingeschränkt, und er konnte nicht predigen. Und doch sagt er, dass er sich freut, dass Christus verkündigt wird, auch wenn diese Aufgabe einmal von anderen übernommen wird. Einige predigen, so Paulus, aus lauteren Motiven, andere aus unlauteren Motiven. Paulus freut sich und wird sich „auch weiterhin freuen“, wie er sagt. Er freut sich, wenn Menschen, die ihn lieben und respektieren, Christus predigen. Er sagt aber auch, dass er sich freut, wenn Menschen, die neidisch auf ihn sind, Christus predigen, auch dann, wenn ihre Motive nicht rein sind und dies Paulus Schmerz zufügt.

So sieht echte Liebe aus! Paulus ist glücklich über die Prediger des Evangeliums, die ihm mit einer guten Einstellung begegnen, aber er ist auch glücklich über die Prediger, die eine schlechte Einstellung ihm gegenüber haben.

Was bedeutet es also, eine Liebe in sich zu tragen, die nicht eifersüchtig oder neidisch ist? Es bedeutet, eine Liebe zu haben, die sich freut, ja, unbändig freut, wenn es anderen gut geht, wenn andere Erfolg, Ehre, Segen, Anerkennung und Respekt erfahren, auch wenn es uns selbst nicht so ergeht.

Jonathan Edwards schreibt in seinem Kommentar zum 1. Korintherbrief, wie eine nicht neidende, nicht eifersüchtige Liebe aussieht:

> Der Geist des Neides widersetzt sich dem Geist, der im Himmel herrscht, wo sich ein jeder am Glück des anderen freut. Der Geist der Eifersucht ist der Geist der Hölle, ein Geist voller Hass, der sich daran weidet, wenn das Wohlergehen und das Glück der Mitmenschen zerstört wird. Manche haben diesen Geist mit einer Raupe verglichen, die Freude dabei empfindet, blühende Pflanzen und Bäume zu zerfressen. Und nicht nur ist dieser Geist in sich selbst mit Hass erfüllt; er erfüllt auch denjenigen mit Hass, dessen er sich bemächtigt. Es ist der Geist des Teufels, der ihm gleich ist, und er hat Anteil an der Hölle und ihrem ganzen Übel. Er frisst um sich wie ein Krebsgeschwür, saugt sich fest an den lebenswichtigen Organen, greift ständig an und ist dabei in sich selbst verderbt. So zerstört der Mensch sich selbst. Wer neidet, fügt sich selbst Schaden zu. Er missgönnt anderen das Gute, obwohl das Gute, das anderen widerfährt, ihm selbst keinerlei Schaden zufügt. Das, was er selbst besitzt, kann der neidvolle Mensch nicht genießen – solange es andere gibt, die sich an dem Guten freuen, das ihnen widerfahren ist.

Edwards sagt dann weiter:

> Möge die Betrachtung dieses bösen, verfluchten und nichtsnutzigen Geistes uns dazu führen, dass wir ihn von Herzen verachten, dass wir seinen Einflüsterungen nicht lauschen, sondern uns stattdessen nach dem Geist der christlichen Liebe ausstrecken ... einer Liebe, die uns an dem Glück der anderen Anteil gibt, einer Liebe, mit der wir uns am Wohlergehen der anderen mitfreuen.[21]

21 Johathan Edwards, *Charity and Its Fruits*, Seite 127.

Jonathan Edwards fordert uns hier dazu auf, uns um eine Liebe zu bemühen, die nicht neidet und nicht eifersüchtig ist, sondern sich am Glück und Wohlergehen der anderen freut – und damit auch Freude im eigenen Herzen bewirkt. Und ich bin mir sicher, dass eine solche Liebe uns zu Menschen macht, die im Leben ihrer Mitmenschen etwas bewirken – sei es in der Familie, der Gemeinde, oder der Welt.

Fragen zum Inhalt, zum Nachdenken, zur Anwendung des Gesagten und zur Diskussion

1. Wie schätzen Sie Ihre eigene Liebe hinsichtlich Neid und Eifersucht ein? Wo befinden Sie sich auf der „Eifersuchtsskala"?
2. Macht es Ihnen etwas aus, wenn andere erfolgreicher und wohlhabender sind, oder mehr Anerkennung bekommen als Sie selbst?
3. Stört es Sie, wenn andere genauso viel Respekt und Anerkennung bekommen wie Sie? Wurmt es Sie, wenn andere genauso erfolgreich, wohlhabend und effektiv sind wie Sie?
4. Hat Sie schon einmal der Gedanke gestört, dass es jemand schaffen könnte, mit Ihnen irgendwann einmal „gleichzuziehen" oder Sie zu „überholen", was Anerkennung, berufliche Position, Respekt, Erfolg, Besitz oder Effektivität angeht?
5. Können Sie ehrlich von sich behaupten, dass es Ihnen nichts ausmacht, wenn jemand anders genauso viel Ehre, berufliche Anerkennung, Respekt und Erfolg bekommt wie die Firma oder Organisation, für die Sie arbeiten oder mit der Sie sich verbunden fühlen?
6. Wie ergeht es Ihnen bei dem Gedanken, dass jemand anders ihnen voraus ist (oder in Zukunft sein könnte), was Anerkennung, berufliche Position, Respekt, Erfolg oder Effektivität angeht – bezogen auf einen Bereich, der Ihnen viel bedeutet?
7. Wie fühlen Sie sich bei dem Gedanken, dass einer anderen Gemeinde oder einem anderen christlichen Werk genauso viel Anerkennung, Respekt, Erfolg oder Effektivität zuteil werden

könnte wie Ihnen oder der Organisation, der Sie sich verbunden fühlen?

8. Können Sie von sich sagen, dass Sie immer glücklich und zufrieden waren mit der Anerkennung, beruflichen Position, dem Status, der Rolle, Behandlung und der finanziellen Situation, welche Gott in Seiner Fügung für Sie bestimmt hat?
9. Können Sie ehrlich sagen, dass Sie sich über den Erfolg und die Ehre, die anderen erwiesen wird, genauso freuen wie über die Anerkennung, die Ihnen selbst erwiesen wird?
10. Bedenken Sie noch einmal die Bibelstellen, die in diesem Kapitel zitiert wurden, um zu zeigen, wie „nicht neidende" bzw. nicht eifersüchtige Liebe aussieht. Schätzen Sie dann Ihre eigene Liebesfähigkeit auf einer Skala von 1 bis 4 ein: 1 = so lebe ich jeden Tag, 2 = so lebe ich oft, 3 = das tue ich nur manchmal, 4 = das habe ich noch nie getan.
11. Beachten Sie bitte den Hinweis auf Seite 27.

Kapitel 8
Bescheiden bleiben – denn „Die Liebe prahlt nicht"

Es gab im 19. Jahrhundert einen Mann, den Gott in ganz besonderer Weise benutzte, um Menschen zu Christus zu führen und im Glauben aufzuerbauen. Sein Name war Dwight L. Moody. Moody eröffnete damals eine Bibelschule, die unter dem Namen *Moody Bible Institute* noch heute besteht. Desgleichen benutzte Gott Moody in der Gemeindegründungsarbeit. Die *Moody Memorial Church* ist noch heute eine viel besuchte Kirche. Vor allem aber wirkte Dwight L. Moody als Evangelist, durch den Tausende von Menschen in Amerika und England zum Glauben fanden.

Interessant ist in diesem Zusammenhang, dass Moody zu Beginn seines Dienstes ziemlich erfolglos war. Dann jedoch hörte er einen Prediger namens Moorhouse, der eine Predigtreihe über das Thema „Liebe" hielt. Moody berichtet, dass er von diesen Predigten über die Liebe so bewegt war, dass er die Tränen nicht zurückhalten konnte. „Mir war, als hätte ich eine gute Nachricht aus einem fernen Land erhalten. Ich saugte es alles auf, und ich sage Ihnen, wenn es eines gibt, das die Menschen anzieht, dann ist es die Liebe."

Nachdem er diese Predigten über die Liebe gehört hatte, so sagt es Moody, entschied er sich, ein Bibelstudium zum Thema „Liebe" durchzuführen.

> Ich sah mir dieses Wort „Liebe" in der Schrift genauer an, und ich weiß nicht mehr, wie oft ich sämtliche Stellen las, in denen es vorkam. Jedenfalls konnte ich am Ende gar nicht anders als die Menschen zu lieben. Ich hatte so viel von der göttlichen Liebe aufgesogen, dass ich es gar nicht erwarten konnte, sie weiterzugeben. Ich war zum Überlaufen voll. Es war, als ob meine Hände vor Liebe trieften. Wenn Sie sich dem Thema

> „Liebe“ in der Bibel widmen, werden Sie davon so erfüllt, dass Sie nur noch Ihren Mund öffnen müssen, und die Liebe Gottes fließt heraus. Es hat keinen Sinn, eine Gemeindearbeit ohne Liebe zu beginnen. Ein Arzt oder ein Rechtsanwalt kann seinen Beruf vielleicht ohne Liebe ausüben, aber Gottes Arbeit kann nur in Liebe getan werden.[22]

Moody hat absolut Recht, wenn er behauptet, Gottes Arbeit könne ohne Liebe nicht getan werden. Nichts anderes sagt Paulus in 1. Korinther 13 – und an vielen anderen Stellen. Wie ich schon sagte und es hier noch einmal wiederholen möchte, schrieb Paulus in 1. Korinther 12-14 an gläubige Christen. Diese Christen hatten eine Reihe falscher Vorstellungen hinsichtlich der Frage, wie wir Menschen für Christus erreichen können. Sie waren der Ansicht, dass man, um für Gott wirksam sein zu können, besondere Geistesgaben benötigte, vor allem, was den Bereich der Rede und der Kenntnis fremder Sprachen anging, doch auch der Prophetie und der geistlichen Erkenntnis. Die Korinther waren überzeugt, ein Christ bräuchte besonderen Glauben, besondere Opferbereitschaft und Hingabe – bis zu dem Punkt, dass er für seinen Glauben den Märtyrertod stirbt.

Doch Paulus sagt in 1. Korinther 12,31, dass es einen „weit besseren Weg“ gibt, Menschen für Christus zu erreichen. Dieser Weg ist der Weg der Liebe. Deshalb betont er in 1. Korinther 13,1-3, dass es nichts Wichtigeres als die Liebe gibt, wenn es darum geht, für Gott Frucht zu bringen.

Paulus führt diese Gedanken dann fort und zeigt den Korinthern in den Versen 4 bis 7 des 13. Kapitels, was Liebe bedeutet, und wie es praktisch aussieht, als wirksamer Zeuge Jesu Christi Menschen für Gott zu erreichen. Der Apostel führt fünfzehn Kennzeichen der Liebe auf. Wir haben uns in den vorangegangenen Kapiteln die ersten drei Merkmale echter Liebe angesehen. Wir haben festgestellt, dass göttliche Liebe folgende Merkmale erfüllt:

- sie ist langmütig und harrt aus,
- sie ist gütig (freundlich),
- sie neidet nicht, d.h. sie ist nicht eifersüchtig.

22 William Moody, *The Life of Dwight L. Moody.* Chicago: Revell, 1900, Seiten 139-140.

In diesem Kapitel wollen wir nun studieren, wie das vierte Merkmal echter Liebe aussieht. Im vierten Vers sagt Paulus, dass eine Liebe, die uns zu wirksamen und effektiven Zeugen Christi macht, „nicht prahlt".

Liebe gibt nicht an

Wenn es in unserem Text heißt, dass die Liebe nicht prahlt, bedeutet dies, dass ein Diener Christi von einer Liebe geprägt ist, die sich „nicht bläht" (Lutherübersetzung), „nicht groß tut" (Elberfelder Übersetzung) und sich „nicht aufspielt" (Die Gute Nachricht). Auf gut Deutsch: *Wer liebt, verzichtet auf Angeberei.*

Wir sahen, als wir im letzten Kapitel darüber nachdachten, wie sich echte Liebe praktisch auswirkt, dass echte Liebe nicht neidisch ist auf das, was andere besitzen, sondern sich mit ihnen freut, wenn sie Erfolg haben. Wenn nun die Schrift feststellt, dass Liebe nicht prahlt, sehen wir die andere Seite der Medaille, nämlich, dass echte Liebe nicht damit angibt, was jemand besitzt. Echte Liebe verzichtet darauf, etwas zu tun, was dazu führen könnte, dass andere neidisch oder eifersüchtig werden.

Wenn wir eifersüchtig sind, setzen wir unsere Mitmenschen herab. Wir versuchen zu erreichen, dass sie in den Augen anderer – oder in unseren eigenen – weniger gelten als wir. Wir dagegen wollen in der Achtung der anderen steigen – und auch in unserer eigenen.

Neid und Eifersucht ähneln dem Aufblähen oder Angeben, denn in beiden Fällen geht es um das eigene Ego.

In seinem Kommentar zum 1. Korintherbrief schreibt John MacArthur:

> Die Gläubigen in Korinth waren geistliche Angeber, die ständig auf öffentliche Anerkennung aus waren. Sie wollten die besten Ämter haben und die spektakulärsten Gaben. Sie wollten alle gleichzeitig reden, besonders dann, wenn sie in Ekstase sprachen. Zum größten Teil war ihr Zungenreden falsch. Das einzig Echte an ihnen war die Angeberei. Sie kümmerten sich nicht um geistliche Einheit, um Gemeinschaft, Auferbauung der Gläubigen oder andere Dinge, die der Mühe wert gewesen

wären. Ihnen ging es nur um das eigene Ego. „Wie ist es nun, ihr Brüder? Wenn ihr zusammenkommt, so hat jeder von euch etwas: einen Psalm, eine Lehre, eine Sprachenrede, eine Offenbarung, eine Auslegung.“ (1.Kor. 14,26) Jeder sah nur auf das Seine und nahm keine Rücksicht auf das, was andere taten.[23]

Zum Thema „Angeberei“ in Korinth schreibt Richard Phillips:

> Viele von uns sind so sozialisiert worden, dass wir darauf verzichten, vor anderen auf eine Weise anzugeben, die uns von unseren Mitmenschen entfremden würde. Und doch ist unser ganzes Leben von Rühmen geprägt, von Stolz und von Eitelkeit des Sinnes. Es genügt uns nicht, etwas zu besitzen, wir müssen auch noch damit werben, *was* wir besitzen und vor allem, wie viel mehr wir besitzen als andere. Ein Reicher kauft ein Haus, das weit größer ist als seine Bedürfnisse. Warum? Weil Angeberei eine Sprache ist, die alle verstehen. Die Frau, die mit Schönheit gesegnet ist, rühmt sich ihrer schönen Kleider und wie gut sie darin aussieht. Aus diesem Grunde sind Status und Ansehen die stärksten treibenden Kräfte am Arbeitsplatz. Der ehemalige Automobil-Mogul Lee Iacocca berichtet in seiner Autobiographie, dass das wichtigste Statussymbol an seinem Arbeitsplatz ein goldener Schlüssel war, mit dem man Zutritt zu einem edlen Badezimmer mit allen Schikanen hatte. „Wir alle wussten, wenn wir diesen hübschen Schlüssel hatten, hatten wir es geschafft.“ Unzählige Männer und Frauen kamen in aller Frühe ins Büro und machten Überstunden, vernachlässigten ihre Familien, schlugen sich das Wochenende um die Ohren, und das nur, um den goldenen Schlüssel zum Bad zu bekommen, der sie vor allen anderen auszeichnete.
> Stolz und Prahlerei gehören zu unserer ureigensten Natur, was zum Beispiel erklärt, warum diese Sünde sich so oft bei Kindern zeigt. Der Teufel versuchte Eva, indem er an ihren Stolz appellierte: „Ihr werdet sein wie Gott.“ (1.Mose 3,5) Darum geht es bei Stolz und Angeberei in Wirklichkeit: Wir

23 John MacArthur, *1 Corinthians.* Chicago: Moody, 1984, Seite 342.

> wollen uns auf den Thron Gottes setzen. Dies war das Motiv, das dem Turmbau zu Babel zu Grunde lag. „Und sie sprachen: Wohlan, lasst uns eine Stadt bauen und einen Turm, dessen Spitze bis an den Himmel reicht, dass wir uns einen Namen machen." (1.Mose 11,4) C.S. Lewis sagte einmal, Stolz sei die Ursünde des Menschen. Er bezeichnete ihn als „antigöttliche Sinneseinstellung".
> Aus biblischer Sicht ist das Rühmen des Menschen falsch und böse. Wir sind ständig damit beschäftigt, andere Menschen auf unsere Tugenden und Stärken aufmerksam zu machen. Doch in Wirklichkeit sind wir sündige und bedürftige Kreaturen, die allen Grund haben, sich zu schämen. Dabei liegt das Hauptproblem noch nicht einmal darin, dass Ruhm und Ehre etwas Schlechtes wären. Wir sind in Ehren erschaffen worden. Gott hat uns ruhmreich gemacht. Adam und Eva sollten die Ehre Gottes widerspiegeln. Sie waren nackt, doch „sie schämten sich nicht". (1.Mose 2,25) Ruhm und Ehre sind nicht an sich falsch. Es sind Dinge, denen wir nachstreben sollten. Das Problem entsteht, wenn die Sünde ins Spiel kommt. Sünde macht aus etwas Gutem etwas Schlechtes, denn sie verdreht das Ziel. Unsere Ehre sollte darin bestehen, dem Ehre zu geben, der uns erschaffen hat. Dies war die Bestimmung Adams. Geschaffen nach dem Bilde Gottes, sollte er Ihn verherrlichen. Unser Stolz und unser Rühmen ist dann problematisch, wenn es Gott die Ehre stiehlt, die Ihm zusteht.[24]

Nun bezieht sich das, was Richard Phillips sagt, auf die Menschen des 21. Jahrhunderts. Doch die Korinther des 1. Jahrhunderts dachten und handelten nicht anders. Sie prahlten und drehten sich nur um sich selbst. Ihr Leben verfolgte nur den Zweck, sich selbst zu dienen und sich selbst zu verherrlichen, selbst wenn dafür religiöse Aktivitäten herhalten mussten. Ziel war es immer, in den Augen der anderen gut dazustehen. Im Umgang mit ihren Mitmenschen waren die Korinther lieblos und egoistisch. Ihr Leben widersprach einer Liebe, die einen positiven Einfluss auf andere Menschen hat. Und

24 Quelle: Richard D. Phillips, *A Question about Boasting*, Tenth Presbyterian Church, July 22, 2001, www.tenth.org/qbox/qb_010722.htm

der Apostel Paulus stellt klar, dass Menschen, die von echter Liebe geprägt sind, so nicht leben.

Worauf echte Liebe verzichtet

Nun möchte ich ganz konkret werden und Ihnen anhand einiger Beispiele zeigen, worauf echte Liebe verzichtet:

- Echte Liebe verhält sich anders als es der Pharisäer tat (Lukas 18,11-12): „Der Pharisäer stellte sich hin und betete bei sich selbst so: O Gott, ich danke dir, dass ich nicht bin wie die übrigen Menschen, Räuber, Ungerechte, Ehebrecher, oder auch wie dieser Zöllner da. Ich faste zweimal in der Woche und gebe den Zehnten von allem, was ich einnehme.“
- Echte Liebe verhält sich anders als es die Menschen taten, über die Jesus im Matthäusevangelium sagt (Kapitel 6, Verse 1 und 16): „Habt Acht, dass ihr eure Almosen nicht vor den Leuten gebt, um von ihnen gesehen zu werden, sonst habt ihr keinen Lohn bei eurem Vater im Himmel. [...] Wenn ihr aber fastet, sollt ihr nicht finster dreinsehen wie die Heuchler; denn sie verstellen ihr Angesicht, damit es von den Leuten bemerkt wird, dass sie fasten. Wahrlich, ich sage euch: Sie haben ihren Lohn dahin.“
- Echte Liebe verhält sich auch nicht so wie die Menschen, die Jesus in Matthäus 23 beschreibt (Verse 5-7): „Alle ihre Werke tun sie aber, um von den Leuten gesehen zu werden. Sie machen nämlich ihre Gebetsriemen breit und die Säume an ihren Gewändern groß, und sie lieben den obersten Platz bei den Mahlzeiten und die ersten Sitze in den Synagogen und die Begrüßungen auf den Märkten, und wenn sie von den Leuten ‚Rabbi, Rabbi‘ genannt werden.“
- Wenn wir von echter Liebe geprägt sind, verhalten wir uns nicht wie Ananias und Saphira in Apostelgeschichte 5. Sie gaben einen bestimmten Betrag und behaupteten, es wäre alles gewesen. Dabei ging es ihnen überhaupt nicht um die Armen. Es ging ihnen nur darum, bei anderen Menschen Eindruck zu schinden.
- Wenn wir von echter Liebe geprägt sind, werden wir davon

absehen, andere zu beeindrucken – sei es mit Macht, Wissen, Bildung, materiellem Besitz, Aussehen, Gaben, Ansehen, Stellung, Herkunft – oder auch damit, wie viele wichtige Leute wir kennen und wie gut der Ruf unserer Familie ist.

Habe ich da gerade einen Knall gehört? Ist irgendein Ego implodiert? Habe ich jemandem auf die Füße getreten? Tut mir Leid. Mit Sicherheit habe ich einen wunden Punkt bei mir selbst berührt. Aber ich bin noch nicht fertig, es geht noch weiter!

- Wenn wir von echter Liebe geprägt sind, übertreiben wir nicht in unseren Erzählungen, und wir verdrehen nicht die Wahrheit.
- Echte Liebe hindert uns daran, uns auffällig (oder betont unauffällig) zu kleiden, weil wir die Aufmerksamkeit auf uns ziehen wollen.
- Echte Liebe führt dazu, dass wir nicht über unsere Verhältnisse leben, um andere Menschen zu beeindrucken und ihnen zu zeigen, wie wichtig wir sind.
- Wenn wir von echter Liebe geprägt sind, erzählen wir den Leuten nicht nur das, was sie hören wollen und verschweigen die weniger schmeichelhaften Seiten einer Begebenheit. Nein, wir sagen die ganze Wahrheit.
- Echte Liebe führt dazu, dass wir niemals die Ideen oder Gedanken anderer Menschen als unsere eigenen ausgeben.
- Echte Liebe hindert uns daran, gestelzt zu reden und Fremdwörter zu benutzen, die zwar wir verstehen, unser Gegenüber aber nicht.
- Sie hindert uns auch daran, allen zu erzählen, wie viele Bücher wir schon gelesen und wie viele Bibelverse wir schon auswendig gelernt haben.
- Echte Liebe führt dazu, dass wir nicht andauernd die Aufmerksamkeit auf uns ziehen und allen erzählen, wie arm wir sind, wie schlecht man uns behandelt hat, wie sehr wir gelitten haben und wie viel wir geopfert haben.

Wie echte Liebe sich verhält

Dies waren ein paar Beispiele für die Art von Angeberei oder Prahlerei, auf die echte Liebe verzichtet. Doch nun möchte ich den Spieß umdrehen und anhand einiger Beispiele zeigen, wie sich echte Liebe (eine Liebe, die nicht prahlt) stattdessen verhält. Positiv ausgedrückt, sieht eine nicht prahlende Liebe genauso aus, wie sie uns Paulus im Neuen Testament beispielhaft vorgelebt hat. Echte Liebe entspricht dem, was Galater 6,14 so zum Ausdruck bringt: „Von mir aber sei es ferne, mich zu rühmen, als nur des Kreuzes unseres Herrn Jesus Christus." Oder nehmen wir 2. Korinther 4, wo Paulus in Vers 5 sagt: „Denn wir verkündigen nicht uns selbst, sondern Christus Jesus, dass er der Herr ist, uns selbst aber als eure Knechte um Jesu willen." Echte Liebe zeigt sich in dem, was Paulus im Philipperbrief zum Ausdruck bringt. Nicht weniger als neunzehn Mal bezieht sich Paulus in diesem Brief auf Christus. Und in den anderen Briefen setzt er denselben Schwerpunkt. Paulus führte ein geheiligtes Leben. Er war ein Mann, der durch und durch gesättigt war mit der Liebe seines Herrn und Heilands. Wofür das Herz des Paulus schlug, wird im Philipperbrief folgendermaßen zum Ausdruck gebracht: „Ja, ich werde mich auch weiterhin freuen! Denn ich weiß, dass mir dies zur Rettung ausschlagen wird durch eure Fürbitte und den Beistand des Geistes Jesu Christi, entsprechend meiner festen Erwartung und Hoffnung, dass ich in nichts zu Schanden werde, sondern dass in aller Freimütigkeit, wie allezeit, so auch jetzt, Christus hoch gepriesen wird an meinem Leib, es sei durch Leben oder durch Tod. Denn für mich ist Christus das Leben, und das Sterben ein Gewinn." (Phil. 1,18b-21) Paulus ging es nicht um sich selbst, es ging ihm nur um Ihn – um Christus.

Wenn ein Mensch von echter Liebe getrieben wird, folgt er dem Beispiel des Paulus so, wie es in 2. Korinther 10,13 zum Ausdruck kommt: „Wir aber wollen uns nicht ins Maßlose rühmen, sondern nach dem Maß des Wirkungskreises, den uns Gott als Maß zugemessen hat." Aus dem Zusammenhang des Briefes wird klar, dass Paulus hier seine eigene Vorgehensweise mit der seiner Gegner vergleicht, die in die Gemeinde eingedrungen waren, um Mitglieder abzuwerben. Diese Eindringlinge bezeichneten sich selbst als Apostel (vgl. 2.Kor. 11,13). Sie empfahlen sich selbst, redeten über sich selbst und wiesen auf ihre geistlichen Erfahrungen hin (die niemand überprüfen konnte), um Menschen für sich zu gewinnen. Sie traten selbstherrlich auf, waren in ihren eigenen guten Ruf verliebt, suchten den Ruhm und gierten nach Macht. Doch sie liebten die Menschen nicht. Sie luden Schuld auf sich, indem sie Dinge stark übertrieben und Behauptungen aufstellten, die niemand überprüfen konnte. Ihr Ziel war es, den guten Ruf des Paulus und den Respekt, der ihm entgegengebracht wurde, zu zerstören. Sie sahen in Paulus einen Konkurrenten und stellten kühne Behauptungen darüber auf, was sie alles wussten und erlebt hatten.

Paulus jedoch stellte klar, dass er nicht vorhatte, in diesen Wettbewerb einzutreten. Paulus sagte: „Ich mache das nicht mit!" – oder um ihn genau zu zitieren: „Wir aber wollen uns nicht ins Maßlose rühmen." Denn genau das taten diese Pseudo-Apostel. In seinem Kommentar zum 2. Korintherbrief hebt der Ausleger Simon Kistemaker hervor, dass Paulus nicht über Erfolge reden wollte, die niemand überprüfen konnte. Paulus wollte nur das sagen, was Gott wollte. Das Ziel des Paulus, so Kistemaker, war es immer, den Herrn zu rühmen und nicht sich selbst.[25] Mit anderen Worten: Wenn Paulus in seinem Dienst für den Herrn etwas sagt, dann muss es wahr und überprüfbar sein – und es muss zur Ehre des Herrn gereichen.

Nun bedeutet das Praktizieren echter Liebe nicht grundsätzlich, dass es uns verboten wäre, in positiver Weise über unseren Besitz, unsere Taten oder unsere Erlebnisse zu erzählen. Es bedeutet nicht, dass wir nicht Zeugnis davon ablegen dürften, was der Herr für uns getan hat, oder wie er uns benutzt hat. Dass dem so ist, zeigen die vielen Beispiele, die der Apostel Paulus uns gegeben hat (vgl. Apg. 20,17-27.33-35; 1.Kor. 15,10; 2.Kor. 2,15-17.4,1-2.8-10.16; 2.Kor. 6,4-10;11,21-30; 2.Kor.12,7-10.11-16; 1.Thess. 1 und 2; 2.Tim. 4,6-7).

Was wir beachten sollten, wenn wir von uns und unseren „Erfolgen" sprechen

Was bedeutet es nun, echte Liebe zu praktizieren und so Zeugnis abzulegen, dass wir etwas Positives oder Erfolgreiches erzählen, ohne dabei zu prahlen? Es bedeutet, dass wir, wenn wir von uns

25 Simon Kistemaker, *2 Corinthians*. Grand Rapids: Baker, 1997, Seite 348.

selbst reden, aus unseren Schwachheiten und Misserfolgen keinen Hehl machen. Sie gehören genauso zu uns wie unsere Erfolge und Glaubenssiege. Es bedeutet auch, dass wir uns nicht „aufplustern“ und uns nicht in unserem Erfolg sonnen. Stattdessen sprechen wir davon, wie Gott uns benutzt hat, und was er durch uns und trotz uns zu Seiner Ehre erreicht hat. Wir reden auf eine Weise, die Ihn verherrlicht und nicht darauf abzielt, uns bei den Menschen Ansehen zu verschaffen (Apg. 18; Röm. 7,18-19; 1.Kor. 2,3; 2.Kor. 1,10-11; 2.Kor. 2,4.7, 5-6; Gal. 4,19-20; 1.Thess. 3,1).

Von einer Liebe geprägt zu sein, die nicht prahlt, bedeutet, dass wir von unseren positiven Erfahrungen in uneigennütziger Weise berichten. Der Sinn und Zweck unserer Rede liegt in der Ermutigung unserer Mitmenschen und der Verherrlichung Gottes. Mit anderen Worten: Wir halten uns an die Ermahnung des Paulus (Eph. 4,29): „Kein schlechtes Wort (Luther: Kein faules Geschwätz) soll aus eurem Mund kommen, sondern was gut ist zur Erbauung, wo es nötig ist, damit es den Hörern Gnade bringe.“

Liebe, die nicht prahlt, setzt es sich zum Ziel, in allen Gesprächen Christus zu verherrlichen und nicht das eigene Ego (1.Kor. 15,8-10; 2.Kor. 4,5.11; Gal. 6,14). Liebe, die nicht prahlt, bedeutet auch, dass der Löwenanteil unserer Gespräche nichts mit uns und unserem Befinden zu tun hat. Wenn Sie die Briefe des Paulus lesen, werden Sie feststellen, dass der Apostel zwar manchmal auch über seine eigenen Erfahrungen spricht, dass es ihm in den allermeisten Fällen aber um Jesus Christus geht. Schließlich bewirkt eine Liebe, die nicht prahlt, dass wir sehr viel häufiger über die geistlichen Siege und Erfolge anderer Christen sprechen als über unsere eigenen. So hat es uns Paulus in seinen Briefen vorgemacht (vgl. Röm. 16,1; 1.Kor. 16,15-16; 2.Kor. 8; Phil. 2,19-30; Kol. 4,12-13).

Aus Platzgründen habe ich es diesmal vorgezogen, eine Reihe von Versen nur anzuführen und nicht im Einzelnen auszulegen. Wenn Sie jedoch die Zeit haben, sollten Sie die Stellen im Zusammenhang lesen. Ich bin mir sicher, dass Sie dadurch ermutigt werden und Ihnen einige Punkte noch klarer werden.

Unser wichtigstes Vorbild

Bislang habe ich mich vor allem auf das Beispiel des Apostels Paulus bezogen, als es darum ging, zu beschreiben, wie eine Liebe, die nicht prahlt, praktisch aussieht. Doch bevor ich dieses Kapitel beende, möchte ich auf das wichtigste Vorbild für eine solche Liebe hinweisen, das es gibt. Ich spreche weder von Petrus, noch von Johannes. Das beste Beispiel für eine solche Liebe hat uns unser Herr Jesus Christus vorgelebt.

Sein ganzes Leben lang hat Christus bewiesen, dass er von einer Liebe beseelt war, die nicht prahlte. Dies wurde zum Beispiel schon bei Seiner Geburt deutlich. Jesus war der einzige Mensch, der die Umstände seiner Geburt, wie auch seines gesamten Lebens, zu seinen Gunsten hätte vorherbestimmen können. Doch Jesus wählte eine einfache Jungfrau als seine Mutter aus, eine Landarbeiterin, die mit einem einfachen Zimmermann verheiratet war (Luk. 2,1-14). Die Bescheidenheit unseres Herrn zeigte sich durch sein ganzes Leben hindurch. An vielen Stellen des Neuen Testaments wollen die Menschen (und sogar die Dämonen) Seine Werke und Seine Göttlichkeit überall bekannt machen, doch Jesus, der König, verbot ihnen den Mund, weil Seine Zeit noch nicht gekommen war.

Auch die Art und Weise, wie Jesus starb, ist ein Zeichen von Liebe, die nicht prahlt. „Als er geschmäht wurde“, so berichtet es Petrus, „schmähte er nicht wieder, als er litt, drohte er nicht, sondern übergab es dem, der gerecht richtet.“ (1.Pe. 2,23) In Apostelgeschichte 8,32 heißt es in Anlehnung an Jesaja 53: „Wie ein Schaf wurde er zur Schlachtung geführt, und wie ein Lamm vor seinem Scherer stumm ist, so tut er seinen Mund nicht auf.“ John MacArthur schreibt über das irdische Leben Jesu Christi:

> Jesus war Gott in der Gestalt eines Menschen, und doch hat er sich selbst nicht überhoben. Er ist Christus, „der, als er in der Gestalt Gottes war, es nicht wie einen Raub festhielt, Gott gleich zu sein, sondern er entäußerte sich selbst, nahm die Gestalt eines Knechtes an und wurde wie die Menschen. [...] Er erniedrigte sich selbst“ (Phil. 2,6-8). Jesus, der allen Grund gehabt hätte, sich zu rühmen, verzichtete darauf. Wir hingegen

haben absolut keinen Grund, uns zu rühmen. Nur die Liebe, die von Jesus Christus kommt, kann uns daran hindern, mit unserem Wissen, unseren Fähigkeiten, unseren Gaben oder unseren Erfolgen anzugeben, seien sie eingebildet oder real.[26]

Was bedeutet es also, von einer Liebe geprägt zu sein, die nicht prahlt oder angibt? Wenn man es zu Ende denkt, bedeutet es, so zu sein wie Jesus Christus:

- Wir sollen einander lieben wie Jesus uns geliebt hat (Joh. 13,34-35).
- Er gab uns ein Beispiel, dem wir nacheifern sollen (Joh. 13,15).
- Wir sollen so leben („wandeln“), wie Jesus gelebt hat (1.Joh. 2,6).

Und wie lebte Jesus? Er lebte ein Leben der Liebe. Es war ein Leben, das in jeder Hinsicht von der alles durchdringenden Liebe zu Gott, seinem Vater, geprägt war. Gleichzeitig lebte er ein Leben, das jeden Augenblick seine Liebe zu den Menschen offenbarte. Es war eine Liebe, die langmütig, freundlich und nicht eifersüchtig war. Es war eine Liebe, die nicht prahlte. Die Liebe Christi entsprach genau der Liebe, die der Apostel Paulus in 1. Korinther 13 beschreibt.

Wie es uns gelingen kann, eine solche Liebe zu leben

Wenn uns die Bibel zu einem Leben in Liebe auffordert, fordert sie uns auf, Gott und unsere Mitmenschen so zu lieben, wie Jesus die Menschen geliebt hat. Warum sollten wir uns um eine solche Art von Liebe bemühen? Auf diese Frage gibt es eine ganze Reihe von möglichen Antworten. Ich möchte einige von ihnen näher beleuchten.

Zunächst sollten wir uns erneut vor Augen halten, an welche Art von Menschen Paulus seinen Brief richtet. Paulus erwähnt es mehrere Male, dass die Adressaten des 1. Korintherbriefes „in Christus Jesus“ waren, das heißt, es handelte sich um Christen. Zu Beginn des Briefes erwähnt der Apostel, dass die Korinther „geheiligt und von Gott berufen“ sind, dass sie Menschen sind, die den Namen Jesu Christi tragen, Menschen, die der Gnade teilhaftig geworden

26 John MacArthur, *1 Corinthians*, Seite 342.

waren. Die Korinther waren Menschen, die geistlichen Reichtum in Christus Jesus erfahren hatten. Sie hatten das apostolische Zeugnis gehört und geglaubt und lebten in der Erwartung der Wiederkunft ihres Herrn. Sie waren in die Gemeinschaft mit Christus berufen worden, und weil sie im Glauben mit Jesus Christus verbunden waren, war es ganz natürlich für sie, so zu leben und zu lieben, wie Christus gelebt und die Menschen geliebt hatte. Wie anders sollte es auch sein? Ihre Bindung an Christus war für die Korinther die größtmögliche Motivation, so zu lieben wie Er. Und was für die Korinther gilt, gilt für alle Menschen, die „in Christus" sind.

Doch noch etwas Weiteres ist wichtig: Nachdem ein Bekannter gelesen hatte, was ich soeben geschrieben habe, sagte er: „Schön und gut; doch was hat das mit der Frage zu tun, warum wir uns darum bemühen sollten, so zu lieben, wie Paulus es in 1. Korinther 13 beschrieben hat?" Ich hatte den Eindruck, er hatte nicht verstanden, was ich zum Ausdruck bringen wollte, und – wer weiß – vielleicht gibt es ja auch unter meinen Leserinnen und Lesern solche, denen noch nicht ganz klar ist, warum die enge Gemeinschaft mit Christus die Hauptmotivation für die in 1. Korinther 13 beschriebene Liebe ist. Ich möchte daher noch einmal klarstellen, warum das „In Christus Sein" die wichtigste Triebfeder für eine solche Liebe ist. Wichtig ist dabei Folgendes: Es geht dem Apostel in seinem Brief an die Korinther (und an uns!) nicht darum zu erklären, wie man gläubig wird. Paulus will in diesem Kapitel nicht erreichen, dass Menschen sich bemühen, „lieb zu sein", um sich damit vor Gott etwas zu verdienen. So sehr wir uns auch mühen: Selbst unsere größten Anstrengungen zu lieben, werden uns nicht zu Gott bringen.

Niemand, der 1. Korinther 13 liest, sollte sich dazu verleiten lassen anzunehmen, es ginge Paulus darum, uns klarzumachen, dass wir uns durch Liebe Ansehen bei Gott erwerben könnten. Nein, Jesus hat an unserer Stelle vollkommen geliebt. Er hat bei Gott das erreicht, was wir nicht erreichen können. Wenn wir Ihm glauben und auf Ihn unser Vertrauen setzen, dann sind wir – wie Paulus es ausdrückt – „in Christus". Wir sind (wie die Korinther) geheiligt, denn wir haben die Gnade Gottes empfangen. Die Korinther waren durch Christus mit dem Geist erfüllt. Sie lebten bereits in der Gemeinschaft mit Christus und waren auf dem Weg nach ihrer Heimat im Himmel.

Insofern waren die Menschen, die Paulus zu einem Leben in Liebe ermutigte, Menschen, denen Gott – sozusagen auf ihrem Konto – bereits die Gerechtigkeit Christi gutgeschrieben hatte. Die vollkommene Liebe Christi war ihnen zugerechnet worden. Dies bedeutet: Wenn wir unser Vertrauen auf Christus setzen, dann sieht uns Gott so an, als hätten wir ein vollkommenes Leben in Gehorsam und Liebe gelebt – oder, wie Paulus es ausdrückt (Eph. 1,6): „Er hat uns begnadigt in dem Geliebten.“ Wir sind erlöst und von Gott angenommen. Wir sind durch seine Gnade zu Kindern Gottes geworden und haben Anteil bekommen an der Familie Gottes. Unsere Sünden sind uns vergeben worden, und wir sind aus der Finsternis ins Licht und in das Reich Seines lieben Sohnes versetzt worden. Gott liebt uns, und es gibt nichts, was uns von Ihm trennen könnte. Durch Jesus Christus haben wir Anteil an einem unvergänglichen Erbe bekommen, das uns für alle Zeit und Ewigkeit gehört. Wir haben einen himmlischen Vater. Weil wir mit Christus verbunden sind, hat er Wohnung in uns genommen (Eph. 3,17; Kol. 1,27). Seine in uns wohnende Gegenwart wird sich auch darin zeigen, wie wir leben und lieben. Deshalb wiederum die Frage: Warum sollte es unser Wunsch sein, von der in 1. Korinther 13 beschriebenen Liebe geprägt zu sein? Die Antwort kann nur lauten: Weil dies unserer Natur als Christen entspricht! Wir wollen sein wie Christus, der durch den Heiligen Geist in uns wohnt.

Doch vielleicht gibt es immer noch Menschen, die den Zusammenhang zwischen „In Christus sein“, zwischen all den Segnungen, die uns durch Ihn zuteil geworden sind (Eph. 1,3), und dem Wunsch, von der in 1. Korinther 13 beschriebenen Liebe geprägt zu sein, noch nicht recht verstehen. Ich möchte deshalb, um diese Zusammenhänge zu verdeutlichen, noch einmal auf den Apostel Paulus verweisen, der, wie wir gesehen haben, ein herausragendes Beispiel für die in 1. Korinther 13 beschriebene Liebe war. Paulus war von einer Liebe getrieben, die langmütig und ausdauernd war, die freundlich war, die nicht eifersüchtig war und die sich nicht großtat. Seine Liebe zu Gott motivierte den Apostel, eine vielversprechende Karriere aufzugeben, auf seinen Missionsreisen den gesamten Mittelmeerraum zu durchstreifen, Ungemach, Verleumdungen, ja Misshandlungen auf sich zu nehmen – und das alles nur, weil er Menschen für Christus erreichen wollte. Paulus war jemand, der Christus wirklich lieb hatte, und Paulus liebte auch die Menschen.

Was motivierte den Apostel dazu, solch ein Leben der Liebe zu leben? Wir brauchen die Antwort auf diese Frage nicht lange zu suchen. Paulus selbst gibt sie uns im 2. Korintherbrief: „Denn wenn wir je außer uns waren, so waren wir es für Gott; wenn wir besonnen sind, so sind wir es für euch. Denn die Liebe des Christus drängt uns, da wir von diesem überzeugt sind: Wenn einer für alle gestorben ist, so sind sie alle gestorben, und er ist deshalb für alle gestorben, damit die, welche leben, nicht mehr für sich selbst leben, sondern für den, der für sie gestorben und auferstanden ist." (2.Kor. 5,13-15)

Was will Paulus mit diesen Worten sagen? Das, was ihn, den Apostel, vor allem dazu motiviert, die Menschen zu lieben, ist die unermessliche Liebe Christi, die ihm darin begegnet, dass er für ihn am Kreuz gestorben ist. Wenn man das verstanden hat, so der Apostel, kann man gar nicht anders, als sich gedrängt fühlen, dem eigenen Ich zu sterben und für Christus zu leben.

Was Paulus hier schreibt, erinnert an die Worte aus dem 1. Johannesbrief: „Darin besteht die Liebe – nicht dass wir Gott geliebt haben, sondern dass er uns geliebt hat und seinen Sohn gesandt hat als Sühnopfer für unsere Sünden. Geliebte, wenn Gott uns so geliebt hat, so sind auch wir es schuldig, einander zu lieben. ... Wir lieben ihn, weil er uns zuerst geliebt hat." (1.Joh. 4,10-11.19)

Hier also haben wir den wichtigsten Grund, warum wir uns dazu motivieren lassen sollten, ein Leben der Liebe zu leben. Wir müssten eigentlich anders herum fragen: Wie kämen wir dazu, unsere Mitmenschen *nicht* zu lieben, wenn uns bewusst geworden ist, wie sehr Gott uns geliebt hat und noch liebt. Wie um alles in der Welt kämen wir dazu, andere *nicht* mit der in 1. Korinther 13 beschriebenen Liebe zu lieben, wenn es im Römerbrief heißt (Röm. 5,6.8): „Denn Christus ist, als wir noch kraftlos waren, zur bestimmten Zeit für Gottlose gestorben. [...] Gott aber beweist seine Liebe zu uns dadurch, dass Christus für uns gestorben ist, als wir noch Sünder waren.“

Wie sollten wir andere nicht lieben, so wie es 1. Korinther 13 beschreibt, wenn wir uns daran erinnern, dass die Liebe Christi ihn dazu brachte, sein Leben für uns zu geben und die Strafe für unsere Sünde auf sich zu nehmen, indem er am Kreuz für uns starb?

Paulus sagt mit diesen Worten, dass er bereit ist, ein Leben der Hingabe an Christus zum Wohle seiner Mitmenschen zu leben, und er sagt dies aus demselben Grunde, den Isaac Watts in dem Kirchenlied *When I Survey the Wondrous Cross* so zum Ausdruck gebracht hat:

Wenn ich das wunderbare Kreuz betrachte,
an dem der König der Herrlichkeit starb,
dann halte ich meinen größten Gewinn für einen Verlust
und verachte all meinen Stolz.
Ferne sei es von mir, mein Herr,
dass ich mich irgendeiner anderen Sache rühme
als Deines Todes.
All die eitlen Dinge, die mich gefangen nehmen,
opfere ich Deinem Blut.
Würde mir die ganze Welt der Natur gehören,
sie wäre als Opfer nicht genug.
Eine solch herrliche, wunderbare, göttliche Liebe
verlangt meine Seele, mein Leben, mein Alles.

Dies ist – in Liedform – der Grund, warum wir leben und lieben. Auf Grund der Liebe, mit der Jesus uns liebt, müssen und können wir von einer Liebe geprägt sein, die langmütig und freundlich ist, die nicht neidet oder angibt, kurz: Von einer Liebe, die all die Merkmale aufweist, die in 1. Korinther 13 beschrieben werden. *Letztendlich besteht unsere Motivation, ein Mensch zu werden, der andere im Sinne von 1. Korinther 13 liebt, darin, dass Jesus uns so geliebt hat.*

Es gibt daneben allerdings auch noch einen zweiten Grund,

warum wir uns um eine solche Liebe bemühen sollten. Es ist der Grund, den Paulus in 1. Korinther 13,1-3 anführt, wo er sagt, dass ohne eine solche Art von Liebe unser gesamter Dienst, das heißt, all unsere Arbeit für Christus, nichts wert ist. Positiv ausgedrückt bedeutet dies, dass wir uns noch aus einem weiteren Grunde darum bemühen sollten, dauerhaft von einer solchen Liebe geprägt zu werden: Wenn wir Gott und unsere Mitmenschen von ganzem Herzen, von ganzer Seele und von ganzem Gemüte lieben, haben wir den Schlüssel zu einem Leben gefunden, das Auswirkungen auf das Leben anderer Menschen hat. So können wir sie für Christus erreichen und Ihm damit Ehre bringen. Versuchen wir jedoch, Ihm zu dienen ohne dabei Menschen zu lieben, wird unsere gesamte Arbeit nur „ein tönendes Erz oder eine klingende Schelle" sein (1. Kor. 13,1). In Epheser 3,17-19 betet Paulus für die Christen in Ephesus: „.... dass Christus durch den Glauben in euren Herzen wohne, damit ihr, in Liebe gewurzelt und gegründet, dazu fähig seid, mit allen Heiligen zu begreifen, was die Breite, die Länge, die Tiefe und die Höhe sei, und die Liebe des Christus zu erkennen, die doch alle Erkenntnis übertrifft, damit ihr erfüllt werdet bis zur ganzen Fülle Gottes."

Lasst uns, liebe Brüder und Schwestern, dieses Gebet des Paulus zu unserem eigenen machen. Lasst uns – für uns und für andere – beten, dass wir Christus besser erkennen, so dass wir einander von Herzen in Liebe begegnen können, in einer Liebe, die langmütig und freundlich, nicht eifersüchtig und nicht prahlend ist.

Dann können wir auch das für uns in Anspruch nehmen, was Paulus am Ende seines Gebets in Epheser 3,21 sagt, dass nämlich Gott die Ehre sei „in der Gemeinde in Christus Jesus auf alle Geschlechter der Ewigkeit der Ewigkeiten! Amen." Wenn wir uns darum bemühen, mit einer Liebe, wie sie in 1. Korinther 13 beschrieben wird, dauerhaft erfüllt zu werden, so werden wir viel Frucht bringen, und auf diese Weise den Sinn und Zweck unserer Geburt und Erlösung erfüllen, nämlich dass Gott alle Ehre dargebracht wird (Joh. 15,8).

Fragen zum Inhalt, zum Nachdenken, zur Anwendung des Gesagten und zur Diskussion

1. Ich habe in diesem Kapitel behauptet, dass sich Neid, Eifersucht und Prahlerei ähneln. Wie ist das zu verstehen? Inwiefern ähneln Eifersucht und Neid der Angeberei? Wie hängen diese einzelnen Eigenschaften zusammen?
2. Was versteht C.S. Lewis unter der „Ursünde des Menschen“? Aus welchem Grund kommt er zu dieser Behauptung?
3. Gehen Sie noch einmal sämtliche biblischen Beispiele zum Thema Prahlerei (Angeberei) durch, die in diesem Kapitel erwähnt wurden. Lesen Sie sie, und versuchen Sie zu erfassen, was darin über das Prahlen ausgesagt wird. Bemühen Sie sich dabei, die Stellen in die heutige Zeit zu übertragen. Inwieweit verhalten wir Menschen des 21. Jahrhunderts uns genauso, wie es die Menschen damals taten?
4. Denken Sie einmal über die Dinge nach, mit denen Sie möglicherweise prahlen, um andere Menschen zu beeindrucken. Überlegen Sie selbstkritisch, ob Sie schon einmal versucht haben, Menschen zu beeindrucken – oder es sogar immer noch tun. Denken Sie dabei an Macht, Wissen, Bildung, materiellen Besitz, Aussehen (Schönheit), Begabungen, gesellschaftliche Stellung, Herkunft, Freunde und Bekannte, familiären Hintergrund. Nennen Sie Beispiele, wie Sie in diesen Bereichen Ihre Mitmenschen beeindruckt haben oder in der Gefahr standen, sie zu beeindrucken.
5. Gehen Sie noch einmal die Aufzählung der Dinge durch, die wir *nicht* tun, wenn wir von echter Liebe geprägt sind („Worauf echte Liebe verzichtet“). Wie schätzen Sie sich selbst ein hinsichtlich dieser Vorgaben? Beurteilen Sie sich anhand einer Skala von 1-4: 4 = so verhalte ich mich *nie*; 3 = so verhalte ich mich *selten*; 2 = so verhalte ich mich *manchmal*; 1 = so verhalte ich mich *oft;* 0 = so verhalte ich mich *immer*.
6. Sehen Sie sich nun die Positivbeispiele für eine Liebe an, die nicht prahlt. Schlagen Sie die Bibelstellen nach, und erläutern Sie, inwieweit sie das Gesagte unterstreichen.

7. Welche Maßstäbe (Kriterien) wurden erwähnt, wenn es darum geht, über unsere „Erfolge" und das, was wir Positives erlebt haben, zu berichten?
8. Erläutern Sie, inwieweit Jesus unser wichtigstes Vorbild ist in Bezug auf eine Liebe angeht, die nicht prahlt. Was können wir konkret von Ihm lernen, wenn es darum geht, nicht anzugeben und andere Menschen nicht beeindrucken zu wollen?
9. Lassen Sie vor Ihrem inneren Auge noch einmal die letzte Woche Revue passieren, und überlegen Sie, bei welchen Gelegenheiten Sie *nicht* die bescheidene Liebe praktiziert haben, die in 1. Korinther 13,4 beschrieben wird.
10. Was motiviert Sie persönlich am meisten, die in diesem Kapitel beschriebene Liebe zu praktizieren?
11. Beachten Sie bitte den Hinweis auf Seite 27.

Kapitel 9
„Viel reden, wenn der Tag lang ist"

Bei uns in Amerika sagt man gelegentlich „Talk is cheap" – Reden kostet nichts. Anderswo heißt es: „Papier ist geduldig!" Und gelegentlich sagen Menschen über andere Menschen: „Die reden viel, wenn der Tag lang ist." Und dabei verdient unser Ex-Präsident Bill Clinton tausende von Dollar für eine einzige Rede, die gerade mal eine halbe Stunde dauert. In seinem Fall scheint Reden also durchaus etwas zu kosten! Insgesamt, so habe ich es gelesen, belaufen sich seine „Nebeneinkünfte" für Vorträge zu den verschiedensten Anlässen auf mehrere Millionen Dollar. Wenn Sie also Bill Clinton einmal einladen, tun Sie gut daran, vorher Ihren Kontostand zu überprüfen.

Aber Scherz beiseite: Wenn Menschen sagen, dass Leute viel reden, oder dass Papier geduldig ist, dann geht es um mehr. Es soll damit ausgesagt werden, dass zwischen Worten und Taten, zwischen Versprechen und deren Einlösung, oft eine Lücke klafft. Produkte werden vollmundig beworben, doch die Wirklichkeit hält nicht, was die Werbung verspricht. Meine eigene Erfahrung hat dies immer wieder bestätigt. Wie oft habe ich schon etwas gekauft und bin anschließend enttäuscht worden. Das gilt für Vitamine und Nahrungsergänzungsmittel wie für elektronische Spielzeuge. Nicht nur „Papier ist geduldig", sondern auch die menschliche Rede, die heute das eine sagt und morgen etwas ganz anderes tut.

Auch im geistlichen Bereich reden die Menschen viel. Sie sagen zu Christus: „Du bist mein Herr. Ich gehöre nur Dir. Schicke mich, wohin Du willst." Doch wenn Er sie dann wirklich schickt, halten sie sich nicht an ihr Versprechen. In diesem Sinne kann sich der Spruch „viel reden, wenn der Tag lang ist" auch auf Menschen beziehen, die zwar von sich behaupten, ihre Mitmenschen zu lieben, es jedoch versäumen, denen, die sie zu lieben vorgeben, in biblischer

Liebe zu begegnen. Man sagt mit dem Mund das eine, tut jedoch etwas ganz Anderes.

Gott weiß, dass wir so sind, insbesondere wenn es um die Liebe zum Nächsten geht. Vielleicht hat er auch deshalb den Apostel dazu inspiriert, auf solch einprägsame Weise in 1. Korinther 13,4-7 zu beschreiben, wie echte Liebe aussieht. Gott sagt in diesem Text – durch den Apostel Paulus – zu uns: „Du sagst, dass du mich liebst und dass du deine Mitmenschen liebst. Und nun möchte ich dir einmal zeigen, wie sich echte Liebe zu mir in deinen zwischenmenschlichen Beziehungen auswirken kann. Ich zeige dir ganz konkret, was Liebe in der Praxis bedeutet."

In den Versen 4 bis 7 erwähnt Paulus fünfzehn charakteristische Merkmale echter Liebe. Liebe ist wie ein funkelnder Diamant, und echte Liebe funkelt in fünfzehn verschiedenen Facetten. Paulus möchte, dass wir uns denselben Diamanten aus fünfzehn verschiedenen Blickwinkeln ansehen. Wenn wir das tun, bekommen wir einen immer besseren Eindruck davon, wie wahre Liebe aussieht. Wir erfahren, wie sie uns zum Dienst am Mitmenschen befähigt. Bisher haben wir in unseren Betrachtungen des herrlichen Diamanten die ersten vier Merkmale der Liebe unter die Lupe genommen. Wir haben in den vorangegangenen Kapiteln erfahren, dass die Liebe *langmütig* und *freundlich* ist, dass echte Liebe *nicht eifersüchtig* ist und dass sie *nicht prahlt oder angibt*. Wir wenden uns nun dem fünften Merkmal echter Liebe zu.

Die Liebe „bläht sich nicht auf"

Wenn Sie jemanden fragen würden, was echte Liebe ist, kämen wohl die wenigsten darauf, Demut als ein Merkmal der Liebe anzugeben. Doch Gott sieht das so. Das Wort „arrogant" (so die englische Übersetzung „New International Version") oder „stolz" bedeutet „sich aufblasen", „sich aufplustern", voller Luft sein – mit nichts dahinter. Gott sagt in seinem Wort, dass ein Mensch ohne Liebe ein aufgeblasener Mensch ist – ein Mensch, der eine hohe Meinung von sich selbst hat. Ein solcher Mensch ist von seiner eigenen Wichtigkeit überzeugt und lässt seine Mitmenschen nicht darüber im Zweifel, dass sie diese hohe Meinung über ihn teilen und ihn entsprechend behandeln sollten.

Liebe und Stolz wachsen *nicht* auf einem Holz

Man kann mit Fug und Recht behaupten, dass ein arroganter Mensch niemals ein liebevoller Mensch sein kann. Entsprechend gilt: Ein liebender Mensch ist niemals arrogant oder eingebildet. Die beiden Eigenschaften vertragen sich nicht, ja, schließen einander aus. Wo die eine Eigenschaft vorherrscht, gibt es die andere nicht. Es handelt sich um genaue Gegenteile. Einem liebenden Menschen liegen seine Mitmenschen am Herzen; der Eingebildete hingegen dreht sich nur um sich selbst.

Das bedeutet nicht, dass ein demütiger Mensch nicht auch gelegentlich in die Sünde des Stolzes fallen könnte. Stolz und Hochmut machen wohl uns allen immer wieder zu schaffen.

Worum es mir hier geht, ist eine Haltung ständiger Arroganz, sozusagen als Lebensweise, als Art zu denken. Ich meine damit nicht nur eine Haltung des Geistes, sondern eine dauerhafte Einstellung des Herzens.

Ein Studium des 1. Korintherbriefes zeigt, dass einige der Christen in Korinth ein großes Problem mit Hochmut hatten. Sie waren infolgedessen lieblos gegenüber ihren Mitmenschen, besonders gegenüber denen, die anderer Meinung waren als sie, oder sie nicht mit dem gebührenden Respekt behandelten. Hochmut war das Hauptproblem der Korinther.

Um das Problem des lieblosen Hochmuts besser zu verstehen, schlage ich vor, dass wir uns einige der Textstellen aus dem 1. Korintherbrief ansehen, in denen Paulus diesen Begriff verwendet. Wenn wir diese Stellen verstehen, werden wir auch begreifen, warum Paulus behauptet, dass Liebe frei von Hochmut ist. Und wir werden die Überzeugung des Apostels verstehen, dass Hochmut und Liebe nicht nebeneinander existieren können. Nicht zuletzt wird uns das Studium dieser Bibelverse begreifen helfen, wie Hochmut und Arroganz konkret aussehen. Wir werden sehen, dass Liebe und Stolz tatsächlich nicht auf einem Holz wachsen.

Was 1. Korinther 13 über Hochmut lehrt

Eine der Textstellen, in denen Paulus über Hochmut spricht, ist 1. Korinther 4. In diesem Kapitel taucht das griechische Wort gleich dreimal auf, einmal in Vers 6 („damit ihr euch nicht ... aufbläht") und zweimal in den Versen 18 und 19. Wenn wir uns diese Verse im Zusammenhang ansehen, wird uns sofort klar, inwiefern Liebe und Hochmut sich unterscheiden.

Vers 1 macht deutlich, wie arrogant einige der Korinther waren: Sie bezweifelten, dass Paulus wirklich ein Diener Christi war. Sie wollten nicht glauben, dass er ihnen die Wahrheit Gottes verkündete. Vers 2 lässt sich so interpretieren, dass die Korinther Paulus nicht vertrauten. Vers 3 zeigt, dass sie ständig Fehler bei anderen suchten, dass sie andere kritisierten, ja sogar verurteilten. Vers 4 deutet darauf hin, dass einige unter den Korinthern derart arrogant waren, dass sie jeden verachteten, der nicht ihrer Meinung war. Der 5. Vers im vierten Kapitel zeigt Menschen, die der Ansicht waren, sie wüssten, was andere denken und könnten sich von außen ein Urteil über die Motive ihrer Mitmenschen erlauben. Von der Devise, dass man immer auch die andere Seite hören muss, schienen die Korinther noch nie gehört zu haben. Sie gingen, wie Vers 6 zeigt, „über das hinaus, was geschrieben steht." So handeln Menschen, die sich selbst an die Stelle Gottes setzen. Sie hatten Glaubensüberzeugungen angenommen, die sich in der Schrift nicht finden. Ja, sie verbreiteten diese Irrlehren sogar weiter. Die eigenen Vorstellungen standen also über dem in der Schrift offenbarten Wort Gottes. Wenn das keine Überheblichkeit und Arroganz ist! Anscheinend waren sich diese Leute absolut sicher, dass sie Recht hatten, auch wenn es keine biblische Grundlage gab für das, was sie behaupteten, ja, die Schrift dem sogar widersprach. Dies führte natürlich zu Auseinandersetzungen und Kämpfen, so wie es immer ist, wenn einem die Maßstäbe für richtig und falsch, wahr oder unwahr verloren gegangen sind. Jeder hielt seine eigene Meinung für die einzig wahre. Wer das anders sah, hatte Unrecht.

Wenn wir uns 1. Korinther 1,10-12 ansehen, stellen wir fest, dass der Apostel Paulus hier detailliert beschreibt, zu welchen Ergebnissen ein solch liebloses und eingebildetes Wesen führen kann. In Kapitel

3,3-8 zeigt er, welche Konsequenzen diese Geisteshaltung nach sich zieht. Sie bringt Eifersucht, Streit und Zwietracht hervor. Sie führt zu Parteien- und Grüppchenbildung unter Christen und schließlich zu einer falschen Heldenverehrung: Der eine Diener Christi wird gegen den anderen ausgespielt. Man schlägt sich auf die eine oder die andere Seite und behindert so den Lauf der Sache Christi. Simon Kistemaker schreibt in seinem Kommentar zu dieser Stelle:

> Das Hauptaugenmerk des Paulus liegt auf der Zwietracht innerhalb der korinthischen Gemeinde: Es gab eine Gruppe, die zu Paulus hielt und eine weitere, die sich dem Apollos zugehörig fühlte. Beide Seiten plusterten sich auf wie eitle Gockel. Beide übertrafen sich gegenseitig an Überheblichkeit und Arroganz. Wäre die Sache nicht so ernst, könnte man über diese Art von Cliquenbildung innerhalb der Gemeinde sogar lachen (1.Kor. 1,12; 3,4). Niemand sollte einen Leiter einem anderen Leiter vorziehen. Es geht nicht um Paulus oder Apollos. Vielmehr sollte jeder Gläubige darauf achten, was die Heilige Schrift sagt. Die Gemeindeleitung muss die Gemeindeglieder dazu anhalten, auf Gottes Wort zu hören. An mehr als einer Stelle warnt uns die Schrift vor Hochmut (vgl. Hiob 40,12; Spr. 8,13 und Gal. 6,3). Was den Korinthern fehlte, war Demut. Sie mussten lernen, dass sie alles, was sie besaßen, von Gott empfangen hatten – und dass es darauf ankam, Gott in der Schrift zu suchen.[27]

Paulus geht das Problem des Hochmuts bei den Korinthern in 1. Korinther 4,7 folgendermaßen an: Er stellt ihnen drei Fragen. Alle drei Fragen zeigen, wie wenig es den Korinthern um Liebe ging, und wie sehr ihr Eigendünkel im Vordergrund stand.

- 1. Frage: *Wie kommst du darauf, dass du besser bist als die anderen?* Ein Hauptmerkmal des Hochmuts ist immer, dass jemand meint, er wäre etwas Besonderes, besser oder höher gestellt als seine Mitmenschen. Eingebildete halten sich für eine VIP, eine „very important person“ (deutsch: „eine sehr wichtige Person“). Ein solcher Mensch ist davon überzeugt,

27 Simon Kistemaker, *1 Corinthians*. Grand Rapids: Baker, 1993, Seite 136.

mehr Anerkennung und Respekt als seine Mitmenschen verdient zu haben. Paulus begibt sich nun kurz auf die Argumentationsebene des Arroganten und fragt ihn: „Selbst wenn du anders bist als andere, vielleicht begabter oder intelligenter als der Durchschnitt, wer ist dafür verantwortlich? Wer hat dich anders gemacht? Glaubst du im Ernst, deine besonderen Fähigkeiten wären dein eigener Verdienst?“ Ein Mensch, der Gott liebt, kann darauf nur antworten: „Richtig! Ich habe mich ja nicht selbst geschaffen. Insofern habe ich mich auch nicht selbst mit Fähigkeiten und Gaben ausgestattet. Gott hat es getan, und Er möchte, dass ich diese zum Nutzen meiner Mitmenschen einsetze.“

- 2. Frage: *„Was besitzt du, das du nicht empfangen hast?“* (1.Kor 4,7) Auf diese Frage gibt es nur eine einzige richtige Antwort: „Nichts.“ So steht es in Johannes 3,27 geschrieben: „Ein Mensch kann sich nichts nehmen, es sei denn, es ist ihm vom Himmel gegeben.“ Doch dem Eingebildeten ist dieser Gedanke fremd. Wenn man nachhakt, mag ein solcher Mensch zu dem Zugeständnis bereit sein, dass er sich seine Fähigkeiten nicht selbst verliehen hat, aber wirklich verinnerlicht hat er diese Einsicht nicht. Er denkt nicht wirklich, dass er ein Empfänger ist, ein Nutznießer, es sei denn, die Anderen schulden ihm etwas. Es sieht so aus, als wären einige Korinther solche Menschen gewesen. Sie verhielten sich so, als hätten sie sich selbst mit Fähigkeiten und Gaben ausgestattet. Sie waren überzeugt davon, einer besseren Schicht oder Klasse anzugehören. Sie hielten die Anderen für „minderbegabt“.
- 3. Frage: *Wenn du es aber empfangen hast, was rühmest du dich, als hättest du es nicht empfangen*? (1.Kor. 4,7) Wieder kann die einzig richtige Antwort nur lauten: „Ich habe keinen Grund, mich zu rühmen.“ Paulus stellt diese Frage, weil es in Korinth anscheinend einige Leute gab, die sich ihrer eigenen Gaben rühmten und gleichzeitig andere kritisierten. Statt Gott die Ehre dafür zu geben, dass er sie (oder andere) mit bestimmten Gaben ausgestattet hatte, verhielten sie sich so, als wären ihre Fähigkeiten und Gaben ihr eigener Verdienst.

In Wirklichkeit ist es so, dass uns alle guten Gaben von Gott geschenkt werden und nichts mit unserem eigenen Verdienst zu tun haben. Insofern ist es töricht, wenn wir uns aufblähen und stolz auf unsere Gaben sind. Selbst wenn wir einen scharfen Verstand, einen wohlgeformten Körper oder irgendwelche anderen Begabungen unser Eigen nennen können – *wir können nichts dafür!* Wir haben empfangen und nicht gegeben. Insofern ist jeglicher Stolz auf die eigenen guten Seiten einfach nur lächerlich.

Was immer ein Mensch an Fähigkeiten oder Gaben hat, ist ihm von Gott verliehen worden. Es ist deshalb unlogisch, andere Menschen auf ein Podest zu heben und sie quasi anzubeten. Es ist ebenso unlogisch, auf sie herabzusehen, nur weil ihnen bestimmte Fähigkeiten und Gaben fehlen.

Noch ein Letztes zu diesem Thema: Die Tatsache, dass alle unsere Fähigkeiten und Gaben von Gott kommen, sollte uns dazu motivieren, das, was uns Gott geschenkt hat, im Dienst für unsere Mitmenschen einzusetzen. Statt uns aufzublähen und uns unserer geistlichen oder natürlichen Gaben zu rühmen, sollten wir uns darauf konzentrieren, Gott für das, was er uns gegeben hat, zu loben. Aus Liebe zu Gott sollten wir unsere Gaben zum Nutzen unserer Mitmenschen einsetzen. Es geht nicht darum, dass wir bedient werden, sondern dass wir dienen. Diese Einstellung, so sagt es der Apostel Paulus, war bei einigen Christen in Korinth nicht vorhanden. Statt Gott zu verherrlichen, statt Ihn und die Mitmenschen zu lieben, waren diese Menschen in sich selbst verliebt.

Was mag der Grund für ihr Rühmen gewesen sein? Wir können es nicht mit Sicherheit sagen, doch anhand der Anhaltspunkte, die Paulus uns gibt, dürfen wir vielleicht ein wenig spekulieren:

- Vielleicht rühmten sich die Korinther, dass sie so liebevoll waren,
- oder so tolerant.
- Sie hatten eine Gemeinde, wo jeder willkommen war, wo Menschen nicht verurteilt wurden, wo ein Geist der Freiheit wehte.
- Niemand wurde unter Druck gesetzt; niemals würde sich die Gemeindeleitung in die Privatangelegenheiten ihrer Mitglieder einmischen.

- Jeder durfte seine eigenen Glaubensvorstellungen einbringen, Sünder waren willkommen, Gemeindefremde fühlten sich sofort wohl. Kulturell war man „am Puls der Zeit". Vergessen wir nicht, dass Korinth zu dieser Zeit die moralisch verkommenste Stadt der Welt war, das Sodom und Gomorra des 1. Jahrhunderts.

Weitere Schriftbeweise dafür, dass Hochmut und Liebe einander ausschließen

Wenn wir uns den Rest von 1. Korinther 4 ansehen, stellen wir fest, dass Paulus das Problem der lieblosen Arroganz noch weiter behandelt. Es scheint so, als hätte der Apostel dies für ein Hauptproblem in der korinthischen Gemeinde gehalten. In den Versen 8 bis 13 sagt Paulus den Korinthern in deutlichen Worten, dass ihr Hochmut schlimme Auswirkungen hat: Selbstgefälligkeit, Nachlässigkeit, Gleichgültigkeit gegenüber geistlichen Wahrheiten, Stolz, Anpassung an die Welt, fehlende Hingabe, fehlender Eifer für Gott. Um deutlich zu machen, worum es ihm geht, greift Paulus in diesen Versen auch zum Stilmittel der Ironie, insbesondere in den Versen 8 bis 10. Nach Kistemaker

> ... waren die Korinther der Ansicht, dass es ihnen geistlich wie materiell an nichts mangelte. Sie hatten alles; ihnen fehlte nichts. Sie waren davon überzeugt, es in der Gemeinde wie auch in der Gesellschaft zu etwas gebracht zu haben. Der verbreiteten Auffassung, dass sie anderen überlegen waren, traten sie nicht entgegen. Paulus bezieht sich in seinem Brief auf einige Aussprüche, die unter den Stoikern jener Zeit gebräuchlich waren. Philosophen der Stoa rühmten sich, selbstgenügsam zu sein, und die Korinther schienen an dieser Art von Stoizismus Gefallen zu haben. Anstatt als Bürger im Reich Gottes zu dienen, wollten diese Menschen lieber Herrscher im Reich Gottes sein. Sie verhielten sich nicht wie Untertanen, sondern wie Könige.[28]

Paulus weist dann in den Versen 14 bis 19 darauf hin, dass

28 Simon Kistemaker, *1 Corinthians*. Grand Rapids: Baker, 1993, Seite 136.

der Eigendünkel der Korinther dazu führte, dass sie kaum noch Mitgefühl für das Leid ihrer Geschwister empfanden. Ebenso wenig fühlten sie sich denen verbunden, die Gott besonders gesegnet hatte. Gott hatte den Apostel Paulus als Werkzeug gebraucht. Durch ihn waren sehr viele Menschen zum Glauben gekommen. Doch die Korinther begegneten dem Apostel mit Kritik. Sie hatten vergessen, wieviel sie ihm zu verdanken hatten.

Auch in den Versen 18 und 19 geht es um die fehlende Bescheidenheit der Korinther. Paulus sagt dort: „Weil ich aber nicht selbst zu euch komme, haben sich etliche aufgebläht; ich werde aber bald zu euch kommen, wenn der Herr will, und nicht die Worte der Aufgeblähten kennen lernen, sondern die Kraft.“ (1.Kor 4,18-19) Die Arroganz („Aufgeblähtheit“) einiger Korinther zeigte sich in ihrem fehlenden Respekt für Paulus (vgl. 1.Kor 9,1-3; 2.Kor. 10,9-10). Die Verse weisen darauf hin, dass einige dieser Leute – wahrscheinlich solche mit einer Leiterfunktion – sich ausgesprochen gerne reden hörten. Es gibt in John Bunyans berühmten Werk „Pilgerreise zur Seligkeit“ (*The Pilgrim's Progress*) einen „Gerne-Redner“, der den bezeichnenden Namen „Schwätzer“ (im Original: *Mr. Talkative*) trägt. Bunyan beschreibt diesen Charakter in seinem Buch und zitiert als Beleg 1. Korinther 4,20. Herr Schwätzer begegnet auf seiner Reise dem Hauptcharakter des Buches, „Christ“, und es stellt sich bald heraus, dass Herr Schwätzer in der Tat jemand ist, der „viel redet, wenn der Tag lang ist“. Er redet, aber er handelt nicht.[29] Genau das wird Paulus gemeint haben, als er sagte, er komme nicht, um die Worte der Aufgeblähten kennen zu lernen, sondern ihre Kraft. Wie John Bunyans „Herr Schwätzer“ waren auch die Korinther Menschen, die gerne mit ihren Kenntnissen prahlten und sich ihrer eigenen Wichtigkeit rühmten. Gegenüber dem Apostel waren sie kritisch eingestellt. Sie sahen auf ihn herab, anstatt ihn, den Gott zum Gemeindegründer bestimmt hatte, zu lieben und zu respektieren. Statt den Gemeindeleitern in ihrem Dienst beizustehen, sahen die Korinther sie als Konkurrenten an und taten alles, um ihren Dienst zu erschweren. Echte Liebe sieht anders aus. Dies war nichts als Überheblichkeit.

29 .John Bunyan. *The Pilgrim's Progress.* Pretoria: Word of the Cross-Verlag, 2007, Seite 99-110.

In 1. Korinther 5 begegnen uns noch einige weitere Unterscheidungsmerkmale zwischen Liebe und Überheblichkeit. In den ersten beiden Versen schildert Paulus noch einen weiteren Aspekt der korinthischen Aufgeblähtheit: „Überhaupt hört man von Unzucht unter euch, und zwar von einer solchen Unzucht, die selbst unter den Heiden unerhört ist, dass nämlich einer die Frau seines Vaters hat! Und ihr seid aufgebläht und hättet doch eher Leid tragen sollen, damit der, welcher diese Tat begangen hat, aus eurer Mitte hinweggetan wird!"

Paulus wirft den Korinthern vor, sich voller Stolz „aufzublähen" – und das angesichts einer solch furchtbaren Sünde, die unmittelbar vor ihren Augen geschehen war. Unzucht in der eigenen Gemeinde! Und die Korinther ertrugen dies. Noch nicht mal die Heiden hätten über eine solche Sünde hinweggesehen, sagt Paulus.

In Korinth wurde diese Unmoral nicht verfolgt. Der betreffende Mensch durfte weiterhin am Gemeindeleben teilhaben, obwohl der Herr Jesus in Matthäus 18 festgelegt hat, wie man mit jemandem verfahren soll, der trotz Ermahnung an seiner Sünde festhält. Für die Korinther waren solche sexuellen Verfehlungen nichts Schlimmes. Ihre Haltung hatte nichts mit echter Liebe zu tun. Sie war überheblich. Das Ignorieren einer solchen Sünde war nicht nur lieblos, sondern auch hochmütig. Denn damit stellten sich die Korinther über das Gebot Christi, und dies half weder dem Sünder, noch der Situation in der Gemeinde.

Simon Kistemaker schreibt hierzu: „Die Überheblichkeit bestand darin, dass die Korinther dachten, *sie* wären es, die über Moral und Unmoral zu entscheiden hätten. Sie taten nichts, um dem Problem entgegenzutreten."[30] Sie waren lieblos und überheblich. Die Korinther dachten, sie hätten die Freiheit, im vorliegenden Fall nichts zu tun, obwohl Jesus und der Apostel Paulus es anders festgelegt hatten. Doch ein solches Problem auf diese Weise „auszusitzen", ist lieblos und überheblich.

John MacArthur stellt hierzu fest: „Diese Menschen waren derart selbstbewusst und selbstzufrieden, dass sie noch die abscheulichsten Sünden in ihrer Gemeinde zu entschuldigen oder zu rechtfertigen

30 Simon Kistemaker, *1 Corinthians*, Seite 156-57.

suchten. Ihre Arroganz hatte den Korinthern den Blick für Gottes Wahrheit verstellt. Sie waren anscheinend der Meinung, dass Sünde ohne Folgen bleiben würde.“[31]

MacArthur betont außerdem, dass der Eigenwille der Korinther derart ausgeprägt war, dass sie sich über alles, was sie gelernt hatten, einfach hinwegsetzten. Sie kümmerten sich nicht mehr um das, was Gott in seinem Wort gesagt hatte. Gehorsam war aus der Mode gekommen. Unverhohlene Arroganz sorgte dafür, dass die Menschen in Korinth der Meinung waren, sie könnten mir nichts, dir nichts tun, was sie wollten, ohne dafür die Konsequenzen tragen zu müssen. Doch gemäß der Heiligen Schrift ist fehlende Gemeindezucht nicht etwa ein Beweis für Liebe, sondern ein Zeichen für Überheblichkeit und Arroganz.

Die Gemeinde war wahrscheinlich davon überzeugt, dass Passivität etwas Gutes war, doch da hatte sie sich gründlich geirrt. Hinsichtlich der Frage, was echte Liebe war, hatten die Korinther ihre ganz eigenen Maßstäbe. Doch Paulus macht ihnen in diesen Versen, wie auch in 1. Korinther 13, deutlich, dass sie falsch lagen und dass es für ein solches Verhalten keine Entschuldigung gab.

Es ging dem Apostel Paulus nicht darum, ein Gemeindeausschlussverfahren gegen diesen Menschen einzuleiten. Er wollte ihn nicht endgültig aus der Gemeinde entfernen, sondern jene Art von Gemeindezucht anwenden, die in Matthäus 18 und 2. Thessalonicher 3,11-13 vorgeschrieben wird und zum Ziel hat, den Sünder wieder in die Gemeinschaft mit Gott und seinen Mitchristen zurückzuführen. *Biblische Gemeindezucht ist ein Akt der Liebe, wenn sie in der rechten Geisteshaltung durchgeführt und von Mitgefühl getragen wird.* In Offenbarung 3,19 heißt es: „Alle, die ich lieb habe, die überführe und züchtige ich. So sei nun eifrig und tue Buße!“

Paulus macht den Korinthern klar, dass ihre Weigerung, sich des Falles anzunehmen, dem betreffenden Menschen gegenüber lieblos war. Die Verse in 1. Korinther 11 und eine ganze Reihe weiterer Bibelstellen zeigen, dass für den Fall, dass Menschen sich weigern, sich um ihre Sünden zu kümmern, Gott diese Aufgabe übernehmen wird. Wer sich als Christ nicht selbst prüft, wird von Gott gerichtet

31 John MacArthur, *1 Corinthians*. Chicago: Moody, 1984, Seite 123-124.

werden. Und dieses Gericht Gottes kann sehr ernste Auswirkungen haben (vgl. 1.Kor. 11,28-32; Offb. 2,4-5.14-16.20-24 und Offb. 3,3 sowie Offb. 19 und 20). Wir sollten die Warnungen der Schrift sehr ernst nehmen: Wer sich weigert, seine Sünde aufzugeben, das heißt, weder von ihr lässt noch sie bereut, kann davon ausgehen, dass Gott selbst diese Aufgabe übernehmen wird – und das kann sehr schmerzhaft werden. Trotz dieser Warnung macht die Bibel klar, dass Gottes Züchtigung, wenn auch schmerzhaft, so doch immer liebevoll ist, „damit wir nicht samt der Welt zusammen verurteilt werden" und „der Geist gerettet werde am Tag des Herrn" (1.Kor. 11,32; 5,5, siehe auch Hebr. 12,4-11). Wenn wir uns vor Augen halten, was Gemeindezucht wirklich bedeutet und bewirkt, wird schnell klar, dass das, was die Korinther taten (nämlich die ganze Angelegenheit zu ignorieren), nicht nur arrogant und „aufgebläht" war – schließlich verweigerten sie dem Wort Gottes den Gehorsam – sondern auch lieblos: Sie weigerten sich, einen Sünder zur Rede zu stellen und nahmen ihm damit auch die Möglichkeit, sich zu ändern.

Eine solche Weigerung ist noch aus einem weiteren Grund lieblos. Die Korinther hatten nämlich auch die anderen Gemeindeglieder nicht mehr im Blick. Paulus benutzt in Vers 6 eine Metapher, die den Korinthern zeigen soll, dass ihre Weigerung, sich des Falles anzunehmen, anderen Christen gegenüber ein Zeichen von mangelnder Liebe ist. Er sagt: „Wisst ihr nicht, dass ein wenig Sauerteig den ganzen Teig durchsäuert?" (1.Kor. 5,6) Paulus sagt mit anderen Worten: „Ich bin erstaunt. Ich kann es kaum glauben, dass euch nicht klar ist, welche Folgen euer Verhalten hat. Denkt doch bitte einmal an die anderen Gläubigen. Liegen sie euch denn gar nicht am Herzen? Liebt ihr die anderen Gemeindeglieder etwa nicht?"

Ein weiterer Grund, warum die Weigerung der Korinther, diesen Sünder liebevoll zu ermahnen, ein Zeichen von Ungehorsam, Arroganz und Lieblosigkeit war, besteht darin, dass eine solche Passivität auch für die Menschen außerhalb der Gemeinde Folgen hatte. Indem die Korinther diesem Mann erlaubten, weiterhin ein angesehenes Gemeindeglied zu bleiben – obwohl er sich weigerte, mit seiner Unmoral zu brechen –, zeigten sie den Außenstehenden, dass Christen auch nicht anders sind als der Rest der Welt. Paulus weist darauf hin, dass sogar die Welt darüber erstaunt war, dass man sich in der korinthischen Gemeinde so etwas erlauben konnte, ohne Strafmaßnahmen befürchten zu müssen: „Unzucht, die selbst unter den Heiden unerhört ist, dass nämlich einer die Frau seines Vaters hat." (1.Kor. 5,1) Paulus stört es sehr, dass die Gemeinde in Korinth den Ungläubigen hierdurch implizit mitteilt, dass Christus zwar rettet und die Gemeinde ein Evangelium zu verkünden hat, dass dies jedoch für die persönliche Lebensführung ohne Konsequenzen bleibt. „Heiligung? Nie etwas davon gehört!" Der Welt diese Botschaft zu senden, war keine gute Nachricht, sondern lieblos – lieblos gegenüber Christus und lieblos gegenüber denen, die noch nicht zur Gemeinde gehörten.

Aus diesem Grunde schrieb der Apostel, „dass ihr keinen Umgang haben sollt mit jemand, der sich Bruder nennen lässt und dabei ein Unzüchtiger oder Habsüchtiger oder Götzendiener oder Lästerer oder Trunkenbold oder Räuber ist; mit einem solchen sollt ihr nicht einmal essen" (1.Kor. 5,11). Wir sollen, so sagt es Paulus, so leben, dass die Ungläubigen sehen, dass wir anderen Maßstäben folgen als die Welt. Die Tatsache hingegen, dass in Korinth eine solch abscheuliche Unmoral geduldet wurde, sagte der Welt: „Wir sind genauso wie ihr!" Wie gesagt, selbst die Heiden wären schockiert gewesen, wenn sie die Einzelheiten dieser Verfehlung erfahren hätten.

Für Paulus war die Passivität der Gemeinde in Korinth ein Zeichen von Arroganz und fehlender Liebe, weil er wusste, dass sie eine verheerende Signalwirkung für die Welt hatte. Sie verdrehte das Evangelium und den Sinn des Todes Jesu Christi, so wie er in Titus 2,14 beschrieben wird: „Der sich selbst für uns hingegeben hat, um uns von aller Gesetzlosigkeit zu erlösen und sich selbst ein Volk zum besonderen Eigentum zu reinigen, das eifrig ist, gute Werke zu tun." Unser Herr Jesus Christus ist nicht für uns gestorben, damit wir ungehindert unsere Sünden ausleben, sondern er ist für uns gestorben, um uns die Kraft und die Motivation zu verleihen, heilig und rein zu leben. Die Gnade Gottes „nimmt uns in Zucht, damit wir die Gottlosigkeit und die weltlichen Begierden verleugnen und besonnen und gerecht und gottesfürchtig leben in der jetzigen Weltzeit" (Tit. 2,12).

Weil Paulus von dieser Wahrheit überzeugt war, erachtete er die Laxheit der korinthischen Gläubigen für Lieblosigkeit und Arroganz. Paulus glaubte von Herzen daran, dass Gottes Weg nicht nur der *einzige* Weg war, sondern auch der *beste* Weg. Es ist der Weg des Segens, der die Welt mit dem Evangelium erreicht. Wenn sich deshalb die christliche Gemeinde nicht an das hielt, was der allwissende und liebende Gott ihr verordnet hatte, konnte das Ergebnis nur Chaos sein.

Um das, was Paulus mit Blick auf eine Liebe, die sich „nicht aufbläht", zu sagen hat, noch besser zu verstehen, ist es hilfreich, einen Blick auf 1. Korinther 8,1-3 zu werfen, wo der Apostel genau dasselbe griechische Wort benutzt. Er sagt dort: „Was aber das Götzenopferfleisch angeht, so wissen wir: Wir alle haben Erkenntnis. *Die Erkenntnis bläht auf,* die Liebe aber baut auf. Wenn aber jemand meint, etwas zu wissen, der hat noch nichts so erkannt, wie man erkennen soll. Wenn aber jemand Gott liebt, der ist von ihm erkannt." In gewisser Weise sagt Paulus hier nichts anderes als das, was er in 1. Korinther 13,2 sagt: Selbst dann, wenn wir die Gabe der Prophetie hätten und alle Geheimnisse wüssten, jedoch keine Liebe hätten, wären wir – nichts. Es ist theoretisch möglich, eine Menge von Wissen angehäuft zu haben. Doch auch wenn es sich dabei um ein hochpräzises, wichtiges, ja sogar an der Bibel orientiertes Wissen handelt, ist es nichts wert für unseren Dienst, wenn ihm die Liebe fehlt. Nichts anderes sagt der Apostel auch in 1. Korinther 8,1-3. Er weist in diesen Versen darauf hin, dass ein Mensch gewisses Wissen über die Wahrheit besitzen kann. Doch wenn sich dieser Mensch weigert, sein Wissen hilfreich und nutzbringend anzuwenden, wird dieses Wissen (besser gesagt: das, was er damit macht) nichts Gutes ausrichten und möglicherweise sogar Schaden anrichten.

Hat Paulus etwas gegen Bildung und Wissen?

Wenn wir uns anschauen, was Paulus an anderen Stellen über die Bedeutung von Wissen schreibt, merken wir, dass der Apostel nicht grundsätzlich etwas gegen eine recht verstandene „Erkenntnis" hat.

So heißt es im Titusbrief: „Paulus, Knecht Gottes und Apostel Jesu Christi, gemäß dem Glauben der Auserwählten Gottes und der

Erkenntnis der Wahrheit, die der Gottesfurcht entspricht, aufgrund der Hoffnung des ewigen Lebens, das Gott, der nicht lügen kann, vor ewigen Zeiten verheißen hat.“ (Tit. 1,1-2)

Und im Kolosserbrief sagt Paulus: „Deshalb hören wir auch seit dem Tag, da wir es vernommen haben, nicht auf, für euch zu beten und zu bitten, dass ihr erfüllt werdet mit der Erkenntnis seines Willens in aller geistlichen Weisheit und Einsicht.“ (Kol. 1,9)

Worum es in 1. Korinther 8,1-3 geht, ist Folgendes. Paulus hat erkannt, dass es zweierlei Arten von Wissen gibt:

1. Zunächst einmal gibt es eine Erkenntnis, die theoretisch ist, also ein reines Faktenwissen, das einen Menschen nicht unbedingt gottesfürchtig oder gläubig macht.

2. Dann aber gibt es auch ein Wissen, das auf Erfahrungen mit Gott beruht und einem Menschen dabei hilft, Gott ähnlicher zu werden.

Römer 1,19-21 spricht von Menschen, die Gott erkannt, ihm aber nicht Ehre und Dank dargebracht haben, so wie Er es verdient hat. Ihre Gotteserkenntnis hatte also keinerlei Auswirkungen auf ihr Leben. Genauso steht es um die Erkenntnis, die Paulus in 1. Korinther 8,1-3 kritisiert. Er spricht dort über Menschen, die Faktenwissen angesammelt haben, die sogar etwas über geistliche Zusammenhänge wissen. Doch dieses Wissen macht diese Menschen nicht gläubig oder gottesfürchtig, mögen sie noch so viel erkannt haben. Wir wissen aus dem biblischen Zusammenhang, dass sie davon überzeugt waren, dass es nur einen Gott und nicht mehrere Götter gab. Auch wussten sie, dass Götzendienst sinnlos ist. Doch dieses Wissen hatte nicht dazu geführt, dass sie sich in liebevoller Weise um ihre Mitmenschen kümmerten. Die einzigen Folgen ihrer Erkenntnis waren Arroganz und Stolz. Diese Menschen waren aufgeblasen, weil sie etwas erkannt hatten, das andere Menschen noch nicht wussten. Ihre Überheblichkeit hatte zu Gleichgültigkeit und Kritiksucht geführt. Zur Arroganz hatte sich Lieblosigkeit gesellt. Wissen wurde dazu benutzt, um andere Menschen „herunterzumachen“. Menschen mit geistlicher Erkenntnis waren auf diese Weise für andere zu einem Stein des Anstoßes geworden.

Die in Titus 1,1 erwähnte „Erkenntnis der Wahrheit, die der

Gottesfurcht entspricht" ist eine andere Art der Erkenntnis. Paulus macht in diesem Vers klar, dass Gott ihm nicht nur den Auftrag gegeben hat, Erkenntnis zu verbreiten, sondern dass diese Erkenntnis einem Ziel dient: der Gottesfurcht. In Kolosser 1,9 sagt Paulus nicht bloß, dass er für die Kolosser um Erkenntnis betet. Er wünscht sich vielmehr eine Erkenntnis, die dazu führt, dass die Kolosser „des Herrn würdig wandeln". Die Korinther, so sagt es Paulus, besaßen eine theoretische Erkenntnis, doch sie nutzten ihr Wissen und ihre Erkenntnis nicht im Sinne der Liebe. Vielmehr führten sie sich derart überheblich auf, dass ihre Arroganz andere Menschen verletzte. Es war eine Erkenntnis zum Schlechten, nicht zum Guten. Die Arroganz der Korinther und ihre angeblich alles überragende Erkenntnis hatten dazu geführt, dass sie auf andere heruntersahen, dass sie lieblos, richtend, ja, rücksichtslos geworden waren.

Wie nun sieht demgegenüber echte Liebe aus? Wir haben in unserem bisherigen Studium von 1. Korinther 13 gelernt, dass es eine Liebe ist, die geduldig ist (oder langmütig), die freundlich (oder gütig) ist, die nicht eifersüchtig ist, die nicht angibt und die nicht arrogant ist, das heißt, sich „nicht aufbläht". Echte Liebe nutzt das Wissen, das sie erworben hat, in guter und Gott gefälliger Weise. Wer wirklich liebt, ist von einer Liebe beseelt, die ihn dazu motiviert, alles Wissen in weiser, demütiger und behutsamer Art und Weise zum Besten seiner Mitmenschen einzusetzen. Echte Liebe gibt die Wahrheit nicht in überheblicher, sondern in demütiger Weise an den Nächsten weiter.

Das Vermitteln von Wahrheit in Demut und Liebe

Wie können wir die Wahrheit in Demut weitergeben? Wir tun dies, indem wir uns um Mitgefühl bemühen. Wir treten dabei nicht wie Menschen auf, die auf jede Frage eine Antwort haben. Stattdessen begegnen wir unseren Mitmenschen als jemand, der immer noch etwas zu lernen hat. Wir sind nicht allwissend. Wir sind mit den anderen zusammen auf der Reise – und nicht schon am Ziel.

Andere in Demut zu lehren, bedeutet, ihnen mit Geduld und Fürsorge zu begegnen, vor allem, wenn unsere Mitmenschen nicht dieselben Bildungsmöglichkeiten hatten wie wir selbst. Wir achten darauf, mitfühlend zu lehren, nicht überheblich. Wir bemühen uns, die Menschen dort abzuholen, wo sie sind. Wir stehen ihnen bei. Wir haben die Wahrheit nicht gepachtet, sondern geschenkt bekommen. Also helfen wir und zerstören nicht.

Wenn wir auf diese Weise unseren Mitmenschen geistliche Wahrheiten in Demut vermitteln, wird niemand auf den Gedanken kommen, dass wir „tolle Hechte“ sind. Jegliche Kleinkariertheit liegt uns fern. Erbsenzählen ist nicht unsere Aufgabe. Wir verlangen nicht von anderen Menschen, dass sie alles hundertprozentig so machen, wie wir es tun. Es ist doch nur gut, dass es auf der Welt nicht nur Perfektionisten wie uns gibt. Kurz gesagt, bedeutet ein Weitergeben der Wahrheit auf demütige und liebevolle Weise, dass wir den Menschen Gottes Wort und Seine Maßstäbe bringen und nicht unsere eigenen, die ja immer begrenzt und von Vorurteilen geprägt sind.

Nach 1. Korinther 8,9-13 bedeutet eine solch demütige Haltung, dass wir darauf achten, dass unsere Freiheit für andere Christen nicht zum Anstoß wird. Es gibt Zeiten, in denen wir uns – wie Jesus es gesagt hat – selbst verleugnen und nicht auf unserem Recht bestehen sollten. Unser mitfühlender Dienst am Nächsten verlangt es, dies in aller Demut zu tun.

Paulus gesteht den Korinthern zu, dass sie Erkenntnis besitzen, aber er hält diese Erkenntnis für zerstörerisch: Sie wirkte sich nicht nur negativ auf die Korinther selbst aus (indem sie ihren Eigendünkel förderte), sondern sie hatte auch eine zerstörerische geistliche Wirkung auf ihre Mitmenschen. Der Apostel wirft den Gläubigen in Korinth daher vor, dass sie ihre Erkenntnis in falscher Weise benutzten. Ihr Missbrauch von Erkenntnis und Wissen zeigte, dass mit ihrer Liebe zu Gott und zum Nächsten etwas nicht stimmen konnte. Wirkliche Liebe, so betont es der Apostel, benimmt sich anders. Sie überhebt sich nicht über Menschen, die weniger wissen oder glauben. Und noch ein Weiteres stellt er klar: Weil den Korinthern die Liebe fehlte, waren sie ein Hindernis im Dienst für Christus. Ohne Liebe konnten sie im Leben der Anderen nichts bewirken.

Was für die Korinther galt, könnte auch auf uns zutreffen. Auch wir stehen in der Gefahr, biblisches Wissen anzuhäufen und „alle Erkenntnis“ zu besitzen. Überheblichkeit und „Aufgeblähtsein“ liegt auch für uns im Bereich des Möglichen. Und auch wir sind nicht davor gefeit, bei aller Erkenntnis der Wahrheit doch innerlich unnahbar, kalt, lieblos, dominant, kritisch, verurteilend oder belehrend zu werden.

Der rechte Gebrauch biblischer Erkenntnis der Wahrheit

Natürlich tritt Paulus keineswegs dafür ein, dass wir der Erkenntnis abschwören sollten, oder dass Wahrheit und Erkenntnis nicht wichtig wären. Er fordert auch nicht dazu auf, von der Wahrheit irgendwelche Abstriche zu machen. Ganz im Gegenteil: Er sagt den Korinthern (und uns) etwas Anderes: Wenn uns an der Wahrheit gelegen ist und wir daran glauben, dass Jesus, wie Er es selbst gesagt hat, die Wahrheit ist, die uns frei macht, dann müssen wir bereit sein, uns für die Wahrheit einzusetzen und, wenn es sein muss, auch für die Wahrheit zu sterben. Wenn wir für die Wahrheit eintreten und die Wahrheit predigen und lehren, kommt es zuerst darauf an, dass wir darauf achten, dass das, wofür wir stehen, auch die Wahrheit ist. Wir müssen, wie es in Epheser 4,15 heißt, demütig und „wahrhaftig in der Liebe“ sein und darauf achten, dass wir unsere Erkenntnis der Wahrheit so präsentieren, wie es 2. Timotheus 2,24-25 von uns fordert: „Ein Knecht des Herrn aber soll nicht streiten, sondern milde sein gegen jedermann. [...] Er soll mit Sanftmut die Widerspenstigen zurechtweisen, ob ihnen Gott nicht noch Buße geben möchte zur Erkenntnis der Wahrheit.“ Natürlich sollen wir von Herzen für die Wahrheit eintreten, aber wir müssen immer darauf achten, dass wir dies in der Kraft Gottes tun. Nur dann wird unsere Liebe langmütig, freundlich, frei von Neid und frei von Aufschneiderei sein. Nur dann wird sie in Demut gelebt – und nicht in Arroganz.

„Viel reden, wenn der Tag lang ist“, hieß es zu Beginn dieses Kapitels. Ein Spruch, der auf einige Christen in Korinth zutraf, und der möglicherweise auch auf uns zutrifft. Die Korinther redeten über die Liebe zu Gott und den Menschen. Aber ihr Umgang mit anderen Menschen strafte sie Lügen. Ihr Dienst am Nächsten widersprach dem, was geschrieben steht. Die Art und Weise, wie sie die Wahrheit veränderten und verdrehten, zeigt, dass ihr Reden nichts wert war. Ihre Liebe war ein Lippenbekenntnis. Wie in John Bunyans allegorischem Roman „Pilgerreise zur Seligkeit“ gab es auch in Korinth die Herren Schwätzer. Viele Worte, nichts dahinter – vor allem kein Gott gefälliges Leben und keine Liebe. Die korinthische Lieblosigkeit hatte zur Folge, dass die Bemühungen, andere Menschen mit dem Evangelium zu erreichen, zum Scheitern verurteilt waren. Uns wird es nicht anders gehen, wenn wir uns so verhalten wie die Korinther. Wir sollten deshalb sehr genau auf das achten, was Paulus ihnen zu sagen hatte. Es reicht nicht aus, viele Worte darüber zu verlieren, wie sehr wir Gott und unsere Mitmenschen lieben und wie sehr uns die Wahrheit am Herzen liegt. Es reicht nicht, andere Menschen mit dem Evangelium erreichen zu wollen. Dies alles sind gute Vorsätze, aber wir werden sie nur in die Tat umsetzen können, wenn unser Leben und Handeln von echter Liebe geprägt ist. Andernfalls werden wir wie eine „klingende Schelle“ sein – und nichts im Leben anderer Menschen bewirken.

Fragen zum Inhalt, zum Nachdenken, zur Anwendung des Gesagten und zur Diskussion

1. Die Überschrift des Kapitels lautet: „Viel reden, wenn der Tag lang ist.“ Warum habe ich wohl diesen Ausdruck als Überschrift gewählt?
2. Haben Sie selbst in diesem Sinne schon einmal „viel geredet“, das heißt, Worte benutzt, denen keine Taten folgten? Können Sie sich daran erinnern, dass Sie einmal jemandem zugehört haben, der viel redete?
3. Was versteht man unter Arroganz? Woran denken Sie, wenn Sie das Wort hören?
4. Welche anderen Begriffe habe ich benutzt, die inhaltlich dasselbe ausdrücken?
5. Inwiefern „wachsen Liebe und Stolz nicht auf einem Holz“? Anders ausgedrückt: Warum verträgt sich die Liebe nicht mit einem „aufgeblähten Wesen“?

6. Lesen Sie noch einmal Stellen, in denen das Wort „Arroganz“ (oder „Aufgeblähtheit“, je nach Übersetzung) vorkommt. Was sagen diese Stellen darüber aus, wie sich Arroganz und Stolz im täglichen Leben auswirken?
7. Denken Sie weiter darüber nach, wie sich Ihrer Erfahrung nach Stolz und Arroganz im Leben bekennender Christen auswirken. Welche dieser Auswirkungen beunruhigt oder schockiert Sie ganz besonders?
8. Lernen Sie 1. Korinther 4,7 auswendig, und denken Sie über die drei Fragen nach, die Paulus stellt. Wie würden Sie sie beantworten?
9. Wenn wir das, was in 1. Korinther 4,7 gesagt wird, wirklich glaubten, welche Auswirkungen würde dies auf unsere Selbstwahrnehmung und unsere zwischenmenschlichen Beziehungen haben?
10. Wenn wir das, was in 1. Korinther 4,7 gesagt wird, wirklich glaubten, welche Auswirkungen würde es darauf haben, wie wir unsere Mitmenschen sehen und beurteilen?
11. Hat sich die Wahrheit von 1. Korinther 4,7 in Ihrem Leben bereits konkret ausgewirkt?
12. Nennen Sie einige Gründe, warum die Korinther möglicherweise „aufgeblasen“ (arrogant, überheblich) waren?
13. Erklären Sie, warum Gemeindezucht ein Akt der Liebe ist.
14. Warum ist die Weigerung, Gemeindezucht zu üben, lieblos?
15. Was meint Paulus, wenn er sagt: „Erkenntnis bläht auf“?
16. Welche beiden Arten von Erkenntnis gibt es?
17. Welche Auswirkungen sollte recht verstandene Erkenntnis auf einen Menschen haben?
18. Bitte beachten Sie den Hinweis auf Seite 27.

Kapitel 10
Die Liebe ist höflich und zuvorkommend

Erstlingsfrüchte für Mitgefangene

Im Frühjahr 2008 erhielt ich einen Brief von Doug Nichols, dem Gründer der internationalen Missionsgesellschaft *Action International,* die in vielen Ländern der Erde arbeitet, unter anderem auf den Philippinen. Doug schrieb mir:

> Wir haben hier Tausende von Gefangenen, die in den philippinischen Gefängnissen kaum das tägliche Brot zum Leben haben. Das Ehepaar Will und Joanie Feurentstein versucht, diese vergessenen Menschen in den Hochsicherheitstrakten südlich von Manila mit dem Evangelium zu erreichen. Inzwischen haben Tausende unter ihnen Interesse am Evangelium bekundet und Christus als ihren Herrn angenommen. Einige der Gefangenen haben in den kleinen Gärten hinter dem Gefängnis Obst und Gemüse angebaut, damit sie etwas mehr zu essen haben. Als sie die ersten Früchte ernteten, kamen sie auf den Gedanken, diese Erstlingsfrucht dem Herrn darzubringen. Sie beteten darüber und beschlossen dann, die Früchte im Namen des Herrn an kranke und ältere Mitgefangene zu verteilen. Einer der Mitgefangenen, ein politischer Gefangener und Leiter einer kommunistischen Untergrundorganisation, sah dies und war von dem sehr praktischen Zeugnis dieser Christen tief beeindruckt. Er sagte: „Einen solchen Gott, der die Menschen dazu bewegt, den Unterdrückten zu helfen, möchte ich auch gerne kennen lernen."[32]

Dieser Brief veranschaulicht sehr gut die Wahrheit, die Paulus in

32 Persönliche E-mail von Doug Nichols, dem Gründer und ehemaligen *International Director* des Missionswerks *Action International* vom 11. April 2008.

1. Korinther 13 betont. Die Aussage des inhaftierten Kommunisten, dass er einen Gott, der die Menschen dazu motiviert, den Unterdrückten zu helfen, gerne kennen lernen möchte, zeigt, *dass gelebte Liebe der beste Weg ist, die Menschen für Christus zu erreichen.*

Wie wir in den vorangegangenen Kapiteln gesehen haben, zeigt uns Paulus nicht nur, wie eine solche Liebe im Allgemeinen aussieht, sondern er beschreibt auch detailliert, wie sie sich in den Beziehungen zu unseren Mitmenschen auswirkt. In Vers 4 sahen wir, dass ein Mensch von echter Liebe erfüllt ist, wenn er langmütig (geduldig), freundlich, nicht eifersüchtig oder neidisch ist, wenn er nicht prahlt und sich nicht arrogant oder aufgeblasen benimmt. In 1. Korinther 13,5 heißt es nun: „Die Liebe ist (oder: benimmt sich) nicht unanständig."

Biblische Belege für „gutes Benehmen" als Merkmal der Liebe

Der Ausdruck, den Paulus hier verwendet, findet sich auch in Römer 1,27, wo es heißt, dass „Männer mit Männern Schande getrieben" haben. Den Ausdruck „Schande getrieben" könnte man auch übersetzen: „sie haben sich unanständig benommen." Es geht in diesem Zusammenhang zwar um homosexuelle Handlungen, doch das Wort bezeichnet in der Bibel auch andere unziemliche oder unanständige Verhaltensweisen, zum Beispiel: in übertriebener Weise gierig oder neidisch sein, Zwietracht sähen, hinterhältig sein, tratschen, verschwenderisch leben, frech, arrogant oder ruhmsüchtig sein, sich ungehorsam und respektlos den Eltern gegenüber verhalten, es an Barmherzigkeit und Vertrauenswürdigkeit fehlen lassen.

Das in 1. Korinther 13,5 benutzte Wort findet sich auch in Offenbarung 16,15, wo es heißt: „Siehe, ich komme wie ein Dieb! Glückselig ist, wer wacht und seine Kleider bewahrt, damit er nicht entblößt einhergeht und man seine Schande sieht!" Die hier erwähnte „Schande" oder „Blöße" hat denselben Wortstamm wie das Adjektiv „unanständig". Es geht offensichtlich um einen Mann, der in geistlicher Hinsicht nachlässig geworden war und es versäumt hat, die rechte geistliche Kleidung anzuziehen, von der in der Bibel so oft die Rede ist. Epheser 4 spricht davon, „den neuen

Menschen anzuziehen", und dieser neue Mensch ist geprägt von Selbstbeherrschung, Großzügigkeit, Fleiß, liebevoller Rede, Mitgefühl und herzlicher Vergebung. Kolosser 3,12-14 drückt etwas ganz Ähnliches aus und ergänzt die „geistliche Garderobe" noch durch die Eigenschaften Demut, Freundlichkeit, Geduld und Langmut. Der Mensch, von dem in Offenbarung 16,15 die Rede ist, ist gewissermaßen nackt, das heißt, nicht mit den Eigenschaften angetan oder bekleidet, die zu einem Christen anständigerweise dazugehören.

John MacArthur schreibt hierzu: „Es geht in unserem Text auch um schlechte Manieren und rücksichtsloses Verhalten. Man kümmert sich nicht um die Anderen, ist unhöflich und grob. Lieblose Menschen nehmen keine Rücksicht auf die Gefühle und Empfindlichkeiten anderer Menschen. Sie sind unachtsam, überheblich und grob."[33]

Ich glaube, wir können mit Fug und Recht sagen, dass Paulus uns in diesen Versen vermitteln möchte, dass echte Liebe – eine Liebe, die Gott Ehre bringt – niemals rücksichtslos, herrisch, unhöflich oder grob ist. Echte Liebe hindert einen Menschen daran, einen anderen Menschen „herunterzumachen" oder vor anderen bloßzustellen. Wer liebt, wird sich alle Mühe geben, seinen Mitmenschen gegenüber Takt walten zu lassen, und sie rücksichts-, respekt- und würdevoll behandeln.

Leider sind einige Menschen der Ansicht, dass ruppiges Verhalten zwar falsch, jedoch lange nicht so ernst zu nehmen ist wie die anderen schlimmen Sünden, die Paulus in 1. Korinther 13 erwähnt. Neulich erwähnte ich einem befreundeten Pastor gegenüber, dass mir aufgefallen war, dass einige Christen schlechtes Benehmen für eine eher harmlose Sünde halten. Er antwortete mir: „Wie kann man so etwas sagen, wenn Paulus schlechtes Benehmen zusammen mit anderen schlechten Eigenschaften nennt?" Ich gab ihm sinngemäß zur Antwort: „Warum einige Christen das sagen oder denken, weiß ich auch nicht. Mir scheint es nur so zu sein – wenn ich diese Leute recht verstehe –, dass sie die Ernsthaftigkeit von schlechtem Benehmen herunterspielen. Ich selbst bin allerdings davon überzeugt,

33 John MacArthur, *1 Corinthians*. Chicago: Moody, 1984, Seite 343.

dass schlechtes Benehmen Gottes Willen widerspricht, nicht nur auf Grund der Aussagen in 1. Korinther 13, sondern auch auf Grund anderer Bibelstellen."

Ich weiß sehr wohl, dass es Sünden gibt, die schwerwiegendere Konsequenzen haben als diese, möchte aber dennoch die Sündhaftigkeit des schlechten Benehmens nicht herunterspielen. Sünde ist immer Sünde, und Sünde ist immer ernst zu nehmen. Insofern kann ich die Leichtfertigkeit bestimmter Menschen in diesem Zusammenhang nicht verstehen. Ich muss allerdings ehrlicherweise zugeben, dass auch ich schon ruppig oder rüde gegenüber anderen war, und dies dann damit entschuldigt habe, man müsse doch einmal Klartext reden dürfen, und die anderen sollten bitte nicht so empfindlich sein. Rüdes Verhalten sollte also ernst genommen werden, denn es entstammt normalerweise derselben Arroganz und Überheblichkeit wie Angeberei, fehlende Geduld oder Neid. Die Parallele besteht darin, dass wir mit diesen Sünden auf unser eigenes Ego fixiert sind und das biblische Prinzip missachten, unsere Mitmenschen zu lieben und das Beste für sie zu suchen.

Eine Fülle von Negativbeispielen

Die Bibel ist voller Beispiele von Menschen, die sich schlecht benommen haben, die rücksichtslos handelten und es an Takt gegenüber ihren Mitmenschen fehlen ließen. Schlagen Sie sie an einer x-beliebigen Stelle auf, und schon bald finden Sie Menschen, die sich schlecht benommen und „Schande getrieben" haben. Selbst wenn wir uns auf den 1. Korintherbrief beschränkten, fänden wir dort reichlich Beispiele für Menschen ohne Anstand.

John MacArthur schreibt über die Gemeinde in Korinth:

> Die Christen in Korinth waren ein Negativbeispiel, was anständiges Benehmen angeht. Nicht gute, sondern schlechte Umgangsformen waren ihr Markenzeichen. Fast alles, was sie taten, war lieblos und rücksichtslos. Selbst wenn sie sich zum Mahl des Herrn trafen, standen ihre eigenen Interessen im Vordergrund: „Jeder nimmt beim Essen sein eigenes Mahl vorweg, so dass der eine hungrig, der andere betrunken ist."

> (1.Kor. 11,21) Während des Gottesdienstes versuchten alle, sich gegenseitig zu übertrumpfen. [...] Es wurde wild durcheinander geredet; jeder spielte sich selbst in den Vordergrund.[34]

John MacArthur hat Recht. Wenn wir den 1. Korintherbrief lesen, finden wir eine Fülle von Beispielen für schlechtes Benehmen. Wer also wissen will, wie schlechtes Benehmen in der Praxis aussieht, braucht eigentlich nur diesen Brief zu lesen.

Genau genommen brauchen wir nicht einmal die Bibel aufzuschlagen, um solche Beispiele zu finden. Es reicht, wenn wir unsere Augen offenhalten und uns die Menschen um uns herum ansehen. Dabei sollten wir auch vor unserer eigenen Tür kehren und bei uns selbst einmal kritisch überprüfen, wo wir in dieser Hinsicht Erfahrungen gemacht haben. Es wird wohl niemanden geben, der nicht schon einmal unhöflich behandelt worden ist. Und es gibt auch niemanden, der nicht selbst schon einmal das Gebot der Liebe übertreten hat. Ich glaube, wir sind uns einig, dass jeder von uns Hilfe benötigt, wenn es um das Ablegen von rücksichtslosem Benehmen geht.

Jerry Bridges hat ein Buch mit dem viel sagenden Titel *Respectable Sins* („respektable Sünden") geschrieben, das den Untertitel trägt: *Confronting Sins We Tolerate* („Sünden bekämpfen, die wir tolerieren"). Der Autor führt das, was Paulus „schandbares Benehmen" nennt, als eine der Sünden auf, an die wir uns viel zu sehr gewöhnt haben. Bridges schreibt:

> Ein rücksichtsloser Mensch macht sich keine Gedanken darüber, welche Auswirkungen sein Handeln auf andere hat. Es gibt Menschen, die ständig zu spät kommen und andere warten lassen. So etwas ist rücksichtslos. Und wer mit lauter Stimme in sein Mobiltelefon spricht und andere damit stört, handelt ebenfalls rücksichtslos. Dasselbe gilt für Teenager, die sich etwas kochen und hinterher vergessen, die Küche aufzuräumen. Immer dann, wenn wir etwas tun und dabei

34 John MacArthur, *1 Corinthians*. Chicago: Moody, 1984, Seite 343.

nicht darüber nachdenken, wie dies auf andere wirken könnte, sind wir rücksichtslos.[35]

Höflichkeit in der Liebe – zum weiteren Vorgehen in unserem Bibelstudium

Ich möchte nun im Folgenden zeigen, was es konkret bedeutet, von einer Liebe erfüllt zu sein, die sich nicht unanständig benimmt, sondern höflich und zuvorkommend ist. Hierzu werde ich auch einige Beispiele dafür anführen, was echte Liebe *nicht* tut. In erster Linie jedoch kommt es mir darauf an zu zeigen, was sie sehr wohl tut. Die Negativbeispiele sollen dies lediglich im Umkehrschluss illustrieren. Mein Wunsch ist, dass Sie am Ende dieses Kapitels von den positiven Aspekten der Liebe begeistert sind – und natürlich nicht von den Negativbeispielen. Ich möchte das Kapitel in zwei Unterabschnitte aufteilen. Als erstes werde ich den biblischen Rahmen abstecken und einige Verse aus der Schrift zitieren. Nach dieser Einführung gehe ich ins Konkrete und versuche zu zeigen, wie sich echte Liebe im täglichen Miteinander bewährt. So weit, so gut. Jetzt brauchen Sie nur noch Ihre Bibel aus dem Regal zu holen, und los geht's. Möge uns der Herr dabei helfen, durch dieses Bibelstudium besser zu verstehen, wie die Liebe aussieht, die sich nicht unanständig benimmt.

Bibelverse, die belegen, wie wichtig Anstand und Höflichkeit sind

Es gibt zwei wichtige Stellen im Römer- und 1. Korintherbrief, die zeigen, nach welchen Maßstäben wir unsere zwischenmenschlichen Beziehungen gestalten sollten:

Im 1. Korintherbrief schreibt Paulus (1.Kor. 10,32-33): „Gebt weder den Juden, noch den Griechen, noch der Gemeinde Gottes einen Anstoß, so wie auch ich in allen Stücken allen zu Gefallen lebe und nicht meinen Nutzen suche, sondern den der vielen, damit sie gerettet werden." Im Römerbrief sagt er etwas ganz Ähnliches (Röm. 15,1-2, Lutherübersetzung): „Wir aber, die wir stark sind, sollen der

35 Jerry Bridges, *Respectable Sins*. Colorado Springs: NavPress, 2007, Seite 105.

Schwachen Unvermögen tragen und nicht uns selber zu Gefallen leben. Es lebe ein jeglicher unter uns so, dass er seinem Nächsten gefalle zum Guten, zur Auferbauung."

Wir wissen nicht nur aus diesem Beispiel, sondern auch aus den anderen Schriften des Paulus, dass der Apostel niemals seinen Glauben kompromittierte, um Menschen gefällig zu sein. Mit Sicherheit ging es ihm in seiner Verkündigung nicht darum, die Wahrheit zu verwässern, und bestimmt wollte er nicht, dass wir das tun. Ich glaube, dass es Paulus nicht um den Inhalt ging, sondern darum, *wie* wir die Wahrheit verkündigen. Ihm war daran gelegen, dass wir in unserem Umgang mit den Menschen Weisheit walten lassen, so wie es ja auch in den Sprüchen steht: „Die Zunge der Weisen gibt gute Lehre, aber der Mund der Toren schwatzt viel dummes Zeug." (Spr. 15,2) Dieses Prinzip in den Alltag zu integrieren – das war dem Apostel wichtig.

Wir sollten aus den Schriften des Paulus und seinem Beispiel, so wie es uns in der Apostelgeschichte und anderen Texten des Neuen Testaments begegnet, nicht schließen, dass der Apostel unter einer Befindlichkeitsstörung litt, die von modernen Psychologen „Co-Abhängigkeit" genannt wird. Es ging ihm keineswegs darum, seine Erfüllung und Befriedigung darin zu finden, dass andere Menschen gut von ihm dachten, denn dies wäre nichts als Götzendienst. Paulus war weit davon entfernt, den Menschen nach dem Mund zu reden. Er war vielmehr jemand, der seine Erfüllung und Befriedigung längst gefunden hatte – in Jesus Christus. Christus hatte seinen „Liebestank" gefüllt; er lief über und war niemals leer. In Kolosser 2,10 sagt der Apostel, dass wir in Christus „die Fülle" haben. Und weil dies so ist, konnte Paulus mit voller Überzeugung sagen: „Ich möchte niemandem einen Anstoß geben. Wenn ich mit Menschen rede und eine Beziehung zu ihnen aufbaue, dann soll dies auf eine anständige Art und Weise geschehen. Ich will nicht ruppig auftreten, und ich werde mich hüten, irgendetwas zu tun, das andere Menschen verletzen könnte. Ich lebe nicht um meiner selbst willen oder weil ich von den Menschen etwas empfangen möchte, sondern ich möchte den Menschen Gutes tun. Und das Beste, was ein Mensch erleben kann, ist die Vergebung durch Jesus Christus."

Simon Kistemaker schreibt in seiner Auslegung zu dieser Stelle:

> Ein Christ sollte sich stets um einen untadeligen Lebenswandel bemühen, gleichgültig, womit er gerade beschäftigt ist. Es war bei Paulus nicht so, dass sich der Apostel geschämt hätte, Menschen mit den Anforderungen Jesu Christi zu konfrontieren. Ganz im Gegenteil: Paulus hatte den Mut, den Juden wie den Griechen zu sagen, dass sie Buße tun und an Christus glauben mussten (Apg. 20,21). Dennoch sollten wir uns, wenn wir das Evangelium wirksam verkündigen wollen, um Takt, Höflichkeit und auch um Ausdauer bemühen. [...] Paulus wollte niemals etwas für sich haben. [...] Er war bereit, allen Menschen zu helfen, Juden, Heiden, Christen – allen, die ihn darum baten. Und in allem, was er tat, bemühte er sich darum, Gott die Ehre zu geben und die Menschen zu Jesus Christus zu führen. Er konnte deshalb sagen, dass er nichts aus Eigennutz tat, sondern immer das Wohl der anderen im Blick hatte.[36]

Noch ein weiterer Vers kann uns helfen, besser zu verstehen, wie eine Liebe aussieht, die sich nicht „daneben benimmt". In Römer 12,17b heißt es: „Seid auf das bedacht, was in den Augen aller Menschen gut ist." Das griechische Wort für „darauf bedacht sein" bedeutet: „gut überlegen und sich entsprechend verhalten." William Hendriksen überträgt diesen Vers folgendermaßen: „Achtet immer darauf, dass euer Verhalten von der Allgemeinheit als korrekt angesehen wird."[37] Er führt dann weiter aus, dass die Worte des Paulus eine Wahrheit zum Ausdruck bringen, die schon in den Sprüchen Salomos angedeutet wird (Spr. 3,3-4):

> „Gnade und Wahrheit werden dich nicht verlassen!
> Binde sie um deinen Hals,
> schreibe sie auf die Tafel deines Herzens,
> so wirst du Gunst und Wohlwollen erlangen
> in den Augen Gottes und der Menschen."

Hendriksen fährt in seinem Kommentar zu Römer 12,17 fort:

---

36 Simon Kistemaker, *1 Corinthians*. Grand Rapids: Baker, 1993, Seite 358-359.

37 William Hendriksen, *Romans*. Grand Rapids: Baker, 1981.

> Paulus möchte, dass die Adressaten seines Briefes ein vollkommen geheiligtes Leben in Liebe zu Gott und den Menschen, einschließlich ihrer Feinde, führen, so dass die Welt keine Gelegenheit findet, sie anzuklagen oder sich über sie zu beschweren (vgl. 1.Tim. 5,14) und die Übeltäter zu Schanden werden (1.Petr. 3,16). Er möchte, dass sie sich so verhalten, dass das öffentliche Gewissen ihr Verhalten billigt (Röm. 1,15). [...] Calvin hat Vers 15 folgendermaßen ausgelegt: „Es geht hier darum, dass wir fleißig in unserer Arbeit sind, so dass jedermann durch unser ehrliches Tun erbaut wird, [...] dass wir allen Menschen ein Wohlgeruch Christi sind und sie dadurch zu Gott gezogen werden.“[38]

Aus dem Zusammenhang geht hervor, dass Paulus darüber redet, wie man Feindschaft und Widerstand überwindet, und wie man Menschen für Christus gewinnen kann. Er sagt, dass wir immer das tun sollen, was andere für richtig halten, es sei denn, ein solches Tun würde der Heiligen Schrift widersprechen. So sieht wahre Liebe aus. Paulus möchte, dass wir uns dem Stil unserer Mitmenschen nach Möglichkeit anpassen, ohne jedoch die Wahrheit des Evangeliums zu verfälschen. Wo immer es uns möglich ist, sollten wir darauf verzichten, etwas zu sagen oder zu tun, das Anstoß erregen oder jemanden verletzen könnte. Um Christi willen, und weil wir die Menschen für ihn gewinnen wollen (oder, wenn sie schon Christen sind, zu ihrem geistlichen Wachstum beitragen wollen) sollen wir ihnen mit zuvorkommender Liebe begegnen.

Dies wird auch in Kolosser 4,5-6 betont (Lutherübersetzung): „Wandelt weise gegenüber denen, die draußen sind, und kauft die Zeit aus. Eure Rede sei allezeit freundlich und mit Salz gewürzt, dass Ihr wisst, wie ihr einem jeden antworten sollt.“ Paulus sagt also: „Achtet darauf, dass ihr euch den Ungläubigen gegenüber weise verhaltet. Nehmt dabei jede Gelegenheit wahr, Christus zu verherrlichen, sowohl durch euer Leben, als auch durch die Art und Weise, wie ihr mit den Menschen redet. Denkt daran, dass ein freundlicher Tonfall wichtig ist. Wenn ihr jemandem antwortet, geht auf ihn ein, und denkt nach, bevor ihr antwortet. Vergesst

38 William Hendriksen, *Romans*. Grand Rapids: Baker, 1981, Seite 420.

nicht, dass die Menschen unterschiedlich sind. Überlegt euch gut, *was* ihr sagt und *wie* ihr es sagt." Mit anderen Worten: Paulus ermahnt uns in diesen Versen, unseren Mitmenschen gegenüber eine Liebe walten zu lassen, die sich nicht unanständig oder rücksichtslos benimmt. Wir Christen, so betont der Apostel, sollten taktvoll und besonnen in unserem Umgang mit den Menschen sein.

Auch der Jakobusbrief betont dies (Jak. 3,13+17): „Wer ist weise und verständig unter euch? Der zeige durch einen guten Wandel seine Werke in Sanftmütigkeit, die aus der Weisheit kommt. [...] Die Weisheit von oben aber ist erstens rein, sodann friedfertig, gütig; sie lässt sich etwas sagen, ist voll Barmherzigkeit und guter Früchte, unparteiisch und frei von Heuchelei." Jakobus weist uns in diesem Vers darauf hin, dass ein „guter Wandel in Weisheit" friedfertig ist, das heißt, sich Mühe gibt, keinen unnötigen Anstoß zu erregen. In Weisheit zu leben, bedeutet sanftmütig zu sein. Der Sanftmütige macht keinen großen Wind um sein Auftreten, und wenn, dann verhält er sich wie eine angenehme, laue Sommerbrise, und nicht wie ein zerstörerischer Herbststurm. Weise zu leben, bedeutet vernünftig zu leben. Wir hören uns gerne die Meinung der anderen Seite an. Wir berücksichtigen berechtigte Sorgen und unterschiedliche Sichtweisen und sind nicht dominant, sondern respektvoll. Dabei verzichten wir auf sinnlose Forderungen, die anderen zeigen sollen, wer Herr im Haus ist. Weise zu leben, bedeutet „voll Barmherzigkeit" zu leben. Beachten Sie das Wörtchen „voll". Es geht nicht um „ein bisschen Barmherzigkeit", sondern um die ganze Fülle! Wir sind so mit Barmherzigkeit erfüllt, dass wir geradezu überlaufen. Kurz: Wir sollten Menschen sein, die von Herzen mitfühlen, wenn es anderen Menschen schlecht geht und sie irgendwelche Probleme haben. Weise zu leben bedeutet auch, dass wir Menschen sind, deren Leben die Frucht des Geistes zum Ausdruck bringt, so wie sie in Galater 5,22-23 beschrieben wird. Ein weiser Lebensstil beinhaltet Konsequenz (Verbindlichkeit) und Verlässlichkeit. Man spricht heute in diesem Zusammenhang gerne von „Authentizität". Weise, liebevolle Menschen sind „echt". Sie tun nicht Dinge, nur um von Menschen gesehen und dafür gelobt zu werden. Paulus beschreibt in 1. Korinther 10,32-33 sehr zutreffend, was es bedeutet, transparent und ohne Heuchelei zu leben. Was er tat, tat er nicht sich selbst zu Gefallen, sondern „zum Nutzen der vielen, damit sie gerettet werden“ (1.Kor. 10,33).

Ich könnte noch viele weitere Belegstellen dafür anführen, was mit einer Liebe, die nicht unanständig ist, gemeint ist, aber ich glaube, es dürfte schon jetzt klar geworden sein, dass dieses Merkmal der Liebe nicht nur in 1. Korinther 13,5 auftaucht, sondern sich wie ein roter Faden durch die ganze Bibel zieht. Vielleicht erinnern Sie sich daran, dass ich behauptet habe, die Bibel enthalte eine ganze Reihe von Beispielen dafür, wie sich Menschen verhalten, die sich *nicht* an dieses Merkmal der Liebe gehalten haben. Dies entspricht meiner Überzeugung, doch ich bin auch davon überzeugt, dass diese Menschen niemals ihre Unwissenheit als Entschuldigung für ihr liebloses Verhalten anführen können. Gott hat es sehr deutlich gemacht, dass wir uns nicht unanständig oder rüde unseren Mitmenschen gegenüber verhalten dürfen. Täuschen wir uns nicht: Rücksicht, Respekt und Taktgefühl ist Gottes Wille für uns Menschen, und Er hat es sehr deutlich gemacht, was Er darunter versteht.

Konkrete Beispiele für rücksichtsvolle Liebe

Ich sagte zu Beginn, dass ich zunächst einige biblische Prinzipien vorstellen wollte. Sie sollten uns dabei helfen, die Frage zu beantworten, wie eine Liebe, die sich „nicht unanständig benimmt“, in der Bibel generell beschrieben ist. Im Anschluss daran, so sagte ich, wollte ich untersuchen, wie eine solche Liebe in der Praxis aussieht, und wie sie sich im Alltagsleben bewährt. Nachdem wir einige allgemeine biblische Aussagen über die Liebe, die nicht unanständig ist, betrachtet haben, wollen wir uns nun den konkreten Beispielen aus der Praxis zuwenden.

Ganz konkret bedeutet eine solche Liebe, dass wir den Menschen, mit denen wir es zu tun haben, so begegnen, wie es uns Hudson Taylor, der große China-Missionar, vorgelebt hat. Hudson Taylor gilt als einer der erfolgreichsten Missionare aller Zeiten. Als er in China ankam, war ihm eins klar: Wenn er die Chinesen für Christus erreichen wollte, musste er so leben wie die chinesischen Christen.

Dies bedeutete natürlich zunächst einmal ihre Sprache zu lernen. Aber es bedeutete auch, dass er seinen Lebensstil ändern musste. Hudson Taylor entschloss sich, allen chinesischen Bräuchen zu folgen, solange diese der Heiligen Schrift nicht widersprachen. Er legte den britischen Kolonialherrn ab und zeigte dies auch durch seine Kleidung. Den anderen Missionaren empfahl er, dasselbe zu tun. Da die Chinesen ihren Kopf vorne kahl geschoren und hinten einen kleinen Zopf trugen, tat Hudson Taylor dasselbe. Und er ermutigte die anderen Missionare, sich auch eine solche Frisur zuzulegen. Um die Chinesen mit dem Evangelium zu erreichen, legte er sich einen chinesischen Namen zu, unter dem er bald sehr bekannt wurde. Er lernte es, mit Stäbchen zu essen, und war darin schon nach kurzer Zeit sehr geschickt. Er und seine Frau Maria waren sich darüber im Klaren, dass sie fast ihre gesamte Lebensweise ändern mussten. Das Ziel war, was Sitten und Umgangsformen betraf, sich so zu benehmen, wie die Chinesen es taten. Dies ging so weit, dass Maria in der Öffentlichkeit sich nicht mehr bei ihrem Mann einhakte. Die beiden gingen nun nicht mehr, wie sie es aus England gewohnt waren, Arm in Arm nebeneinander her, sondern Maria ging einige Schritte hinter ihrem Mann.[39]

Hudson Taylor und die anderen Missionare, die seinem Beispiel gefolgt waren, wurden von anderen Missionaren in England für ihr Verhalten heftig kritisiert. Doch sie waren davon überzeugt, dass Liebe zu den Chinesen bedeutete, nicht ohne Not ihre kulturellen Bräuche zu verletzen, solange diese nicht im Widerspruch zur Schrift standen. Was bedeutet es nun für uns, dem Beispiel Hudson Taylors zu folgen (wobei dieser dem Beispiel des Apostel Paulus folgte, der sich wiederum an das Vorbild Jesu Christi hielt, vgl. Joh. 1-14 und Heb. 2,14-18)? Sicher nicht, dass wir dasselbe tun müssen wie Hudson Taylor und seine Freunde. Wir leben nicht in einer chinesisch geprägten Kultur und auch nicht zur Zeit der vorletzten Jahrhundertwende. Es bedeutet aber, dass wir uns an die Sitten und Gebräuche der uns umgebenden Kultur halten. Wir sollten uns so verhalten, wie es die Menschen tun, die wir

39 Jim Cromarty, *It Is Not Death to Die: A New Biography of Hudson Taylor.* Ross-shire, Schottland: Verlag *Christian Focus*, 2008, Seiten 204-207.

erreichen möchten, es sei denn, ein solches Verhalten stünde im Gegensatz zur Heiligen Schrift. Ansonsten gilt: Wir begegnen unseren Mitmenschen mit Höflichkeit, Respekt und Taktgefühl. Alles andere wäre unangebracht und würde der Liebe widersprechen, von der Paulus sagt, dass sie uns zu wirksamen Zeugen Jesu Christi macht.

Eine solche Liebe in die Praxis umzusetzen, bedeutet auch, dass wir darauf achten, uns niemals über andere Menschen lustig zu machen. Eine Liebe, die sich anständig benimmt, behandelt ihre Mitmenschen nicht so, wie Hiob von seinen Freunden behandelt wurde. Wir lesen im Buch Hiob von einem Menschen, der bis ins Mark getroffen war. Er hatte seine Rinder und Schafe verloren, seine Scheunen waren zerstört, seine Kinder umgekommen, und seine eigene Ehefrau hatte gegen ihn Partei ergriffen. Sein Gesundheitszustand hatte sich am Ende so verschlechtert, dass Hiob von Kopf bis Fuß von schmerzhaften Geschwüren übersät war. Als seine so genannten Freunde ihn besuchen kommen, hofft Hiob, dass sie ihm Trost und Mitgefühl entgegenbringen. Hiob redet, erklärt seine Situation, hofft auf Hilfe, doch die Männer glauben ihm nicht. Weder beten sie mit ihm, noch haben sie irgendwelche tröstenden Worte für ihn. Zophar, einer der so genannten Freunde, wird fast handgreiflich. Er lässt es an jeglichem Respekt mangeln, beleidigt Hiob ins Angesicht und nennt ihn einen Übeltäter und gottlosen Heuchler, der die Armen unterdrückt, einen Dieb, der anderen etwas weggenommen hat und sich nun wundert, dass Gott ihn seiner gerechten Strafe zuführt (Hiob 20,5-29). Als Zophar seine Wutrede beendet hat, macht Eliphas dort weiter, wo er aufgehört hat. Eliphas klagt Hiob an, Gott nicht geehrt zu haben, Bosheiten auf sich geladen zu haben, den Bedürftigen Kleidung versagt zu haben, selbstherrlich gehandelt und sich geweigert zu haben, den Armen und Bedürftigen zu helfen. Vielmehr sei er, Hiob, jemand gewesen, der den Witwen und Waisen das Leben schwer gemacht habe (Hiob 22,1-30). Kaum hat Eliphas seine Rede beendet, kommt ein weiterer angeblicher Freund zu Wort. Auch Bildad reiht sich unter die Ankläger ein. Er wagt es tatsächlich, Hiob eine „Made" und einen „Wurm" zu nennen (Hiob 25,1-6).

Keiner dieser Männer hat Hiob gegenüber Höflichkeit, Mitgefühl, Anteilnahme oder Respekt gezeigt. Hiob jedenfalls hat das, was die Männer gesagt haben, als Spott und Verunglimpfung empfunden, wobei wohl auch der harte, richtende, vielleicht auch überhebliche Tonfall der Männer eine Rolle gespielt haben wird, und nicht nur der Inhalt dessen, was sie gesagt haben. Auch hier spielte wieder einmal eine Rolle, *wie* man etwas sagt – und nicht nur, *was* man sagt.

Sprüche 29,9 gibt uns ein gutes Beispiel dafür, wie Lieblosigkeit in der zwischenmenschlichen Kommunikation aussieht: „Wenn ein Weiser mit einem Toren rechtet, so tobt dieser oder lacht, aber es gibt keine Ruhe." „Keine Ruhe geben" könnte entweder bedeuten, dass der Tor dem Weisen über den Mund fährt, weil er ihn nicht hören möchte, oder dass er ihn auslacht und ihm irgendwelche Gemeinheiten an den Kopf wirft, nach dem Motto: „Was redest du für einen Blödsinn! So etwas Hirnverbranntes! Das ist einfach nur lächerlich!" oder: „Du machst wohl Witze!" Markus 5,22-42 illustriert ein solch liebloses Verhalten. Jesus ist in diesem Beispiel zu Gast bei einem Synagogenvorsteher, dessen Tochter soeben gestorben war. Als er das Haus betritt, begegnet ihm eine große Trauergemeinde, die sich im Sterbezimmer des Mädchens versammelt hat. Die Parallelstelle bei Matthäus berichtet uns, dass sogar Flötenspieler zugegen waren. Bei Markus heißt es, dass die Menschenmenge in großer Aufregung war, dass viele laut weinten oder sogar verzweifelt schrieen (Markus 5,38).

Als Jesus das hört und sieht, versucht er erst einmal, die Menge zu beruhigen. Er versichert den Anwesenden, dass die Aufregung nicht nötig ist, weil das Mädchen nur schläft. Natürlich wollte Jesus nicht sagen, dass das Kind nicht wirklich tot war. Er wollte nur darauf hinweisen, dass er es in Kürze auferwecken würde. Jesus sagte dies keineswegs im Scherz; er meinte es sehr ernst. Doch statt dass die Menschenmenge ihn ernst nimmt, ihm mit Respekt und Takt begegnet, vielleicht einmal nachfragt, wie er das gemeint haben könnte („Wie meinst du das, sie schläft nur?"), berichtet Markus, dass sie anfingen, ihn auszulachen (Markus 5,40). Beachten Sie die Worte: „Sie begannen..." Es kam also noch etwas hinterher. Sehr bald nämlich verwandelte sich die ganze gespielte Trauer in lautes

Gelächter. Die Leute wollten Jesus bloßstellen, ihn verlegen machen und dachten mit keinem Gedanken daran, wie sich das auf die Mutter und den Vater des Mädchens auswirken könnte, die doch genau wussten, dass ihr Kind wirklich tot war.

Diese Beispiele sollen deutlich machen, dass wir mit den Menschen, die wir lieb haben, niemals so taktlos umgehen dürfen, wie es hier geschah. Vielmehr sollten wir ihnen, wenn sie innerlich verletzt sind oder mit irgendwelchen Problemen zu kämpfen haben, stets mit Respekt und Taktgefühl begegnen.

In der Praxis bedeutet eine solche höfliche und taktvolle Liebe, dass wir es uns zweimal überlegen, bevor wir jemanden zurechtweisen, ermahnen, kritisieren oder korrigieren. In den Sprüchen Salomos heißt es: „Die Zunge der Weisen gibt gute Lehre, aber der Mund der Toren schwatzt viel dummes Zeug" (Spr. 15,2) – und zum selben Thema: „Das Herz des Gerechten überlegt, was es antworten soll, aber der Mund des Gottlosen sprudelt Bosheiten hervor." (Spr. 15,28)

Taktvolle und höfliche Liebe bedeutet auch, dass wir auf einen liebevollen Tonfall achten, wenn wir mit Menschen sprechen, ganz besonders in unserer eigenen Familie! „Wer ein weises Herz hat, wird verständig genannt", heißt es weiter in den Sprüchen, „und liebliche Rede fördert die Belehrung." (Spr. 16,21) Und Salomo fährt fort: „Freundliche Worte sind wie Honigseim, süß für die Seele und heilsam für das Gebein." (Spr. 16,24)

In Kolosser 4,6 lesen wir hierzu (Lutherübersetzung): „Eure Rede sei allezeit freundlich und mit Salz gewürzt, dass Ihr wisst, wie ihr einem jeden antworten sollt." Und in Epheser 4,29.31-32 steht: „Lasst kein faules Geschwätz aus eurem Mund gehen, sondern redet, was gut ist, was erbaut und was notwendig ist, damit es Segen bringe denen, die es hören. [...] Alle Bitterkeit und Grimm und Zorn und Geschrei und Lästerung sei fern von euch samt aller Bosheit. Seid aber untereinander freundlich und herzlich, und vergebt einer dem anderen, wie auch Gott euch vergeben hat in Christus."

Höflichkeit und Taktgefühl in der Liebe bedeuten, dass wir anderen Menschen durch unser Verhalten und unsere Lebensweise keinerlei Anstoß geben, es sei denn, ein solches Verhalten würde dem offenbarten Willen Gottes widersprechen.

- „Gebt weder den Juden, noch den Griechen, noch der Gemeinde Gottes einen Anstoß, so wie auch ich in allen Stücken allen zu Gefallen lebe und nicht meinen Nutzen suche, sondern den der vielen, damit sie gerettet werden." (1.Kor. 10,32-33)
- „Denn obwohl ich frei bin von allen, habe ich mich doch allen zum Knecht gemacht, um desto mehr Menschen zu gewinnen." (1.Kor. 9,19)
- „Niemand suche das Seine, sondern jeder das des anderen." (1.Kor. 10,24)

Höfliche und taktvolle Liebe bedeutet in der Praxis, dass wir mit den Menschen, über die wir als Vorgesetzte Autorität haben, nicht harsch oder herrisch umgehen:

- „Und ihr Herren, ... lasst das Drohen." (Eph. 6,9)
- „Hütet die Herde Gottes bei euch, indem ihr nicht gezwungen, sondern freiwillig Aufsicht übt, nicht nach schändlichem Gewinn strebend, sondern mit Hingabe, nicht als solche, die über das ihnen Zugewiesene herrschen, sondern indem ihr Vorbilder der Herde seid!" (1.Petr. 5,2-3)
- „Nicht, dass wir Herren sein wollten über euren Glauben, sondern wir sind Gehilfen zu eurer Freude; denn ihr steht fest im Glauben." (2.Kor. 1,24)

Höflichkeit in der Liebe bedeutet auch, dass wir den Menschen, die Gott uns „vorgesetzt" hat, sei es im Beruf, in der Gemeinde oder im Staat, mit Respekt und Achtung begegnen:

- „Ihr Knechte, gehorcht euren leiblichen Herren mit Furcht und Zittern, in Einfalt eures Herzens, wie Christus, nicht mit Augendienerei, um Menschen zu gefallen, sondern als Knechte des Christus, die den Willen Gottes von Herzen tun; dient mit gutem Willen dem Herrn und nicht den Menschen." (Eph. 6,5-7)
- „Die aber, welche gläubige Herren haben, sollen diese darum nicht gering schätzen, weil sie Brüder sind, sondern ihnen umso lieber dienen." (1.Tim. 6,2)

Höfliche Liebe bedeutet, dass wir niemals auf Menschen herabsehen, die weniger begabt, gebildet oder wohlhabend sind als wir.

- „Erweist jedermann Achtung, liebt die Bruderschaft!“ (1.Petr. 2,17)
- „Denn wer gibt dir den Vorzug? Und was besitzt du, das du nicht empfangen hättest?“ (1.Kor. 4,7)
- „Nun aber hat Gott die Glieder, jedes einzelne von ihnen, so im Leib eingefügt, wie er gewollt hat. [...] Vielmehr sind gerade die scheinbar schwächeren Glieder des Leibes notwendig, und die Glieder am Leib, die wir für weniger ehrbar halten, umgeben wir mit desto größerer Ehre, und unsere weniger anständigen erhalten umso größere Anständigkeit. [...] Gott aber hat den Leib so zusammengefügt, dass er dem geringeren Glied umso größere Ehre gab.“ (1.Kor. 12,18.22-24)
- „In der Ehrerbietung komme einer dem anderen zuvor!“ (Röm. 12,10)

Höfliche Liebe bedeutet, dass wir uns im praktischen Alltag um Verbindlichkeit und Verlässlichkeit bemühen.

- „In der Bruderliebe seid herzlich gegeneinander!“ (Röm. 12,10)
- „Gott aber hat den Leib so zusammengefügt, [...] damit es keinen Zwiespalt im Leib gibt, sondern die Glieder gleichermaßen füreinander sorgen. Und wenn *ein* Glied leidet, so leiden alle Glieder mit; und wenn *ein* Glied geehrt wird, so freuen sich alle Glieder mit.“ (1.Kor. 12,25-26)
- „Jeder schaue nicht auf das Seine, sondern jeder auf das des anderen.“ (Phil. 2,4)

Anstand in der Liebe bedeutet auch, dass wir nicht etwas zusagen, was wir nicht einhalten können:

- „HERR, wer darf weilen in deinem Zelt? [...] Wer, wenn er etwas zu seinem Schaden geschworen hat, es dennoch hält.“ (Psalm 15,1.4)
- „Darum legt die Lüge ab, und redet die Wahrheit, jeder mit seinem Nächsten.“ (Eph. 4,25)
- „Lügt einander nicht an, da ihr ja den alten Menschen ausgezogen habt mit seinen Handlungen.“ (Kol. 3,9)
- „Darum hütet euch in eurem Geist, und werdet nicht untreu! Ihr habt dem HERRN Mühe gemacht mit euren Reden.“ (Mal.

2,16-17, hier waren bestimmte Zusagen gemeint, die das Volk nicht eingehalten hatte.)

Was bedeuten Anstand und Respekt in der Liebe noch? Zum Beispiel, dass wir unsere familiären und häuslichen Verpflichtungen nicht vernachlässigen:

- „Wenn aber jemand seinem eigenen Haus nicht vorzustehen weiß, wie wird er für die Gemeinde Gottes sorgen?" (1.Tim. 3,5)
- „So sollen diese zuerst lernen, am eigenen Haus gottesfürchtig zu handeln und den Eltern Empfangenes zu vergelten; denn das ist gut und angenehm vor Gott. [...] Wenn aber jemand für die Seinen, besonders für seine Hausgenossen, nicht sorgt, so hat er den Glauben verleugnet..." (1.Tim. 5,4.8)
- „... damit sie die jungen Frauen dazu anleiten, ihre Männer und ihre Kinder zu lieben, besonnen zu sein, keusch, häuslich, gütig, und sich ihren Männern unterzuordnen, damit das Wort Gottes nicht verlästert wird." (Tit. 2,4-5)
- „Und alles, was ihr tut, das tut von Herzen, als für den Herrn und nicht für Menschen, [...] denn ihr dient dem Herrn Christus." (Kol. 3,23-24)

Höflichkeit und Anstand in der Liebe bedeuten, dass wir niemanden verleumden und keine Gerüchte streuen:

- „HERR, wer darf weilen in deinem Zelt? [...] Wer keine Verleumdungen herumträgt auf seiner Zunge, wer seinem Nächsten nichts Böses tut und seinen Nachbarn nicht schmäht." (Psalm 15,1.3)
- „Alle Bitterkeit und Wut ... sei von euch weggetan, samt aller Bosheit." (Eph. 4,31)
- „Verleumdet einander nicht, ihr Brüder. Wer seinen Bruder verleumdet und seinen Bruder richtet, der verleumdet das Gesetz und richtet das Gesetz; wenn du aber das Gesetz richtest, so bist du nicht ein Täter, sondern ein Richter des Gesetzes." (Jak. 4,11-12)

Höflichkeit in der Liebe bedeutet, dass wir dankbar sind, wenn andere etwas für uns tun oder uns etwas schenken. Wir hüten uns davor, so etwas für selbstverständlich zu halten:

- „Wir bitten euch aber, ihr Brüder, dass ihr diejenigen anerkennt, die an euch arbeiten und euch im Herrn vorstehen und euch zurechtweisen, und dass ihr sie umso mehr in Liebe achtet um ihres Werkes willen." (1.Thess. 5,12-13)
- „So gebt nun jedermann, was ihr schuldig seid: Steuer, dem die Steuer, Zoll, dem der Zoll, Ehre, dem die Ehre gebührt." (Röm. 13,7)
- „Erweist jedermann Achtung!" (1.Petr. 2,17)

Anstand in der Liebe bedeutet auch, dass wir den Menschen zuhören. Und wenn sie uns einen Rat geben, dann denken wir darüber nach:

- „Den Toren dünkt sein Weg recht; aber wer auf Rat hört, der ist weise." (Spr. 12,15, Lutherübersetzung)

Anstand und Taktgefühl in der Liebe bedeuten ganz praktisch, dass wir uns angemessen und unaufdringlich kleiden, so wie es die Kultur, in der wir leben, vorsieht, es sei denn, eine solche Kleidungsweise befände sich im direkten Widerspruch zu biblischen Maßstäben (vgl. Spr. 7,10; 1.Tim. 2,9-10; 1.Petr. 3,5-6).

Anstand und Höflichkeit bedeuten in der Praxis, dass wir an unsere Mitmenschen keine sinnlosen oder übertriebenen Anforderungen stellen. Wir hüten uns davor, andere Menschen „herumzukommandieren" (vgl. Matth. 5,9; Röm. 14,19; Eph. 4,2-31; 1.Tim 3,3; 2.Tim. 2,24-25; Tit. 1,7-8).

Anstand und Höflichkeit in der Liebe bedeuten auch, dass wir nicht von anderen Menschen etwas verlangen oder erwarten, was wir nicht selbst tun würden (vgl. Joh. 13,1-17; 1.Kor. 11,1; Phil. 4,9; 2.Tim. 3,10).

Anstand und Höflichkeit bedeuten schließlich, dass wir uns beim Autofahren nicht unhöflich oder ruppig benehmen, sei es auf der Autobahn oder in der Stadt (vgl. Matth. 7,12; 1.Kor 13,5).

Und eine auf Anstand und Respekt bedachte Liebe wird niemals einen anderen Menschen missbrauchen, weder physisch noch verbal (vgl. Spr. 15,1; 16,21 und 24; Spr. 20,15; Eph. 4,2; Kol. 4,6).

John MacArthur schreibt zum Anstand in der Liebe:

> Liebe ist sehr viel mehr als Anstand und vorbildliches Benehmen, aber nie weniger. Wenn wir uns rücksichts- und

taktlos aufführen, handeln wir unchristlich und lieblos. Selbstherrliches Auftreten unter Christen kann auf andere Menschen so abstoßend wirken, dass sie Christus ablehnen, noch bevor sie die Botschaft des Evangeliums überhaupt gehört haben. [...] Gelegentlich wird der Botschafter zum Hindernis für die Botschaft. Wenn die Menschen die „Güte Christi" (2. Korinther 10,1) nicht sehen, dann werden sie wohl kaum den Herrn im Evangelium, das wir predigen, erkennen.[40]

Und nun eine persönliche Frage ...

Höflichkeit (oder Anstand) als das sechste Merkmal echter Liebe (einer Liebe, die Gott in unserem Leben verwirklichen möchte) wird mit dazu beitragen, dass wir wirksamere Zeugen Christi werden. Wie haben Sie reagiert, als sie die Verse und Beispiele gelesen haben? Fühlten Sie sich an irgendeiner Stelle ertappt? Hat es irgendwo wehgetan? Sehr gut! Gehen Sie einmal davon aus, dass Ihr Gewissen und der Heilige Geist Ihnen etwas sagen wollten. Ändern Sie sich, wo es nötig ist, und ziehen Sie die schlechten Eigenschaften aus und die guten an.

Ich möchte sogar noch ein wenig persönlicher werden. Wenn Sie ganz ehrlich sind – würden Ihre Mitmenschen Sie als taktvoll und höflich beschreiben? Vielleicht fragen Sie einmal Ihre Ehepartnerin oder Ihren Ehepartner. Was würde sie oder er sagen? Wie sieht es mit Ihren Kindern aus – oder Ihren Eltern? Was sagen die Menschen in Ihrer Gemeinde – oder an Ihrem Arbeitsplatz?

Möge Gott uns helfen, dass wir uns an diesen Punkten prüfen und, wo nötig, Buße tun (das heißt, uns ändern). Aber vergessen wir nie: Wir tun das nicht, um Gottes Wohlgefallen zu erlangen, denn das haben wir schon! Wir tun es aus Dankbarkeit, weil wir ein Leben leben möchten, das Ihn ehrt und einen guten Einfluss auf unsere Mitmenschen hat. Und wenn wir auf diese Weise liebevoll leben, wird es nicht nur für die Anderen ein Segen sein, sondern auch für uns selbst.

40 MacArthur, *1 Corinthians*, Seite 344.

Fragen zum Inhalt, zum Nachdenken, zur Anwendung des Gesagten und zur Diskussion

1. Wie würden Sie das in 1. Korinther 13,5 benutzte Wort „unanständig“ definieren? Welche weiteren Übersetzungsmöglichkeiten für dieses im Neuen Testament benutzte griechische Adjektiv gibt es?
2. Welche Synonyme gibt es für die Adjektive „anständig“ bzw. „unanständig“?
3. Positiv gesprochen: Wenn die Liebe sich „nicht unanständig“ benimmt, wie dann?
4. Wie stehen Sie persönlich zu der Auffassung, dass Unhöflichkeit und ein ruppiger Umgangston zwar nicht in Ordnung sind, aber lange nicht so schlimm wie die anderen Vergehen, die in 1. Korinther erwähnt werden?
5. Nennen Sie Beispiele für das takt- und respektlose Verhalten einiger Christen in Korinth.
6. Litt Paulus unter einer Befindlichkeitsstörung, die von modernen Psychologen „Co-Abhängigkeit“ genannt wird?
7. Was meint der Apostel, wenn er sagt, dass er „in allen Stücken allen zu Gefallen“ lebte (1.Kor. 10,33)?
8. Was bedeutet die Stelle im Jakobusbrief, wo es heißt, dass die wahre Weisheit von oben (von Gott) kommt (vgl. Jak. 3,15)?
9. Was bedeutet es nach Jakobus, weise zu leben?
10. Lesen Sie noch einmal die Aufzählung der praktischen Auswirkungen einer Liebe, die sich „nicht unanständig“ benimmt. Fehlt auf dieser Liste Ihrer Ansicht nach etwas?
11. Lesen Sie diese Liste nun ein weiteres Mal, und schätzen Sie Ihre eigene Liebesfähigkeit auf einer Skala von 0-5 ein: 1 = so bin ich *immer*, 2 = so bin ich *häufig*, 3 = so bin ich *manchmal*, 4 = so bin ich *selten*, 5 = so bin ich *nie*.
12. Wie ist Ihre selbstkritische Analyse ausgefallen (sozusagen Ihr „Höflichkeitsquotient“)? In welchen Bereichen sind sie gut, in welchen müssen Sie an sich arbeiten (lassen)?
13. Welche praktischen Schritte könnten Sie gehen, um eine Verbesserung Ihres Höflichkeitsquotienten zu erreichen?

14. Bitte beachten Sie den Hinweis auf Seite 27.

Kapitel 11
Selbstlose Liebe als Lebensstil

Vor einiger Zeit las ich ein Buch, das die Lebensbilder einiger bekannter Christen der vorigen Jahrhunderte enthielt. Ich las über David Brainerd, den Missionar unter den nordamerikanischen Ureinwohnern, dessen Dienst im 18. Jahrhundert sehr gesegnet war. Ich las über Henry Martyn, den Gott in beeindruckender Weise als Missionar in Indien und Persien benutzte, und über Robert Murray McCheyne, der im 19. Jahrhundert als presbyterianischer Pfarrer in Schottland wirkte. Ich fragte mich: „Warum war der Dienst dieser Männer so gesegnet?" Hierzu ließe sich wohl einiges anmerken, doch es war vor allem ein Bericht über McCheyne, der mich nachdenklich stimmte. Ich glaube, was hier gesagt wird, zeigt sehr deutlich, warum Gott diesen Mann in so beeindruckender Weise gebraucht hat. Ich will Ihnen das Zitat nicht vorenthalten, denn ich bin mir sicher, dass es Sie genauso beeindrucken wird wie mich. Beten wir darum, dass Gott uns ein Herz gibt, wie es McCheyne geschenkt worden war – einem Diener Christi, der den Charakter seines Herrn widerspiegelte:

> Das Geheimnis seines Erfolgs ... lag in seiner Treue zum Wort Gottes und in seinem herzlichen Erbarmen über die Seelen der Menschen. McCheyne arbeitete in Ehrfurcht vor Gott. Man hatte den Eindruck, dass er stets die Größe Gottes vor Augen hatte, ja, im Herzen trug. Es gab wenige, die den mit Schuld beladenen Sündern so herzlich begegneten wie er. Es gab wenige, die den Mühseligen und Beladenen sanftmütiger und überzeugender gegenübertraten. Ein anderer Pfarrer, Andrew Bonar, erzählte McCheyne einmal, er habe für seine zuletzt gehaltene Predigt einen Text ausgewählt, der über die schreckliche Zukunft derjenigen Menschen spricht, die Gott ablehnen und in die Hölle geschickt werden (Psalm

> 9,17-18). McCheyne entgegnete seinem Amtsbruder: „Konntest du darüber mit herzlichem Mitgefühl predigen?" Dieser Mann wusste, was eine Stimme anrichten kann, die verdammt – und was ein Herz bewirkt, das von Erbarmen erfüllt ist. Die Herzen der Menschen schmelzen nicht durch Drohungen und donnernde Verdammungspredigten, sondern durch herzliche Liebe. Nicht das harsche Wort erreicht das Herz, sondern das leidende. Nur so werden die Seelen der Menschen gewonnen. Wenn McCheyne über die Ewigkeit predigte, tat er es als jemand, dessen Herz vor Schmerzen blutete. Er ersparte seinen Hörern die Wahrheit nicht, doch noch viel weniger ersparte er sich selbst den Schmerz. [...] J. H. Jowett bemerkte einmal, dass die Predigten McCheynes nur deshalb so erfolgreich waren, weil sie so mitfühlend waren. Besonders deutlich kommt die Kraft seiner Predigten in einer Auslegung von Psalm 51,19 zum Ausdruck, wo es heißt, dass Gott ein zerschlagenes Herz nicht verachtet. McCheyne sagt: „Das Herz wird nicht gebrochen durch einen Blick ins eigene Herz oder einen Blick in die Hölle, sondern durch den Blick in das Herz Christi. O, betet um ein zerschlagenes Herz." [41]

McCheyne war davon überzeugt, dass es nicht nur darum ging, für die Wahrheit einzustehen und sie zu verkündigen. Vielmehr glaubte er, dass Menschen für Christus gewonnen werden, wenn sie das Evangelium von einem Prediger hören, dessen Herz vor Schmerz und Liebe blutet. Das, was wir in unseren Betrachtungen über die Aussagen anderer Diener Gottes festgestellt haben, gilt auch hier. Die Worte mögen andere sein, aber die Wahrheit ist dieselbe, die Paulus in 1. Korinther 13 verkündet.

Wir haben uns in den vorangegangenen Kapiteln vor Augen geführt, was einen Menschen auszeichnet, der von echter Liebe geprägt ist:

1. Langmut (Geduld)
2. Freundlichkeit oder Güte
3. Kein Neid auf andere, die erfolgreicher oder besser gestellt sind
4. Keine Angeberei und Prahlerei
5. Keine Arroganz, kein Stolz

41 Marcus Sloan, *They Were Pilgrims*. London: Verlag des *Banner of Truth Trust*, 2006, Seite 172.

6. Kein unanständiges oder schlechtes Benehmen

In diesem Kapitel werden wir uns nun dem *siebten Merkmal echter Liebe* zuwenden, das mitten im fünften Vers von 1. Korinther 13 steht, einem Kapitel, in dem Paulus zeigt, wie eine Liebe aussieht, die uns zu wirksamen Zeugen für Christus macht und Menschen für Ihn ereicht. Es heißt dort: *„Die Liebe ... sucht nicht das Ihre."*

Wie sieht eine Liebe aus, die nicht das Ihre sucht?

Eine Stelle, die uns dabei helfen kann, diese Aussage des Paulus zu verstehen – das heißt, die Frage zu beantworten, wie ein Mensch aussieht, der nicht das Seine sucht –, finden wir in Philipper 2. Dort macht der Apostel folgende Aussage (Phil. 2,3-4): „Tut nichts aus Selbstsucht oder nichtigem Ehrgeiz, sondern in Demut achte einer den anderen höher als sich selbst. Jeder schaue nicht auf das Seine, sondern jeder auf das des anderen."

Paulus beschreibt in diesen Versen, wie ein Christ leben sollte. Genauer gesagt, er beschreibt, welche innere Einstellung unsere zwischenmenschlichen Beziehungen prägen sollte.

Wir sollten nichts aus Selbstsucht tun. – „Nichts" ist ein Absolutum. Paulus lehrt, dass wir niemals – ohne Ausnahme – etwas aus egoistischen Motiven tun dürfen. Wir finden das Wort „Selbstsucht" auch in Philipper 1,16, wo Paulus über bestimmte Prediger spricht, die Christus aus egoistischen, unlauteren Motiven verkündigten. Äußerlich mag es den Anschein gehabt haben, als arbeiteten diese Evangelisten für das Reich Gottes. In Wirklichkeit jedoch arbeiteten sie für das Reich ihres Egos. Hier lag dasselbe Phänomen vor, das im 3. Johannesbrief beschrieben wird. Ein gewisser Diotrephes, wohl ein Gemeindeleiter, verhielt sich äußerlich so, als würde er seine Zeit und Kraft zur Verherrlichung Christi und zum Wohle seiner Mitmenschen einsetzen, doch in Wirklichkeit ging es ihm nur um den eigenen Ruhm (vgl. 3.Joh. 9-11). Auch in Jakobus 3,14 ist davon die Rede, dass es Menschen gibt, die äußerlich voller Hingabe dienen, innerlich aber voller Selbstsucht und „Streitsucht im Herzen" sind. Es ist anscheinend möglich – und dies wird ja auch in unserer Stelle aus dem Philipperbrief gesagt –, so zu leben und zu handeln, dass es in den Augen der Menschen moralisch und gut aussieht, aber doch im Innersten voller Stolz und selbstsüchtiger Triebe zu sein. James Montgomery Boice schreibt zu diesem Thema:

> Wir finden die Einstellung, die Paulus hier anspricht, noch an vielen weiteren Stellen des Neuen Testaments. Der nicht gläubige Mensch setzt von Natur aus sich selbst an die erste Stelle. Dann kommen die Anderen, und zum Schluss kommt Gott. Vielleicht ist er sogar davon überzeugt, dass diese Reihenfolge richtig ist. Nach der Bibel muss es genau umgekehrt sein: Gott kommt zuerst, dann die Anderen – und wir selbst kommen ganz zum Schluss. Es heißt in der Bibel: „Einer trage des anderen Lasten, und so sollt ihr das Gesetz des Christus erfüllen." (Galater 6,2) „Denn obwohl ich frei bin von allen, habe ich mich doch allen zum Knecht gemacht, [...] damit ich auf alle Weise etliche rette." (1. Korinther 9,19.22) „In der Bruderliebe seid herzlich gegeneinander, in der Ehrerbietung komme einer dem anderen zuvor." (Römer 12,10) Und in Römer 15,1-2 heißt es: „Wir aber, die Starken, haben die Pflicht, die Gebrechen der Schwachen zu tragen, und nicht Gefallen an uns selbst zu haben. Denn jeder von uns soll seinem Nächsten gefallen zum Guten, zur Auferbauung." [42]

Beispiele für selbstlose Liebe

Paulus zeigt in seinem Brief an die Philipper anhand verschiedener Beispiele, wie selbstlose Liebe praktisch aussieht. Die höchste Vollendung fand diese Art der Liebe durch das Beispiel Jesu Christi, so wie es in Philipper 2,5-8 beschrieben wird: „Denn ihr sollt so gesinnt sein, wie es Jesus Christus auch war, der, als er in der Gestalt Gottes war, es nicht wie einen Raub festhielt, Gott gleich zu sein, sondern er entäußerte sich selbst, nahm die Gestalt eines Knechtes an und wurde wie die Menschen; und in seiner äußeren Erscheinung als ein Mensch erfunden, erniedrigte er sich selbst und wurde gehorsam bis zum Tod, ja bis zum Tod am Kreuz."

Ein größeres Beispiel für eine Liebe, die nicht das Ihre sucht, gibt es nicht. Die Liebe Jesu war auf eine zweifache Weise von Selbst-

42 James Montgomery Boice, *Philippians*. Grand Rapids: Zondervan, 1971, Seite 119.

losigkeit geprägt. Zunächst einmal hinsichtlich der Beziehung zu seinem Vater im Himmel. Sehr oft sagte unser Herr während der Zeit seines irdischen Lebens, dass er nicht gekommen sei, um seinen Willen zu tun, sondern den seines Vaters (Matth. 26,39; Joh. 4,34-35; Joh. 5,30; Joh. 17,4; Phil. 2,8). Diese Liebe Jesu, die niemals das Ihre suchte, prägte sein gesamtes Leben und fand ihre Vollendung in seinem furchtbaren und schmerzhaften Tod am Kreuz. Neben der selbstlosen Liebe in der Beziehung zu seinem Vater lebte Jesus auch selbstlos in der Beziehung zu den Menschen. Er kam in diese Welt um zu dienen, nicht um bedient zu werden (Matth. 20,28). Er wurde Mensch um zu geben, nicht um zu nehmen. Er kam um zu dienen, nicht um bedient zu werden. Er kam, um Hilfe zu leisten, nicht, um Hilfe zu empfangen. Er nahm Knechtgestalt an und diente den Menschen. Er lebte nicht wie ein König oder Herrscher oder Diktator, der andere um sich schart, um sich bedienen zu lassen. Jesu ganzes Leben war ein Dasein für Andere. Nichts tat er um seiner selbst willen; alles tat er für die Menschen. Dabei waren seine Motive rein und lauter. Jonathan Edwards spricht in der bereits erwähnten Auslegung des 1. Korintherbriefes über die *vierfache Weise,* auf die Christus seine selbstlose Liebe den Menschen gebracht hat:

> 1. Christus liebte auch die, die seine Feinde waren (Römer 5,8.10).
> 2. Christi selbstlose Liebe zeigt sich darin, dass er uns so sieht, wie er sich selbst sieht. Seit ewigen Zeiten liebt und behütet er die Seinen wie seinen Augapfel. Wenn er die Seinen so sieht, wie er sich selbst sieht, dann werden ihre Sorgen zu seinen Sorgen, ihre Wünsche zu seinen Wünschen und schließlich sogar ihre Schuld zu seiner Schuld. [...] Seine Liebe möchte die Seinen mit ihm vereinen und sie gewissermaßen zu Gliedern an seinem Leib machen (Matthäus 25,40).
> 3. So groß war die Liebe Christi zu uns, dass er sich für uns entäußert und dahingegeben hat. Er ließ seine Heimat im Himmel hinter sich, seine ewige Ruhe, seinen Schutz, seine Wünsche, seine Ehre, seinen Reichtum. Er wurde für uns arm, war ausgestoßen und verachtet. Er war jemand, der keinen Ort hatte, wo er sein Haupt zur Ruhe legen konnte.

> 4. Christi selbstlose Liebe zu uns war von einer Art, die nichts zurückerwartete. Sie konnte niemals vergolten werden, denn wir waren arm und hilflos, Ausgestoßene mit leeren Händen, die zwar empfangen, nie jedoch zurückgeben konnten.[43]

Nun mag vielleicht jemand einwenden: „Na ja, das war schließlich Jesus Christus, aber ich bin nur ein Mensch. Er konnte vollkommen selbstlos leben, aber ich schaffe das nicht!" Als hätte Paulus diesen Einwand geahnt, führt er uns in seinen Briefen eine ganze Reihe von Menschen vor Augen, die auch als sündige Menschen selbstlos gelebt haben. Ich werde mich in diesem Buch auf nur ein Beispiel beschränken, nämlich den Apostel Paulus selbst. So wie sein Herr und Heiland Jesus Christus, hat auch Paulus ein Leben geführt, das mit Blick auf Gott, den Vater, von einer Liebe geprägt war, die nicht das Ihre suchte. Als er wegen der Verkündigung des Evangeliums im Gefängnis saß und nicht wusste, wie die Sache ausgehen würde, betonte er, dass ihm an seinem eigenen Leben nichts gelegen war. Wichtig war ihm nur eins (Phil. 1,20-22): „... dass, wie allezeit, so auch jetzt, Christus hoch gepriesen wird an meinem Leib, sei es durch Leben oder durch Tod. Denn für mich ist Christus das Leben, und das Sterben ein Gewinn. Wenn aber das Leben im Fleisch mir Gelegenheit gibt zu fruchtbarer Wirksamkeit, so weiß ich nicht, was ich wählen soll."

Das heißt, wenn das Leben Christus verherrlicht, wollte Paulus leben, wenn das Sterben Ihn verherrlicht, war er bereit zu sterben. Es ging Paulus nicht um sich selbst, sondern nur um Christus. Ihm wollte er gefallen, nicht sich selbst. Paulus betrachtete sich, wie er es an vielen Stellen des Neuen Testaments zum Ausdruck bringt, als einen Knecht Jesu Christi (1.Kor. 4,1; Eph. 1,1; Kol. 1,1; 1.Tim. 1,1; 2.Tim. 1,1). Paulus lebte wie sein Herr und Heiland eine Liebe, die nicht das Ihre sucht. Sein einziges Ziel war der Dienst für andere. „Wenn ich aber auch wie ein Trankopfer ausgegossen werden sollte über dem Opfer und dem priesterlichen Dienst eures Glaubens, so bin ich doch froh und freue mich mit euch allen; gleicherweise sollt auch ihr froh sein und euch mit mir freuen." (Phil. 2,17-18) Paulus benutzt hier ein Beispiel aus dem Alten Testament. Wenn

43 J. Edwards, *Charity and Its Fruits*. London: Verlag des *Banner of Truth Trust*, 1969, Seiten 178-180.

damals jemand ein Opfer darbrachte, so überreichte er es zunächst dem Priester, der es zerteilte und dann auf den Altar legte. Danach wurde ein Teil des Opfers verbrannt, und ein Teil durfte der im Heiligtum diensthabende Priester selbst verspeisen, so wie es in 3. Mose 5,13 vorgeschrieben war. Für das Trankopfer jedoch war ein anderes Verfahren vorgeschrieben. Hier brachte der Besucher des Tempels einen Behälter mit Öl oder Wein zum Altar und goss diesen dann vollständig aus. In diesem Falle blieb für den Priester nichts zum persönlichen Gebrauch übrig. Wenn Paulus nun sagt, dass er wie ein Trankopfer ausgegossen wird, dann meint er damit, dass er bereit ist, sein Leben vollkommen hinzugeben (auszuschütten), wenn es der Dienst für Gott und die Menschen erfordert. Paulus ist bereit, buchstäblich alles aufzugeben und jedes notwendige Opfer zu bringen, wenn er damit anderen Menschen in ihrer Beziehung zu Christus helfen kann. Diese Hingabe bedeutete den Einsatz von Kraft und Energie – und unter Umständen den Einsatz des eigenen Lebens, wenn dadurch anderen geholfen werden kann. Wie sein Herr und Meister lebte Paulus ein Leben der Liebe, die nicht das Ihre sucht. Er gab uns ein Beispiel für Selbstlosigkeit und den Verzicht auf Eigenliebe. Er lebte uns vor, was es bedeutet, andere höher zu achten als sich selbst (zu Beispielen, wie eine solche Liebe praktisch aussieht, vgl. auch 2.Kor. 4,7-15; Röm. 9,3-4; Röm. 14,7-8; Phil. 1,12.18; Phil. 2,19-30; Kol. 1,24).

Selbstlose Liebe im Alltag

Selbstlose Liebe zu Gott und den Menschen bedeutet, dass wir um Gottes und der Menschen willen wirkliche Opfer bringen (Gal. 2,20; Eph. 5,2.25). Selbstlose Liebe führt dazu, dass wir dem anderen ein „barmherziger Samariter“ werden – und auch so handeln (Lk. 10,25-37). Selbstlose Liebe bedeutet auch, dass wir niemals andere Menschen ausnutzen oder sie zu unseren Gunsten beeinflussen (1. Thess. 2, Philemon), und dass wir nicht nach der Devise leben und handeln: „Ich gebe, auf dass ich empfange.“ (Lk. 6,35) Eine Liebe zu Gott und den Menschen, die nicht das Ihre sucht, bemüht sich in Diskussionen stets, auch die andere Seite zu hören. Sie ist bereit, in einer Diskussion oder einem Streit zu unterliegen, es sei denn, eine solche Niederlage würde einem anderen Menschen oder der Sache Christi Schaden zufügen (Eph. 5,22; 1.Pe. 3,7).

Was selbstlose Liebe bedeutet, wird sehr schön durch eine Geschichte aus China illustriert. Sie handelt von einer nachbarlichen Auseinandersetzung zweier Reisbauern. Einer der Reisbauern war Christ und besaß ein Reisfeld, das sehr hoch gelegen war. Jeden Tag musste der Farmer Wasser von unten nach oben pumpen, damit die Terrassen am Hang gut bewässert wurden. Und jeden Tag stellte der Reisbauer abends fest, dass einer seiner Nachbarn, der nicht gläubig war, das Wasser aus den Feldern abgelassen und für seine eigenen Reisfelder benutzt hatte. Eine Zeit lang sah der chinesische Christ über dieses Unrecht hinweg, aber irgendwann wurde es ihm zu viel. Irgendetwas musste geschehen, und er dachte darüber nach, wie er reagieren sollte. Er betete, besprach sich mit anderen Christen in seinem Dorf und kam dann zu folgendem Ergebnis: Von nun an würde er den Tag damit beginnen, zunächst das Reisfeld seines Nachbarn zu bewässern, und dann erst sein eigenes. Er war davon überzeugt, dass eine Liebe, die nicht das Ihre sucht, dies von ihm verlangte.

Dieses Vorgehen beeindruckte den anderen Reisbauern sehr. Er wollte wissen, warum dieser Mensch so großzügig war. Die beiden trafen sich und sprachen miteinander. Als der christliche Bauer dem anderen Bauern erklärte, er habe dies um Jesu willen getan, wollte der andere Mann mehr wissen. Der Bauer erklärte ihm das Evangelium, und nach einiger Zeit wurde der ungläubige Reisbauer tatsächlich Christ. – Was für ein schönes Beispiel für eine Liebe, die nicht das Ihre sucht!

Selbstlose Liebe zu Gott und den Menschen bedeutet, dass wir unserem Nächsten in dem Bereich zur Seite stehen, wo er unsere Hilfe am nötigsten braucht. Selbstlose Liebe sucht nicht das Ihre, deshalb widmet sie in Unterhaltungen dem Gegenüber stets die volle Aufmerksamkeit. Dies kann auch bedeuten, dass wir nichts dagegen einwenden, wenn die andere Seite einmal das letzte Wort hat. Da wir nicht das Unsere suchen, macht es uns nichts aus, wenn Menschen Dinge anders erledigen als wir. Wir bewerten diese Andersartigkeit nicht, vor allem verurteilen wir sie nicht. Gott und anderen Menschen mit selbstloser Liebe zu begegnen, bedeutet, dass wir immer die Ersten, und wo nötig, die Letzten sind, die um Vergebung bitten. Gott und die Menschen mit selbstloser Liebe zu lieben, bedeutet auch, dass wir keinen Einspruch erheben, wenn andere Lob und Anerkennung für etwas bekommen, das eigentlich wir vollbracht haben. Selbstlose Liebe kann sogar vollständig auf Dank und Anerkennung für erbrachte Leistungen verzichten.

Hier noch ein paar weitere praktische Anwendungen für eine selbstlose Liebe zu Gott und den Menschen: Eine solche Liebe hat den Nutzen und den Vorteil des Nächsten im Blick, auch wenn das anstrengend ist und etwas kostet. Selbstlose Liebe sucht für den Anderen stets das Beste. Sie handelt so, wie es Paulus in 1. Korinther 10,24 fordert: „Niemand suche das Seine, sondern jeder das des anderen." Selbstlose Liebe zu Gott und den Menschen hält sich an die Ermahnung des Paulus, „dass ihr eure Leiber darbringt als ein lebendiges, heiliges, Gott wohlgefälliges Opfer: das sei euer vernünftiger Gottesdienst" (Röm. 12,1). Selbstlose Liebe zu Gott und den Menschen bedeutet, dass wir, wie es in Römer 12,2 heißt, uns bemühen, zu prüfen, was der heilige und vollkommene Wille Gottes ist. Wir setzen alles daran, unseren Willen Seinem unterzuordnen, so dass nicht unsere Vorhaben, sondern Sein Plan verwirklicht wird. Selbstlose Liebe bedeutet, dass wir in unserer Arbeit nicht auf den eigenen Vorteil bedacht sind, sondern uns an Epheser 6,5-7 halten, wo es heißt: „Ihr Knechte, gehorcht euren leiblichen Herren mit Furcht und Zittern, in Einfalt eures Herzens, wie Christus; nicht mit Augendienerei, um Menschen zu gefallen, sondern als Knechte des Christus, die den Willen Gottes von Herzen tun; dient mit gutem Willen dem Herrn und nicht den Menschen."

Selbstlose Liebe zu Gott und den Menschen bedeutet, dass wir freigiebig sind (Hebr. 13,16): „Wohlzutun und mitzuteilen vergesst nicht, denn solche Opfer gefallen Gott wohl!" Eine Liebe, die nicht das Ihre sucht, verhält sich, wenn es die Umstände erfordern, so, wie sich Paulus in Apostelgeschichte 21,13 verhalten hat. Auf die Warnung, dass in Jerusalem harte Zeiten auf ihn zukommen, reagiert er mit den Worten: „Was tut ihr da, dass ihr weint und mir das Herz brecht? Ich bin bereit, mich in Jerusalem nicht nur binden zu lassen, sondern auch zu sterben für den Namen des Herrn Jesus.“ Jonathan Edwards hat die Liebe, die nicht das Ihre sucht, als eine Liebe beschrieben, die sich mehr um den Zustand der Gemeinde und der menschlichen Seelen sorgt als um das eigene Wohlbefinden.[44] Eine solche Liebe orientiert sich an der Haltung des Paulus, der im 2. Korintherbrief davon spricht, wie sehr ihm die Belange der Gemeinde am Herzen liegen, und wie sehr er um die Gläubigen bangt, dass sie nicht schwach werden oder in Sünde fallen (2.Kor. 11,28-29). Selbstlose Liebe lässt das Selbst hinter sich. Es geht nicht mehr um mein Ego, um meine Bedürfnisse und Wünsche, sondern um die Wünsche, Bedürfnisse und Sorgen meines Nächsten. Mir ist wichtig, was Gott wichtig ist. Paul Tripp hat in seinem Buch *A Quest for More* („Auf der Suche nach Mehr“) beschrieben, wie selbstbezogen der Mensch von Natur aus ist:

> Es ist wohl die schlimmste Erinnerung an meine Kindheit. Mein Bruder Tedd war ein begeisterter Modellautosammler, und er hatte seine gesamten Schätze in seinem Zimmer in einer Vitrine ausgestellt. Jedes einzelne dieser Modelle hatte er selbst zusammengebaut und anschließend lackiert. Er war stolz auf seine Arbeit, und das mit Recht. Aber aus irgendeinem Grunde – leider habe ich die Einzelheiten vergessen – hatte mich Tedd geärgert. Er war ungehorsam gewesen, hatte eine Grenze, die ich ihm gesetzt hatte, übertreten und war so zum Gesetzesbrecher geworden. Mein Gesetz hatte er gebrochen! Ich wollte es ihm heimzahlen, und ich wusste wie. Ich wollte ihn so treffen, dass es ihm richtig wehtat. Ich schlich mich in sein Zimmer, nahm die Modellautos aus dem Schrank und zertrampelte eins nach dem anderen. Oh, was fühlte sich das gut an. Das gute Gefühl verschwand allerdings jäh, als meine Mutter ins Zimmer gelaufen kam. Diese traurige Begebenheit aus meiner Kindheit ist für mich ein Bild dessen geworden, was es bedeutet, dass jeder Mensch ein Sünder ist. Wir alle wollen geliebt, akzeptiert und bedient werden, sei es von den Umständen, sei es von den Menschen in unserer Umgebung. Wenn diesbezüglich etwas schief läuft, werden wir ärgerlich.

44 Edwards, *Charity and Its Fruits*, Seite 168-170.

Erst nur ein wenig, doch irgendwann explodieren wir. Ehepaare kritisieren einander, nicht weil einer von ihnen Gottes Gebot übertreten hätte, sondern irgendein sinnloses menschliches. Eltern schimpfen mit ihren Kindern, nicht weil die Kinder gegen Gott gesündigt hätten, sondern weil ihre Sünde den Plan vereitelt, den die Eltern für sie hatten. Der Streit mit den Nachbarn eskaliert, weil eine Seite sich schlecht behandelt fühlt, oder die andere Seite den Garten nicht korrekt pflegt. Geschäftsleute arbeiten immer mehr und immer länger, sind aber nie zufrieden mit dem, was sie erreicht haben. Christen besuchen eine Gemeinde nach der anderen, „shoppen" mal hier, mal da, als wäre die Gemeinde Christi ein Einkaufszentrum. Geschwister streiten sich über ein Müsligericht, wollen die Fernbedienung als erster haben, vorne im Auto sitzen oder als Erste das Bad benutzen. Auf Partys wollen alle im Mittelpunkt stehen. Ehemänner sind jahrzehntelang verheiratet und lassen sich dann auf ein erotisches Abenteuer ein, das alles ruiniert. Und der Teenager verkauft seine Seele, nur weil er von seinen Mitschülern akzeptiert werden möchte. Zuerst komme ich, dann ich, und dann noch einmal ich. Wir wollen Genuss sofort, werden unwillig, wenn jemand im Bad ist und wir warten müssen, oder wenn uns jemand um einen Gefallen bittet, der nicht in unseren Zeitplan passt. Wir glauben an das Prinzip, dass Nehmen seliger als Geben ist und träumen davon, der Kapitän unseres Lebens, wenn nicht der Welt zu sein. Für Gelegenheiten, anderen Liebe zu erweisen, sind wir blind. Aber wenn uns jemand verletzt hat, erinnern wir uns ganz genau daran und tragen es ihm ein Leben lang nach. Die ganze Sache hat nur einen großen Nachteil: In der Welt, die wir uns gebaut haben, hat Gott keinen Raum mehr. Er wird sich niemals auf ein solches Niveau herablassen. Gott wird uns nicht als Diener begegnen. Er ist der König, und wir haben uns nach Ihm zu richten. Das Leben ist nicht dazu da, dass ich es mir zurecht baue. Der Sinn meines Lebens ist die vollkommene Hingabe an Ihn.[45]

45 Paul Tripp, *A Quest for More*. Greensboro, North Carolina: Verlag New Growth, 2007, Seite 187-89.

Paul Tripp ist davon überzeugt, dass wir, auf uns selbst gestellt, ein Leben leben würden, in dem Gott keinen Raum hat. Und ich möchte aus meiner Sicht hinzufügen, dass ein solches Leben von einem Lebensstil geprägt sein würde, der stets das Eigene sucht und damit völlig dem entgegensteht, was Gott von uns möchte, nämlich dass wir eine Liebe leben, die nicht das Ihre sucht. Dies gilt für den „natürlichen Menschen". Wer natürlich in einer persönlichen Beziehung mit Christus lebt, lebt anders und wird darauf achten, in seinem Leben geistlich zu wachsen und anderen zu dienen.

Was bedeutet selbstlose Liebe zu Gott und den Menschen noch? Sie bedeutet, dass es uns nicht länger um die physischen und materiellen Aspekte des Lebens geht. Das Sichtbare und Konkrete, alles also, was wir mit den Sinnen riechen, fühlen und tasten können, verliert seine Anziehungskraft. Unser Sinn richtet sich vielmehr auf die geistliche Dimension des Lebens.

Eine solch selbstlose Liebe zu Gott und den Menschen nimmt sich zu Herzen, was Paulus in Kolosser 3,1-3 sagt: „Wenn ihr nun mit Christus auferweckt worden seid, so sucht das, was droben ist, wo Christus ist, sitzend zur Rechten Gottes. Trachtet nach dem, was droben ist, nicht nach dem, was auf Erden ist; denn ihr seid gestorben, und euer Leben ist verborgen mit Christus in Gott."

Ich las vor kurzem eine Geschichte im Alten Testament, die sehr gut illustriert, was es bedeutet, eine Liebe zu haben, die nicht das Ihre sucht. In 2. Samuel 15,14-22 versammelt Davids Sohn Absalom eine große Menge Krieger um sich, die ihm dabei behilflich sein sollen, seinen Vater als König von Israel zu stürzen. Man hatte David gewarnt, dass Absalom bereits die Herzen vieler Israeliten gewonnen hatte. David nahm diese Bedrohung sehr ernst. Er war überzeugt, dass im Falle seines Bleibens in Jerusalem Absalom gewinnen würde. Die Stadt würde zerstört und seine Einwohner getötet werden. Er befahl also seinen Getreuen, mit ihm aus Jerusalem zu fliehen. Diese versprachen, alle seine Befehle zu befolgen.

Unter denen, die die Stadt verlassen wollten, war auch ein Fremdling – Ittai, der Gatiter. David sagte ihm, er könne bleiben; für ihn und seine Familie bestehe keine Gefahr, da sie erst einen Tag zuvor nach Jerusalem gezogen waren. Doch Ittai antwortete David: „So wahr der HERR lebt, und so wahr mein Herr, der König, lebt: an dem Ort, an welchem mein Herr und König sein wird – es gehe zum Tod oder zum Leben –, dort soll auch dein Diener sein!“ (2.Sam. 15,21)

So sieht eine Liebe aus, die nicht das Ihre sucht! Was Ittai damit sagte, war doch Folgendes: „Ob ich nun überlebe oder sterben muss, ob mein Dienst bequem ist oder Opfer fordert – ich bleibe dir ergeben, mein König, koste es, was es wolle!“

Ich erwähnte zu Beginn des 10. Kapitels einen Brief meines Freundes Doug Nichols, der zeigte, welche Auswirkungen echte Liebe in einem philippinischen Gefängnis hatte. Doug schrieb mir noch eine weitere Mail. Sie enthielt eine Geschichte, die sehr gut illustriert, wie eine Liebe, die nicht das Ihre sucht, praktisch aussieht. Sie berichtet von einem kleinen Jungen, dessen Schwester krank war und dringend eine Bluttransfusion von jemandem benötigte, der dieselbe Blutgruppe hatte wie sie. Das Problem bestand darin, dass es sich um eine sehr seltene Blutgruppe handelte. Die Ärzte fanden schließlich heraus, dass ihr kleiner Bruder ein geeigneter Spender war, denn er hatte genau ihre Blutgruppe. Sie fragten ihn, ob er bereit sei, für seine Schwester Blut zu spenden. „Ja, dazu bin ich bereit“, antwortete der Junge. Er musste sich hinlegen, bekam einen Stich mit der Nadel, und sein Blut floss durch einen kleinen Schlauch in einen Beutel. Als der Beutel voll war, kam der Arzt ins Zimmer und bedankte sich herzlich, dass der Junge sich als Spender zur Verfügung gestellt hatte. Doch der kleine Junge hatte Schwierigkeiten zu sprechen. Seine Lippen zitterten, und mit Tränen in den Augen fragte er: „Wie lange dauert es noch, bis ich tot bin?“ Jetzt dämmerte es dem Arzt. Der Junge hatte geglaubt, dass der Blutverlust zum Tod führen würde. Er beruhigte den kleinen Jungen und erklärte ihm, dass er nicht sterben müsse. Und dann fragte er ihn: „Sag mal, wenn du geglaubt hast, du müsstest sterben, warum hast du dich dann bereit erklärt, Blut zu spenden?“ Der Junge antwortete: „Ich hab's getan, weil es meine Schwester ist und ich sie lieb habe.“

Hier hat ein kleiner Junge vorgelebt, was es bedeutet, von einer Liebe getrieben zu sein, die nicht das Ihre sucht.

Und genau das ist die Liebe, die Gott in unserem Leben verwirklicht sehen möchte: eine Liebe, die nichts aus eitler Selbstsucht tut, eine Liebe, die den anderen höher achtet als sich selbst, eine Liebe, die ernsthaft Anteil nimmt an den Wünschen, Bedürfnissen und Sorgen seines Nächsten.

Die Ermahnung des Paulus: Strebt nach der Liebe!

Das beste Beispiel für eine solche Liebe ist sicher unser Herr Jesus selbst. Seine große Liebe zu seinem Vater führte dazu, dass er vollkommen gehorsam war. Und Seine große Liebe zu den Menschen führte dazu, dass er für sie lebte, starb und auferstand, um nun als Herr und König zu herrschen und regieren.

Auch wenn wir in diesem Leben niemals so vollkommen werden lieben können, wie Jesus es getan hat, so können wir doch, kraft seiner Gnade und dem in uns wohnenden Heiligen Geist, das tun, was Paulus uns in 1. Korinther 14,1 zu tun befohlen hat: „Strebt nach der Liebe!"

Wenn es heißt, dass wir nach der Liebe, die in 1. Korinther 13 beschrieben wird, streben sollen, so bedeutet dies, dass Gott diese Liebe nicht einfach automatisch in unser Herz hinein gibt. Wir müssen uns darum bemühen, müssen uns nach ihr ausstrecken. Dies verlangt Opfer und Gebet von uns. Anders werden wir eine solche Art von Liebe nicht erreichen können.

Um das Gebot des Paulus, dass wir nach der Liebe streben sollen, richtig zu verstehen, müssen wir einige Dinge beachten. Zunächst einmal die bereits erwähnte Tatsache, dass der 1. Korintherbrief, so wie es im 1. Kapitel gesagt wird, an Menschen geschrieben wurde, die „den Namen unseres Herrn Jesus Christus anrufen" (1.Kor. 1,2). Es handelte sich also um Gläubige, die der Gnade Christi teilhaftig geworden und mit Seiner Gegenwart erfüllt worden sind. Sie warteten auf die Wiederkunft ihres Herrn und waren zur Gemeinschaft mit ihm berufen. Der Brief richtet sich an Christen, die den Heiligen Geist hatten (1.Kor. 6,19) und damit an Menschen, die eine solche Liebe wirklich leben konnten – weil das oben Gesagte auf sie zutraf. Paulus ist also der Ansicht, dass wir eine solche Liebe verwirklichen können, weil wir in Christus dazu die Kraft haben. Alles, was wir dazu brauchen, haben wir von Ihm empfangen.

Dass das Verb „streben" im Imperativ Präsens steht, ist ein weiterer Hinweis darauf, dass wir es „schaffen" können. Diese Liebe ist eine Haltung, der wir ständig nachstreben müssen, denn sobald wir in unserem Streben nachlassen, wird auch die Liebe in uns nachlassen. Dies ist ein lebenslanger Prozess, der erst mit dem Tage unseres Todes zum Abschluss gelangt.

Ich bin auf einer Farm groß geworden. Man lernt in einer solchen Umgebung sehr schnell, dass Frucht nicht von alleine wächst und gedeiht. Bevor wir ernten konnten, gab es jede Menge Arbeit. Der Boden musste bearbeitet werden. Es mussten die richtigen Samen gesät, der Boden bewässert, das Wachstum überwacht werden. Gelegentlich mussten Insektizide gesprüht werden, denn es galt, die Ähren vor Schädlingen zu schützen. Wir wussten genau: Wenn wir uns nicht um die Frucht kümmerten, konnten wir keine gute Ernte einfahren. Nicht anders ist es mit der Frucht der Liebe. Sie benötigt Fürsorge, Pflege – und viel Arbeit.

Wichtig ist, dass wir verstehen, wie wahre Liebe aussieht, und dass wir uns beständig an das erinnern, was wir erreichen wollen. Nach der Liebe streben, bedeutet, dass wir über die Liebe Jesu zu den Menschen nachdenken. Es bedeutet auch, dass wir unser Verhalten selbstkritisch auswerten. Wo ist es uns gelungen zu lieben, wo nicht? Jederzeit können wir unser Versagen Gott bekennen. Er vergibt uns gerne. Ohne die Hilfe des Heiligen Geistes geht es nicht. Er ist uns dabei behilflich, so zu lieben, wie Gott es möchte. Immer wieder müssen wir die in 1. Korinther 13 beschriebene Liebe praktizieren und einüben. Dies erfordert Selbstbeherrschung und Disziplin und ist sicher keine einfache Aufgabe. Aber es lohnt sich. Der Lohn ist groß.

Die Begründung: Warum sollen wir nach der Liebe streben?

So sieht es praktisch aus, das Streben nach Liebe. Bevor ich dieses Kapitel schließe, möchte ich noch einige der Gründe dafür nennen, warum wir nach der Liebe streben sollten. Der erste findet sich in 1.

Korinther 12,31 und später in Kapitel 13, wo Paulus betont, dass die Liebe der „vortrefflichere Weg“ ist. Man könnte auch sagen: der beste Weg, die beste Methode. Die beste Methode, um was zu erreichen? Die beste Methode, um Menschen für Christus zu erreichen! Es ist insofern der beste Weg, als alle anderen Wege und Methoden ohne die Liebe wertlos sind.

Eine weitere Motivation, warum wir nach der Liebe streben sollen, liegt darin begründet, dass Gott uns zuerst geliebt hat. „Wandelt in der Liebe, gleichwie auch Christus uns geliebt und sich selbst für uns gegeben hat als Gabe und Opfer für Gott, zu einem lieblichen Geruch.“ (Eph. 5,2) Das heißt, wir sollen nach der Liebe streben, weil uns vergeben worden ist. Wir lieben, weil wir geliebt sind. Wir wurden als Kinder angenommen, gerechtfertigt, und zu Erben im Reich Gottes eingesetzt. Ein dritter Grund, warum wir nach selbstloser Liebe streben sollen, kommt in den Worten Jesu im Johannesevangelium zum Ausdruck: „Nicht ihr habt mich erwählt, sondern ich habe euch erwählt und euch dazu bestimmt, dass ihr hingeht und Frucht bringt und eure Frucht bleibt.“ (Joh. 15,16) Zu dieser Frucht, von der Jesus spricht, gehört auch das Streben nach Liebe.

So ist und bleibt dieses Streben der „vortrefflichere Weg“. Sie und ich mögen die Gabe der Zungenrede oder Prophetie nicht besitzen. Wir gehören nicht zu denen, die alles Wissen und alle Erkenntnis haben. Wir sind nicht solche, deren Glauben Berge versetzen würde oder deren finanzielle Opfer groß wären. Vielleicht will Gott von uns, dass wir für die Sache Christi sterben; vielleicht will Er es nicht. Doch wenn unser Leben von einer Liebe überfließt, wie sie Paulus in 1. Korinther 13 beschrieben hat, können wir gar nicht umhin, etwas im Leben unserer Mitmenschen zu bewirken und Frucht zu tragen zur Ehre Gottes, indem wir Menschen für Ihn erreichen.

Fragen zum Inhalt, zum Nachdenken, zur Anwendung des Gesagten und zur Diskussion

1. Was können wir hinsichtlich der Beispiele einiger Prediger, die Paulus in den ersten Kapiteln des Philipperbriefes erwähnt, lernen? Was lehrt uns das Verhalten des Diotrephes, der in 3. Johannes 9-11 erwähnt wird?
2. In welch zweifacher Hinsicht hat Jesus uns eine Liebe vorgelebt, die nicht das Ihre sucht?
3. Erläutern Sie gemäß der Auslegung Jonathan Edwards‘ noch einmal die vierfache Weise, auf die Jesus Christus seine selbstlose Liebe den Menschen gebracht hat.
4. Wie würden Sie jemandem antworten, der sagt: „Natürlich konnte Jesus eine solch selbstlose Liebe leben, denn er war Gott. Ich jedoch bin ein Mensch; wie also sollte ich so selbstlos leben können?"
5. Auf welche Weise lebte der Apostel Paulus eine Liebe, die nicht das Ihre sucht?
6. Erläutern Sie, was Paulus meinte, als er sagte, er sei bereit, als Trankopfer ausgegossen zu werden?
7. Lassen Sie noch einmal die in diesem Kapitel erwähnten Möglichkeiten, selbstlose Liebe zu praktizieren, Revue passieren. Fehlt Ihrer Ansicht nach etwas in meiner Aufzählung?
8. Schauen Sie sich nun die Aufzählung der Möglichkeiten, selbstlose Liebe zu praktizieren erneut an und schätzen Sie sich persönlich auf einer Skala von 0 bis 4 ein: 4 = so verhalte ich mich *immer*; 3 = so verhalte ich mich *oft*; 2 = so verhalte ich mich *manchmal*; 1 = so verhalte ich mich *selten*; 0 = so verhalte ich mich *nie*.
9. Was sagt das Ergebnis über Ihren persönlichen „Selbstlosigkeitsquotienten" aus? Auf welchen Gebieten sind sie stark? Wo könnten Sie sich verbessern?
10. Welche konkreten Schritte könnten Sie unternehmen, um selbstloser zu werden?
11. Bitte beachten Sie den Hinweis auf Seite 27.

Kapitel 12
„Ausrasten" ist lieblos

Nun sind wir bereits im 12. Kapitel unseres Buches zum Thema „Liebe" angelangt, und Sie fragen sich vielleicht, warum ich so viel Zeit und Mühe darauf verwende, diesen Text aus 1. Korinther 13 in solcher Breite auszulegen und über die rechte Anwendung des Gesagten nachzudenken. Sie wollen wissen, warum das so wichtig ist. Schließlich gibt es nicht wenige Menschen, die ein solches Bibelstudium für eine „knochentrockene" Angelegenheit halten.

Ihre Frage ist berechtigt und hat eine Antwort verdient. Ich möchte deshalb an dieser Stelle einen Moment lang innehalten und Ihnen die verschiedenen Gründe erklären, warum mir das Thema so wichtig ist. Der Hauptgrund, warum ich so viel Zeit und Energie darauf verwende, liegt darin, dass ich davon überzeugt bin, dass viele Gläubige zwar wissen, dass Gott uns befohlen hat, unseren Nächsten zu lieben wie uns selbst, dieses Gebot aber nicht recht verstanden haben, geschweige denn, ihm im Alltag gehorchen. Es ist ein Gebot, das häufig übertreten wird, vielleicht häufiger als alle anderen Gebote.

Wie ich darauf komme? Zum einen, weil ich buchstäblich tausende von Stunden damit verbracht habe, in der Seelsorge Menschen zu begleiten, die vorgeben, in der Nachfolge Christi zu stehen, und an dieser Stelle größte Probleme haben. Eines ist mir dabei immer wieder aufgefallen: Fast alle Probleme lassen sich auf ein mangelndes Verständnis und eine mangelnde Umsetzung von 1. Korinther 13 zurückführen. Viele Ratsuchende können mir recht genau erklären, welche Worte in diesem Kapitel stehen. Doch sie versäumen es, ihr Wissen auch in die Praxis umzusetzen. Ich bin deshalb davon überzeugt, dass wir als Christen *die rechte Lehre zum Thema Liebe* brauchen, und genau das versuche ich mit diesem Buch zu erreichen.

Außerdem finde ich es wichtig, sich mit diesem Thema zu

befassen, weil ich glaube, dass die meisten von uns nicht so liebevoll sind, wie sie sein könnten. Ich weiß, dass dies auf mich persönlich zutrifft, aber ich weiß auch, dass ich nicht der Einzige bin, der Probleme damit hat, so liebevoll zu sein, wie Gott es möchte. Und ich weiß, dass eine der Methoden, die Gott benutzt, um uns zu gehorsamen Menschen zu machen, darin besteht, dass Er uns zu dem betreffenden Thema etwas aus Seinem Wort beibringt.

Ein weiterer Grund dafür, warum ich so viel Zeit und Mühe auf dieses Thema verwende, liegt darin, dass die Bibel das Thema „Nächstenliebe“ wie kaum ein anderes betont. Allein im Alten Testament findet sich das hebräische Wort für „Liebe“ an über 500 Stellen. Im Neuen Testament finden wir das griechische Wort für „Liebe“ mehr als 370 mal! Es stimmt, dass es nicht an allen diesen Stellen um unsere Liebe zum Mitmenschen geht. Einige beziehen sich einzig und allein auf die Liebe zu Gott. Aber es gibt auch sehr viele Belegstellen für die Aufforderung, unseren Nächsten zu lieben (z. B. Matth. 19,19; 22,37-40; Lukas 6,35; Joh. 13,34-35; Joh. 15,12; Gal. 5,13-14; 1.Joh. 4,7-8.20-21, um nur einige wenige zu nennen). Übrigens gibt es allein im 1. Johannesbrief 35 Hinweise zum Thema „Liebe“!

Es macht mir persönlich große Freude, Menschen das zu vermitteln, was in 1. Korinther 12,31 bis 13,8 zum Thema „Liebe“ steht, sagt doch Paulus in diesem Text, dass der Schlüssel zu einem gesegneten Leben darin liegt, dass es von Liebe geprägt ist. Nur so können wir andere Menschen für Christus erreichen. Ein Leben, das von Liebe geradezu überfließt, ist für unseren missionarischen und evangelistischen Dienst wichtiger als der Besitz spektakulärer Geistesgaben oder anderer Fähigkeiten.

Aus all diesen Gründen ist es mir wichtig, viel Zeit und Energie darauf zu verwenden, die Aussagen über die Liebe, so wie sie sich in 1. Korinther 13 finden, auszulegen und darüber nachzudenken, wie sie sich verwirklichen lassen. Ich bete darum, dass Gott auch dieses Buch dazu benutzt, um das zu erreichen, was nach 2. Timotheus 3,16-17 der Sinn und Zweck der Bibel ist, die von Gott eingegeben und nützlich ist „zur Belehrung, zur Überführung, zur Zurechtweisung, zur Erziehung in der Gerechtigkeit, damit der

Mensch Gottes ganz zubereitet sei, zu jedem guten Werk völlig ausgerüstet".

Bislang haben wir uns sieben Charakteristika einer Gott gefälligen Liebe näher angeschaut. Sie alle dienen dazu, uns zu wirksamen Zeugen Christi zu machen, deren Leben eine segensreiche Wirkung auf andere hat. Sie erinnern sich sicher, welche Merkmale dies waren. Wir sagten, die Liebe ist langmütig und freundlich, nicht eifersüchtig oder neidisch, gibt nicht an („bläht sich nicht auf"), ist nicht hochmütig oder stolz, ist nicht unanständig und sucht nicht das Ihre. In den nächsten Kapiteln wird es darum gehen, weitere Merkmale der Liebe unter die Lupe zu nehmen, die uns dabei helfen, ein Leben zu führen, das einen guten Einfluss auf andere Menschen hat. Ich werde das Buch dann mit einigen praktischen Vorschlägen, wie wir in dieser Liebe wachsen können, beschließen.

Das achte Merkmal echter Liebe

Das achte Merkmal echter Liebe findet sich im 5. Vers unseres Textes aus 1. Korinther 13: *„Die Liebe lässt sich nicht erbittern."* In der Übersetzung „Hoffnung für Alle" heißt es, sie ist nicht „reizbar". Wir wollen diese Facette der Liebe nun unter die Lupe nehmen und tun dies in drei Schritten:

1. Was bedeutet die Aussage wörtlich?
2. Was sagt das Alte Testament über Reizbarkeit?
3. Welche Texte aus dem Neuen Testament können uns helfen zu verstehen, was Paulus mit „sich erbittern lassen" gemeint hat?

Die Bedeutung des Wortes

Paulus benutzt im Griechischen an dieser Stelle ein recht seltenes Wort: *paraxyno.* Es bedeutet so viel wie „sich schütteln", „einen Anfall haben", „die Herrschaft über sich selbst verlieren".

Wir sagen ja gelegentlich: „Jemand ist ausgerastet", wenn wir zum Ausdruck bringen wollen, dass ein Mensch seinem Jähzorn erlegen ist. Wer ausrastet, mit dem stimmt etwas nicht. „Einrasten" wäre der Normalzustand. Wenn alles „eingerastet" ist, befindet sich alles am richtigen Platz, so wie die Zahnrädchen in einem mechanischen Werk. Wenn dort etwas ausrastet, kann man das Gerät nicht mehr benutzen. Auf dieselbe Weise ist ein Mensch, der ausgerastet ist, für einen Moment lang nutzlos. Er stellt sogar eine Gefahr für seine Umgebung dar.

Frei übersetzt könnten wir also sagen: „Wer liebt, rastet nicht aus.“ Ein liebender Mensch hat sich unter Kontrolle. Er achtet darauf, dass niemand durch seine Reaktionen verletzt wird, sei es körperlich oder seelisch.

Was sagt das Alte Testament über zorniges Verhalten?

Im Alten Testament finden sich zahlreiche Belege dafür, wie es aussieht, wenn jemand reizbar und zornig ist, und was ein solches „Ausrasten“ anrichten kann. Aus Platz- und Zeitgründen möchte ich mich im Folgenden auf das Buch der Sprüche beschränken.

In Sprüche 12,16 steht: „Ein Narr lässt seinen Ärger sofort merken, der Kluge aber steckt die Beleidigung ein.“ Das hebräische Wort für „Ärger“ beschreibt einen Menschen, der sich übermäßig aufregt, der von seinem Zorn überwältigt wird, jemanden, der in Nöten und im Stress ist. Dasselbe Wort findet sich übrigens auch als Beschreibung für Ahab im Ersten Buch der Könige, wo Nabot sich weigert, ihm den Weinberg als Erbteil zu überlassen, so wie es Ahab sich vorgestellt hatte (1.Kön. 21,4). Diese Weigerung wirkt sich sofort aus: Ahab wird missmutig und isst nichts mehr. Seine innere Einstellung ist betroffen, seine äußere Haltung, ja, sogar sein Urteilsvermögen. Dasselbe Wort findet sich in Sprüche 21,19, wo es um eine „zänkische“ Frau geht. Es wäre besser, irgendwo in der Wüste zu wohnen, kein Wasser und kein Dach über dem Kopf zu haben, als sein Leben mit einer zänkischen Frau zu teilen.

Es heißt in Sprüche 12,16, dass der Narr seinen Zorn „sofort merken lässt“. Es braucht nicht allzu viel, um einen solchen Menschen „auf hundertachtzig“ zu bringen – und das sieht man ihm auch an. Sehr schnell ist ein solcher Mensch aufgebracht, gereizt, beleidigt oder verletzt. Es gibt Menschen, deren Sicherungen brennen schneller durch als bei anderen. Sie sind nicht besonnen und „langsam zum Zorn“, wie es die Bibel fordert (Jak. 1,19), sondern „schnell zum Zorn“.

Es heißt in Sprüche 12,16 wörtlich, dass der Narr seinen Zorn „merken lässt". Es gibt also auch äußerlich keinen Zweifel, dass sich hier ein Mensch mächtig geärgert hat. Woran man das erkennen kann? Vielleicht am Gesichtsausdruck, am Tonfall seiner Stimme, an seinem Verhalten. Es wird nichts darüber gesagt, *wie* man es merkt, aber *dass* man es merkt, daran besteht kein Zweifel. Wir alle kennen solche Menschen, und wir alle merken es, wenn jemand im Jähzorn die Beherrschung verliert.

Noch etwas Weiteres fällt auf an diesem Vers. Der Mann wird ein „Narr" oder „Tor" (Lutherübersetzung) genannt. Ärgerliche Menschen benehmen sich töricht. Sie machen sich selbst zum Narren. Was sie tun, ist närrisch – oder, um ein zeitgemäßeres Wort zu benutzen – dumm. Und wenn so etwas passiert – sagt der Apostel Paulus in 1. Korinther 13,5 – ist der jähzornige Mensch nicht nur dumm, sondern auch lieblos. Sein Leben ist nicht von Liebe durchdrungen, denn die Bibel sagt es sehr deutlich, dass Liebe nicht reizbar ist und sich nicht erbittern lässt. Ich weiß nicht, wie es Ihnen geht, aber ich fühle mich äußerst unwohl in der Gesellschaft von Menschen, die sich nicht unter Kontrolle haben.

Lassen Sie uns noch einmal in das 29. Kapitel des Buches der Sprüche schauen und weiter darüber nachdenken, was es bedeutet „auszurasten", und welchen Schaden ein solches Verhalten anrichtet. In Sprüche 29,9 steht: „Wenn ein Weiser mit einem Toren rechtet, so tobt dieser oder lacht, aber es gibt keine Ruhe." Wenn man sich in der Gegenwart eines solchen Menschen befindet, ist man ständig in Hab-Acht-Stellung. *Wann* der Mensch explodiert, weiß man nicht, aber es ist quasi wie bei einem Vulkan: Jede Minute ist mit dem Ausbruch zu rechnen. In einer solchen Situation gelassen zu bleiben, fällt nicht leicht. Sich mit einem solchen Menschen vernünftig zu unterhalten, fällt ebenfalls schwer. Man hat ständig den Eindruck, er kritisiert einen oder macht sich über einen lustig.

Einige Verse weiter lesen wir (Spr. 29,11): „Ein Tor lässt seinem Unmut freien Lauf, aber ein Weiser hält ihn zurück." Man könnte auch übersetzen: „Ein Weiser achtet auf sein Temperament; er hat sich unter Kontrolle." In Sprüche 29,20 heißt es: „Siehst du einen Mann, der übereilte Worte spricht, so kannst du für einen Toren mehr Hoffnung haben als für ihn.“ Der Ausdruck „übereilte Worte“ beschreibt sehr treffend, was geschieht, wenn ein Mensch sich erbittern lässt. Er spricht zu viel und zu schnell. Aus seinem Mund kommen schädliche Worte. Der Mensch äußert sich hitzig und unbesonnen. Seine Worte klingen erniedrigend für den Zuhörer, ja, rücksichtslos und zerstörerisch. Solche Worte können eine Beziehung zerstören. Sie können sogar einen Menschen zerstören. Es gibt Worte, die man kaum vergessen und nur schwer vergeben kann.

Der Vers zeigt uns einen Gegensatz. Zum Einen sagt er, dass es *töricht* ist, die Selbstkontrolle zu verlieren, zum Anderen sagt er, dass es *weise* ist, wenn man seine Worte und Gefühle beherrscht.

Einer meiner Freunde, der auch in der Seelsorge tätig ist, erzählte mir einmal, er höre sehr oft den Vorwurf, dass er aus dem Menschen Marionetten oder gefühllose Roboter machen wolle. Er sagte mir: „Das stimmt nicht. Ich sage ja nicht, dass der Mensch keine Emotionen haben sollte. Emotionen sind eine gute Sache. Gott hat sie uns gegeben, und sie gehören zu unserem Charakter. Das heißt aber nicht, dass die Emotionen uns beherrschen dürfen. Ganz im Gegenteil: Wir sollen unsere Emotionen beherrschen!“

Es ist Dummheit, die Beherrschung zu verlieren. Es ist töricht, schnell und unreflektiert in Rage zu geraten. Aber der Apostel Paulus würde auch hinzufügen: Es ist nicht nur dumm, sondern auch lieblos. Und wer sein Temperament beherrscht, ist nicht nur weise, sondern auch liebevoll. Denn die Liebe ist nicht reizbar. Sie verletzt nicht, sie lässt sich nicht erbittern.

Weitere Schriftbelege dafür, dass sich die Liebe nicht erbittern lässt

Wir wollen uns nun noch eine weitere wichtige Bibelstelle (einschließlich einiger Parallelstellen) anschauen, um besser zu verstehen, was Paulus meint, wenn er sagt: „Die Liebe lässt sich nicht erbittern.“ Die Stelle, die ich meine, findet sich in Titus 3,1-2, wo es heißt: „Erinnere sie, dass sie sich den Regierenden und Obrigkeiten unterordnen und gehorsam sind, zu jedem guten Werk bereit; dass sie niemand verlästern, nicht streitsüchtig sind, sondern gütig, indem sie allen Menschen gegenüber alle Sanftmut erweisen.“

In diesen Versen zeigt uns der Apostel Paulus unter vier verschiedenen Aspekten, wie wir als Christen leben sollten. Dieser Bibeltext wird uns dabei helfen, eine klare Vorstellung davon zu bekommen, was es bedeutet, von einer Liebe durchdrungen zu sein, die sich nicht erbittern lässt.

Das erste wichtige Wort ist das Verb „verlästern". Es zeigt, wie wir oft reagieren, wenn uns jemand provoziert hat. Wer seine Zunge nicht unter Kontrolle hat, wird früher oder später die Zielperson seines Ärgers mit Worten bekämpfen. Wir sprechen dann schlecht über den betreffenden Menschen. Im Griechischen wird hier das Wort *blasphemo* benutzt, was soviel bedeutet wie beschimpfen, verunglimpfen, verfluchen oder – im übertragenen Sinne – jemanden schlecht behandeln, verachten. Das Verb kommt auch in der Kreuzigungsszene im Lukasevangelium vor, wo die Vorübergehenden Jesus verspotten, ihm die Augen verbinden, ihn schlagen und verhöhnen: „Nachdem sie ihn verhüllt hatten, schlugen sie ihn ins Angesicht und fragten ihn und sprachen: ‚Weissage uns, wer ist's, der dich geschlagen hat?'" (Lk. 22,64) Doch Jesus nimmt es hin und wehrt sich nicht, obwohl Tausende von Engeln bereitgestanden hätten, um ihm zu helfen. Er zeigte eine Liebe, die sich nicht provozieren oder erbittern lässt.

Auch in Matthäus 27,39-40 taucht das Verb auf. Hier wird beschrieben, dass die Menschen Jesus schmähten, die Köpfe im Spott hin- und herwiegten, sich über ihn lustig machten und seine früheren Aussagen verdrehten. „Der du den Tempel zerstörst und in drei Tagen aufbaust, rette dich selbst! Wenn du Gottes Sohn bist, so steige vom Kreuz herab!" Doch Jesus ließ sich nicht erbittern. Er betete für seine Peiniger. Welch ein Unterschied zu uns Menschen, die wir so leicht wütend werden und „ausrasten"!

Unsere Stelle im Titusbrief mahnt uns, nichts Schlechtes über jemanden zu sagen. Dies schließt übrigens diejenigen ein, die nicht unserer Meinung sind. Es schließt sogar die übelsten Sünder unter den Menschen ein. Es gilt für Menschen, die ihre Aufgaben schlecht und nicht nach unseren Vorstellungen ausführen. Liebe redet nicht schlecht über andere.

Der zweite Aspekt, den Paulus anspricht, ist Streitsucht. Wir sollen „nicht streitsüchtig“ sein. Mit anderen Worten: Wir sollen unseren Mitmenschen gegenüber jederzeit friedfertig und versöhnlich auftreten. Menschen, die lieblos sind und sich erbittern lassen, sind oft auch Menschen, die sich leicht provozieren lassen. Sie suchen geradezu die Auseinandersetzung. Sie leben nach der Devise: „Mit wem kann ich mich denn heute anlegen?“, und werden bisweilen sogar gewalttätig.

Ein liebevoller Mensch jedoch bemüht sich, die Ermahnung von Römer 12,18 in die Tat umzusetzen: „Ist es möglich, soviel an euch liegt, so haltet mit allen Menschen Frieden.“ Selbst wenn uns andere Menschen feindlich behandeln, sind wir an diesen Auftrag gebunden! „So lasst uns nun nach dem streben, was zum Frieden und zur gegenseitigen Erbauung dient.“ (Röm. 14,19)

„Nicht streitsüchtig sein“ bedeutet, ein Friedensstifter zu sein und entsprechend zu leben. Es bedeutet auch, nicht überall das Negative zu suchen und zu sehen, und nicht ständig beleidigt zu reagieren. Ein liebevoller und friedfertiger Mensch gibt dem, der ihn bittet. Und wenn er darum gebeten wird, eine Meile zu gehen, geht er gerne zwei. Er hält die andere Wange hin und nimmt sich die Bergpredigt zum Maßstab.

Dies bringt uns zum dritten Aspekt der Aussage des Paulus in Titus 3,2. Und auch dieser Aspekt hilft uns, besser zu verstehen, was Paulus im Hohen Lied der Liebe sagen will. Es geht darum, dass unser Leben von Sanftmut oder Sanftheit geprägt sein sollte.

Der Ausleger George Bethune schreibt in seinem Buch *The Fruit of the Spirit* („Die Frucht des Geistes“): „Es gibt wohl kaum eine Geistesfrucht, die mehr vernachlässigt worden wäre als die Sanftmut. Sanftmut gilt als ein Charakterzug, den man hat oder eben nicht hat. Doch es ist eine christliche Tugend, was uns oft nicht klar ist. Nicht sanft zu sein, ist eine Sünde.“ [46] Ich bin davon überzeugt, dass diese vor fast zweihundert Jahren getroffene Aussage heute so wahr ist wie damals. Ich bin seit über fünfzig Jahren Christ und habe schon an unzähligen Gebetsgemeinschaften teilgenommen. Ich habe oft gehört, wie Christen für Selbstbeherrschung gebetet haben, für Frieden, Sieg über die Sünde und Freude. Doch ich kann mich

46 George Bethune, *The Fruit of the Spirit*. Swengel, Pennsylvania: Verlag Reiner, 1839, Seite 100.

nicht erinnern, dass jemals jemand um Sanftmut gebetet hätte. Ich kann mich noch nicht einmal daran erinnern, dass irgendjemand Sanftmut für eine erstrebenswerte Eigenschaft gehalten hätte, die ihm noch fehlt.

Wenn Bethune und ich Recht haben mit unserer Einschätzung, dass wir mehr Sanftmut brauchen, lässt sich doch folgende Situation feststellen:

- Sanftmut fehlt tatsächlich im Leben vieler Christen.
- Sie fehlt, obwohl es eine ganze Reihe von Bibelstellen gibt, die uns dazu ermahnen, sanftmütig zu leben, z. B. Gal. 6,1; Eph. 4,1-2; Kol. 3,12; 1.Tim. 6,11 und 2.Tim. 2,24-25.
- Das Leben unseres Herrn Jesus Christus war von Sanftheit gekennzeichnet, und wir sind als Christen dazu aufgerufen, Ihm nachzufolgen. Wir sollen und können sanftmütig sein, weil Er es war und ist (Jes. 40,11; Matth. 12,18-20; 2.Kor. 10,1).
- Und schließlich sagt Paulus in 1. Korinther 13, dass die wirkliche Liebe – eine Liebe, die uns zu wirksamen Zeugen Christi macht und Menschen für Ihn erreicht – eine sanfte Liebe ist, denn Sanftheit ist das Gegenteil von Reizbarkeit.

Wie sieht nun diese Sanftmut als Gegenteil von Reizbarkeit aus? Das Wort, das Paulus in Titus 3,2 benutzt, findet sich auch im Philipperbrief, wo es heißt: „Eure Sanftmut lasst alle Menschen erfahren." (Phil. 4,5) In der alten Lutherübersetzung hieß es: „Eure Lindigkeit lasst kund sein allen Menschen." Es ist dasselbe Wort, das Paulus in 1.Thess. 2,7 benutzt, als er sagt: „Wir waren liebevoll in eurer Mitte, wie eine stillende Mutter ihre Kinder pflegt." In 1.Tim. 3,3 wird es als „gütig" übersetzt. Es ist eine Eigenschaft, die von den Gemeindeleitern verlangt wird, die nicht streitsüchtig, unanständig und boshaft im Umgang mit den Menschen sein sollen.

Kolosser 3,12 benutzt das Wort im Zusammenhang mit den Begriffen „Mitgefühl", „Freundlichkeit" und „Demut". Gelegentlich wurde das Adjektiv „sanft" auch benutzt, um ein sachtes, leises Lüftchen zu beschreiben – im Gegensatz zum zerstörerischen Sturm. Auch in der Tierwelt taucht es auf und beschreibt „zahme" im Gegensatz zu „wilden" Tieren. Im 2. Timotheusbrief erwähnt es der Apostel Paulus in seinen Anweisungen, wie man mit Streithähnen in der Gemeinde umgehen soll. Der „Knecht des Herrn", so Paulus, „soll nicht streiten, sondern milde sein gegen jedermann; ... er soll mit Sanftmut die Widerspenstigen zurechtweisen" (2.Tim. 2,24-25). Und dann taucht es natürlich in unserem Kapitel 1. Korinther 13 auf, wo wir beachten sollten, dass der Satz: „Die Liebe lässt sich nicht erbittern", unmittelbar im Anschluss an die Aussagen steht, dass die Liebe nicht das Ihre sucht, sich nicht unanständig benimmt, nicht prahlt, nicht neidisch oder eifersüchtig ist, sondern von großer Geduld und Langmut. Ein Mensch, der sich nicht erbittern lässt, lässt sich nicht provozieren. Er ist sanft, demütig und selbstlos. Er pocht nicht auf sein Recht und tritt nicht autoritär oder dominant auf.

Die Eigenschaften der Liebe aus 1. Korinther 13,4-5, die unserem Vers vorausgehen, bilden das Fundament für die Möglichkeit, Streitsucht und Widerstand zu begegnen, ohne sich dabei provozieren zu lassen oder „auszurasten". Wie könnte es auch anders sein, wenn wir eine solche Grundlage haben? Ohne diese Grundlage jedoch werden wir gar nicht anders können, als oftmals zornig oder erbittert zu reagieren.

Doch wir sind mit unserer Betrachtung des Verses Titus 3,2 und der Frage, was hier hinsichtlich der Reizbarkeit eines Menschen gesagt wird, noch nicht fertig. Der Vers zeigt uns gewissermaßen die Kehrseite der Reizbarkeit. Er ermahnt uns, allen Menschen gegenüber absolut höflich zu sein. Ein Mensch, der jähzornig reagiert, ist das genaue Gegenteil. Ein solcher Mensch ist weder taktvoll, noch lässt er Rücksicht im Umgang mit seinen Mitmenschen walten.

Beachten wir genau, was Paulus in diesem Vers sagt: „mit *aller* Sanftmut", oder wie ich es übersetzt habe, „mit vollkommener Höflichkeit". Nicht nur ein wenig Höflichkeit, sondern vollkommene Höflichkeit. Die Ermahnung zum taktvollen Umgang miteinander schließt übrigens auch Menschen ein, die uns schlecht behandeln!

Der bereits erwähnte Chinamissionar Hudson Taylor wartete einmal an einem Flussufer auf ein Boot, das ihn auf die andere Seite bringen sollte. Als er dort stand, kam ein sehr wohlhabender Mann, der ebenfalls die Fähre benutzen wollte und schubste Taylor aus dem Weg. Taylor stolperte, fiel und landete im Schlamm. Dem Mann war nicht klar, wen er da aus dem Weg gestoßen hatte, denn Hudson Taylor trug die Kleidung der chinesischen Bauern, einschließlich ihrer Haartracht. Ein anderer Reisender berichtete dem reichen Mann, wer Taylor war, und der Mann entschuldigte sich für sein Verhalten. Der Kapitän jedoch hatte den Vorfall mitbekommen und weigerte sich, den reichen Mann an Bord zu lassen. Hudson Taylor legte daraufhin für den Mann ein gutes Wort ein, und so erlaubte es der Kapitän dem Mann schließlich, das Schiff zu betreten. Während der Überfahrt ergriff Taylor die Gelegenheit, eben diesem Menschen das Evangelium zu erklären, und er tat es, ganz wie es seine Art war, mit vollkommener Höflichkeit.

William Hendriksen weist in seinem Kommentar zum Titusbrief darauf hin, dass Paulus seinen jüngeren Mitarbeiter „dazu ermutigen wollte, allen Menschen gegenüber Milde (Rücksicht) zu erweisen, sogar den Einwohnern der Insel Kreta, die, wie es einer der Ihren ausgedrückt hatte, Lügner, faule Bäuche und böse Kreaturen waren." Hendriksen bemerkt, dass dies „eine Aufforderung war, die man ohne Gottes Kraft und Gnade unmöglich erfüllen konnte."[47]

Paulus erwartet also von Titus keine Anstrengungen aus eigenem Vermögen oder eigener Charakterstärke, sondern ein Verhalten, das nur der besonderen Gnade Gottes entspringen kann.

Hendriksen weist dann darauf hin, dass der Grund für ein solch rücksichtsvolles und sanftes Verhalten in Titus 3,3-8 genannt wird. Vers 3 beginnt nämlich mit den Worten: „Denn auch wir waren einst unverständig." Paulus erinnert an die Vergangenheit. Es gibt einen Grund, warum wir andere Menschen nicht verleumden sollen und brauchen, warum wir es nicht nötig haben, streitsüchtig zu sein, warum wir sanft sein können, und warum wir allen Menschen mit Güte begegnen können, selbst denen, die uns schlecht behandeln. Der Grund liegt darin, dass wir uns daran erinnern, wie wir früher selber waren – vor dem Zeitpunkt, als uns Gott errettet hat. Paulus fragt gewissermaßen: „Wie könnten wir, die wir so unwürdig waren und Gottes Gnade überhaupt nicht verdient haben, anders als mitfühlend mit unseren Mitmenschen umgehen?" Gott ist gnädig mit uns verfahren, und deshalb sollten wir andere so behandeln,

47 William Hendriksen, *The Pastoral Epistles*, Grand Rapids: Baker, 1957, Seite 387.

wie Gott uns behandelt hat. In Titus 3,4-8 stehen noch weitere Gründe dafür, warum wir nicht schlecht reden brauchen und dürfen über unsere Mitmenschen, und warum wir friedfertig, sanft und rücksichtsvoll mit ihnen umgehen sollen. Der Grund liegt in dem, was Gott für uns getan hat und noch tut. Hier noch einmal die Gründe im Einzelnen:

- Gott hat uns errettet.
- Er hat uns aus der Knechtschaft der Sünde befreit.
- Er hat uns gerecht gesprochen.
- Er hat uns reingewaschen.
- Er hat uns wiedergeboren.
- Er hat uns erneuert.
- Er hat uns den Heiligen Geist geschenkt, der in uns lebt und wirkt.

Nun sind die Worte im Titusbrief nicht genau dieselben wie die in 1. Korinther 13,5, aber der Inhalt unterscheidet sich nicht. In 1. Korinther 13,5 *lehrt* uns Paulus, dass die Liebe sich nicht erbittern lässt und nicht zornig reagiert, und in Titus 3,2 *zeigt* er uns, wie eine solche Liebe im Alltag aussieht. In beiden Texten geht es darum, wie wir die Menschen lieben können. Und in beiden Abschnitten betont Paulus, dass Gott dies nicht von uns verlangt, weil wir so toll, so stark, so voller Liebe und so überreich wären an eigenen Kräften. Nein, er lässt keinen Zweifel daran, dass wir nur deshalb lieben können, weil Gott in uns ist. Wir lieben, weil Christus für uns gestorben ist und Er uns zuerst geliebt hat. Nur in Seiner Kraft können wir lieben.

Sünde nicht entschuldigen

Mir sind Menschen begegnet, die sich sehr leicht provozieren lassen und schnell „ausrasten“, dann aber alle möglichen Ausreden erfinden, um ihre Reizbarkeit zu entschuldigen und zu erklären. Wie sehen solche Entschuldigungen in der Regel aus?

1. Eine Möglichkeit besteht darin, die Umstände oder andere Menschen für das eigene Verhalten verantwortlich zu machen.
2. Manche sagen, sie regen sich auf, aber sie regen sich bald darauf auch wieder ab.

3. Wieder andere entschuldigen sich, indem sie argumentieren: „Ich kann's nicht ändern. So bin ich nun mal."
4. Viele spielen ihre zornige Reaktion herunter und sagen: „Was erwarten Sie von mir? Meine Eltern waren ganz genauso." Mit anderen Worten: „Der Apfel fällt nicht weit vom Stamm. Ich selbst kann nichts dafür."
5. Dann gibt es diejenigen, die den Schwarzen Peter weitergeben und behaupten, dass die anderen ja schließlich wüssten, dass der „Ausraster" nicht so gemeint war und dass man auch als reizbarer Mensch ein Recht darauf habe, respektiert und geliebt zu werden: „Meine Mitmenschen (die ich angebellt habe) sollten das einfach ignorieren und lieber an meine guten Seiten denken. Wer wollte sich denn immer nur auf das Negative konzentrieren?!"
6. Schließlich gibt es noch solche, die sich permanent schuldig fühlen und sagen: „Ach, ich bin so schwach und so schlecht. Andere schaffen es, dem Streit aus dem Weg zu gehen und sanft und demütig und nett zu sein, aber ich schaffe es einfach nicht."

Doch nach Gottes Wort sind Reizbarkeit und Jähzorn keine harmlosen Charakterschwächen. Sie sind Sünden! Warum? Weil die Bibel immer wieder betont, dass Jähzorn und Reizbarkeit einen immensen Schaden anrichten und deshalb ein zerstörerisches Element des menschliches Charakters sind.

John MacArthur schreibt über die Selbstrechtfertigungsversuche leicht provozierbarer Menschen:

> Für gewöhnlich werden wir wütend, wenn ein anderer Mensch uns die Anerkennung und Achtung versagt, die wir für unser gutes Recht halten. Doch ein wie auch immer geartetes „Recht" höher als unsere Pflicht und Schuldigkeit zu erachten, ist lieblos und egoistisch. [...] Die Liebe hält nichts für ihr Recht, aber alles für ihre Pflicht.

> Unseren Ehepartnern zu sagen, dass wir sie lieben, ist eine leere Phrase, wenn wir uns ständig darüber aufregen, was sie sagen und tun. Unseren Kindern zu versichern, dass wir sie lieb

> haben, ist eine leere Phrase, wenn wir sie ständig anschreien, weil sie irgendetwas tun, das uns ärgert oder nicht passt. Da hilft es auch nichts, wenn wir sagen: „Ich bin halt ein Temperamentsbolzen. Ich explodiere schnell, aber danach ist auch wieder Ruhe." Das gilt auch für eine Atombombe! „Temperamentsbolzen" können in kürzester Zeit sehr viel Unheil anrichten. Die Geduld zu verlieren ist immer schlecht, und auch kleine „Explosionen" können Seelen verletzen. [...] Lieblosigkeit ist die Ursache solchen Verhaltens, und nur Liebe kann solch ein Temperament heilen.[48]

„Die Liebe", so sagt es der Apostel Paulus unter der Inspiration des Heiligen Geistes, „lässt sich nicht erbittern." Punkt. Aus. Ende. Er sagt nicht: „Die Liebe lässt sich nicht erbittern – es sei denn, unsere Eltern waren schlechte Vorbilder, es sei denn, unsere Gene haben uns einen schwierigen Charakter beschert, es sei denn, wir fühlen uns gerade nicht wohl. Nein, „es sei denn" gilt nicht. Das Wort Gottes lässt hier keinen Spielraum zu. Es sagt ganz einfach und kategorisch: „Die Liebe lässt sich nicht erbittern." Bevor Sie und ich uns nicht dazu durchringen können, unsere Reizbarkeit, Verbitterung, Ungeduld und Gehässigkeit im Umgang mit anderen als Sünde, für die wir voll verantwortlich sind, anzusehen, gibt es keine Hilfe. Erst die Selbsterkenntnis führt zur Besserung.

Doch wenn Sie ein Christ sind, jemand, der wirklich errettet, das heißt, von Gott durch Christus wiedergeboren und gerecht gesprochen, ist, wenn der Heilige Geist in Ihnen Wohnung genommen hat – dann haben Sie die Möglichkeit, sich zu ändern. Hören wir also auf, uns zu entschuldigen, und übernehmen wir endlich die Verantwortung für unser Tun! Jedes Mal, wenn Sie ausrasten, bekennen Sie dies als Sünde und bitten Sie Gott, Ihnen Ihre Schuld zu vergeben. Bitten Sie Ihn, Ihnen dabei zu helfen, sich die Kraftquellen Christi anzueignen. Studieren Sie das Wort, und wenden Sie es in Ihrem Leben an. Lesen Sie gute christliche Literatur, und üben Sie sich in der Gottesfurcht, so wie es 1. Timotheus 4,7b fordert. Nur durch Seine Kraft ist Veränderung möglich!

Sollten Sie noch kein Christ sein, ist das Wichtigste in Ihrem

48 John MacArthur, *1 Corinthians*. Chicago: Moody, 1984, Seite 346.

Leben, dass Sie zu Christus kommen. Bekennen Sie Ihm Ihre Schuld, Ihre Schwachheit und Ihren Unwillen, sich zu ändern. Übergeben Sie Ihm Ihr ganzes Leben, und erkennen Sie Ihn als Herrn an. Ich bitte Sie dringend, sich anderen Christen anzuschließen und Hilfe zu suchen. Gehen Sie zur Quelle des Lebens!

Bedeutet dies nun, dass wir als Christen niemals versagen und immer gelassen bleiben, auch wenn jemand uns provoziert? Nein, aber es bedeutet sehr wohl, dass wir in Christus geistlich wachsen können. Wir können, wenn auch nicht von heute auf morgen, immer freundlicher, friedfertiger, ruhiger, sanfter, demütiger und rücksichtsvoller werden. Denken Sie an 1. Timotheus 4,7b: „Übe dich in der Gottesfurcht!“ Diese Übung dauert ein Leben lang, und sie hilft uns dabei, für Ihn Frucht zu bringen, so dass unser Leben eine positive Auswirkung auf unsere Mitmenschen hat – auf dass wir sie für Christus gewinnen.

Fragen zum Inhalt, zum Nachdenken, zur Anwendung des Gesagten und zur Diskussion

1. Warum ist es so wichtig, dass wir viel Zeit und Energie mit dem Studium von 1. Korinther 13 verbringen?
2. Welche acht Charakteristika echter Liebe haben wir bisher betrachtet (einschließlich des in diesem Kapitel besprochenen Merkmals)?
3. Erinnern Sie sich daran, welches griechische Wort Paulus für den Zustand benutzt, den wir umgangssprachlich als „Ausrasten“ bezeichnen?
4. Was können Sie über Reizbarkeit oder „sich erbittern lassen“ aus Sprüche 12,16 lernen? Erklären Sie die verschiedenen Aspekte, die hier angesprochen werden. Inwieweit verdeutlichen sie, was es bedeutet, sich zu einer gereizten Reaktion verleiten zu lassen?
5. Welche Aussagen in Titus 3,2 helfen uns, zu verstehen, was geschieht, wenn ein Mensch zum Zorn gereizt wird und streitsüchtig reagiert?
6. Erläutern Sie, was wir unter Sanftmut verstehen, und wie diese Tugend in der Praxis aussieht.
7. Welche Gründe nennt Paulus in Titus 3,4-8 dafür, dass rück-

sichtsvolles Verhalten allen Menschen gegenüber für uns als Christen wichtig, nötig und möglich ist?

8. Wie entschuldigen oder rechtfertigen Menschen gelegentlich ihre Reizbarkeit und ihr „Ausrasten“? Fallen Ihnen noch weitere Entschuldigungen ein, die in diesem Buch nicht erwähnt werden? Haben Sie auch selbst schon in diesem Bereich versagt und Ihr schlechtes Benehmen anschließend entschuldigt?
9. Wie oft haben Sie in der letzten Woche gereizt reagiert? Wie oft heute?
10. Reagieren Sie normalerweise auf Provokationen oder Verletzungen eher sanft oder eher gereizt? Wie schätzen Sie Ihren persönlichen „Reizbarkeitsquotienten“ auf einer Skala von 0 bis 3 ein? 3 = Ich kann mich nicht erinnern, jemals „ausgerastet“ zu sein. 2 = Ich reagiere selten gereizt (nicht häufiger als etwa zweimal im Monat). 1 = Ich reagiere gelegentlich gereizt (ca. einmal pro Woche oder sogar alle paar Tage). 0 = Ich bin leicht reizbar und lasse mich sehr schnell provozieren (eigentlich jeden Tag). Bitte lassen Sie Ihre Einschätzung von anderen Familienmitgliedern oder Freunden überprüfen.
11. Bei welcher Gelegenheit haben Sie in der letzten Woche zornig reagiert? Hing es mit Menschen zusammen? Mit welchen? Oder hing es mit Umständen zusammen, weil irgendetwas nicht so gelaufen ist, wie Sie sich es vorgestellt hatten?
12. Wie empfinden und bewerten Sie Ihre Reizbarkeit? Denken Sie: „Dumm gelaufen, lässt sich nicht ändern“, oder halten Sie Ihre Art für ein ernsthaftes Problem?
13. Wie sieht Ihre Reaktion ganz konkret aus, wenn Sie gereizt reagieren?
14. Was können Sie tun, damit Sie weniger reizbar und in Ihren Reaktionen gelassener werden?
15. Bitte beachten Sie den Hinweis auf Seite 27.

Kapitel 13
Die Liebe ist nicht nachtragend

Man könnte auch sagen: Die Liebe vergisst das Schlechte. Wobei mir eine Geschichte einfällt: Ein älteres Ehepaar saß eines Morgens zusammen, und die Frau fragte ihren Mann ganz freundlich: „Würdest du jetzt gerne frühstücken?" „Das ist eine gute Idee", antwortete der Mann. „Eier mit Speck auf Toast, das wäre jetzt lecker." Die Frau antwortete: „Ich mach's dir fertig" – und verschwand in der Küche. Nach ein paar Minuten rief der Mann ihr nach: „Martha, vergiss den Toast nicht!" Doch Martha, die ihren Mann kannte und ihm eine ganz besondere Freude machen wollte, erschien bald darauf mit einer großen Portion Pfannkuchen und Vanille-Eis. Und was sagte der Mann? „Ich wusste es, die Sahne vergisst du jedes Mal!"

Hier scheinen zwei Menschen wirklich vergesslich gewesen zu sein. Doch wir leiden alle unter Vergesslichkeit. Vielleicht ist Ihnen schon aufgefallen, dass es in der Bibel gewisse Themen gibt, die immer und immer wieder erwähnt werden. Ob Sie das Alte oder das Neue Testament lesen, die Evangelien oder die Briefe, es gibt Ermahnungen, denen Sie einfach nicht aus dem Weg gehen können. Auch in diesem Buch werden dieselben Wahrheiten immer und immer wieder angesprochen. Vielleicht fragen Sie sich, warum Gott sich so oft wiederholt – oder auch, warum ich mich so oft wiederhole. Ich glaube, Wiederholungen der biblischen Lehre sind aus mehreren Gründen wichtig:

- Zum Einen, um die Bedeutung bestimmter Themen zu unterstreichen. Kennen Sie jemanden, der immer wieder über dieselbe Sache redet? Dann kennen Sie jemanden, dem eine Sache sehr wichtig ist. Aus diesem Grund, glaube ich, ist es auch Gott wichtig, dass er uns auf bestimmte Dinge immer wieder hinweist.
- Zum Anderen, um unserer Vergesslichkeit entgegenzuwirken.

Oft genug gilt für uns das Sprichwort: „Aus den Augen, aus dem Sinn!“ *Gott weiß, dass wir das vergessen, woran wir uns erinnern sollten, und uns an das erinnern, was wir vergessen sollten.* Deshalb wiederholt Er das, was wichtig ist.

Besonders wichtig ist das Gebot, einander zu lieben. Es kommt in der Bibel immer wieder vor. Und Gott wird nicht müde, uns immer wieder daran zu erinnern – aus dem einfachen Grund, weil es so unendlich wichtig ist. Man erkennt die Christen an der Liebe, die sie zueinander haben (Joh. 13,35). Gott erinnert uns an dieses Gebot, nicht nur, weil wir es vergessen, sondern weil wir auch vergessen, wie wichtig es ist.

Gott sagt uns in Seinem Wort nicht nur, *dass* wir einander lieben sollen, sondern er sagt uns auch, *wie:*

1. „Und das zweite [Gebot] ist ihm vergleichbar: Du sollst deinen Nächsten lieben wie dich selbst.“ (Matth. 22,39)
2. „Ein neues Gebot gebe ich euch, dass ihr einander lieben sollt, damit, wie ich euch geliebt habe, auch ihr einander liebt.“ (Joh. 13,34)
3. „Denn das ist die Botschaft, die ihr von Anfang an gehört habt, dass wir einander lieben sollen, nicht wie Kain, der aus dem Bösen war und seinen Bruder erschlug.“ (1.Joh. 3,11-12a)
4. „Daran haben wir die Liebe erkannt, dass Er sein Leben für uns hingegeben hat; auch wir sind es schuldig, für die Brüder das Leben hinzugeben. Wer aber die Güter dieser Welt hat und seinen Bruder Not leiden sieht und sein Herz vor ihm verschließt – wie bleibt die Liebe Gottes in ihm? Meine Kinder, lasst uns nicht mit Worten lieben, noch mit der Zunge, sondern in Tat und Wahrheit.“ (1.Joh. 3,16-18)
5. Vgl. die „Gebrauchsanleitung“ in 1. Kor.13,1-8.

Paulus lehrt uns in 1. Korinther 13,1-8 nicht nur, wie wichtig die Liebe ist, sondern er zeigt uns auch die Merkmale echter Liebe – einer Liebe, die dazu führt, dass unser Leben eine positive Wirkung auf unsere Mitmenschen hat. Bislang haben wir uns acht Merkmale einer solchen Liebe, die Gott gefällt und uns zu wirksamen Zeugen für Ihn macht, näher angeschaut.

Nun wollen wir unsere Aufmerksamkeit dem neunten Merkmal

zuwenden. Es wird im letzten Teil von Vers 5 angesprochen. Es heißt dort: Die Liebe „rechnet das Böse nicht zu".

Definitionen und Worterklärungen

Dieser prägnante Satz wird unterschiedlich übersetzt. „Wer liebt, der trägt keinem etwas nach", heißt es in der „Guten Nachricht." Ähnlich drückt es die „Hoffnung für Alle" aus: „Liebe ist ... weder reizbar *noch nachtragend.*" In der Übersetzung von Herrmann Menge heißt es: „Die Liebe rechnet das Böse nicht an."

Um zu verstehen, was Paulus in diesem Vers über die wahre Liebe sagen möchte, müssen wir uns zwei wichtige griechische Ausdrücke näher anschauen. Es handelt sich um ein Substantiv und ein Verb.

Wenn es heißt: „Die Liebe rechnet das Böse nicht zu (oder: an)", so kann das griechische Adjektiv *kakos* (falsch, schlecht, übel, böse) in zweierlei Bedeutung benutzt werden. Manchmal finden wir dieses Wort in der Bibel, wenn ein moralisch oder ethisch falsches und sündiges Verhalten beschrieben wird, so z.B. in Markus 7,21-23: „Denn von innen, aus dem Herzen des Menschen, kommen die bösen Gedanken hervor, Ehebruch, Unzucht, Mord, Diebstahl, Geiz, Bosheit, Betrug, Zügellosigkeit, Neid, Lästerung, Hochmut, Unvernunft. All dieses Böse kommt von innen heraus und verunreinigt den Menschen."

Kakos (bzw. das Substantiv *kakia*) wird hier also mit „Böses" übersetzt. In anderen Bibeltexten ist es ähnlich. So heißt es in 1. Timotheus 6,10: „Denn die Geldgier ist eine Wurzel *alles Bösen*; etliche, die sich ihr hingegeben haben, sind vom Glauben abgeirrt und haben sich selbst viel Schmerzen verursacht."

Gelegentlich heißt *kakia* auch Bosheit. Unter „Bosheit" verstehen wir „ein vorsätzlich schlechtes Verhalten mit dem Ziel, anderen Menschen Schaden zuzufügen, sie zu verletzen oder leiden zu sehen". So wird das Wort beispielsweise in Epheser 4,31 übersetzt, wo es heißt: „Alle Bitterkeit und Wut und Zorn und Geschrei und Lästerung sei von euch weggetan *samt aller Bosheit.*" Oder in Titus 3,3: „Denn auch wir waren einst unverständig, ungehorsam, gingen in die Irre, dienten mannigfachen Lüsten und Vergnügungen, *lebten in Bosheit* und Neid, verhasst und einander hassend."

Es gibt aber auch Beispiele, wo dieses Substantiv anders benutzt wird und Umstände beschreibt, die schmerzhaft, unangenehm, verletzend, traurig oder schwierig sind, aber nicht unbedingt etwas mit Sünde zu tun haben. Lukas 16,22-25 berichtet vom „reichen Mann und armen Lazarus". Der Reiche erleidet nach dem Tod die Qualen der Hölle und schreit um Hilfe. Er bittet Abraham, ihm doch Lazarus zu schicken, der mit einem Tropfen Wasser seine verschmachtete Zunge kühlen soll. Doch Abraham sagt dem reichen Mann, dass er im irdischen Leben „Gutes", Lazarus jedoch „Böses" empfangen hat. Was der reiche Mann an Gutem empfangen hatte, waren Luxusgüter und Vergnügungen, was Lazarus „an Bösem" (*ta kaka*) empfangen hatte, waren unangenehme, schmerzliche, bedrückende Lebensumstände. In Matthäus 6,34 sagt uns Jesus, dass wir uns nicht um den morgigen Tag sorgen brauchen, „denn der morgige Tag wird für das Seine sorgen. Jedem Tag genügt seine eigene Plage (*kakia*)." Hier bezeichnet das Wort widrige Umstände, so zum Beispiel, wenn jemand „geplagt" wird, weil er nicht genug zu Essen oder keine ausreichende Kleidung hat. In der Apostelgeschichte sagt Philippus dem Kerkermeister: „Tu dir kein Leid an!" (Apg. 16,28) Hier weist *kakia* offensichtlich auf eine Selbstverletzung hin; der Mann soll sich nicht das Leben nehmen. Alle diese Stellen enthalten das auch in 1. Korinther 13,5 verwendete Wort, aber hier wird es als „unangenehmer Umstand", „Übel" oder „Leid" übersetzt.

Wenn Paulus also vom Zurechnen oder Anrechnen „des Bösen" spricht, könnte er zunächst einmal Situationen im Sinn haben, in denen uns jemand etwas zufügt, was moralisch gesehen falsch ist – zum Beispiel, wenn Menschen uns anlügen oder Lügen über uns verbreiten, uns betrügen, angreifen, missbrauchen, uns bestehlen, Zusagen nicht einhalten, unser Eigentum nicht achten, uns unhöflich und ruppig behandeln, uns das Leben schwer machen, in unserer Gegenwart „ausrasten", uns anschreien, uns manipulieren oder uns vor anderen „heruntermachen". Des Weiteren dachte er wohl an Umstände, in denen uns etwas durch andere Menschen widerfährt, was zwar schwierig, verletzend oder auch bedrückend, nicht notwendigerweise jedoch sündig ist – zum Beispiel, wenn Menschen uns ignorieren, uns nicht mit der Aufmerksamkeit oder

Wertschätzung begegnen, die wir gerne erfahren würden, wenn Menschen uns nicht unterstützen bei einer Sache, die uns wichtig ist, wenn sie anderer Meinung sind als wir, uns die Unterstützung entziehen oder uns zurechtweisen oder kritisieren. So etwas ist immer unangenehm, muss aber nicht unbedingt Sünde sein.

Das heißt, „Böses“ kann in unserer Stelle aus dem 1. Korintherbrief zum einen *sündiges*, zum anderen unangenehmes, aber *nicht sündiges* Verhalten unserer Mitmenschen bedeuten. Im zweiten Fall liegt keine Übertretung biblischer Gebote vor. Diese Art von „Übel“ ist meist auf Gedankenlosigkeit zurückzuführen, nicht jedoch auf willentliche Verletzungen.

Das zweite Wort, das wir definieren müssen, um den Aspekt der Liebe zu verstehen, den Paulus hier anspricht, ist das Griechische Verb *logizomai*. Es bedeutet soviel wie „rechnen, kalkulieren, Buch führen“. *Logizomai* beschreibt die Tätigkeit eines Buchhalters.

Was ist die Aufgabe eines Buchhalters? Er hat viel mit Zahlen und Ziffern zu tun, trägt diese in eine Liste ein und hat im Betrieb den Überblick über die Ausgaben und Einnahmen. Ein Buchhalter vermerkt sämtliche finanzielle Vorgänge. Er weiß, was ausgegeben und eingenommen wurde, kennt Gebühren, Schulden, Verbindlichkeiten. Was müssen wir noch bezahlen? Was schulden uns andere? Ziel sind schwarze Zahlen und eine ausgeglichene Bilanz. Auch Steuerangelegenheiten gehören dazu und viele andere Rechenaufgaben, die mit der Führung eines Betriebs oder Kontos zu tun haben.

Simon Kistemaker schreibt über den Begriff *logizomai*:

> Hier wird in Verbform beschrieben, wie ein Buchhalter vorgeht. Wir sehen ihn mit seinen Tabellen und Büchern vor uns. Seite für Seite blättert er um und schaut nach, was ausgegeben und eingenommen wurde. Alles wird fein säuberlich eingetragen und tabellarisch erfasst. Es gibt nicht wenige Menschen, die genau das tun, wenn es um das Unrecht geht, das sie in ihrem Leben erfahren haben. Doch die Liebe hat ein ausgesprochen schlechtes Gedächtnis, wenn es um das Wiederhervorholen vergangener Verletzungen geht. Vergangenes Unrecht sollte,

> wenn es vergeben wurde, auch bald vergessen und nicht wieder erwähnt werden.[49]

John MacArthur schreibt über das Wort *logizomai*:

> Es handelt sich um einen Fachbegriff aus der Buchhaltung. Er bedeutet „rechnen", „kalkulieren", wenn zum Beispiel Zahlen tabellarisch in Bücher eingetragen werden. Der Sinn des Eintrags liegt darin, dass diese Zahlen für alle Ewigkeiten festgehalten werden, so dass man im Bedarfsfall jederzeit auf sie zurückgreifen kann. Im Geschäftsleben kommt man ohne eine solche Praxis nicht aus. Im persönlichen Bereich hingegen ist sie nicht nur unnötig, sondern schädlich. Wer über erlittenes Unrecht Buch führt, macht sich und die, über die er Buch führt, unglücklich.[50]

Alexander Strauch betont in diesem Zusammenhang, dass ein liebender Mensch „kein Schuldenbuch über erlittenen Kummer führt, das bei der geringsten Kränkung wieder hervorgeholt und reaktiviert werden kann". [51]

Beispiele für „Schuldenbücher" aus der Praxis des Seelsorgers

Paulus sagt also ganz klar, dass wir auch dann, wenn uns Menschen in sündiger oder auch nur nachlässiger Weise behandeln, niemals in eine solche Buchhaltermentalität verfallen dürfen. Auch wenn man anders mit uns umgeht als wir uns das wünschen, dürfen wir kein Schuldenregister führen. Buchhalter im geschäftlichen Miteinander mögen ohne solche Dateien nicht auskommen, einem liebenden Menschen jedoch ist diese Art von Buchführung nicht erlaubt!

Der bekannte Seelsorger Jay Adams erzählte einmal von einem Paar, das zu ihm in die Beratung kam, weil ihre Ehe kurz vor dem Scheitern stand. Bei der Frau war vor kurzem ein Geschwür diagnostiziert worden, für das man keine körperliche Ursache finden konnte. Als Jay Adams die Frau fragte, was sie bedrückte, holte sie ein

49 Simon Kistemaker, *1 Corinthians* (Grand Rapids: Baker, 1993, Seiten 460–461.
50 John MacArthur, *1 Corinthians*. Chicago: Moody, 1984, Seite 347.
51 Alexander Strauch, *Leading with Love. Littleton*, Colorado: Verlag Lewis and Roth, 2006, Seite 72.

Notizbuch aus der Handtasche und legte es auf den Tisch. In dieses Buch hatte sie fein säuberlich eingetragen, was ihr Mann in den letzten dreizehn Jahren falsch gemacht hatte. Die Frau hatte genau das getan, was Gott verbietet. Sie hatte über erlittene Verletzungen Buch geführt, seien sie nun echt oder nur eingebildet gewesen. Infolgedessen hatte ihre Gesundheit gelitten, ihr Charakter, ihre Ehe, ihre Beziehung zum Herrn und ihre Arbeit im Alltag.

Eine Liebe, die nicht nachträgt, ist das Gegenteil dessen, was eine andere Ratsuchende tat, als ihr Mann sich einmal nicht so verhielt, wie sie sich das gewünscht hätte. Als die beiden zu mir kamen, war der Vorfall noch so frisch in ihrem Gedächtnis, als wäre er gerade erst geschehen. In diesem Fall war es so, dass der Mann tatsächlich etwas getan hatte, was er besser nicht getan hätte. Die Verletzung war echt, aber sie lag Jahre zurück. Als die Frau kurz vor der Entbindung stand und die Wehen einsetzten, fuhr der Mann sie mit dem Auto zum Krankenhaus. Obwohl sie ihn bat, bei ihr zu bleiben, fuhr er wieder nach Hause. Er wollte unbedingt nach der Hündin sehen, die gerade geworfen hatte. Als die Frau mir das erzählte, war die gemeinsame Tochter schon im Teenageralter. Doch das, was ihr Mann ihr angetan hatte, rumorte noch immer in ihr. Für sie war die Botschaft damals klar gewesen: Die Hunde sind wichtiger als die Ehefrau. Infolgedessen führte sie nun genau Buch über alles, was ihr Mann falsch machte oder nicht so, wie sie sich das vorstellte. Besonders schlimm war es dann, wenn sie wieder einmal das Gefühl hatte, für ihn nicht wichtig zu sein.

Oder nehmen wir ein anderes Paar. Als diese Eheleute zu mir in die Beratung kamen, ging es bei ihnen zu Hause buchstäblich drunter und drüber. Ständig herrschte Streit. Die Frau war äußerst unglücklich in der Ehe und voller Bitterkeit gegenüber ihrem Mann. Auf der Seite des Mannes sahen die Emotionen nicht viel anders aus. Als ich die beiden fragte, wie es so weit kommen konnte, brach es aus der Frau heraus. Immer würde ihr Mann sie schlecht behandeln, vor allem damals, als sie ins Krankenhaus musste und er sich noch nicht einmal frei genommen hatte, um ihr nach der Operation beizustehen. Auch für sie war die Botschaft klar: Die Arbeit war für den Mann wichtiger als die Ehefrau. Sie hatte ihre Verletzungen dem

Mann gegenüber sogar zur Sprache gebracht, doch er konnte die Kritik nicht annehmen. Er redete sich heraus, wollte nicht einsehen, dass er einen Fehler gemacht hatte und dachte nicht daran, die Frau um Vergebung zu bitten. Stattdessen warf er ihr vor, überempfindlich zu sein, übertriebene Anforderungen zu stellen und nie zufrieden zu sein. Nach diesem Vorfall war das Auge der Frau für alles Schlechte, das er tat, geschärft. Über alle Verletzungen führte sie Buch. Das kleinste Detail entging ihr nicht. Ihr Schuldenbuch war gefüllt, und sie sah sich die Dinge in ihrer Erinnerung immer wieder an.

Dieses Meditieren über den Sünden ihres Ehemanns führte dazu, dass sämtliche positiven Gefühle ihm gegenüber erloschen. Es gab nur noch Bitterkeit und Verzweiflung. Die Ehe war völlig vergiftet. Sticheleien und Gemeinheiten waren an der Tagesordnung. Schließlich ging die Frau dem Mann aus dem Weg, wo sie nur konnte. Sie widersprach ihm immer öfter, auch in Gesellschaft. Sie wurde stur und widerborstig, so dass bald alles Schöne in ihrer Ehe erlosch. Der Mann sündigte nicht minder, indem er bald zu einem ebensolchen Buchhalter wurde und Böses gegen Böses aufrechnete.

So sieht die Praxis aus. So reagieren Menschen (auch solche, die unsere Gottesdienste besuchen) auf erlittenes Unrecht. Erfahren sie Verletzungen oder geschieht ihnen Unrecht durch andere Menschen, reagieren sie im Widerspruch zu klaren biblischen Geboten:

- dem Gebot aus 1. Korinther 13,5, das uns auffordert, nicht nachtragend zu sein,
- der Aufforderung in Römer 12,17, niemandem Böses mit Bösem zu vergelten,
- dem Gebot in Römer 12,19, dass wir uns nicht rächen dürfen.
- dem Gebot in Epheser 4,26, dass wir die Sonne nicht untergehen lassen sollen über unserem Zorn, d.h., noch vor dem Schlafengehen Versöhnung suchen sollen,
- der Aufforderung in Epheser 4,31, dass alle Bosheit „von uns weggetan" sein soll,
- dem Gebot in Psalm 37,1: „Erzürne dich nicht über die Bösen, und ereifere dich nicht über die Übeltäter."

Was also bedeutet eine Liebe, die nicht nachträgt und nicht Buch führt über erlittenes Unrecht? Sie bedeutet, dass wir nicht in unserem Gedächtnis nach Vergangenem kramen, dass wir nicht darüber brüten, indem wir die an uns begangenen Sünden vergangener Tage wieder hervorholen – und dass wir nicht anderen davon erzählen, um als „Opfer" bemitleidet zu werden.

Einige Fragen

Nach der Definition und Erklärung der Wörter wollen wir uns nun die praktische Anwendung des Gesagten näher anschauen. Ich möchte dazu drei Fragen stellen.

Zunächst einmal diese: *Was geschieht, wenn ein Mensch nicht liebt, sondern nachtragend ist?* „Ihr Männer, liebt eure Frauen und seid nicht bitter gegen sie." (Kol. 3,19) Hier steht es: Wer nachträgt, wird bitter. Und Bitterkeit steht der Liebe entgegen. Es heißt im Hebräerbrief (Heb. 12,15): „Achtet darauf, ... dass nicht etwa eine bittere Wurzel aufwächst und Unheil anrichtet und viele durch diese befleckt werden." Die „bittere Wurzel" ist also eine unmittelbare Folge des Nachtragens. Sie durchzieht das ganze Leben und richtet Unheil an.

Was ist Bitterkeit? Der hebräische Wortstamm hängt mit dem Verb „stechen" oder „schneiden" zusammen. Gelegentlich wird das Wort auch im Zusammenhang mit ungenießbaren Früchten oder vergiftetem Wasser benutzt (5.Mo. 32,32). Bitterkeit zieht Kummer und Elend nach sich, manchmal auch Trauer und Tränen. Bitterkeit ist das Gegenteil von Süße, die Kehrseite des Guten und Genießbaren.

Zweite Frage: *Wenn Bitterkeit die Folge von Unversöhnlichkeit und Nachtragen ist, wie wirkt sie sich dann praktisch aus?*

Die folgenden Punkte entstammen zum einen meiner persönlichen Erfahrung als Seelsorger, und zum anderen fußen sie auf einem Heftchen zu dieser Thematik, das Lou Priolo verfasst hat. Ich bitte Sie, sich bei jedem Punkt ernsthaft zu fragen: „Trifft das auf mich zu?"

- Bitterkeit führt nicht nur zu Konflikten, sondern auch zur Unfähigkeit, Konflikte zu lösen.

- Bitterkeit kann gelegentlich zu gewaltsamen Racheakten führen, so wie es bei der Herodias geschah (Markus 6,14-29).
- Bitterkeit unter Ehepartnern führt dazu, dass sie sich voneinander zurückziehen und sich gegenseitig aus dem Weg gehen.
- Bitterkeit kann zu Wutausbrüchen führen.
- Bitterkeit kann sich in Sarkasmus zeigen, in spitzen, schneidenden Bemerkungen.
- In Gesprächen kann Bitterkeit zu herablassenden Bemerkungen führen,
- oder zu übertriebener Kritik (man sieht überall Fehler).
- Bitterkeit kann zu Verdächtigungen und Misstrauen führen,
- wie auch zu Intoleranz und einem Mangel an Großzügigkeit im Umgang mit Fehlern.
- Bitterkeit kann sich in Ungeduld zeigen,
- oder in Respektlosigkeit (so wie in den oben erwähnten Beispielen aus der Seelsorgepraxis).
- Gelegentlich führt Bitterkeit zu offener Rebellion gegenüber Autoritäten.
- Bitterkeit raubt dem Menschen die Freude und kann zu Depressionen führen.
- Bitterkeit führt zu einem Verlust von Freundschaften und Bekanntschaften. Wer hält sich schon gerne in der Gegenwart verbitterter Menschen auf?
- Bitterkeit kann uns das Gefühl der Nähe Gottes rauben, im schlimmsten Fall sogar die Heilsgewissheit.
- Bitterkeit kann zu Schuld- und Schamgefühlen führen (vgl. hierzu Matth. 6,14-15).
- Schließlich beraubt uns Bitterkeit der geistlichen Frucht und unserer Wirksamkeit als Zeugen und Diener Jesu Christi.

Die dritte Frage lautet: *Wie können wir es verhindern, bitter zu werden?* Die einzig verlässliche Quelle zur Beantwortung dieser Frage ist Gottes heiliges Wort, die Bibel.

- Zunächst einmal kann nur ein Mensch, der wirklich Christ ist, die Bitterkeit besiegen (1.Kor. 1,2.4-5.8-9; 1.Kor. 3,23; 1.Kor. 6,19-20; 1.Kor. 13,5).
- Dann sollten wir intensiv darum beten, dass Gott die Fähigkeit

zu einer solchen Liebe in uns wachsen lässt und jegliche bittere Wurzel aus unserem Herzen entfernt (Röm. 5,5; Gal. 5,22-23; Eph. 3,16-18; Phil. 1,9; 1.Thess 3,11-12).

- Wir müssen nach der Liebe streben (Matth. 22,36-40; Joh. 13,34-35; 1.Kor. 14,1).
- Wir müssen uns ständig daran erinnern, wie gnädig und geduldig Gott mit uns umgegangen ist und immer noch umgeht. Wer Gnade erfahren hat, wird kaum unbarmherzig mit anderen umgehen (Ps. 130,3-5; Matth. 18,21-35; Röm. 7,24; 1.Tim. 1,15; 1.Joh. 1,9).
- Es ist wichtig, dass wir uns vor Augen halten, dass es keinen Tag in unserem Leben gibt, an dem wir die Gnade Gottes nicht nötig hätten, aber auch keinen, an dem wir so schwer sündigen könnten, dass Gott uns nicht mehr vergibt.
- Wir dürfen niemals vergessen, welche Konsequenzen es hat, wenn wir das Liebesgebot aus 1. Korinther 13,5 nicht befolgen. Die Weigerung, nicht nachtragend zu sein, wird schlimme Auswirkungen (wie die weiter oben erwähnte Bitterkeit) für unser Leben haben (Ps. 37,8; Matth. 6,14-15; Matth. 18,23-35; Hebr. 12,15).
- Wir müssen uns an die Aufforderungen in Römer 12,2, 2. Korinther 10,4-5 und Philipper 4,8 halten. Bitterkeit hängt immer mit unseren Gedanken zusammen. Bittere Gedanken führen zu bitterem Verhalten. Daraus folgt, dass wir Gedanken, die Bitterkeit produzieren, „ablegen" und solche Gedanken und Handlungen, die liebevoll, barmherzig und geduldig sind, „anlegen" müssen.
- Wir müssen innerlich davon überzeugt sein, dass eine Buchhaltermentalität, d.h. über vergangenes Unrecht Buch zu führen und darüber nachzudenken, keine Charakterschwäche ist, sondern schlicht Sünde (Eph. 4,31; Kol. 3,19).
- Wir müssen erkennen, dass Bitterkeit Götzendienst ist. Wenn wir bitter sind, spielen wir Gott. Wir geben Ihm zu verstehen, dass Er in unserem Leben und den Umständen, die Er erlaubt hat, einen Fehler begangen hat (Ps. 37; Röm. 12,19).
- Wir sollten uns stattdessen vergegenwärtigen, dass Gott all-

mächtig und souverän ist. Er ist sowohl liebevoll als auch weise. Er hätte die Menschen, die uns Böses angetan haben, daran hindern können. Statt zu murren und Buch zu führen, sollten wir lieber Gott fragen, was Er uns dadurch lehren möchte (1.Mo. 50,20; 2.Sam. 16; Röm. 8,28).

- Wir sollten uns auf die Wahrheit von Psalm 119,67.71 und Jakobus 1,2-5 verlassen: *Gott hat etwas mit uns vor, und was Er vorhat, ist immer gut!*
- Wir müssen uns immer vor Augen halten, was Gottes Wille ist. Wie möchte Er, dass wir reagieren? Fragen Sie sich deshalb: Handelt es sich um eine Situation, in der ich Matthäus 18,15 und Lukas 17,3 folgen muss, oder soll ich mich an Sprüche 19,11 und Römer 12,19-21 halten? (Wie dies im Einzelnen aussieht, wird in Kapitel 15 weiter erläutert).
- Wir sollten uns immer die Frage stellen, wie Gott in der gegenwärtigen Situation verherrlicht werden kann, und wie wir den Menschen, die uns Böses angetan haben, Gutes tun können.
- Und schließlich sollten wir nicht vergessen, dass jeder Umstand und jede Situation ein von Gott geschicktes Schulungsprogramm ist, um 1. Korinther 13,1-3 in die Tat umzusetzen und dadurch im Leben unserer Mitmenschen, seien es Christen oder Nichtchristen, etwas Positives zu bewirken.

Zum Schluss – ein paar ehrliche Fragen

Fragen Sie sich doch bitte zum Schluss dieses Kapitels das, was ich mich auch frage: Trifft das oben Gesagte in irgendeiner Weise auf mein Leben zu? Erinnert es mich zum Beispiel an meine familiäre Situation? Und wie sieht es sonst aus? Neige ich im zwischenmenschlichen Bereich dazu, Buch über erlittenes Unrecht zu führen? Murre ich über Vergangenes, grüble ich? Oder bin ich frei von nachtragenden und aufrechnenden Gedanken, von einer Bitterkeit, die dazu führt, dass ich mich und andere ins Unglück stürze und meine Effektivität als Zeuge Jesu Christi geschmälert wird? Ich weiß nicht, wie es bei Ihnen ist, aber ich weiß, dass ich in meinem Leben in dieser Hinsicht oft versagt habe. Ich weiß, dass ich in meinem Herzen mehr von der Liebe brauche, die das Böse nicht zurechnet. Ich bitte Gott um Vergebung für mein Nachtragen und bete, dass Er mir hilft, die oben angesprochenen Schritte, hinaus aus der Bitterkeit und hin zur Liebe, konsequent zu gehen.

Wollen wir uns gemeinsam auf den Weg machen?

Fragen zum Inhalt, zum Nachdenken, zur Anwendung des Gesagten und zur Diskussion

1. Welche neun Eigenschaften der Liebe haben wir bisher studiert (einschließlich der, die in diesem Kapitel besprochen wurde)?
2. Wenn es heißt, dass die Liebe „das Böse nicht anrechnet", welche zwei Bedeutungen kann „böse" haben? Erklären Sie den Unterschied in der Bedeutung und welche Folgen dies für die praktische Anwendung des Gesagten in unserem Leben hat.
3. Was können wir über zornige Reaktionen aus Sprüche 12,16 lernen? Erklären Sie die Wörter, die in diesem Vers benutzt werden.
4. Was verstehen wir unter „anrechnen"? Denken Sie dabei an die Tätigkeit des Buchhalters. Wie unterscheidet sich das, was er tut, von dem, was Gott uns über die Liebe sagt?
5. Was sollten wir keinesfalls tun, wenn wir eine Liebe leben, die das Böse nicht nachträgt? Nennen Sie verschiedene Möglichkeiten, wie Menschen dieses Gebot umgehen.
6. Welches Gefühl oder welche Geisteshaltung stellt sich unweigerlich ein, wenn wir Böses anrechnen und Schuld nachtragen?
7. Wie äußert sich Nachtragen ganz konkret? Gehen Sie noch einmal die Liste der möglichen Folgen weiter oben durch. Denken Sie auch über die Aussagen von Hebräer 12,15 nach und erläutern Sie sie.
8. Finden Sie die Wahrheit von Hebräer 12,15 (die „Wurzel der Bitterkeit") in Ihrem eigenen Leben bestätigt? Denken Sie an Ihr persönliches Leben, Ihre Familie, Ihre Arbeitsstelle, Gemeinde, Nachbarschaft.
9. Wie kann Bitterkeit verhindert werden? Was halten Sie von den Vorschlägen, die in diesem Kapitel angesprochen wurden? Fallen Ihnen weitere ein? Was wären Präventionsmaßnahmen?
10. Wie entschuldigen manche Menschen ihre Buchhalter-

mentalität? Was wird – über das hinaus, was in diesem Buch besprochen wurde – noch gerne als Entschuldigungsgrund für persönliches Nachtragen angegeben?

11. Wie schätzen Sie sich persönlich auf einer Skala von 0-4 ein, wenn es um das Nachtragen und Aufrechnen von vergangener Schuld geht: 4 = Ich habe niemals jemandem etwas nachgetragen; 3 = Ich trage selten etwas nach; 2 = Ich bin oft nachtragend; 1 = Ich muss zugeben: Ich bin notorisch nachtragend.
12. Wie oft haben Sie *in der vergangenen Woche* über etwas nachgedacht, was Ihnen jemand angetan hat? Wie viel Zeit haben Sie *heute* damit verbracht, darüber nachzudenken?
13. Ging es dabei um bestimmte Menschen? Um wen? Hing es mit Umständen zusammen, die anders gelaufen sind, als Sie sich das gewünscht haben? Hing es mit Gott zusammen? Hat er etwas geschickt/zugelassen, was Ihnen nicht gefiel?
14. Wie bewerten Sie es innerlich, wenn Sie jemandem etwas nachtragen? Halten Sie dies für ein ernstes Problem, eine Lappalie, eine Sünde? Was erreichen Sie mit Ihrem Nachtragen?
15. Wie reagieren Sie konkret, wenn Sie feststellen, dass Sie wieder einmal das Böse angerechnet haben?
16. Wie können Sie das „Buch-Führen über erlittenes Unrecht“ und damit die Gefahr der Bitterkeit reduzieren?
17. Bitte beachten Sie den Hinweis auf Seite 27.

Kapitel 14
Die Liebe kennt keine Schadenfreude

Menschen durch Liebe zu Christus führen

Im 19. Jahrhundert schrieb Charles Haddon Spurgeon ein Buch mit Ratschlägen für Prediger unter dem Titel *An All-Round Ministry.* Wie der Titel vermuten lässt, geht es darin um die Frage, wie ein Pfarrer oder Prediger seinen Dienst fruchtbar und effektiv gestalten kann. Spurgeon schreibt in dem Buch:

> Eines ist sicher: Wir müssen einen Überfluss an Liebe haben. Einigen Predigern fällt es schwer, ihre Predigten in Liebe einzutauchen und mit dem Duft der Liebe zu garnieren. Es liegt daran, dass diese Prediger ihrem Wesen nach hart, kalt, grob oder egoistisch sind. Niemand von uns ist vollkommen, aber einige sind doch sehr unvollkommen, was die Liebe angeht. Ihrer Natur nach empfinden sie keine „herzliche Sorge" – wie Paulus es einmal ausdrückt – für die Seelen der Menschen. Diesen Predigern, insbesondere den eher kaltherzigen, sage ich: „Bemüht euch doppelt um eine heilige Liebe, denn ohne diese werdet ihr nicht mehr sein als eine klingende Schelle." Liebe ist göttliche Kraft. Meist wirkt der Heilige Geist durch unser Mitgefühl. Liebt die Menschen zu Christus. Der Glaube vermag viel, aber die Liebe ist das eigentliche Instrument, durch das der Glaube von Herzen tätig wird im Namen des Herrn der Liebe. Und ich bin mir sicher: Wenn wir unseren Dienst nicht von Herzen lieben, und wenn wir die Menschen, mit denen wir arbeiten, nicht von Herzen lieben, werden wir nicht viel erreichen.[52]

52 C.H. Spurgeon, *An All-Round Ministry.* London: Verlag des *Banner of Truth Trust,* 1960, Seite 192-193.

Spurgeon macht hier einige wichtige Aussagen über die Bedeutung der Liebe für einen wirkungsvollen Dienst als Prediger:

1. Ohne Liebe sind wir nicht mehr als ein tönendes Erz oder eine klingende Schelle.
2. Liebe ist Kraft.
3. Für gewöhnlich benutzt der Heilige Geist das menschliche Mitgefühl.
4. Einige unter uns haben Schwierigkeiten damit, voller Liebe zu predigen.
5. Einige sind von Natur aus hart, kalt oder egoistisch.
6. Es ist unsere Aufgabe, Menschen durch Liebe für Christus zu erreichen.
7. Glaube ist wichtig, aber Liebe ist das Hauptinstrument, durch das der Glaube tätig wird.
8. Wenn wir die Menschen, mit denen wir arbeiten, nicht lieben, erreichen wir nichts.

So also sieht die Überzeugung des Predigers Charles Haddon Spurgeon aus, was die Bedeutung der Liebe betrifft. Als er dies schrieb, wandte er sich vor allem an Pastoren und Prediger, aber seine Worte gelten für alle Christen. Wenn wir möchten, dass unser Leben für Christus zählt, wenn wir einen guten Einfluss auf Menschen ausüben wollen, um sie zu Ihm zu führen, dann müssen wir sie „zu Christus hin" lieben.

Spurgeon gilt als der größte Prediger des 19. Jahrhunderts. Er war ein Mann, der wirklich unseren Respekt verdient, und wir tun gut daran, auf ihn zu hören. Nicht nur, weil der berühmte Spurgeon hier etwas Richtiges gesagt hat, sondern weil unser Vater im Himmel durch Paulus im 1. Korintherbrief nichts anderes sagt!

Wer würde Spurgeon widersprechen?

Es gibt wohl niemanden, der bestreiten würde, dass man ohne die Liebe keinen Menschen für Christus erreichen kann. Ich habe noch nie jemanden getroffen, der gesagt hätte: „Im christlichen Dienst kommt es auf die Liebe nicht an. Es gibt Wichtigeres." Nie ist mir jemand begegnet, der etwa einer Frau gesagt hätte: „Wenn Du in deiner Familie einen positiven Einfluss auf deinen Mann und deine

Kinder ausüben willst, brauchst du dich um ein liebevolles Wesen nicht zu bemühen." Und ich habe auch noch nie gehört, dass jemand zu einem Familienvater gesagt hätte: „Wenn du einen positiven Einfluss auf deine Frau und deine Kinder haben willst, brauchst du es mit Liebe gar nicht erst zu versuchen."

Wenn wir also in unserem christlichen Dienst nicht effektiv sind, besteht das Problem sicher nicht darin, dass wir nicht *wüssten*, wie wichtig die Liebe ist. Das Problem liegt darin, dass wir die Liebe in unseren zwischenmenschlichen Beziehungen nicht *praktizieren*!

Paulus wusste das. Genau um diese Zusammenhänge ging es ihm in unserem Bibeltext. Er sagt uns in 1. Korinther 13 nicht nur, wie wichtig die Liebe ist, sondern beschreibt auch im Detail die Merkmale einer echten Liebe – einer Liebe, die uns zu wirksamen Zeugen Christi macht und uns dabei hilft, Menschen für Ihn zu erreichen.

Wir haben im Laufe unserer Überlegungen zum Thema „Liebe" bislang neun Merkmale echter Liebe kennen gelernt:

1. Die Liebe ist langmütig (geduldig).
2. Sie ist gütig (freundlich).
3. Sie neidet nicht, ist nicht eifersüchtig.
4. Sie prahlt nicht, gibt nicht an.
5. Sie ist nicht arrogant.
6. Sie verhält sich nicht unanständig.
7. Sie sucht nicht das Ihre.
8. Sie lässt sich nicht erbittern (provozieren).
9. Sie trägt das Böse nicht nach (führt nicht Buch über erlittenes Unrecht).

Nun ist es an der Zeit, dass wir uns das zehnte und elfte Merkmal der Liebe anschauen – einer Liebe, die uns zu wirksamen Zeugen Christi im Leben anderer Menschen werden lässt. Im ersten Teil von 1. Korinther 13,6 finden wir folgende Aussage über die Liebe: „Sie freut sich nicht an der Ungerechtigkeit."

Worterklärungen und Definitionen: Was bedeutet Ungerechtigkeit?

Man könnte auch übersetzen: „Die Liebe freut sich nicht, wenn etwas Schlechtes geschieht oder etwas misslingt." Lassen Sie uns das Wort noch ein wenig genauer unter die Lupe nehmen. Was meint Paulus, wenn er von „Ungerechtigkeit" spricht?

Um die Bedeutung des Wortes zu verstehen, müssen wir uns ansehen, an welchen anderen Stellen der Bibel es benutzt wird. So sollte man übrigens grundsätzlich bei der Schriftauslegung verfahren. *Scriptura sui ipsius interpres.* „Die Bibel legt sich selbst aus." Dies ist ein ganz wichtiges Prinzip. Jesus benutzt das Wort zum Beispiel in Matthäus 7,21-23, wo er über „Gesetzlose" oder „Ungerechte" spricht und sie denen gegenüberstellt, die den Willen Gottes tun. Die Gerechten reden nicht nur und tun dann etwas anderes, sondern sie halten sich an das, was der Herr ihnen befohlen hat. Gerechtigkeit bedeutet also „Gottes Willen tun". Ungerechtigkeit bedeutet, ihn nicht zu tun.

Des Weiteren finden wir das Wort im 2. Timotheusbrief: „Aber der feste Grund Gottes bleibt bestehen und trägt dieses Siegel: Der Herr kennt die Seinen!, und: Jeder, der den Namen des Christus nennt, wende sich ab von der Ungerechtigkeit." (2.Tim. 2,19) Im selben Kapitel werden die erwähnten „Ungerechtigkeiten" näher erläutert. Es handelt sich zum Beispiel um:

1. Unheilige, nichtige Schwätzereien, die die Gottlosigkeit fördern. (2.Tim. 2,16)
2. Wörter, die um sich fressen wie ein Krebsgeschwür. Eine Redeweise, die andere Menschen dazu führt, die Wahrheit Gottes infrage zu stellen. Worte, welche der Wahrheit entgegenstehen (2.Tim. 2,17-18).
3. Törichte und unverständige Streitfragen, die auf Spekulationen beruhen und nicht auf der Wahrheit (Vers 23).

Dann kommt das Wort in Jakobus 3,6 vor, wo es heißt: „Und die Zunge ist ein Feuer, eine Welt der *Ungerechtigkeit.* So nimmt die Zunge ihren Platz ein unter unseren Gliedern; sie befleckt den ganzen Leib und steckt den Umkreis des Lebens in Brand und wird selbst von der Hölle in Brand gesteckt." Das sind wahrhaftig starke Worte. Wie heißt es in diesem Vers? „Die Zunge ist eine Welt der Ungerechtigkeit." Kein Dorf, keine Stadt, kein Kontinent – eine ganze Welt! Jakobus möchte, dass wir uns das immense zerstörerische Potential negativer Worte vor Augen führen. Was kann der unkontrollierte Gebrauch der Zunge nicht alles anrichten!

Die Auswirkungen sind so schlimm, dass Jakobus ein weiteres eindrucksvolles Bild benutzt, um zu betonen, was eine „ungerechte Zunge" bewirken kann. Er sagt in den Versen 5 und 6, dass sie einer Feuersbrunst gleicht, die einen ganzen Wald zerstört. Auch hier geht es nicht um den Grill auf Ihrer Terrasse oder ein Laubfeuerchen im Herbst.

Ich glaube, dass meine Frau Carol und ich ein wenig beurteilen können, was Feuer anrichten kann. Wir wohnen in Kalifornien, und dort zerstören Brände Jahr für Jahr Tausende von Hektar Wald, Hunderte von Häusern und oft auch menschliches Leben. Ein solches Feuer mag klein begonnen haben. Vielleicht hat jemand eine Zigarette achtlos weggeworfen, ein Streichholz brennen lassen oder ein Lagerfeuer nicht richtig gelöscht. Dann fängt das umliegende Gras Feuer, anschließend das Unterholz und dann die ersten Bäume. Innerhalb von Sekunden breitet sich das Feuer aus und zerstört ganze Waldflächen. Aus allen Teilen des Landes rücken Hunderte von Feuerwehrleuten an. Riesige Löschflugzeuge werden eingesetzt, Hubschrauber in der Luft, Planierraupen am Boden. Wie konnte so etwas geschehen? Es geschah, weil jemand die zerstörerische Kraft eines Streichholzes unterschätzt hat.

Jakobus wollte etwas ganz Ähnliches zum Ausdruck bringen. Er warnt vor der Wirkung schlechter Worte. Die Zunge ist so voller Ungerechtigkeit, dass sie immensen Schaden anrichten kann. Was bedeutet also „Ungerechtigkeit" in diesem Zusammenhang? Es bedeutet, über andere schlechte und erniedrigende Worte zu sprechen. Paulus sieht es genauso. Wenn er in 1. Korinther 13 sagt: „Die Liebe freut sich nicht über die Ungerechtigkeit", meint er auch, dass sich die Liebe nicht über schlechte Worte freut.

In Vers 6 sagt Jakobus, dass die Zunge so voller Ungerechtigkeit ist, dass sie den ganzen Leib befleckt, nicht nur einen Teil davon.

Insofern kann man sagen, dass Ungerechtigkeit Unglück über uns selbst bringt, wie auch über unsere Mitmenschen.

In den nächsten Versen heißt es: „Denn jede Art der wilden Tiere und Vögel, der Reptilien und Meerestiere wird bezwungen und ist bezwungen worden von der menschlichen Natur; die Zunge aber kann kein Mensch bezwingen, das unbändige Übel voll tödlichen Giftes!" (Jak. 3,7-8) Hier wird gesagt, dass die Zunge Schlimmeres anrichten kann als die gefährlichsten Tiere. Sie ist schwieriger zu zähmen als ein wilder Löwe, ein hungriger Elefant oder ein Tiger, der seine Jungen verteidigt.

Die ungezähmte Zunge, so sagt es Jakobus, ist ein rastloses, unruhiges, unbändiges und unberechenbares Übel. Jakobus benutzt in diesem Zusammenhang das Wort *pyr* (Feuer), von dem wir unsere „Pyrotechnik" ableiten. Wie schlimm, wenn zum Beispiel Nitroglyzerin in die Hände eines Pyromanen, eines triebhaften Brandstifters, gelangt. Wie furchtbar, wenn die Zunge sofort „explodiert". Das Adjektiv „rastlos" erinnert an ständige, nicht enden wollende Frustrationen und Unzufriedenheiten. Und „Übel" bedeutet in diesem Zusammenhang, dass die Zunge verderbt ist und schlimmes Unheil, ja, Zerstörungen anrichten kann. „Ungerechtigkeit" bedeutet im Jakobusbrief demnach, dass böse Worte in unseren zwischenmenschlichen Beziehungen zu Problemen und Instabilitäten führen können.

Jakobus betont in den Versen 9 und 10, dass ein Gebrauch der Zunge, um den Menschen zu fluchen, ein Akt der Ungerechtigkeit ist. Was meint er mit „fluchen"? Sicher nicht das, was viele Menschen heute darunter verstehen. (Das Wort „fluchen" kommt in der heute verbreiteten Bedeutung in der Bibel nicht vor. Es wird dort niemals im Sinne von „Kraftausdrücke benutzen" verwendet. Bitte verstehen Sie mich nicht falsch. Ich will damit nicht behaupten – genauso wenig wie Jakobus –, dass sprachliche Flüche nicht falsch oder kein Ausdruck von „Ungerechtigkeit" wären. Doch um dieses Thema geht es Jakobus hier nicht.) Wie aus dem Zusammenhang klar hervorgeht, gebraucht er das Wort „fluchen" oder „verfluchen" als Gegensatz zu „segnen". Jesus selbst hat es in Lukas 6,28 so gesagt: „Segnet, die euch fluchen und betet für die, welche euch beleidigen."

Wer andere(n) Menschen (ver)flucht, tut das genaue Gegenteil dessen, was Jakobus gebietet, denn Fluchen bedeutet, schlecht oder unwahr über andere, zu anderen oder in Gegenwart anderer zu reden. Fluchen bedeutet auch, sich über jemanden zu beschweren, jemanden zu verurteilen oder sogar zu verdammen.

„Segnen“ hingegen bedeutet, dass wir Gutes reden, dass die Gerechtigkeit (also das, was in Gottes Augen richtig und gut ist) auch unsere Sprache prägt. Wer andere Menschen segnet, möchte ihnen helfen und sie ermutigen. Wer segnet, spricht die Wahrheit, so wie sie in der Heiligen Schrift zum Ausdruck kommt. Eine segensreiche Rede ist gekennzeichnet von Reinheit, Sanftmut, Vernunft, Barmherzigkeit und der Frucht des Geistes. Sprachlicher Segen ist friedfertig, konsequent, aufrichtig und ehrlich. All diese Aspekte schwingen in der Bedeutung des Wortes „segnen“ mit. Und wenn unsere Worte keinen Segen bringen, würden sowohl Paulus als auch Jakobus sagen, dass sie dann der Ungerechtigkeit dienen.

Doch zurück zu 1. Korinther 13. Ich bitte Sie, sich noch einmal bewusst zu machen, was Paulus meint, wenn er das Wort „Ungerechtigkeit“ benutzt. Er meint damit jeden Gedanken, Wunsch oder Umstand, der dem Willen Gottes entgegensteht. Ungerechtigkeit ist das Gegenteil des in der Bibel offenbarten Willen Gottes. So lässt sich der Begriff meinem Verständnis nach am besten definieren. Was aber bedeutet nun das Verb in dem Vers: „Die Liebe freut sich nicht über die Ungerechtigkeit?“

Wortstudium, zweiter Teil: Was bedeutet „sich freuen“?

Das Wort „sich freuen“ hängt auf jeden Fall mit positiven Gefühlen zusammen. Man empfindet über irgendetwas Genugtuung. Es wird als schön empfunden. In Lukas 1,14 wird das Verb in Zusammenhang mit einer herzlichen inneren Freude benutzt, als nämlich dem Zacharias ein Engel erscheint und ihm mitteilt, dass seine Frau Elisabeth guter Hoffnung ist – und das, obwohl sie bis zu diesem Zeitpunkt unfruchtbar war. Die beiden wurden dann die Eltern Johannes, des Täufers. Der Engel sprach zu Elisabeth: „Und er wird dir Freude und Frohlocken bereiten, und viele werden sich über seine Geburt freuen."

In Philipper 4,4 ermutigt uns Paulus: „Freut euch im Herrn allezeit!" Das heißt also, unsere Freude und Genugtuung ist in Jesus Christus zu finden.

Nun erwähnt Sprüche 2,14 auch diejenigen, „die sich freuen, Böses zu tun und frohlocken über boshafte Verkehrtheit". Es gibt offensichtlich also auch eine Freude über das Böse. Und doch wird die ursprüngliche Wortbedeutung durch diese Verkehrung nicht außer Kraft gesetzt. Freude bezieht sich auf etwas, das bei einem Menschen positive Gefühle auslöst, das er gerne haben möchte.

Wenn wir uns Sprüche 8,30-31 ansehen, finden wir dies bestätigt. Hier wird die Weisheit personifiziert und sie spricht: „Da war ich Werkmeister bei ihm, war Tag für Tag seine Wonne und freute mich vor seinem Angesicht allezeit; Ich freute mich auf seinem Erdkreis und hatte meine Wonne an den Menschenkindern."

Im 2. Thessalonicherbrief lesen wir von Menschen, die „Wohlgefallen an der Ungerechtigkeit" hatten. Auch hier ist also wieder von Menschen die Rede, die sich über das Böse und Schlechte freuen.

Wenn Paulus also sagt: „Die Liebe freut sich nicht an der Ungerechtigkeit" will er damit zum Ausdruck bringen, dass wahre Liebe nicht die gute Freude ins Gegenteil verkehrt und irgendwelche positiven Gefühle gegenüber dem Bösen und Ungerechten entwickelt. Liebe kennt keine Sympathie für das Böse. Wie Römer 12,9 uns auffordert, sollen wir „das Böse hassen und am Guten festhalten".

John MacArthur bemerkt hierzu sinngemäß, dass Liebe niemals eine Befriedigung in der Sünde findet, sei es die eigene oder die der anderen. Liebe wird niemals das Falsche für richtig halten.[53]

Und nun wird es praktisch – einige konkrete Beispiele

Nachdem wir nun in eher allgemeiner und theoretischer Weise betrachtet haben, was Paulus mit dem Vers „Die Liebe freut sich nicht über die Ungerechtigkeit" meint, ist es jetzt an der Zeit, in

53 Vgl. John MacArthur, *1 Corinthians*. Chicago: Moody, 1984, Seite 349.

die Praxis einzusteigen. Was bedeutet diese Aussage im Alltag? Sie bedeutet im Einzelnen Folgendes:

1. Die Liebe empfindet keine Freude daran, etwas zu tun, was die Bibel als falsch oder sündig bezeichnet (Röm. 1,32).
2. Die Liebe hat keine Freude daran, anderen Menschen Böses zuzufügen. Sie behandelt andere nicht ungerecht, unterdrückt niemanden und übt auf niemanden Druck aus. Sie verlangt nie das Unmögliche und nimmt anderen nicht das weg, was ihnen gehört. Sie verspricht nichts, was sie nicht halten kann. Sie hat keine Freude an Tratsch und übler Nachrede.
3. Die Liebe freut sich nicht daran, andere zu verführen oder etwas zu tun, was in den Augen Gottes nicht richtig ist.
4. Sie freut sich auch nicht, wenn sie mitansehen muss, wie andere Menschen Böses tun (Röm. 1,32).
5. Sie freut sich auch nicht, wenn anderen Menschen Böses widerfährt.
6. Die Liebe empfindet keine Freude daran, Sünden und Fehler anderer Menschen aufzudecken.
7. Sie macht sich nicht über ihre Mitmenschen lustig; sie tut also nicht das, was die Feinde Christi mit Ihm taten (Lukas 22; Matthäus 27).
8. Die Liebe vermeidet es, etwas zu tun, was dazu führt, dass sich andere Menschen gedemütigt oder herabgesetzt fühlen.
9. Die Liebe reagiert bekümmert, wenn sie sieht, wie viel Böses in der Welt geschieht.
10. Die Liebe reagiert traurig, wenn sie Zeuge von Gewalt, Grausamkeit oder Brutalität wird, wenn sie die Verbrechen mitansehen muss, die heute so genüsslich in Zeitschriften, im Fernsehen und im Kino ausgebreitet werden.
11. Die Liebe vermeidet jegliche Form der Misshandlung, sei sie verbaler, emotionaler oder gar körperlicher Natur.
12. Die Liebe empfindet keine Freude an Pornographie und Unmoral.
13. Sie hält sich fern von Praktiken, die Gott verbietet.
14. Liebe verherrlicht oder rechtfertigt nicht Gewalt oder Böses. Sie erklärt nicht das Falsche für richtig (Jes. 5,20).

15. Die Liebe fragt, wie Hiob es tat, als ihm so viel Unglück widerfahren war: „Habe ich mich gefreut über den Sturz meines Feindes und mich ergötzt daran, wenn ihn ein Unglück traf?"
16. Die Liebe hofft nicht darauf, dass jemand einen Fehler macht, einen Verlust erleidet oder eine Sünde begeht.

Nicht beim Negativen stehen bleiben

Soweit also einige praktische Hinweise dazu, wie die zehnte Facette echter Liebe aussieht. Eine solche Liebe ehrt Gott und wird ihre Wirkung auf unseren Dienst nicht verfehlen. Nun ist es an der Zeit, dass wir vom Minus ins Plus kommen. Wir haben uns angesehen, was die Liebe *nicht* tut. Was aber tut sie? Wie sieht die positive Seite aus? 1. Korinther 13,6 fährt fort: „Sie freut sich aber an der Wahheit."

Paulus bleibt nicht beim Negativen stehen. Um ganz deutlich zu machen, was er meint, erklärt er beide Seiten der Medaille. Wir sollen uns nicht über die Ungerechtigkeit freuen. Wir sollen uns aber sehr wohl an der Wahrheit freuen. Insofern gehören das zehnte und das elfte Merkmal der Liebe zusammen wie zwei Seiten einer Münze.

Simon Kistemaker schreibt in seinem Kommentar: „Liebe und Wahrheit sind untrennbar. Beide gehören zu Gottes Natur, und Gott möchte sein Volk an diesen Eigenschaften teilhaben lassen. Er hat uns mit Liebe und Wahrheit ausgestattet. Beide wurden durch die Sünde in Mitleidenschaft gezogen, aber durch Christus kraft des in uns wohnenden Heiligen Geistes erneuert."[54]

Was versteht die Bibel unter Wahrheit?

Wie ich bereits erwähnte, findet sich das Wort „Liebe" ca. 370 Mal allein im Neuen Testament, und das Wort „Wahrheit" erscheint 99 Mal. Was die beiden Begriffe bedeuten, ist wahrscheinlich jedem einigermaßen klar. Die Frage ist allerdings, was die Bibel damit meint, wenn sie sagt, dass wir uns über die Wahrheit freuen sollen. Welche Art von Wahrheit, über die man Freude empfindet, mag damit gemeint sein? Die Bibel benutzt den Begriff in unterschiedlicher Weise:

54 Simon Kistemaker, *1 Corinthians*. Grand Rapids: Baker, 1993, Seite 461.

1. Manchmal versteht sie unter dem „Wort der Wahrheit" das Wort Gottes, so zum Beispiel in 2. Timotheus 2,15 (vgl. auch Johannes 8,32 und 17,17). Im Johannesevangelium steht, dass uns der Geist Gottes in alle Wahrheit leiten wird (Joh. 16,13) und im Kolosserbrief, dass die Empfänger das Wort der Wahrheit gehört und geglaubt haben. In 2. Timotheus 3,8 ist von Menschen die Rede, die der Wahrheit widerstehen. Epheser 1,13 tröstet uns, dass wir gerettet sind, weil wir der Wahrheit geglaubt und sie angenommen haben.
2. Manchmal benutzt die Bibel das Wort „Wahrheit" mit Blick auf Jesus, so zum Beispiel in Johannes 14,6 und Johannes 1,14. Johannes 1,17 enthält die wunderbare Formulierung, dass das Gesetz durch Mose, die Gnade und Wahrheit aber durch Jesus Christus in die Welt gekommen sind. In Epheser 4,21 steht, dass in Jesus die Wahrheit liegt.
3. Gelegentlich wird das Wort „Wahrheit" in der Bibel auch im Sinne von Aufrichtigkeit, Ehrlichkeit oder Genauigkeit benutzt. Wahr ist das, was sich in Übereinstimmung mit der Wirklichkeit befindet und im Gegensatz zum Unwahren oder Geheuchelten steht. So lesen wir im Johannesevangelium: „Aber ich sage euch die Wahrheit: Es ist gut für euch, dass ich hingehe, denn wenn ich nicht hingehe, so kommt der Beistand nicht zu euch. Wenn ich aber hingegangen bin, will ich ihn zu euch senden." (Joh. 16,7) Epheser 4,25 ermahnt uns, die Lüge abzulegen und die Wahrheit zu reden. In 1. Timotheus 2,7 versichert uns Paulus, dass er nicht lügt, sondern die Wahrheit spricht. Im 1. Johannesbrief steht, dass wir, wenn wir sagen, wir hätten keine Sünde, uns selbst verführen, „und die Wahrheit ist nicht in uns" (1.Joh. 1,8). In 1. Johannes 2,4 wird uns gesagt, dass jeder, der behauptet, Christus zu kennen, doch seine Gebote nicht hält, ein Lügner ist, „und in einem solchen ist die Wahrheit nicht." In 1. Johannes 3,18 heißt es: „Lasst uns nicht mit Worten lieben noch mit der Zunge, sondern in Tat und Wahrheit." Und in Römer 9,1-2 stellt Paulus erneut klar, dass er nicht lügt und ein reines Gewissen vor Gott hat.
4. Manchmal bedeutet das Wort „Wahrheit" auch den Vollzug

der Wahrheit oder das Leben in der Wahrheit. Es ist dann ein Synonym für „Gerechtigkeit", für das Leben in Übereinstimmung mit dem Willen Gottes und das Erkennen dessen, was in den Augen Gottes gut und richtig ist. Dies ist zum Beispiel die Wortbedeutung im 2. Johannesbrief, wo es heißt (Vers 4): „Es freut mich sehr, dass ich unter deinen Kindern solche gefunden habe, die in der Wahrheit wandeln, wie wir ein Gebot empfangen haben von dem Vater." Eine Parallelstelle dazu findet sich im 3. Johannesbrief (Verse 3-6): „Denn ich freute mich sehr, als Brüder kamen und von deiner Wahrhaftigkeit Zeugnis ablegten, wie du in der Wahrheit wandelst. Ich habe keine größere Freude als die, zu hören, dass meine Kinder in der Wahrheit wandeln. Mein Lieber, du handelst treu in dem, was du an den Brüdern tust, auch an den unbekannten, die von deiner Liebe Zeugnis abgelegt haben vor der Gemeinde." Jakobus spricht von Menschen, die „von der Wahrheit abgeirrt" und sich wieder der Sünde zugewandt haben (Jak. 5,19), und Paulus erwähnt im Titusbrief, dass die Wahrheit der Gottesfurcht entspricht (Tit. 1,1). Der Apostel Petrus verbindet den Begriff der Wahrheit mit dem der Liebe und sagt: Ihr habt „eure Seelen im Gehorsam gegen die Wahrheit gereinigt ... durch den Geist zu ungeheuchelter Bruderliebe" (1.Petr. 1,22).

Was bedeutet es, sich über die Wahrheit zu freuen?

Wie hängt dies nun alles mit unserem Text im 1. Korintherbrief zusammen, wo es heißt: „Die Liebe ... freut sich an der Wahrheit" (1.Kor. 13,6)? „Sich an der (oder: mit der) Wahrheit zu freuen" bedeutet, dass ein mit Liebe erfüllter Mensch sich gut fühlt, wenn die Wahrheit geehrt wird. Er liebt die Wahrheit und freut sich von Herzen, wenn Menschen Gottes Gebote befolgen und rechtschaffen leben. Wahrheit und Gerechtigkeit sind einem solchen Menschen eine Quelle der Freude und des Glücks.

John MacArthur schreibt hierzu:

> Die Liebe sieht nicht die Fehler der anderen. Sie stellt vor allem niemals einen Menschen bloß. Die Liebe ist zwar

> nicht blind gegenüber dem Schlechten und Ungerechten, aber, so viel an ihr liegt, sie zieht es vor, sich auf das Gute und Richtige zu konzentrieren. Sie sucht das Beste, hofft das Beste, betont das Gute. Sie freut sich riesig, wenn es Menschen in der Lehre und im Leben um die Wahrheit geht. [...] Liebe freut sich über die kleinsten Erfolge. Unsere Kinder werden gestärkt und ermutigt, wenn wir sie für ihren Gehorsam und ihren Erfolg loben. Liebe freut sich nicht, wenn etwas schief läuft. Sie mag das Negative nicht. Sie sieht ihre Aufgabe im Aufbauen, nicht im Niederreißen. Sie will Menschen stärken, nicht schwächen.[55]

Was Paulus meint, wenn er davon spricht, dass sich die Liebe über die Wahrheit freut, erkennen wir am besten in seinen Briefen, und zwar an den Stellen, an denen er uns Einblick in seine zwischenmenschlichen Beziehungen gibt.

1. So verwendet der Apostel gegen Ende des Römerbriefes ein ganzes Kapitel (!) darauf, Menschen zu grüßen und zu loben. Es sind dreizehn Personen, die Gott im Dienst für Ihn gesegnet und benutzt hat.
2. Zu Beginn des 1. Korintherbriefes verbringt er eine geraume Zeit damit, über das Positive zu sprechen, das er im Leben der Korinther sieht. Und als er den Brief im 16. Kapitel beendet, erwähnt er voller Hochachtung die Familie des Stephanas und das Ehepaar Aquila und Priscilla.
3. Als er den Philippern schreibt, erwähnt er nach der Einleitung einige positive Aspekte, die ihm Freude und Ermutigung bereitet haben. Im 2. Kapitel erwähnt er Timotheus und Epaphroditus. Das vierte Kapitel beginnt damit, dass er den Philippern sagt, dass sie seine Freude und Krone sind, und dass er sich von Herzen nach ihnen sehnt. Paulus schreibt (Phil. 4,10-18): „Ich habe mich aber sehr gefreut im Herrn, dass ihr euch so weit erholt habt, um für mich sorgen zu können. Ihr habt auch sonst daran gedacht, aber ihr wart nicht in der Lage dazu. Nicht wegen des Mangels sage ich das; ich habe nämlich gelernt, mit der Lage zufrieden zu sein, in der ich mich befinde.

55 MacArthur, *1 Corinthians*, Seite 351.

Denn ich verstehe mich aufs Armsein, ich verstehe mich aber auch aufs Reichsein; ich bin mit allem und jedem vertraut, sowohl satt zu sein als auch zu hungern, sowohl Überfluss zu haben als auch Mangel zu leiden. Ich vermag alles durch den, der mich stark macht, Christus. Doch ihr habt recht gehandelt, dass ihr Anteil nahmt an meiner Bedrängnis. Und ihr Philipper wisst ja auch, dass am Anfang der Verkündigung des Evangeliums, als ich von Mazedonien aufbrach, keine Gemeinde mit mir Gemeinschaft gehabt hat im Geben und Nehmen als ihr allein; denn auch nach Thessalonich habt ihr mir einmal, und sogar zweimal, etwas zur Deckung meiner Bedürfnisse gesandt. Nicht, dass ich nach der Gabe verlange, sondern ich verlange danach, dass die Frucht reichlich ausfalle auf eurer Rechnung. Ich habe alles und habe Überfluss; ich bin völlig versorgt, seitdem ich von Epaphroditus eure Gabe empfangen habe, einen lieblichen Wohlgeruch, ein angenehmes Opfer, Gott wohlgefällig."

4. Ich könnte noch viele weitere Stellen in den paulinischen Briefen anführen, wo der Apostel Ähnliches sagt. Paulus war jemand, der die Menschen nicht nur dazu aufforderte, einander zu lieben, sondern selbst mit gutem Beispiel voranging. Er suchte und fand im Leben seiner Mitmenschen Eigenschaften und Dinge, für die er sie loben konnte. Er tat es von Herzen. Er tat es oft. Und er tat es gern.

Zum Abschluss

Zu Beginn dieses Kapitels habe ich Charles Haddon Spurgeon zitiert. Er war der Überzeugung, dass es keine christliche Predigt ohne Liebe geben darf. Die Liebe, so behauptete Spurgeon, sei das, was einen Menschen zu Christus zieht. Wenn wir die Menschen nicht zu Christus lieben, haben wir nichts erreicht. Wir haben diese Aussage Spurgeons am Wort Gottes überprüft. 1. Korinther 13,1-3 beweist, dass er Recht hatte. Spurgeons Aussage ist keine Übertreibung. Aber es ist nicht unsere eigene, oft so unbeständige „Wohlfühl-Liebe", die andere Menschen zu Christus führt. Es muss schon die Liebe sein, die Paulus meint und die er im 13. Kapitel des 1. Korintherbriefes beschreibt. Eine Liebe, die uns zu gesegneten Zeugen Jesu Christi macht, weist folgende Merkmale auf:

1. Sie ist langmütig,
2. freundlich,
3. neidet nicht,
4. prahlt nicht,
5. ist nicht stolz oder aufgeblasen,
6. benimmt sich nicht unanständig,
7. sucht nicht das Ihre,
8. lässt sich nicht erbittern,
9. führt nicht Buch über erlittenes Unrecht,
10. freut sich nicht über die Ungerechtigkeit,
11. freut sich aber über die Wahrheit.

So sieht sie aus, die Liebe, mit der Gott uns erfüllen möchte. Und wenn wir sie in uns tragen, werden wir neue Kraft im missionarischen Dienst für Christus erlangen. Ein Ding der Unmöglichkeit? Nein, ein Ding der Möglichkeit! Es ist die Liebe, die in uns ist, wenn wir zu Jesus Christus gefunden haben.

Das Unmögliche möglich machen

Niemand kann aus sich heraus eine solche Liebe leben. Niemand von uns ist von Natur aus dazu fähig. Die Liebe, die Paulus in 1. Korinther 13 beschreibt, ist eine übernatürliche Liebe. An anderer Stelle sagt der Apostel (Röm. 5,5): „Die Liebe Gottes ist ausgegossen in unsere Herzen durch den Heiligen Geist, der uns gegeben worden ist." Petrus sagt in seinem ersten Brief, dass wirklich herzliche, bedingungslose Liebe nur denjenigen Menschen möglich ist, die wiedergeboren worden sind und ihre „Seelen im Gehorsam gegen die Wahrheit" gereinigt haben (1.Petr. 1,22-23). Und im Galaterbrief wird betont, dass eine solche Liebe eine „Frucht des Geistes" ist (vgl. Gal. 5,22). Insofern kann nur der Mensch, der im Glauben zu Christus gefunden hat, wirklich lieben. Er kann es deshalb, weil Gott selbst ihm die Kraft dazu verleiht.

Weil mir diese Wahrheit so wichtig ist, möchte ich mit einem doppelten Rat schließen. Ich möchte zuerst zu denen unter Ihnen sprechen, die keine Christen sind. Die Liebe, über die wir gesprochen haben, mag Ihnen und Ihrer Familie als ein unerreichbares Ideal erscheinen. Sie wissen, dass Sie eigentlich diese Art der Liebe leben müssten, täten es vielleicht auch gerne, wissen aber absolut nicht, wie das gehen könnte. Und Sie haben vollkommen Recht: Es kann gar nicht gehen. Es geht erst dann, wenn Sie zu Christus gekommen sind. Gott wird Sie für Ihr Leben zur Verantwortung ziehen, und die Tatsache, dass Sie nicht wirklich lieben können, ist ein Beweis für Ihre Sünde. Es ist auch ein Hinweis darauf, dass Sie die Neugeburt brauchen, die Vergebung Gottes, die „eine neue Kreatur" schafft durch die in Ihnen wohnende Gegenwart des Heiligen Geistes. Ist das nicht eine wunderbare Botschaft? Wenn Ihnen Ihre Schuld von Herzen Leid tut, wird Gott Ihnen gerne vergeben. Er schenkt Ihnen ein neues Wesen, ein neues Herz, und er wohnt in Ihnen durch den Heiligen Geist, der Sie zu echter Liebe befähigen wird. Ich bitte Sie darum inständig, sich Jesus Christus zuzuwenden. Suchen Sie sich, wenn Sie weitere Fragen haben, einen gläubigen Menschen, der dies schon erfahren hat und fragen Sie ihn, wie es geht. Soweit mein Rat an diejenigen unter Ihnen, denen diese Art von Liebe fremd ist.

Bevor ich das Kapitel beschließe, möchte ich mich aber auch noch an diejenigen wenden, die bereits zu Christus gefunden haben. Zunächst einmal möchte ich Sie daran erinnern, dass echte Liebe eine übernatürliche, vom Geist Gottes gewirkte Liebe ist. Da Er in uns lebt, können wir seine Liebe ausstrahlen. Uns steht ein riesiges Reservoir an Liebe zur Verfügung. Liebe Ehefrauen: Ihr könnt liebevollere Partnerinnen und Mütter werden. Und liebe Ehemänner: Ihr könnt liebevollere Partner und Väter werden. Wir alle können in der Liebe wachsen, denn Liebe hängt nicht von unserer Persönlichkeit oder Herkunft ab und auch nicht von unserer eigenen Moral oder Kraft. Sie hängt auch nicht von vergangenen oder gegenwärtigen Umständen ab. Sie hängt davon ab, dass wir die unendlichen Kraftreserven Gottes anzapfen, die uns in Christus zur Verfügung stehen. Wir vermögen, wie Paulus es in Philipper 4,13 sagt, alles durch den, der uns stark macht, Christus. Wir können in unserem Sein und Handeln Gott verherrlichen und das tun, was Er will. Denn uns gilt die Zusage (2.Kor. 9,8): „Gott aber ist mächtig, euch jede Gnade im Überfluss zu spenden, so dass ihr in allem allezeit alle Genüge habt und überreich seid zu jedem guten Werk."

Das Zweite, was ich denjenigen mitteilen möchte, die Christen sind, ist Folgendes: Erleben wir Rück- und Fehlschläge in unserem Bemühen, anderen mit echter Liebe zu begegnen (was immer wieder vorkommen wird, denn nur Jesus konnte vollkommen lieben), dann sollten wir uns nicht herausreden oder rechtfertigen. Stattdessen sollten wir unsere Schuld unter das Kreuz bringen und Gott dafür danken, dass sein Blut uns von aller Sünde rein macht (1.Joh. 1,7). Danken Sie Ihm für die Wahrheit von 1. Johannes 1,9: „Wenn wir aber unsere Sünden bekennen, so ist er treu und gerecht, dass er uns die Sünden vergibt und uns von aller Ungerechtigkeit reinigt." Danken Sie Ihm auch für 1. Johannes 2,1-2: „Meine Kinder, dies schreibe ich euch, damit ihr nicht sündigt! Und wenn jemand sündigt, so haben wir einen Fürsprecher bei dem Vater, Jesus Christus, den Gerechten; und er ist das Sühnopfer für unsere Sünden, aber nicht nur für die unseren, sondern auch für die der ganzen Welt."

Beten Sie das Gebet des Paulus aus 1. Thessalonicher 3,11-12: „Er selbst aber, Gott, unser Vater, und unser Herr Jesus Christus lenke unseren Weg zu euch! Euch aber lasse der Herr wachsen und überströmend werden in der Liebe zueinander und zu allen, gleichwie auch wir sie zu euch haben."

Unter diesen Voraussetzungen ist es möglich, das zu tun, wozu uns Paulus in 1. Korinther 14,1 auffordert: „Strebt nach der Liebe!"

Fragen zum Inhalt, zum Nachdenken, zur Anwendung des Gesagten und zur Diskussion

1. In diesem Kapitel haben wir das zehnte und elfte Merkmal echter Liebe studiert. Wenn Sie Lust auf ein wenig Gedächtnistraining haben, wiederholen Sie noch einmal alle elf Merkmale der Reihe nach.
2. Was versteht Paulus unter „Ungerechtigkeit"? An welche Beispiele für Ungerechtigkeit mag er gedacht haben?
3. Was meint Paulus mit der Aussage: „Die Liebe freut sich nicht über die Ungerechtigkeit?"

4. Sehen Sie sich noch einmal die Aufzählung der Dinge an, an der die Liebe keine Freude hat (was die Liebe nicht tut).
5. Benutzen Sie diese Liste für eine persönliche Bestandsaufnahme, und schätzen Sie Ihren eigenen „Liebesquotienten“ auf einer Skala von 0 bis 3 ein: 0 = So verhalte ich mich nie; 1 = So verhalte ich mich selten; 2 = So verhalte ich mich manchmal; 3 = So verhalte ich mich oft.
6. Welche Ausreden oder Entschuldigungen benutzen die Menschen gelegentlich, um ihre Freude über das Böse zu rechtfertigen?
7. Wie oft haben Sie sich in der letzten Woche über etwas gefreut, was sündig war? Wie oft heute?
8. Bei welchen Gelegenheiten haben Sie sich über etwas gefreut, was sündig war? Hing es mit Menschen zusammen? Mit welchen? Oder hing es mit Umständen zusammen und damit, dass etwas nicht so lief, wie Sie es sich vorgestellt haben?
9. Wie bewerten Sie es innerlich, wenn Sie Freude über Sünde empfinden? Halten Sie das für ein ernstes Problem? Für nichts Besonderes? Für eine Sünde?
10. Wie sieht es konkret aus, wenn Sie Freude über etwas Schlechtes empfinden?
11. Wie können Sie den „Ekelfaktor“ gegenüber der Sünde erhöhen, d.h. inwieweit müssen Sie an sich arbeiten (lassen), um mehr Abscheu und weniger Freude mit Blick auf das Böse zu empfinden?
12. Wenn Paulus sagt, dass sich die Liebe an der Wahrheit freut, wie sieht dann diese Wahrheit aus, über die sich die Liebe freut? Auf welch unterschiedliche Weise wird der Begriff „Wahrheit“ in der Bibel gebraucht?
13. In diesem Kapitel ging es darum, dass sich die Liebe an der Wahrheit freut. Wie sieht Ihr persönlicher „Mitfreu-Quotient“ aus? Gehen Sie noch einmal die verschiedenen Bedeutungsvarianten des Wortes „Wahrheit“ durch und ordnen Sie sich auf einer Skala von 0 bis 4 ein. Ich freue mich über die Wahrheit: 4 = immer; 3 = oft; 2 = selten; 1 = manchmal; 0 = nie.
14. Überlegen Sie, was Sie (im geistlichen Bereich) zur Steigerung

Ihrer Freude unternehmen können. Wie können Sie sich die Freude an der Wahrheit erhalten und eventuell ausbauen?

15. Bitte beachten Sie den Hinweis auf Seite 27.

Kapitel 15
Die Liebe als schützende Decke

Liebe ist die Kraft Gottes

Wenn Sie mich fragen würden, welches Wort oder welchen Satz ich in meinem Leben und in meiner Erfahrung als Seelsorger und Berater am seltensten höre, wären es die drei Worte: „Es tut mir Leid." Aus irgendeinem Grund mögen wir Menschen nicht zugeben, einen Fehler gemacht, das heißt, gesündigt zu haben. Wir drücken uns lieber um die Verantwortung für unsere Taten.

Ein guter Bekannter unserer Familie ist da anders. Schon oft hat mir seine Frau erzählt, dass ihr Mann sie gelegentlich ernst anschaut und sagt: „Schatz, das war nicht richtig von mir. Kannst du mir bitte vergeben?" Sie berichtet, dass diese Worte regelmäßig das Eis brechen. Statt sich weiter mit ihm zu streiten, drückt sie ihn an sich und sagt: „Ja, ich vergebe dir gerne."

Ich wundere mich immer, wie selten diese Worte zwischen den Ehepaaren fallen, die ich berate. Auch im Kreis meiner Freunde und Kollegen ist ein solches Schuldbekenntnis selten. Warum fällt es uns so schwer, das zu tun, was dieser Mann von Herzen tat?

Wenn Sie mich übrigens fragen würden, welche Worte oder welchen Satz ich am häufigsten höre, so wären es die Worte: „Ich hab' dich lieb." Wie oft sagen die Menschen (zumindest bei uns in Amerika): „I love you!" Vielleicht haben Sie das selbst heute schon gesagt, oder Sie haben gehört, wie es Ihnen jemand gesagt hat. Die Sache ist nur die: Wenn Menschen jemandem ein leicht hingeworfenes „Ich hab' dich lieb!" zurufen, dann bezweifle ich sehr, dass es sich bei dieser Liebe um die Art von Liebe handelt, von der uns der Apostel Paulus in 1. Korinther 13 berichtet. Das ist eigentlich schade, denn 1. Korinther 13 ist die Referenz für echte Liebe. Nur eine solche Liebe gefällt Gott und macht uns zu gesegneten Zeugen in Seinem Reich.

Wenn wir das berücksichtigen, was wir bisher über biblische Liebe erarbeitet haben, würde der Satz „Ich hab' dich lieb!" bedeuten, dass unser Gegenüber darauf zählen kann, dass wir...

1. langmütig und geduldig sind,
2. freundlich,
3. nicht eifersüchtig oder neidisch,
4. nicht prahlerisch,
5. nicht stolz oder arrogant,
6. uns nicht unanständig benehmen,
7. nicht auf unserem Standpunkt beharren,
8. nicht verletzt oder beleidigt reagieren,
9. nicht Buch führen über erlittenes Unrecht,
10. keine Freude an der Ungerechtigkeit haben und
11. uns mit der Wahrheit freuen.

In diesem Kapitel möchte ich nun unser Augenmerk auf die zwölfte Eigenschaft echter Liebe lenken, die der Apostel Paulus im 7. Vers folgendermaßen beschreibt: „Die Liebe erduldet alles."

Worterklärungen

Die meisten Bibelausgaben übersetzen das griechische Wort *stego* mit dulden, so zum Beispiel die Lutherübersetzung. „Hoffnung für Alle" übersetzt: „Diese Liebe erträgt alles", und die „Gute Nachricht" überträgt: „Wer liebt, der gibt niemals jemand auf." Hermann Menge gibt sogar eine Alternativübersetzung an: „Sie deckt alles zu (=entschuldigt alles)."

Wer hat nun Recht? Was sagt Paulus in diesem Vers über die Liebe? Wenn man ein Lexikon des Altgriechischen zu Rate zieht, stellt man fest, dass *stego,* je nach Kontext, zwei Bedeutungen haben kann.

Zum ersten bedeutet das Wort *stego*: „tragen, ertragen, erdulden, sich abfinden mit, unterstützen." In dieser Bedeutungsvariante wird es im 1. Thessalonicherbrief benutzt. Dort schreibt Paulus: „Darum habe ich es auch nicht länger ertragen..." (1.Thess. 3,5; Lutherübersetzung) In diesem Zusammenhang erscheint keine andere Übersetzungsvariante sinnvoll. Und doch halte ich es aus verschiedenen Gründen nicht für angebracht, das Verb in unserer Korintherstelle so zu übersetzen. Paulus hat ja in Vers 4 bereits gesagt, wie wichtig das geduldige Ertragen (die Langmut) ist. Die letzten Worte aus Vers 7 („erträgt alles") scheinen mir den Schluss nahe zu legen, dass Paulus im ersten Teil des Verses nicht in erster Linie das Ertragen oder Erdulden aller Dinge im Sinn hatte. Der Aspekt, dass wir etwas oder jemanden ertragen oder erdulden sollen, wird eher im letzten Teil des Verses angesprochen. Wir werden uns diese Zusammenhänge in einem späteren Kapitel noch genauer ansehen.

Das Verb, das Paulus in Vers 7 benutzt, kann auch „bedecken", „zudecken" oder „beschützen" bedeuten. In dieser Variante kommt es in Markus 2,4 vor, wo (in der substantivischen Form) von einem „Dach" die Rede ist. Im 2. Kapitel des Markusevangeliums wird berichtet, dass Jesus in seiner Heimatstadt Kapernaum war, wo eine große Menschenmenge zusammenströmte, um ihn predigen zu hören. Das Haus war voller Menschen, so dass niemand mehr Platz fand, weder drinnen noch draußen vor der Tür. Nun gab es in Kapernaum vier Männer, denen es wichtig war, ihren gelähmten Freund zu Jesus zu bringen, weil sie sich Heilung erhofften. Die Männer stiegen deshalb aufs Dach, deckten es auf und ließen den Gelähmten an Seilen herunter, so dass er direkt vor Jesus landete. Das hier erwähnte „Dach" war eine Schutzvorrichtung. Die Decke über dem Zimmer bot Schutz vor Regen und neugierigen Blicken. „Dach" wird also hier im Sinne von „Schutzdach" oder „schützender Decke" verwendet.

Wie mein griechisches Wörterbuch ausführt, kann die in 1. Korinther 13,7 benutzte Verbform Folgendes bedeuten: „ein Dach über den störenden Eigenschaften eines Menschen ausbreiten", „das Unangenehme eines Menschen in einen Mantel des Schweigens hüllen", „schweigend übergehen, durch Vertraulichkeit bedecken und schützen". Mit anderen Worten: Hier geht es darum, Fehler und charakterliche Schwächen unserer Mitmenschen nicht breitzutreten, sondern sie vor anderen zu verbergen.[56] Ich glaube deshalb, dass

56 Vgl. William Arndt et al., Hg., *A Greek English Lexicon of the New Testament.* Chicago: University of Chicago Press, 1957, Seite 772, sowie W. E. Vine, *Vine's Complete Expository Dictionary of Old and New Testament Words.* Nashville: Thomas Nelson, 1996, Seite 53.

Paulus in 1. Korinther 13,7 zum Ausdruck bringen wollte, dass wir, wenn wir jemandem sagen: „Ich hab' dich lieb!", damit meinen, dass wir für diesen Menschen als Schutzschirm, als „Zudecke", als geschützter Raum fungieren, damit diese Person keinen unnötigen Schaden nimmt und nicht bloßgestellt wird. Das ist sicher keine einfache Aufgabe. Doch durch die Kraft des Heiligen Geistes können wir sie meistern.

John MacArthur schreibt in seinem Kommentar zu dieser Stelle:

> *Stego* (ertragen) bedeutet so viel wie „zudecken" oder „unterstützen" und in diesem Sinne auch „beschützen". Die Liebe erträgt alles, indem sie die Menschen vor Schaden und Bloßstellung in Schutz nimmt. Sie macht niemanden lächerlich. Echte Liebe tratscht nicht und hört sich keinen Tratsch an. Selbst wenn sie es mit tatsächlicher Schuld zu tun hat, bemüht sie sich, den Schuldigen in Schutz zu nehmen, und ihm so wenig wie möglich zu schaden.[57]

Paulus sagt in 1. Korinther 13,7 dasselbe, was der Apostel Petrus mit anderen Worten in 1. Petrus 4,8 zum Ausdruck bringt: „Vor allem aber habt innige Liebe untereinander; denn die Liebe wird eine Menge von Sünden zudecken." Die Liebe, von der Petrus hier spricht, ist eine Liebe, die bis zum Äußersten geht. Petrus stellt in diesem Vers zunächst eine eher allgemein gehaltene Forderung auf – „Habt innige Liebe!" – und sagt dann konkret, was echte Liebe vollbringt: Sie deckt die Schuld der Mitmenschen zu. Petrus und Paulus stimmen also darin überein, dass Liebe den Nächsten vor der schädlichen und schamvollen Veröffentlichung seines Fehlverhaltens bewahrt.

Vielleicht haben sich Petrus und Paulus bei ihrer Aussage an das Buch der Sprüche erinnert, wo es heißt:

1. „Wer Liebe sucht, deckt die Verfehlung zu, wer aber eine Sache weitererzählt, trennt vertraute Freunde." (Spr. 17,9)
2. „Hass erregt Streit, aber die Liebe deckt alle Verfehlungen zu." (Spr. 10,12)

57 MacArthur, *1 Corinthians*. Chicago: Moody, 1984, Seite 352.

Etwas konkreter bitte!

Es stimmt, dass die Liebe alles zudeckt. Doch diese Aussage ist noch sehr allgemein gehalten. Wir müssen noch etwas konkreter darüber nachdenken, was sie bedeutet. Meint die Bibel, dass wir mit dem Deckmantel der Liebe wirklich *alles* zudecken sollen? Dass wir das sündige Verhalten im Leben der anderen gar nicht mehr zur Kenntnis nehmen? Fordert sie uns auf, die Aussage aus Sprüche 10,12 unterschiedslos anzuwenden, und bei jedem Menschen in jeder Situation jede Schuld zuzudecken? Natürlich nicht! Ich möchte *vier Gründe* dafür nennen, dass Paulus dies nicht gemeint haben kann:

Erstens muss der Apostel etwas anderes gemeint haben, weil er uns nicht von etwas abhalten würde, was uns an vielen Stellen der Heiligen Schrift ausdrücklich geboten wird – nämlich Sünde offen anzusprechen:

- "Habt Acht auf euch selbst! Wenn aber dein Bruder gegen dich sündigt, so weise ihn zurecht; und wenn es ihn reut, so vergib ihm." (Lukas 17,3)
- "Wenn aber dein Bruder an dir gesündigt hat, so geh hin und weise ihn zurecht unter vier Augen. Hört er auf dich, so hast du deinen Bruder gewonnen." (Matth. 18,15)
- "Besser Zurechtweisung, die aufdeckt, als Liebe, die verheimlicht. Treu gemeint sind die Schläge des Freundes, aber reichlich sind die Küsse des Hassers." (Spr. 27,5-6)
- "Eine Zurechtweisung macht mehr Eindruck auf den Verständigen als hundert Schläge auf den Narren." (Spr. 17,10)
- "Wer einen anderen zurechtweist, wird zuletzt mehr Gunst finden als derjenige, der mit der Zunge schmeichelt." (Spr. 28,23)
- "[Der Gemeindeleiter] halte sich an das Wort der Lehre, das gewiss ist, damit er die Kraft habe, zu ermahnen mit der heilsamen Lehre und zurechtzuweisen, die widersprechen." (Titus 1,9, Lutherübersetzung)
- "Dieses sollst du lehren und mit allem Nachdruck ermahnen und zurechtweisen. Niemand soll dich gering schätzen." (Titus 2,15)
- Verkündige das Wort, tritt dafür ein, es sei gelegen oder ungelegen; überführe, tadle, ermahne mit aller Geduld und Belehrung!" (2.Tim. 4,2)

Zweitens wissen wir, dass Paulus mit der Aussage, dass die Liebe alles zudeckt, kein Ignorieren der Sünde gemeint haben kann, weil es mehrere Bibelstellen gibt, die uns dazu auffordern, Menschen, die von der Wahrheit abgeirrt sind, wieder zurechtzubringen.

- Unseren Nächsten zu lieben bedeutet, dass wir ihn „ernstlich zurechtweisen", wenn er gesündigt hat (3. Mose 19,17-18).
- Unseren Nächsten zu lieben, bedeutet, ihm ein „barmherziger Samariter" zu sein und seine Wunden zu verbinden (Lukas 10, 25-27).
- Andere lieben bedeutet auch, dass wir ihnen aktiv dabei helfen, ihre sündige Lebensweise hinter sich zu lassen – dass wir sie „im Geist der Sanftmut" versuchen zurechtzubringen (Gal. 6,1-2).
- Paulus selbst hat den Korinthern einen mahnenden Brief geschrieben, und zwar als Ausdruck seiner Liebe! (2.Kor. 2,4)
- Jesus sagt, dass er diejenigen, die er liebt, zurechtweist und züchtigt (Offb. 3,19), eine Wahrheit, die auch im Hebräerbrief angesprochen wird (Hebr. 12,6): „Wen der Herr lieb hat, den züchtigt er."

Drittens will Paulus, wenn er davon spricht, dass die Liebe alles erträgt, damit nicht sagen, dass wir die Sünde tolerieren sollen, weil uns die Schrift gebietet, unsere Mitmenschen so zu lieben, wie Jesus sie geliebt hat. Und Jesus hat die Menschen wegen ihrer Schuld sehr oft ermahnt und immer wieder das Böse „bedroht".

- "Und Jesus *bedrohte* ihn, und der böse Geist fuhr aus von ihm, und der Knabe wurde gesund zu derselben Stunde." (Matthäus 17,18, Lutherübersetzung)
- "Und Jesus *bedrohte* ihn und sprach: Verstumme und fahre aus von ihm!" (Markus 1,25, Lutherübersetzung)
- "Er aber wandet sich um und sah seine Jünger an und *ermahnte* den Petrus ernstlich und sprach: Weiche von mir, Satan. Denn du denkst nicht göttlich, sondern menschlich!" (Markus 8,33)
- "Und Jesus *bedrohte* ihn und sprach zu ihm: Verstumme und fahre aus von ihm! Und der böse Geist warf ihn mitten unter sie und fuhr von ihm aus und tat ihm keinen Schaden." (Lukas 4,35, Lutherübersetzung)
- "Und als er zu ihm kam, riss ihn der böse Geist und zerrte ihn.

Jesus aber *bedrohte* den unreinen Geist und machte den Knaben gesund und gab ihn seinem Vater wieder." (Lukas 9,42)

Viertens und letztens wissen wir noch aus einem weiteren Grund, dass Paulus, wenn er sagt, die Liebe deckt alles zu, damit nicht meint, dass wir die Sünden eines anderen Menschen ignorieren sollen: Paulus hat nämlich selbst oft genug die Menschen wegen ihrer Sünde ermahnt.

- Den Galatern hält er vor, das Evangelium Christi verdreht zu haben (Gal. 1-3).
- Dem Apostel Petrus wirft er Heuchelei vor (Gal. 2).
- Euodias und Syntyche ermahnt er wegen ihrer Uneinigkeit (Phil. 4,2-3).
- Den Korinthern hält er fehlende Einheit im Glauben vor (1.Kor. 1).
- Außerdem schilt er sie, weil sie innerhalb der Gemeinde einen Mann tolerieren, der eine sexuelle Beziehung zu seiner Stiefmutter unterhält (1.Kor. 5).
- Schließlich ermahnt er die Korinther wegen ihrer Überheblichkeit – und nicht nur die Korinther, sondern auch die Thessalonicher und Kolosser. Es gibt eigentlich kaum einen Brief, in dem Paulus die Adressaten nicht in irgendeiner Weise ermahnt oder zurechtweist.

Aufgabe der Seelsorge: Den Sünder zurückholen

Angesichts all dieser Bibelstellen kann Paulus also unmöglich gemeint haben, dass wir die Sünden anderer Menschen nicht ernst zu nehmen bräuchten, und auch nicht, dass wir sie ignorieren dürften. Er muss, aus den Gründen, die ich oben angeführt habe, etwas anderes gemeint haben. Nur was?

Wir kommen seiner Intention näher, wenn wir uns zu diesem Zwecke einmal Galater 6,1-2 anschauen. Was sagt Paulus an dieser Stelle über unsere Vorgehensweise hinsichtlich der Fehler und Sünden anderer Menschen? Die Stelle lautet: „Brüder, wenn auch ein Mensch von einem Fehltritt übereilt wird, so helft ihr, die ihr geistlich seid, einem solchen im Geist der Sanftmut wieder zurecht; und gib dabei Acht auf dich selbst, dass du nicht auch versucht wirst. Einer trage des anderen Lasten, und so sollt ihr das Gesetz des Christus erfüllen."

Einer der Schlüsselbegriffe zum rechten Verständnis eines biblischen Vorgehens gegenüber einem Menschen, der etwas Schlechtes getan hat, ist das Wort „Fehltritt". Paulus fordert uns auf, zunächst einmal zu überlegen, ob das, was uns am anderen nicht gefällt, wirklich Sünde ist. Das heißt: Geht es um etwas, was uns irgendwie irritiert oder „gegen den Strich" geht, oder geht es um eine klare Übertretung des Wortes Gottes? Nach meiner Überzeugung ist letzteres der Fall: Der Vers bezieht sich ganz klar auf Fälle, wo jemand in seinem Verhalten oder seiner Theologie den Maßstab der Bibel verlassen hat.

Andere wichtige Schriftstellen bestätigen und unterstützen dieses Prinzip:

- "Habt Acht auf euch selbst. Wenn aber dein Bruder gegen dich sündigt, so weise ihn zurecht; und wenn es ihn reut, so vergib ihm." (Lukas 17,3)
- "Wenn aber dein Bruder an dir gesündigt hat, so geh hin und weise ihn zurecht unter vier Augen. Hört er auf dich, so hast du deinen Bruder gewonnen." (Matthäus 18,15)
- "Brüder, wenn jemand unter euch von der Wahrheit abirrt, und es führt ihn einer zur Umkehr, so soll er wissen: Wer einen Sünder von seinem Irrweg zur Umkehr führt, der wird eine Seele vom Tod erretten und eine Menge Sünden zudecken." (Jakobus 5,19-20)

Wenn wir den Versuch unternehmen, unseren Bruder oder unsere Schwester von einem Fehler zu überführen, müssen wir unbedingt sicherstellen, dass wir uns nicht nur an dem betreffenden Menschen reiben. Vielleicht handelt es sich einfach nur darum, dass „die Chemie" zwischen uns beiden nicht stimmt. Vielleicht liebt der andere etwas, was wir hassen. Über Geschmack sollte man bekanntlich nicht streiten. Oder jemand entstammt einem anderen traditionellen oder kulturellen Hintergrund als wir. Es ist also ganz wichtig, darauf zu achten, dass wir kulturelle Unterschiede einerseits und Sünden im Sinne von „Übertretungen biblischer Gebote" andererseits streng auseinander halten. Es geht auch nicht an, jemanden zurechtzuweisen, der eine andere Meinung als wir hat (es sei denn, sie ist unbiblisch), oder jemanden zu kritisieren, der sich anders kleidet, als wir es gewohnt sind, oder der andere Verhaltensweisen an den Tag legt als wir. Der andere mag etwas tun, was uns noch so merkwürdig oder unsinnig vorkommt. Wir mögen uns fragen, wie um alles in der Welt man eine solch merkwürdige Ansicht vertreten kann. Aber all das ist noch kein Grund, dem anderen Menschen sein Tun als Schuld vorzuhalten.

Paulus legt großen Wert darauf, dass wir uns immer fragen, ob das, was uns am anderen stört, wirklich eine Sünde ist – oder reine Geschmackssache. Wenn es keine Sünde ist, dann sollten wir die Andersartigkeit unserer Mitmenschen „zudecken", sollten uns um unseren eigenen Stolz kümmern und es lernen, andere mit ihren „Macken" besser anzunehmen als es uns bisher gelungen ist.

Ein weiterer wichtiger Aspekt des Verses Galater 6,1 hängt mit dem „Ertragen" oder „Zudecken" aus 1. Korinther 13,7 zusammen und mit dem, was unter dem griechischen Wort *lambano* zu verstehen ist. Was bedeutet es, von einem Fehltritt „ereilt" oder „übereilt" zu werden – oder, wie es die meisten englischen Übersetzungen ausdrücken, „gefangen" oder „erwischt" zu werden (*caught in transgression*)?

Was versteht die Bibel darunter, dass jemand „ergriffen" oder „gefangen" wird?

Zum einen bedeutet es: „Überrascht werden". In Johannes 8,3 lesen wir, dass die Pharisäer und Schriftgelehrten eine Frau zu Jesus brachten, die sie „beim Ehebruch ergriffen" hatten. Andere Bibelstellen sprechen von Fällen, wo jemand beim Stehlen ergriffen wurde. Hier ist offensichtlich davon die Rede, dass jemand auf frischer Tat ertappt wurde. Um es juristisch auszudrücken: Die Tat erfolgte in Gegenwart mehrerer Augenzeugen.

Des Weiteren kann das griechische Wort *lambano* auch „festnehmen, festhalten" oder „in Besitz nehmen" bedeuten. In dieser Variante wird es in Lukas 19,12 benutzt: „Ein Edelmann zog in ein fernes Land, um sich die Königswürde zu *holen (d.h., in Besitz zu nehmen).*" In ähnlicher Bedeutung taucht es in 1. Korinther 11,21 auf, wo Paulus den Christen in Korinth vorwirft, dass jeder sein eigenes Essen *vorwegnimmt*, anstatt es mit den ärmeren Christen zu teilen.

Auch in der Septuaginta kommt das Verb vor. In Sprüche 7,22 ist von einer listigen Hure die Rede, die einen jungen Mann umgarnt und einfängt, so dass er schließlich Ehebruch begeht, „wie ein Stier zur Schlachtbank geführt wird, und wie ein Hirsch, der *ins Netz rennt*" (Lutherübersetzung).

Im ersten Buch Mose wird das Wort in dem Bericht über Abraham gebraucht, der mit seinem Sohn auf den Gipfel des Berges Morija wandert. Oben angekommen, sagt Isaak: „Siehe, hier ist Feuer und Holz, wo aber ist das Lamm zum Brandopfer?" (1. Mose 22,7) Die Antwort erfolgt in Vers 13: „Da erhob Abraham seine Augen und schaute, und siehe da, da war hinter ihm ein Widder, der sich mit seinen Hörnern im Gestrüpp *verfangen* hatte. Und Abraham ging hin und nahm den Widder und brachte ihn als Brandopfer dar an Stelle seines Sohnes."

Im Galaterbrief wird das Wort in einem doppelten Sinn verwendet. Es kann sich auf jemanden beziehen, der überraschenderweise bei einer Sünde „erwischt" wird. Andere können seinen Fehltritt bezeugen. Ich habe aber den Eindruck, dass Paulus in Galater 6,1 von jemandem spricht, der sich in seiner Sünde wie in einem Netz *verfangen* hat. Ein Überraschungsmoment scheint mir hier nicht vorzuliegen. Dieser Mensch steckt fest und kann sich selbst nicht befreien. Vielleicht handelt es sich um eine sündige Rede- oder Denkweise, oder um eine sündige Reaktion auf irgendeinen Lebensumstand. Jedenfalls ist hier von jemandem die Rede, der „gefangen" ist, und dessen Sünde zu einem sich ständig wiederholenden Verhaltensmuster geworden ist. Epheser 4,22 spricht in diesem Zusammenhang von einem sündigen „Lebenswandel".

Paulus will sagen, dass wir immer dann, wenn wir eine Sünde bei anderen beobachten, uns zunächst einmal fragen sollten, ob es sich dabei um ein einmaliges Ereignis handelt. Ein solches können und sollen wir im Sinn von Sprüche 10,12 „in Liebe zudecken". Wir können einen solchen Menschen getrost Gott überlassen. Er wird die Buße und Umkehr in seinem Herzen bewirken. Oder handelt es sich tatsächlich um ein sündiges Verhaltensmuster, an dem der Mensch bewusst festhält? Dann braucht er die Hilfe anderer Menschen, und wir müssen ihn dazu anleiten, seinen Lebensstil zu ändern, so dass dieser gut und Gott wohlgefällig wird. „Zudecken“ in diesem Falle bedeutet also konkrete Hilfe bei der dauerhaften Änderung einer unbiblischen Lebensweise.

Dies bringt uns zu einem weiteren Schlüsselbegriff aus Galater 6,1. Es geht um das „*Zurechtbringen* im Geist der Sanftmut“, womit eine seelsorgerliche Begleitung gemeint ist, die den Sünder wieder in die Gemeinschaft der Gläubigen zurückführt. Das hier verwendete Wort ist *katarizo*. Es findet sich auch in Hebräer 12,12-13: „Darum richtet wieder auf die schlaff gewordenen Hände und die erlahmten Knie, und macht gerade Bahnen für eure Füße, damit das Lahme nicht vom Weg abkommt, sondern vielmehr *geheilt* (*katarizo*) wird.“

Das Wort bezeichnet die Tätigkeit eines Arztes, der zum Beispiel einen ausgerenkten Arm oder eine Schulter vorsichtig wieder einrenkt, der also *zurechtrückt:* Hinterher ist wieder alles an seinem Platz, so wie es sein sollte.

Das Wort taucht außerdem in Markus 1,19 auf, wo es heißt, dass Jakobus und Johannes in ihrem Boot saßen und die Netze *flickten*. Wenn Paulus also das Wort *katarizo* in Galater 6,1 verwendet, bezieht er es auf jemanden, der sich hinsichtlich seiner Reaktionen und Denkweisen ein sündiges Verhaltensmuster zugelegt hat. Einem solchen Menschen zu helfen, bedeutet, dass wir alles dafür tun, seine Sünden zuzudecken, indem wir ihm helfen, die alte sündige Art abzulegen und eine neue, Gott wohlgefällige, biblische Lebensweise „anzulegen“.

Jay Adams schreibt zu dieser Art des Zudeckens in seinem „Kommentar für Seelsorger“ *(The Christian Counsellor's Commentary):*

> Sünde zuzudecken bedeutet, dass sich nichts zwischen zwei Brüder schieben darf. Es bedeutet, niemals jemanden zu ignorieren. Gott erlaubt weder Groll noch Abneigungen. Sünde zuzudecken bedeutet, sie ein für alle Mal zuzudecken. Wenn ein Sünder die Decke wieder abwirft, dann müssen wir zu diesem Bruder hingehen, ihm das vorhalten und die Sache zu einem erfolgreichen Abschluss bringen. Unversöhnte Beziehungen widersprechen dem Willen Gottes. Genauso bedeutet das

> Zudecken von Sünde, dass wir unserem Bruder auch dabei helfen, sich aus einer misslichen Lage zu befreien, aus der er selbst nicht herauskommt.[58]

„Sünde zudecken“ bedeutet, dass wir den anderen ermutigen, seine sündigen Verhaltensmuster zu bereuen, Gott um Vergebung zu bitten, und anschließend seinen Lebensstil zu verändern.

Zum Verständnis dessen, was Paulus unter „Sünden zudecken“ versteht, wollen wir uns nun noch zwei weitere Bibelstellen ansehen, in denen das Wort „zudecken“ im Zusammenhang mit dem Wort „Sünde“ vorkommt. Die eine ist Psalm 32,1: „Wohl dem, dessen Übertretung vergeben, dessen Sünde zugedeckt ist.“ Hier setzt der Psalmist den Vorgang des Vergebens mit dem „Zudecken von Schuld“ gleich. Einige Verse später sagt er, dass Vergebung gewährt wird, wenn ein Mensch seine Schuld bekennt, bereut und Gott dafür um Vergebung bittet.

Der zweite Text, in dem das Wort im Zusammenhang mit Sünde auftaucht, ist die bereits erwähnte Stelle Jakobus 5,19-20. Jakobus erwähnt einen Menschen, der von der Wahrheit „abirrt“, was sich auf ein Verlassen des rechten Weges in moralischer oder lehrmäßiger Hinsicht beziehen kann. Jakobus spricht hier von jemandem, der zwar einmal ein Glaubensbekenntnis abgelegt hat, doch dann den Weg der Wahrheit verlassen hat und nun verkehrt denkt und verkehrt lebt. Er hat sich inzwischen in einer Menge von Sünden „verfangen“ und kann sich nicht allein aus dem Netz befreien. Zu sehr hat er sich an seine sündige Lebensweise gewöhnt. Jakobus deutet in dem Vers an, dass der Zustand dieses Menschen so ernst ist, dass ihm der Tod droht – es sei denn, er denkt um und kehrt um. Ein solcher Mensch braucht einen Umlernprozess und bedarf der seelsorgerlichen Begleitung, so dass der ursprüngliche Zustand wiederhergestellt wird. Wenn wir ihm dabei helfen, werden wir „seine Seele vom Tod erretten und eine Menge Sünden zudecken“ (Jak. 5,20).

Was Jakobus hier sagt, hilft uns dabei, besser zu verstehen, was Paulus meint, wenn er sagt: „Die Liebe deckt alles zu.“ Paulus stimmt

58 Jay Adams, *The Christian Counselor's Commentary: Hebrews, James, I & II Peter, Jude.* Woodruff, South Carolina: Timeless Texts, 1996, Seite 282.

mit Jakobus darin überein, dass mit Blick auf einen Menschen, der sich lehrmäßig oder durch falsches Verhalten vom Herrn entfernt hat, wahre Liebe sich darin äußert, dass wir alles in unserer Macht Stehende unternehmen, um diesen Bruder zurechtzubringen. Auch hier gilt also, dass ein „Zudecken" oder „Bedecken" der Sünde bedeutet, dass der Sünder seine Schuld bekennt, Gott um Vergebung bittet, und im Anschluss daran seinen Lebensstil ändert und wieder in Übereinstimmung mit dem Wort Gottes bringt. Was dieser Mensch braucht, ist ein Zurechtbringen in Liebe, ein Zudecken der Schuld – und es ist die Liebe, die uns dazu drängt, ihm dabei zu helfen.

Auf die innere Einstellung kommt es an

Zum Abschluss unserer Überlegungen, was Paulus in Galater 6,1-3 über die seelsorgerliche Begleitung des Sünders und sein Zurückführen in die Gemeinschaft der Gläubigen sagt, möchte ich noch auf einige weitere Faktoren hinweisen, die der Apostel in diesen Versen erwähnt. Paulus betont, dass das Zurechtbringen „im Geist der Sanftmut" geschehen sollte. Was hat es mit diesem Geist der Sanftmut auf sich? Wir erinnern uns daran, dass im Matthäusevangelium uns Jesus selbst als ein Beispiel für einen „von Herzen sanftmütigen Menschen" vor Auge geführt wird. Er war sanft- und demütig, indem er sich dem Willen Gottes unterordnete, und er war sanftmütig in seiner Fürsorge und praktischen Hilfe für die Menschen, und zwar völlig unabhängig davon, welchem Lebensstil diese Menschen folgten. Menschen „in einem Geist der Sanftmut zurechtzubringen", bedeutet, sie so zu behandeln, wie Jesus Petrus behandelt hat, nachdem dieser ihn dreimal verleugnet hatte:

„Als sie nun gefrühstückt hatten, spricht Jesus zu Simon Petrus: Simon, Sohn des Jonas, liebst du mich mehr als diese? Er spricht zu ihm: Ja, Herr, du weißt, dass ich dich lieb habe! Er spricht zu ihm: Weide meine Lämmer! Wiederum spricht er zum zweiten Mal: Simon, Sohn des Jonas, liebst du mich? Er antwortete ihm: Ja, Herr, du weißt, dass ich dich lieb habe. Er spricht zu ihm: Hüte meine Schafe! Und das dritte Mal fragt er ihn: Simon, Sohn des Jonas, hast du mich lieb? Da wurde Petrus traurig, dass er ihn das dritte Mal fragte: Hast du mich lieb? Und er sprach zu ihm: Herr, du weißt alle Dinge; du weißt, dass ich dich lieb habe. Jesus spricht zu ihm: Weide meine Schafe!" (Joh. 21,15-17)

Andere im Geist der Sanftmut seelsorgerlich zu begleiten und in die Gemeinschaft der Heiligen zurückzuführen bedeutet, ihnen in Demut zu begegnen: „Ein Knecht des Herrn aber soll nicht streiten, sondern milde sein gegen jedermann, fähig zu lehren, standhaft im Ertragen von Bosheiten; er soll mit Sanftmut die Widerspenstigen zurechtweisen, ob ihnen Gott nicht noch Buße geben möchte zur Erkenntnis der Wahrheit, und sie wieder nüchtern werden aus dem Fallstrick des Teufels heraus, von dem sie lebendig gefangen worden sind für seinen Willen." (2.Tim 2,24-26)

Sanftmütiges Zurechtbringen bedeutet eine Haltung, die Jakobus folgendermaßen umschreibt (Jakobus 3,13-14): „Wer ist weise und verständig unter euch? Der zeige durch seinen guten Wandel seine Werke in Sanftmütigkeit, die aus der Weisheit kommt! Wenn ihr aber bitteren Neid und Streitsucht in eurem Herzen habt, so rühmt euch nicht und lügt nicht gegen die Wahrheit."

Nach Jakobus bedeutet Sanftmut das Gegenteil von Arroganz, Eifersucht und Eigensucht. Wer barmherzig und sanftmütig mit seinen Mitmenschen umgeht, begegnet ihnen mit einer friedliebenden Ausstrahlung, mit Gnade wie mit guten Argumenten, und ist dabei stets offen, ehrlich und transparent.

Andere im Geist der Sanftmut wieder zurechtzubringen bedeutet, dass wir...

- sehr sensibel mit den Gefühlen anderer Menschen umgehen und nichts tun, was sie in Verlegenheit führen könnte. Wir verhalten uns vielmehr wie Jesus im Gespräch mit Maria und Martha in Johannes 11.
- uns so verhalten, dass sich Menschen in unserer Gegenwart wohl fühlen und entspannen können. Sanftmütige Menschen achten darauf, dass andere in ihrer Gegenwart kein „Magengrummeln" bekommen. Wir verhalten uns wie Jesus im Gespräch mit der Sünderin in Johannes 8.
- uns gerne andere Auffassungen anhören, auch „dumme", und

nichts sagen oder tun, was unser Gegenüber in irgendeiner Weise herabsetzen würde.
- unser Gegenüber stets respektvoll behandeln, auch wenn wir anderer Meinung sind, und gerade dann.
- es vermeiden, unnötige und nicht hilfreiche Kritik zu äußern.
- grundsätzlich Abstand nehmen von jeder Art der Einschüchterung oder Drohung, sowie von Gewalt, Manipulation und autoritärem Verhalten.
- vielmehr unsere Redeweise an Sprüche 15,1-2 ausrichten, wo es heißt: „Eine sanfte Antwort wendet den Grimm ab, ein verletzendes Wort aber reizt zum Zorn. Die Zunge der Weisen gibt gute Lehre, aber der Mund der Toren schwatzt viel dummes Zeug."
- uns an Sprüche 16,21-24 halten, wo geschrieben steht: „Wer ein weises Herz hat, wird verständig genannt, und liebliche Rede fördert die Belehrung. Wer Einsicht besitzt, hat eine Quelle des Lebens, aber mit ihrer Torheit strafen sich die Narren selbst. Wer ein weises Herz hat, spricht vernünftig und mehrt auf seinen Lippen die Belehrung."
- dem Rat Salomos folgen, der gesagt hat (Spr. 18,13): „Wer antwortet, bevor er gehört hat, dem ist es Torheit und Schande."
- anderen in einer helfenden und nicht in einer herrschenden Haltung begegnen. Wir sind Diener, nicht Herren!
- grundsätzlich darauf verzichten, über die Sünde eines anderen zu sprechen, es sei denn, dies ist erforderlich, um dem betreffenden Menschen aus der Sünde herauszuhelfen, um andere vor ihm zu schützen, oder weil wir auf die Hilfe anderer angewiesen sind, um einem solchen Menschen zu helfen.

John MacArthur schreibt zu diesem Thema:

> Viele empfinden ein ziemlich perverses Vergnügen daran, die Fehler und Sünden anderer Menschen bloßzustellen. [...] Aus diesem Grunde ist Klatsch und Tratsch in unserer Zeit so beliebt. [...] Es ist pervers, aber die moralische Verkommenheit des Menschen führt dazu, dass er sich an der moralischen Verkommenheit eines anderen Menschen ergötzt. Deshalb verkaufen sich Zeitschriften, die das Böse bei anderen Menschen

> enthüllen, wie warme Semmeln. Es ist nicht anders als bei kleinen Kindern, die ihre Geschwister verpetzen. Sei es, dass wir uns selbstgerecht fühlen, wenn wir die Schuld der anderen breittreten, sei es, dass wir stellvertretende Freude darüber empfinden; wir alle werden in diesem Bereich schuldig. Liebe kann sich nicht über die Fehler anderer Menschen freuen. Sie stellt andere nicht bloß und beutet ihr Unglück nicht aus. Sie verdammt nicht und freut sich nicht über das Böse.[59]

Zum Thema „sanftmütige Seelsorge" schreibt Jay Adams:

> Den Begriff „Sanftmut" zu definieren, ist keine einfache Aufgabe. Wir verstehen das Wort am besten, wenn wir uns anschauen, was Sanftmut *nicht* ist – zum Beispiel zu einem Bruder, der in Sünde gefallen ist, zu sagen: „Hab ich mir gleich gedacht! Das wundert mich überhaupt nicht. Hättest du mal auf mich gehört, als ich dich damals ermahnt habe..." Eine solch überhebliche Einstellung ist genau das Gegenteil von Sanftmut und Barmherzigkeit. Ein barmherziger Christ würde vielmehr sagen: „Du kannst auf mich zählen, Bruder. Ich weiß, dass ich nicht besser bin als du. Ich möchte dir aber gerne helfen, und es kann gut sein, dass es in der Zukunft einmal umgekehrt ist und ich *deine* Hilfe brauche." [60]

Paulus ist davon überzeugt, dass wir, wenn wir die Sünden der Anderen zudecken wollen, immer darauf achten sollten, dass auch wir selbst in der Gefahr stehen, versucht zu werden. Dieselbe Wahrheit kommt auch in 1. Korinther 10,12 zum Ausdruck, wo es heißt: „Darum, wer meint, er stehe, der sehe zu, dass er nicht falle!"

Genau darum geht es: Wie um alles in der Welt können wir es wagen, hart und fordernd mit anderen umzugehen, wenn wir doch selbst nicht besser sind als sie? Auch wir werden versucht, und auch wir sind imstande, der Versuchung zu erliegen. Bilden wir uns etwa ein, dass wir in der Heiligung bereits so weit fortgeschritten wären, dass die Sünde keine Macht mehr über uns hätte? Dass wir

---

59 John MacArthur, *1 Corinthians*, Seite 352.

60 Jay Adams, *The Christian Counselor's Commentary: Galatians, Ephesians, Colossians, Philemon*. Woodruff, South Carolina: Timeless Texts, 1994, Seite 58.

eine höhere Ebene erreicht hätten und sündlos wären? Doch wohl kaum!

Galater 6,3 deutet in dieselbe Richtung. Paulus warnt hier sehr deutlich vor geistlichem Selbstbetrug, zum Beispiel vor der Art von Überheblichkeit, die Petrus im Gespräch mit Jesus an den Tag legte (Matthäus 26,31-35): „Da spricht Jesus zu ihnen: Ihr werdet in dieser Nacht alle an mir Anstoß nehmen; denn es steht geschrieben: ‚Ich werde den Hirten schlagen, und die Schafe der Herde werden sich zerstreuen.' Aber nachdem ich auferweckt worden bin, will ich euch nach Galiläa vorangehen. Da antwortete Petrus und sprach zu ihm: Wenn auch alle an dir Anstoß nehmen, so werde doch ich niemals Anstoß nehmen! Jesus spricht zu ihm: Wahrlich, ich sage dir: In dieser Nacht, eher der Hahn kräht, wirst du mich dreimal verleugnen! Petrus spricht zu ihm: Und wenn ich auch mit dir sterben müsste, werde ich dich nicht verleugnen! Ebenso sprachen auch alle Jünger."

Ebenso warnt der Apostel vor dem Geist des Pharisäertums, wie er in Lukas 18,9-14 beschrieben wird: „Er sagte aber auch zu etlichen, die auf sich selbst vertrauten, dass sie gerecht seien, und die Übrigen verachteten, dieses Gleichnis: Es gingen zwei Menschen hinauf in den Tempel um zu beten, der eine ein Pharisäer, der andere ein Zöllner. Der Pharisäer stellte sich hin und betete bei sich selbst so: O Gott, ich danke dir, dass ich nicht bin wie die übrigen Menschen, Räuber, Ungerechte, Ehebrecher, oder auch wie dieser Zöllner da. Ich faste zweimal in der Woche und gebe den Zehnten von allem, was ich einnehme! Und der Zöllner stand von ferne, wagte nicht einmal, seine Augen zum Himmel zu erheben, sondern schlug an seine Brust und sprach: O Gott, sei mir Sünder gnädig! Ich sage euch: Dieser ging gerechtfertigt in sein Haus hinab, im Gegensatz zu jenem. Denn jeder, der sich selbst erhöht, wird erniedrigt werden; wer aber sich selbst erniedrigt, der wird erhöht werden."

Und schließlich warnt Paulus vor der Einstellung der Laodizäer, über die es in Offenbarung 3,17 heißt: „Denn du sprichst: Ich bin reich und habe Überfluss, und mir mangelt es an nichts! – und du erkennst nicht, dass du elend und erbärmlich bist, arm, blind und entblößt."

Paulus ermahnt all die, die es sich zur Aufgabe gemacht haben, einen Bruder oder eine Schwester seelsorgerlich „wieder zurechtzubringen", dies in einer Haltung der Demut zu tun. Wir sind nichts. Wir haben nichts zu bieten. Wir haben keine Kraft und keine Lösung zur Hand. Christus ist die Lösung. Wir weisen weg von uns und hin auf Ihn.

Wir haben die Weisheit nicht gepachtet. Gottes Wort hat die Antwort. Wir dienen dem anderen daher in der Abhängigkeit von Ihm und Seinem Wort. In meinen Ausbildungskursen für Seelsorger sage ich oft, dass die „Stunde der Wahrheit" nicht die Stunde ist, die der Ratsuchende mit mir verbringt. Die „Stunde der Wahrheit" ist die Zeit, die er im Wort Gottes und im Gespräch mit seinem himmlischen Vater verbringt. Die wirkliche Arbeit tue nicht ich, sondern der Heilige Geist. Gottes Geist wirkt Veränderung, nicht die Worte des Seelsorgers.

John MacArthur schreibt über die Bedeutung der Demut im Zusammenhang mit 1. Korinther 13,7 und Galater 6,1:

> Einer der Hauptgründe, warum sich viele Christen keine Mühe machen, ihren Geschwistern zu helfen, besteht darin, dass sie sich für etwas Besseres halten. In Wirklichkeit jedoch sind sie nichts. Sie wollen dem Gestrauchelten nicht helfen, sondern ihn richten und verdammen. Hochmut und nach außen getragene Moral können Seite an Seite existieren. Hochmut und geistliche Reife schließen einander aus. Mehr noch: Hochmut ist die Ursünde des Menschen. Gott hasst Hochmut (Sprüche 6,16-17). Ein Christ, der sich für etwas Besseres hält, obwohl er nichts ist, braucht zunächst einmal Hilfe bei der Sündenerkenntnis in seinem eigenen Leben. Erst danach kann er anderen weiterhelfen. Weigert er sich, seine eigene Schuld zu sehen, so bleibt er für den Dienst an seinen Mitmenschen wertlos.[61]

61 John MacArthur, *Galatians*. Chicago: Moody, 1987, Seite 181.

Eine Frage zum Schluss: Was bedeutet der Satz „Ich hab' dich lieb!"?

Betrachten wir diese Aussage im Licht der Bibel und der bereits gewonnenen Erkenntnisse, dann würde der Satz: „Ich liebe dich", im Sinne von 1. Korinther 13 bedeuten, dass wir...

1. Geduld mit dem anderen haben,
2. nett und freundlich zu ihm sind,
3. uns über seinen Erfolg freuen und keine Neidgefühle hegen,
4. ihm gegenüber nicht angeben und nicht versuchen, ihn mit unserer angeblichen Wichtigkeit zu beeindrucken,
5. in unserer Beziehung zu ihm nicht hochmütig oder stolz sind,
6. uns ihm gegenüber nicht unhöflich oder grob verhalten,
7. nicht das Unsere suchen und nicht egoistisch sind,
8. nicht vorschnell verletzt oder beleidigt reagieren,
9. keine Freude oder Befriedigung über die Ungerechtigkeit empfinden,
10. darauf achten, dass wir uns mitfreuen, wenn das Leben dieses Menschen Gott verherrlicht,
11. ihm versichern, alles an uns Liegende zu tun, um das zuzudecken, was uns in seinem Leben nicht behagt oder sogar sündig ist.

Die Liebe, so sagt es der Apostel, deckt alles zu und erträgt alles. Zusammenfassend noch einmal die Frage: Was bedeutet dies im Einzelnen?

Es bedeutet, dass, sofern es sich um eine Angelegenheit handelt, die keine Sünde ist und keine Übertretung eines biblischen Gebots, wir das in Sprüche 19,11 geforderte Prinzip zur Anwendung bringen: *Wir sehen darüber hinweg.* Wenn es sich um Vorlieben und „Geschmackssachen" handelt, werden wir nicht von einem anderen Menschen verlangen, dass er sich nach unseren Ansichten richtet.

Es bedeutet, dass wir immer dann, wenn jemand falsch gehandelt oder reagiert hat, die Angelegenheit nicht zu hoch hängen. Wenn es sich nicht um eine „Wiederholungstat" handelt oder unser Bruder in seiner Beziehung zum Herrn oder anderen Menschen Hilfe braucht, behalten wir die Sache für uns. Andere werden nicht miteinbezogen, denn es ist eine Sünde, über die Fehler anderer Menschen zu sprechen. So etwas nennt man „Tratsch".

Bevor wir uns ein Urteil über das sündige Verhalten eines anderen Menschen erlauben (oder das, was wir dafür halten), stellen wir sicher, dass wir alle Fakten kennen. Wir setzen das in Sprüche 18,13 geforderte Prinzip („Wer antwortet, bevor er gehört hat...") in die Tat um: *Erst die Fakten, dann die Bewertung.* Wenn wir jemanden wirklich lieben, wird uns daran gelegen sein, den Ruf dieses Menschen nicht zu schädigen. Wir nehmen zunächst einmal das Beste an und setzen uns dafür ein, dass auch die anderen gut über ihn denken – es sei denn, die Fakten sind so offensichtlich, dass dies nicht mehr möglich ist.

Liebe bedeutet, dass wir immer dann, wenn wir von der Sünde eines anderen Menschen hören, traurig sind. Wir empfinden Kummer, weil uns der Mensch am Herzen liegt, und auch, weil uns Gott und Seine Ehre wichtig sind. Wenn wir wirklich sicher sind, dass unser Mitchrist in einer gewohnheitsmäßigen Sünde gefangen ist, werden wir alles in unserer Kraft Stehende tun, um ihm anhand der in Galater 6,1-3 und Jakobus 5,19-20 angesprochenen Prinzipien herauszuhelfen.

Sind wir wirklich sicher, dass unser Nächster in einem Netz der Sünde gefangen ist, bemühen wir uns nach Kräften, ihn seelsorgerlich zu begleiten und ihn in die Gemeinschaft der Heiligen zurückzuführen. Wir zeigen ihm, wie er sündige Gewohnheiten „ablegen" und einen gerechten Lebenswandel „anlegen" kann. Wir tun dies niemals in überheblicher, verdammender, richtender oder besserwisserischer Weise, sondern stets in einem Geist der Sanftmut und Demut.

Wir sind deshalb demütig, weil wir genau wissen, dass wir nicht besser sind als die anderen. Auch wir können unser Leben nicht ändern, es sei denn, Christus hilft uns. Wir haben nicht die Lösung; Christus ist die Lösung. Und es hängt nicht von unserer Weisheit oder Intelligenz ab, wenn anderen zum geistlichen Wachstum verholfen wird. Dies ist einzig und allein das Werk des Heiligen Geistes, der dem Menschen anhand des Wortes Gottes zeigt, wie er vorgehen muss, um Veränderung zu erreichen.

Sollten wir ein sündiges Verhaltensmuster bei jemandem entdeckt haben, und der Mensch zeigt trotz unseres biblischen Vorgehens nach Galater 6,1-3 keinerlei Einsicht, so werden wir die ganze Angelegenheit Gott anbefehlen. Wir werden treu für den Betreffenden beten, denn wir wissen, dass auch da, wo Worte und Ermahnungen nichts mehr ausrichten, bei Gott alles möglich ist (Matth. 19,26). „Das Gebet eines Gerechten vermag viel." (Jakobus 5,16) Thomas von Kempen hat es in seinem Buch „Die Nachfolge Christi" einmal so ausgedrückt: „Wir flehen zu dem, der in seiner unendlichen Weisheit aus dem Bösen noch Gutes machen kann, so dass Sein Wille geschieht und Sein Name verherrlicht wird."[62]

Dass die Liebe alles zudeckt, bedeutet in einem umfassenderen Sinn auch, dass wir immer dann, wenn wir eine sündige Gewohnheit bei jemandem feststellen, uns selbstkritisch fragen, wie es in unserem eigenen Leben aussieht, und ob uns Gott durch die Weigerung des anderen, sich zu ändern, etwas lehren möchte. Für diesen Fall gilt das, was Thomas von Kempen gesagt hat:

> Vergiss nie, dass auch du mit deinen Gefühlen möglicherweise die Geduld deiner Mitmenschen auf eine harte Probe stellst. Und wenn dies so ist, solltest du erkennen, wie unvernünftig es von dir ist, von anderen in allen Dingen zu verlangen, dass sie so werden wie du, wenn du es doch noch nicht einmal selbst schaffst, so zu werden, wie du sein müsstest. [...] Wenn es keine Fehler und Versäumnisse mehr unter den Menschen gäbe, würden dann nicht auch einige Tugenden und gute Eigenschaften verloren gehen? Wo bliebe die Geduld, die Vergebung, das stille Ertragen – wenn es nichts mehr gäbe, was man um Christi willen still ertragen müsste? So wäre es doch ein Verlust, wenn es keine Fehler mehr gäbe und jeder Mensch vollkommen wäre und stets seine Pflicht täte.[63]

62 Thomas von Kempen, übersetzt aus der englischsprachigen Ausgabe *The Imitation of Christ*. New York: Doubleday, 1955, Seite 38.
63 ibid.

Ein alter Satz mit neuer Bedeutung

All dies – so meine feste Überzeugung – hatte Paulus im Sinn, als er sagte, dass die Liebe alles zudeckt. Der oft gehörte Satz „Ich hab' dich lieb!" erhält hierdurch eine ganz neue Bedeutung. Ich möchte Sie deshalb ganz direkt fragen:

1. Ist Ihnen eigentlich klar, was es bedeutet, wenn Sie jemanden Ihrer Liebe versichern?
2. Möchten Sie mit mir gemeinsam daran arbeiten, den Satz „Ich liebe Dich" wieder mit seiner ursprünglichen Bedeutung zu füllen – das heißt, wieder so zu lieben, wie Gott es gemeint hat?

Es ist meine Hoffnung, dass Sie sich für eine solche Art der Liebe entscheiden. Und ich bin überzeugt, dass wir dann, wenn wir uns um eine Liebe bemühen, wie sie in 1. Korinther 13 beschrieben wird, ein Leben führen werden, das mit Gottes Hilfe einen heilsamen Einfluss auf unsere Mitmenschen und die Welt hat, so dass viele Seelen für Ihn gewonnen werden.

Fragen zum Inhalt, zum Nachdenken, zur Anwendung des Gesagten und zur Diskussion

1. Warum habe ich Ihrer Ansicht nach dieses Kapitel mit der Überschrift „Die Liebe als schützende Decke" versehen?
2. Fassen Sie noch einmal zusammen, was wir nach unserem Bibelstudium damit meinen, wenn wir einem Menschen sagen, dass wir ihn lieben?
3. Auf welche Weise lässt sich das in 1. Korinther 13,7 verwendete Wort für „(er)tragen" bzw. „zudecken" definieren?
4. Welche vier Gründe sprechen dafür, dass Paulus, wenn er sagt: „Die Liebe deckt alles zu", damit *nicht* meint, dass wir die Sünde ignorieren sollten?
5. Fassen Sie kurz zusammen, was Galater 6,1-2 über das Zudecken von Schuld aussagt.
6. Was sagt diese Stelle über das konkrete seelsorgerliche Vorgehen beim Zudecken von Schuld aus?
7. Was kann das in Galater 6,1 benutzte griechische Wort

lambano bedeuten? Welcher der zwei möglichen Übersetzungen ist hier der Vorzug zu geben?

8. Was bedeutet „zurechtbringen" in Galater 6,1-2?
9. Was bedeutet die Einschränkung „in einem Geist der Sanftmut" in diesem Vers?
10. Worauf kommt es in der Seelsorge an, insbesondere, wenn es um das Zurückführen des Sünders in die Gemeinschaft der Gläubigen geht? Vor welchen Gefahren müssen wir uns dabei in Acht nehmen?
11. Schauen Sie sich noch einmal die in diesem Kapitel erwähnten Rahmenbedingungen für das Zurückbringen des Sünders in die Gemeinschaft an und überlegen Sie dabei:

a) ob Sie selbst schon einmal an einem derartigen seelsorgerlichen Prozess beteiligt waren. Um wen handelte es sich dabei? Wann war das? Welche Erfahrungen haben Sie gemacht?
b) ob Ihr Vorgehen wirklich in Liebe geschah,
c) ob Ihr Vorgehen in einem Geist der Sanftmut geschah. Sehen Sie sich dazu noch einmal an, was das „Zurechtbringen im Geist der Sanftmut" konkret bedeutet und benutzen Sie meine Vorschläge zu einer persönlichen Einschätzung: 4 = so bin ich *grundsätzlich* verfahren; 3 = so bin ich *meistens* verfahren; 2 = so bin ich *gelegentlich* vorgegangen; 1 = so habe ich es *selten* gemacht; 0 = so habe ich es *nie* gemacht.
d) Nutzen Sie diese „Noten" zur Analyse Ihrer persönlichen Stärken und Schwächen.
e) Überlegen Sie nun, wie Sie im Licht der biblischen Lehre und der Auslegung dieses Kapitels daran arbeiten können, ihre seelsorgerlichen Fähigkeiten weiter auszubauen. Was können Sie tun, damit Sie Menschen effektiver und sanftmütiger zurechtbringen können?

12. Bitte beachten Sie den Hinweis auf Seite 27.

Kapitel 16
„Die Liebe glaubt alles"
– aber sie ist nicht leichtgläubig

Ist biblische Liebe naiv?

Mariano DiGangi, Pfarrer an der altehrwürdigen *Tenth Presbyterian Church* in Philadelphia schreibt in einer Auslegung über die Liebe:

> Wenn wir uns unsere krisengeschüttelten Zeiten ansehen, muss eigentlich jeder wissende Mensch aufschreien: Wir stehen vor der Alternative: Liebe oder Untergang. Unserer ansonsten so wohlhabenden Gesellschaft fehlt die Liebe. Wie viele Ehen blieben vor Trennung und Scheidung bewahrt, wenn die Partner einander wirklich liebten. Wie viel Trost und Ermutigung würde es für die Armen und Einsamen bedeuten, wenn es in unserer Welt mehr Liebe gäbe. Und wer mag ermessen, welch eine frische Brise durch unsere Kirchen und Gemeinden wehen würde, wenn die Menschen durch echte Liebe in die Gemeinschaft der Gläubigen gezogen würden. Was wir brauchen, ist Liebe, echte, christliche Liebe.[64]

Unsere Studien zu 1. Korinther 12,31 bis 13,8 haben gezeigt, dass die Gedanken von Pastor DiGangi genau das zum Ausdruck bringen, was Paulus in unserer bekannten Bibelstelle aussagt. Nachdem der Apostel in 1. Korinther 12,31 über die Bedeutung und Begrenzung der geistlichen Gaben gesprochen hat, sagt er zum Schluss: „Ich will euch einen noch weit vortrefflicheren Weg zeigen." (1.Kor. 12,31) Paulus benutzt hier das griechische Wort *hyperbole.* Paulus will uns sozusagen einen „hyper-guten" oder „mega-guten" Weg zeigen. Er meint damit nicht irgendeinen „etwas besseren"

---

64 Mariano DiGangi, *Christian Love.* Philadelphia: Verlag Time and Eternity, 1966, Seite 5.

Weg, sondern den allerbesten. In Galater 1,13 wird dasselbe Adjektiv mit „über die Maßen“ übersetzt und in 2. Korinther 4,7 mit „überragend“. Der Apostel benutzt den Superlativ mit voller Absicht. Es geht ihm darum, uns die bestmögliche Methode zu zeigen, wie wir unsere Welt positiv beeinflussen und Menschen für Christus gewinnen können. Es ist ein „Mega-Gewinn“ für die Menschheit, der alle unsere Vorstellungen sprengt.

Der Hauptgewinn für die Menschheit!

Wie sieht nun dieser „Hauptgewinn der Liebe“ aus, über den Paulus redet? Wir haben inzwischen fünfzehn Kapitel damit zugebracht, über seine Bedeutung nachzudenken. Der „über alle Maßen wertvolle“ Weg, Menschen für Christus zu gewinnen, ist nicht nur das Vorrecht einiger weniger Auserwählter. Wir brauchen keine Apostel oder Bibelschullehrer zu sein, um unsere Mitmenschen mit echter, biblischer Liebe zu erreichen. Und noch etwas stellt Paulus klar: Wahre Liebe ist wichtiger als der Besitz übernatürlicher Geistesgaben.

Schauen wir uns darum das nächste Merkmal biblischer Liebe an: „Die Liebe glaubt alles.“ (vgl. 1.Kor. 13,7) Vielleicht denken Sie, wenn Sie einen solchen Satz lesen: „Was?! Ich bin doch nicht von gestern. Ich denke nicht daran, alles zu glauben, was ich höre!“ Eine solche Reaktion ist nur allzu verständlich, gerade in unserer heutigen Zeit, in der es so viel Lug und Trug gibt. Lassen Sie uns deshalb untersuchen, was Paulus wirklich sagen wollte.

„Die Liebe glaubt alles“ – was Paulus damit *nicht* sagen will

„Alles glauben“ bedeutet nicht, dass der Apostel uns dazu auffordert, leichtgläubig oder naiv in den Tag hinein zu leben. Es bedeutet nicht, dass wir einem Jungen, der uns soeben Geld aus der Tasche gestohlen hat, Glauben schenken, wenn er sagt, er habe es nicht getan. Es bedeutet auch nicht, dass wir dem Betrunkenen glauben, der uns entgegengewankt kommt und nach Alkohol riecht, aber versichert, er habe keinen Tropfen angerührt. Genauso wenig bedeutet es, dass wir auf alle möglichen, unrealistischen Versprechen hereinfallen, nur weil wir einen Menschen nicht enttäuschen und ihm christliche Nächstenliebe entgegenbringen wollen. Und wir werden auch dem geschulten Verkäufer nicht glauben, wenn er behauptet, dass sein Produkt – heute im Sonderangebot! – wahre Wunder bewirken kann.

Paulus verlangt also nicht von uns, dass wir unseren Verstand an der Garderobe abgeben und von nun an alles für bare Münze nehmen. Übrigens gilt dies auch für den geistlichen Bereich. Wenn zum Beispiel jemand behauptet, er liebe seine Mitchristen, aber diese ständig kritisiert und verurteilt, brauchen wir ihm seine angebliche Liebe nicht abzunehmen. Wenn uns jemand versichert, er liebe den Herrn Jesus, aber ein solcher Mensch weder die Bibel liest noch sich nach Predigt und Gottesdienst sehnt, müssen wir ihm dies nicht abnehmen. Und wer von sich behauptet, ein fleißiger Arbeiter zu sein, aber ständig faul in der Ecke steht, braucht von uns ebenfalls keinen Glauben zu erwarten. Es ist doch ganz klar, dass „alles glauben" so nicht gemeint sein kann, denn es gibt in der Bibel genügend Verse, die uns vor Leichtgläubigkeit und Naivität warnen:

- „Der Unverständige glaubt jedem Wort, aber der Kluge gibt auf seine Schritte acht." (Spr. 14,15) „Unverständig" könnte man hier auch mit „leichtgläubig" oder „naiv" übersetzen.
- „Der Kluge sieht das Unheil und verbirgt sich; die Unerfahrenen aber tappen hinein und müssen es büßen." (Spr. 27,12) Eva verhielt sich im Garten Eden äußerst naiv. Sie glaubte der Schlange und kam zu dem Schluss, dass Ungehorsam Sinnesfreuden verheißt (1.Mose 3). Naiv verhält sich jeder, der den Einflüsterungen des Bösen glaubt und dem, was die Welt zum Thema Freude, Werte, Sexualität, Geld und Gott zu sagen hat.
- „Wer sich auf sein eigenes Herz verlässt, ist ein Narr; wer aber in der Weisheit wandelt, der wird entkommen." (Spr. 28,26) Der Narr verlässt sich auf seinen Verstand und hat ihn zum Maßstab seines Lebens gemacht. Wie uns dieser Vers sagt, hilft ihm das nicht weiter. Wir sollten nur einem Maßstab vertrauen, dem heiligen Wort Gottes!
- „Der Weg des Narren ist richtig in seinen Augen, aber ein Weiser hört auf guten Rat!" (Spr. 12,15)

- „Einem Toren ist es nicht ums Lernen zu tun, sondern darum, zu enthüllen, was er weiß.“ (Spr. 18,2) „Wer antwortet, bevor er gehört hat, dem ist es Torheit und Schande.“ (Spr. 18,13) Hier haben wir einen Toren vor uns, der anderen Menschen erzählt, was seiner Meinung nach richtig ist. Wir kennen diese Menschen. Vielleicht sind sie der Meinung, dass man durchaus ein Christ sein und dabei unzüchtig leben kann. Vielleicht vertreten sie auch die Ansicht, dass man als Christ Pornographie konsumieren dürfe. Oder dass es Gott nicht so genau nimmt mit der Sünde, oder Er sowieso nicht merkt, was wir tun. Solchen Menschen „alles zu glauben“, wäre in der Tat töricht!
- Töricht ist auch der junge Mann, der auf die Worte der Verführerin hereinfällt, so wie sie in Sprüche 7,6-22 beschrieben werden.
- Töricht, dumm und leichtgläubig ist jeder, der sich weigert, auf guten, biblischen Rat zu hören. Töricht, dumm und leichtgläubig ist jeder, der sich in schlechte Gesellschaft begibt und auf Menschen hört, die ihn zur Sünde verführen und ihm einreden wollen, das sei gut für ihn. (vgl. Spr. 18,15)
- „Geh weg von dem dummen Menschen! Du hörst doch nichts Gescheites von ihm.“ (Spr. 14,7)

Wie sehen sie aus, diese „dummen Menschen“? Im Buch der Sprüche wird uns gezeigt, was sie auszeichnet, und wie wir sie erkennen. Vielleicht kommen Ihnen einige der folgenden Menschen und Situationen bekannt vor:

- „Die Weisheit lässt den Klugen erkennen, welchen Weg er gehen soll, aber die Torheit der Narren betrügt sie selbst.“ (Spr. 14,8) Ein Narr macht sich also selbst etwas vor. Ein Narr ist ein Mensch, der gewohnheitsmäßig lügt.
- „Der Weise fürchtet sich und weicht vom Bösen, aber der Tor ist übermütig und sorglos.“ (Spr. 14,16) Ein Tor ist also jemand, der nachlässig und hochmütig durchs Leben geht.
- „Wie lange wollt ihr Unverständigen den Unverstand lieben und ihr Spötter Lust am Spotten haben und ihr Toren Erkenntnis hassen?“ (Spr. 1,22) Ein Tor ist jemand, der nichts auf die Erkenntnis Gottes gibt.

- „...weil sie meinen Rat nicht begehrt und alle meine Zurechtweisung verschmäht haben. Darum sollen sie von der Frucht ihres eigenen Weges essen und von ihren eigenen Ratschlägen genug bekommen." (Spr. 1,29-31) Ein Tor ist jemand, der keine Gottesfurcht kennt, Gottes Rat weder annimmt noch sucht, und sich gegen Gottes Züchtigung auflehnt.
- „Denn die Abtrünnigkeit der Unverständigen bringt sie um, und die Sorglosigkeit der Toren stürzt sie ins Verderben." (Spr. 1,32) Ein Tor lebt selbstgefällig. Er kümmert sich nicht um Gott und Sein Wort.
- „Der Weg des Narren ist richtig in seinen Augen, aber ein Weiser hört auf guten Rat." (Spr. 12,15) Ein Tor ist jemand, der nur zwei Meinungen kennt: seine eigene und die falsche. Auf Rat zu hören, erscheint ihm als Zeitverschwendung.
- „Ein Narr lässt seinen Ärger sofort merken, der Kluge aber steckt die Beleidigung ein." (Spr. 12,16) Ein Narr kann es nicht verbergen, wenn er sich angegriffen fühlt. Der Tor ist von Natur aus reizbar.

Zusammenfassend kann man sagen, dass die Bibel jemanden als einen „dummen Menschen" bezeichnet, dessen Reden und Handeln im Gegensatz zu Gottes Wort steht. Das Schlimme dabei ist, dass der Tor dumm genug ist, nichts an seiner Dummheit zu ändern. Wir sollten solchen Menschen aus dem Weg gehen! Wer zu viel Zeit mit dummen Menschen verbringt, so sagt es das Buch der Sprüche ganz klar, wird im Laufe der Zeit das Unterscheidungsvermögen für Gut und Böse verlieren. Dummheit färbt ab. Das heißt: Wer sich zu viel und zu lange in der Gegenwart von Toren aufhält, wird selbst zu einem.

Angesichts all dieser Warnungen verstehen wir nun besser, was Paulus meint, wenn er sagt, dass die Liebe alles glaubt: Jedenfalls nicht, dass wir leichtgläubig oder naiv durchs Leben gehen sollten. Wir können dies mit Bestimmtheit sagen, denn es gibt in der Heiligen Schrift noch viele weitere Verse, die uns ermahnen, besonnen zu sein. Aufmerksamkeit, Vorsicht und eine kritische Analyse des Zeitgeistes sind wichtige biblische Tugenden. Wir wollen uns deshalb noch ein paar weitere Schriftbelege ansehen, die von der Weisheit als Gegensatz zur Torheit reden.

- „Der Unverständige glaubt jedem Wort, aber der Kluge gibt auf seine Schritte acht.“ (Spr. 14,15) Der weise und intelligente Mensch wird als jemand vorgestellt, der weise Entscheidungen trifft. Er ist schlau und hütet sich davor, blind alles zu glauben, was ihm jemand erzählt oder rät. Er ist ein „Selbstdenker“, aber er richtet sein Denken an der Bibel aus. Was andere sagen und was er selbst denkt, wird im Licht der Schrift analysiert – auch wenn die Meinungen der anderen noch so interessant klingen.
- „Der Weise fürchtet sich und weicht vom Bösen.“ (Spr. 14,16) Das heißt, ein weiser Mensch tut nicht einfach etwas, weil es Spaß macht oder sein Interesse geweckt hat. Ein weiser Mensch achtet darauf, nie etwas zu tun, was Gott missfallen könnte.
- „Der Kluge sieht das Unglück kommen und verbirgt sich.“ (Spr. 22,3, Lutherübersetzung) Der weise Mensch verhält sich wie Joseph, als er von der Frau des Potiphar verführt wurde. Joseph nimmt vor der Sünde Reißaus! (1. Mose 39,7-19) Auch der Prophet Elia handelte weise, als er von Isebel verfolgt wurde. In 1. Könige 17,3 befiehlt Gott ihm, sich zu verstecken, und Elia gehorcht. Das Handeln eines Weisen lässt sich mit einem Menschen vergleichen, der zum Glauben findet: Er hat seine eigene Sündhaftigkeit erkannt, sieht das Gericht kommen, flieht aber dann zu Jesus Christus, der ihn vor dem kommenden Zorn Gottes in Schutz nimmt.
- „Prüft alles, das Gute behaltet!“ (1.Thess. 5,21) Ein weiser Mensch analysiert jede Lehre und Ideologie und behält das, was Gottes Wahrheit ist. Und alle Wahrheit ist Gottes Wahrheit.
- „Das aber sollst du wissen, dass in den letzten Tagen schlimme Zeiten eintreten werden.“ (2.Tim. 3,1) Die Zeiten werden nicht besser, sondern schlechter. Das hängt damit zusammen, dass Menschen das Sagen haben, die zwar an einer äußerlichen Form der Frömmigkeit festhalten, aber in Wirklichkeit gegen den christlichen Glauben arbeiten. Diese Menschen sind selbst verführt, und sie verführen andere. Wir werden ermahnt, uns von solchen Menschen abzuwenden (2.Tim. 3,5). Hierzu brauchen wir Weisheit. Ein weiser Mensch durchschaut solche Menschen und geht ihnen aus dem Weg.

- „... wie auch unser geliebter Bruder Paulus euch geschrieben hat nach der ihm gegebenen Weisheit, so wie auch in allen Briefen, wo er von diesen Dingen spricht. In ihnen ist manches schwer zu verstehen, was die Unwissenden und Ungefestigten verdrehen, wie auch die übrigen Schriften, zu ihrem eigenen Verderben. Ihr aber, Geliebte, da ihr dies im Voraus wisst, so hütet euch, dass ihr nicht durch die Verführung der Frevler mit fortgerissen werdet und euren eigenen festen Stand verliert." (2.Petr. 3,15b-17) Petrus ermahnt uns zur Wachsamkeit gegenüber denen, die die Schrift verdrehen. Er möchte nicht, dass wir ungefestigten Lehrern folgen, die uns durch die Verdrehung biblischer Tatsachen in die Irre leiten. Ein weiser Mensch besitzt Unterscheidungsvermögen und prüft alles, was er hört, am Maßstab der Heiligen Schrift.
- „Geliebte, glaubt nicht jedem Geist, sondern prüft die Geister, ob sie aus Gott sind. Denn es sind viele falsche Propheten in die Welt ausgegangen." (1.Joh. 4,1) Auch hier werden wir aufgefordert, nicht leichtgläubig zu sein und jeder Lehre zu folgen. Es ist wichtig, jede Art von Lehre zu überprüfen, um herauszufinden, ob sie wirklich von Gott stammt.
- „Diese aber waren edler gesinnt als die in Thessalonich und nahmen das Wort mit aller Bereitwilligkeit auf; und sie forschten täglich in der Schrift, ob es sich so verhalte." (Apg. 17,11) Gott lobt die Juden in Beröa und nennt sie „edel gesinnt" – aus zwei Gründen: *Erstens*: Sie nahmen die biblische Botschaft bereitwillig und unvoreingenommen auf, und *zweitens*: Sie untersuchten das, was sie gehört hatten, anhand der Schrift, um festzustellen, ob die Lehre biblisch war.
- „Ich kenne deine Werke und deine Bemühung und dein standhaftes Ausharren, und dass du die Bösen nicht ertragen kannst; und du hast die geprüft, die behaupten, sie seien Apostel und sind es nicht, und hast sie als Lügner erkannt." (Offb. 2,2) Jesus lobt die Epheser, weil sie auch diejenigen überprüften, die sich Apostel nannten (und es nicht waren). Und wie überprüften sie sie? Anhand des Maßstabs der Heiligen Schrift.

In den über fünfzig Jahren meines Dienstes sind mir eine Reihe von Menschen begegnet, die mir erzählt haben, dass ihr Leben durch irgendetwas, was sie gelesen haben, durch irgendetwas, was ihnen geraten wurde, oder durch irgendeine Pille, die sie genommen haben, von Grund auf umgekrempelt worden sei. Ich lasse mir dann meist genau erzählen, welche Einsicht es war, die ihr Leben umgekrempelt hat, und was sie unter „umgekrempelt“ verstehen. Und wenn ich mir das angehört habe, stelle ich immer wieder dieselbe Frage: „Auf welchem Bibelvers oder –text basiert diese revolutionär neue Erkenntnis?“ Mir liegt nämlich sehr daran, dass die Menschen alles „revolutionär Neue“ anhand der Bibel überprüfen.

Die Frage der Glaubwürdigkeit entscheidet sich nie daran, ob jemand behauptet, die Wahrheit zu sagen. Sie entscheidet sich auch nicht an der „Nettigkeit“ oder dem Sympathiefaktor eines Menschen. Es kommt auch nicht drauf an, ob das, was der andere sagt, mit meiner Erfahrung übereinstimmt. Der andere kann mir noch so viele Verse an den Kopf werfen, noch so gelehrig klingen und die „Sprache Kanaans“ noch so perfekt beherrschen. Es kommt nur auf eines an: Stimmt das, was er sagt, mit der Heiligen Schrift und einer schriftgemäßen Theologie überein? Es hat im Laufe der Kirchengeschichte leider immer wieder Menschen gegeben, die das Wort Gottes zwar auslegen, es aber falsch interpretieren.

Aus den erwähnten biblischen Gründen können wir mit Sicherheit schlussfolgern, dass Paulus mit den Worten „Die Liebe glaubt alles“ nicht gemeint hat, dass wir als Christen leichtgläubig oder naiv sein sollten. Es gibt ja „Experten“ im zwischenmenschlichen Bereich, die uns einreden wollen, dass die beste Methode, „wie man Freunde gewinnt“ in der Kunst besteht, „beliebt und einflussreich“ zu werden. Sie propagieren den stets netten Menschen, der niemals kritische Fragen stellt, zu allem Ja und Amen sagt, und nichts höher schätzt, als in Harmonie mit seinen Mitmenschen zu leben. Biblisch ist ein solches Harmoniestreben sicher nicht!

„Die Liebe glaubt alles" – was Paulus damit sagen will

Dies bringt uns zu der Frage: Wenn Paulus nicht gemeint hat, dass die Liebe leichtgläubig oder naiv ist, was hat er dann gemeint? Ich glaube Folgendes: *Mit dem Vers „Die Liebe glaubt alles" will der Apostel zum Ausdruck bringen, dass wir es in unseren zwischenmenschlichen Beziehungen nicht zulassen dürfen, dass Verdächtigungen, Zynismus oder eine übermäßig kritische Haltung die Oberhand gewinnen.* Dass die Liebe alles glaubt, bedeutet, dass wir mit Blick auf die Worte und Taten unserer Mitmenschen stets das Beste annehmen, es sei denn, jemand hat uns das Gegenteil bewiesen. Es bedeutet, dass wir immer dann, wenn wir nicht hundertprozentig wissen, dass der andere etwas getan hat, was falsch, böse oder unbiblisch war, die Situation zu seinen Gunsten auslegen. Wir nehmen also bis zum Beweis des Gegenteils stets das Beste an. Wir glauben und urteilen mit gutem Gewissen und bleiben innerlich wohlwollend.

Jerry Bridges schreibt in seinem bereits erwähnten Buch *Respectable Sins* über die Angewohnheit, andere Menschen zu kritisieren:

> Wir alle werden im Bereich des „Richtens über andere" von Zeit zu Zeit schuldig. Einige von uns allerdings haben sich das Richten zur Gewohnheit gemacht. Es gibt Menschen, die von einem regelrechten „Geist des Richtens" beherrscht werden. Bei allem und jedem finden sie etwas auszusetzen. Egal, worüber man mit ihnen spricht, seien es andere Menschen, ihre Gemeinde oder irgendein Ereignis; es macht keinen Unterschied; diese Leute fangen sofort an, sich auf das Negative zu konzentrieren.[65]

Wenn Bridges sagt, das Richten – oder der „Geist des Richtens" – sei eine „Sünde mit gutem Ruf", so will er damit sagen, dass diese Unart zu einer Kategorie von Sünden gehört, die nicht ernst genug genommen werden – es sei denn, dass wir selbst die Leidtragenden sind, über die gerichtet wird. Der Ausdruck „guter Ruf" ist in diesem Zusammenhang natürlich ironisch gemeint. Er

65 Jerry Bridges, *Respectable Sins*. Colorado Springs: NavPress, 2007, Seite 146.

deutet an, dass es sich um eine Unart handelt, die wir nur allzu oft entschuldigen, besonders wenn wir selbst die Missetäter sind. Ich denke, Jerry Bridges hat Recht, wenn er sagt, dass einige unter uns sich das Richten zur Angewohnheit gemacht haben. Für einige ist es zu einer ansteckenden geistlichen Krankheit geworden. Auch hat Bridges Recht, wenn er sagt, dass wir uns alle hin und wieder dieser Sünde schuldig machen. Wie auch immer die zeitliche Abfolge ist, ob wir nun gewohnheitsmäßig richten oder „nur“ gelegentlich: Richten (das seine Ursache meist in unserem Stolz hat) ist und bleibt eine Sünde und eine Übertretung des in 1. Korinther 13,7 geforderten Liebesgebots.

John MacArthur schreibt in seiner Auslegung unseres Verses: „Wird jemandem ein Unrecht vorgeworfen, so besteht die Liebe bis zum Beweis des Gegenteils auf der Unschuldsvermutung. Auch wenn die Schuld des anderen zweifelsfrei erwiesen ist, nimmt die Liebe nicht gleich das schlechteste Motiv für seine Tat an.“[66]

Jakobus 3,17 charakterisiert „die Weisheit von oben“ folgendermaßen: „Sie lässt sich etwas sagen.“ Das hier verwendete griechische Wort *eupeithes* („einsichtig“) kann auch mit „lässt sich überzeugen“ übersetzt werden. Was Jakobus über einen weisen Menschen sagt, entspricht also dem, was Paulus über einen liebenden Menschen sagt: Er ist grundsätzlich *überzeugt* von den lauteren Motiven und Taten seines Mitmenschen, es sei denn, es gibt unwiderlegbare Gegenbeweise.

Und was bedeutet das konkret?

Soviel zur allgemeinen Auslegung. Jetzt gilt es zu überlegen, wie dies in der täglichen Lebenspraxis aussieht. Es bedeutet zum Beispiel, dass wir die Menschen nicht so behandeln, wie Hiob von seinen Freunden behandelt wurde. Diese Männer „wussten“ sofort, was Hiob fehlte: Offensichtlich hatte Gott ihn für einige schwere Sünden bestraft. Diese so genannten „Freunde“ weigerten sich beharrlich, die andere Seite zu hören. Sie stellten Hiob nicht eine einzige Frage, die es ihnen ermöglicht hätte, weitere Informationen zu erhalten. Hiob fleht die Männer an, ihn nicht länger zu quälen und bittet sie: „Hört, o hört doch an, was ich zu sagen habe; das soll der Trost sein, den ihr

66 John MacArthur, *1 Corinthians*. Chicago: Moody, 1984, Seite 354.

mir gewährt." (Hiob 21,2) Doch die Männer haben kein Interesse daran, sich in Hiob hineinzuversetzen. Seine Sicht der Dinge ist ihnen egal. Stattdessen wird unterstellt, verleumdet, verurteilt. Während der Gespräche müssen sie sich auch hinter Hiobs Rücken besprochen haben. Sie hielten an ihrer Meinung fest, auch wenn es keinerlei Beweise für deren Richtigkeit gab.

Dabei widersprachen ihre Vorwürfe ganz klar allem, was wir in der Bibel über Hiob erfahren. Es heißt, dass Hiob ein reifer und gefestigter Mensch war, der Gott fürchtete und dem Bösen aus dem Weg ging. Wir wissen aus den ersten beiden Kapiteln des Buches Hiob, dass dies auch aus Gottes Sicht der Wahrheit entsprach. Dennoch weigerten sich die Freunde, in Hiob irgendetwas Gutes zu sehen. Menschen, die von einer Liebe getrieben sind, die „alles glaubt", handeln genau entgegengesetzt!

Was bedeutet es weiter, dass die Liebe alles glaubt? Es bedeutet, dass wir uns weigern, das zu tun, was im Buch der Sprüche so beschrieben wird: „Ein nichtswürdiger Mann gräbt Unheilsgruben, und auf seinen Lippen brennt es wie Feuer." (Sprüche 16,27) Hier wird ein Mensch beschrieben, der mit einer Schaufel im Dreck herumwühlt und dessen Lippen Gift und Galle speien. Kennen Sie Menschen, die so reden und handeln? Gehören Sie möglicherweise selbst dazu? Uns wird das Bild eines Mannes vor Augen gemalt, der bei anderen ständig Fehler sieht. Wenn er auf Anhieb keine findet, holt er seine Schaufel heraus und fängt an zu graben. In Kombination mit seiner bewährten „Fehler-Suchbrille" wird ihm das Schlechte am anderen nicht entgehen – und falls doch, dann erfindet er es! Sein Mund ist ein wahrer Flammenwerfer des Unheils. Er krittelt, verleumdet, verletzt, zerstört. Wenn wir Menschen sind, die eine Liebe haben, die alles glaubt, praktizieren wir das Gegenteil!

Was bedeutet es noch, von einer Liebe beseelt zu sein, die alles glaubt? Es bedeutet, dass wir eine Einstellung vermeiden, die in den Sprüchen so beschrieben wird: „Wer ein verkehrtes Herz hat, findet nichts Gutes, und wer eine arglistige Zunge hat, fällt ins Unglück." (Sprüche 17,20) Auch in dieser Stelle geht es um jemanden, der kein gutes Haar an seinen Mitmenschen lässt. Was immer sie tun, wie immer sie sich verhalten, dieser Mensch kritisiert und ist grundsätzlich misstrauisch. Das Gute ist ihm nie gut genug. Er schraubt seine Erwartungen stets so hoch, dass sie nicht erfüllt werden können.

Sollte ihm seitens seiner Mitmenschen doch einmal etwas Positives widerfahren sein, dann ist unser misstrauischer Zeitgenosse davon überzeugt, dass dies aus unlauteren Motiven geschah. Seine Zweifel reden ihm ein, dass der andere mit Sicherheit nur den eigenen Vorteil im Sinn hatte. Eine Liebe, die alles glaubt, gibt sich alle Mühe, den Mitmenschen so nicht zu behandeln.

Was bedeutet es, eine Liebe zu haben, die alles glaubt? Es bedeutet, dass wir es vermeiden, uns so zu verhalten, wie sich einige der vorschnellen Verurteiler des Paulus in Korinth verhalten haben. Paulus schreibt ihnen (1.Kor. 4,4-5): „Denn ich bin mir nichts bewusst, aber damit bin ich nicht gerechtfertigt, sondern der Herr ist es, der mich beurteilt. Darum richtet nichts vor der Zeit, bis der Herr kommt, der auch das im Finstern Verborgene ans Licht bringen und die Absichten der Herzen offenbar machen wird; und dann wird jedem das Lob von Gott zuteil werden.“

Was bedeutet es weiter, eine Liebe zu haben, die alles glaubt? Es bedeutet, dass wir es vermeiden, uns so wie einige Christen in Thessalonich zu verhalten, die dem Apostel – ohne die geringsten Anhaltspunkte dafür zu haben – vorwarfen, dass er seinen Dienst nur verrichtete, um bei den Menschen gut anzukommen. Nichts könnte von der Wahrheit weiter entfernt sein. Doch diese Menschen warfen Paulus vor, geldgierig und nach Anerkennung süchtig zu sein. Es bleibt schleierhaft, wie sie darauf kamen. Dasselbe gilt für den nächsten Vorwurf: Paulus trete autoritär auf und handle egoistisch. Wären diese Vorwürfe nicht so ernst und verletzend gewesen – man hätte fast darüber lachen können.

Was bedeutet es noch, eine Liebe zu haben, die alles glaubt? Es bedeutet, dass wir darauf Acht geben, andere Menschen nicht in unguter Weise zu ermahnen oder für etwas zu kritisieren, das sie unserer Ansicht nach falsch gemacht haben. Wir sollten uns bei solchen Gelegenheiten stets selbstkritisch fragen, ob wir, wenn wir über andere Menschen schlecht reden, vielleicht nur uns selbst in ein positives Licht stellen wollen. Das einzig zulässige Motiv bei einer Ermahnung muss die wohlwollende Hilfe für den Mitmenschen sein. Es geht nicht um uns und unser Wohl, sondern um den Schutz und das Wohl des anderen.

Hier lag die große Schuld der Pharisäer. In Lukas 18,9 heißt es: „Er sagte aber auch zu etlichen, die auf sich selbst vertrauten, dass sie gerecht seien, und die Übrigen verachteten, dieses Gleichnis." – Es folgt dann das Gleichnis vom Pharisäer und vom Zöllner. Auch im Matthäusevangelium kommt die Selbstgerechtigkeit der Pharisäer zur Sprache: „Wehe euch, ihr Schriftgelehrten und Pharisäer, ihr Heuchler, dass ihr die Minze und den Anis und den Kümmel verzehntet und das Wichtigere im Gesetz vernachlässigt, nämlich das Recht und das Erbarmen und den Glauben! Dies sollte man tun und jenes nicht lassen. Ihr blinden Führer, die ihr die Mücke aussiebt, das Kamel aber verschluckt!" (Matth. 23,23-24)

Und vergessen wir nicht Jakobus 4,11-12, wo geschrieben steht: „Verleumdet einander nicht, ihr Brüder! Wer seinen Bruder verleumdet und seinen Bruder richtet, der verleumdet das Gesetz und richtet das Gesetz; wenn du aber das Gesetz richtest, so bist du nicht ein Täter, sondern ein Richter des Gesetzes. Einer nur ist der Gesetzgeber, der die Macht hat, zu retten und zu verderben; wer bist du, dass du den anderen richtest?"

Was bedeutet es, eine Liebe zu haben, die alles glaubt? Es bedeutet, dass wir uns die allergrößte Mühe geben, Mitchristen nicht wegen der Zugehörigkeit zu einer anderen Kirche oder Gemeinde zu verurteilen. Im Lukasevangelium wird berichtet, dass Johannes zu Jesus kommt und ihm sagt: „Meister, wir sahen jemanden, der in deinem Namen die Dämonen austrieb, und wir wehrten es ihm, weil er dir nicht mit uns nachfolgt. Und Jesus sprach zu ihm: Wehrt ihm nicht. Denn wer nicht gegen uns ist, ist für uns." (Lukas 9,49-50) Um wen mag es sich bei diesem Wundertäter gehandelt haben? Höchstwahrscheinlich um einen aus dem Kreis der 70 Jünger, die in Lukas 10,1 erwähnt werden und nicht zum engeren Kreis der Zwölf gehörten. Es gibt keinen Hinweis im Lukasevangelium, dass dieser Mann eine Irrlehre verbreitete oder Menschen verführte, und doch wird er von Johannes und wohl auch von anderen Jüngern kritisiert.

Warum nur? Vermutlich, weil sie ihn nicht kannten und er nicht zu ihrer Gruppe gehörte.

Nun geht es in diesen Versen nicht um Handlungsanweisungen für den Umgang mit Irrlehrern oder Verführern. In einem solchen Fall müssten wir ihnen aus Liebe zu Gott und zur Wahrheit tatsächlich widerstehen und ihre Irrlehren aufdecken und richtig stellen. Denn es heißt im Epheserbrief: „Habt keine Gemeinschaft mit den unfruchtbaren Werken der Finsternis, deckt sie vielmehr auf!“ (Eph. 5,11) Die Verse aus Lukas 9 kommen dagegen zur Anwendung, wenn wir in Versuchung geraten, jemanden nur deshalb zu kritisieren, weil wir ihn nicht kennen. Ebenso gelten sie in Situationen, wo wir die Betreffenden vielleicht kennen, aber sie als „theologisch nicht korrekt“ einschätzen, weil sie nicht in unsere Versammlungen oder Veranstaltungen kommen, sondern andere Gemeinden besuchen. Ohne genaues zu wissen, kommen wir dann sehr schnell zu dem Schluss, dass wir es mit Menschen zu tun haben, die, wie einmal jemand gesagt hat, nicht *glinus* sind, das heißt, nicht „gläubig in unserem Sinne“ – oder vielleicht sogar Irrlehrer. Wir werden im Lukasevangelium vor einer solchen Haltung gewarnt, und gleichermaßen vor der Begründung, die der Jünger Johannes lieferte.

Eine Liebe zu haben, die „alles glaubt“, bedeutet auch, dass wir uns davor in Acht nehmen, die Motive unserer Mitmenschen ergründen zu wollen. Wir sollten uns nicht dazu hinreißen lassen, über jemanden zu urteilen: „Ich weiß genau, *warum* er das sagt, was er sagt!“ Wir sollten vorsichtig sein mit einer Aussage wie: „So etwas sagt er bloß, weil er ein Materialist ist. Der Mann ist bestimmt nur hinter dem Geld her.“ Oder: „Ein typisches Alphatier – machtgierig bis dorthinaus!“ Oder: „Diese Frau will nur Aufmerksamkeit haben. Es war schon immer so. Alles, was sie tut, tut sie um der Anerkennung willen.“ Oder: „Was dieser Leiter für ein Ego hat! Ich habe selten jemanden gesehen, der so selbstverliebt ist!“ Auch werden in manchen christlichen Kreisen Einstellungen und Handlungen sehr schnell als „unbiblisch“ abqualifiziert. Wir sollten uns vor solchen „Killer-Urteilen“ hüten. Wir können keinem Menschen ins Herz hineinsehen. Das ist allein die Aufgabe Gottes. Nur der Heilige

Geist weiß, was im Inneren des Menschen verborgen ist. Wehe uns, wenn wir „Gott spielen".

Wir sahen bereits, dass der Apostel Paulus immer wieder Vorverurteilungen ausgesetzt war, auch wenn sie in keinster Weise berechtigt waren. Wie schreibt er über seine selbst ernannten Richter? „Denn ich bin mir nichts bewusst, aber damit bin ich nicht gerechtfertigt, sondern der Herr ist es, der mich beurteilt. Darum richtet nichts vor der Zeit, bis der Herr kommt, der auch das im Finstern Verborgene ans Licht bringen und die Absichten der Herzen offenbar machen wird; und dann wird jedem das Lob von Gott zuteil werden." (1.Kor. 4,4-5)

Es ist bestimmt nichts dagegen einzuwenden, wenn wir uns in andere Menschen hineinversetzen, weil wir ihnen helfen wollen. Aber das Richten über ihre Motive ist uns nicht erlaubt. Wer demütig ist und sich von biblischer Liebe leiten lässt, „weiß" selten, warum der Andere etwas sagt oder tut. Es gibt eine ganze Reihe von Bibelstellen, die das betonen, z.B. Spr. 16,2 oder der bekannte Vers aus dem Ersten Buch Samuel, wo es heißt: „Ein Mensch sieht, was vor Augen ist; aber der HERR sieht das Herz an." (1.Sam. 16,7 nach Luther)

Was bedeutet es, eine Liebe zu haben, die alles glaubt? Es bedeutet, dass wir uns nach Psalm 15 richten, der die Frage stellt (Vers 1): „HERR, wer darf weilen in deinem Zelt?", und darauf antwortet: „Wer in Unschuld wandelt und Gerechtigkeit übt und die Wahrheit redet von Herzen; wer keine Verleumdungen herumträgt auf seiner Zunge, wer seinem Nächsten nichts Böses tut und seinen Nachbarn nicht schmäht." (Psalm 15,2-3) Wir dürfen unter keinen Umständen, so sagt es der Psalm, anderen Menschen Böses antun.

„Böses" (oder „Übel", je nach Übersetzung) kann in der Bibel zweierlei bedeuten: Zum einen *moralisches* Übel, zum anderen *situationsbedingtes* Übel. Ein Beispiel für den Gebrauch des Wortes „böse" im moralischen Sinne findet sich zu Beginn des Buches Hiob: „Es war ein Mann im Land Uz, der hieß Hiob, der war ein untadeliger und rechtschaffener Mann, der Gott fürchtete und *das Böse* mied. [...] Da sprach der HERR zum Satan: Hast du meinen Knecht Hiob beachtet? Denn seingesgleichen gibt es nicht auf

Erden, einen so untadeligen und rechtschaffenen Mann, der Gott fürchtet und *das Böse* meidet.“ (Hiob 1,1.8; 2,3)

Im Buch des Predigers hingegen lesen wir: „Gedenke an deinen Schöpfer in den Tagen deiner Jugend, ehe die bösen Tage kommen und die Jahre herannahen, von denen du sagen wirst: ‚Sie gefallen mir nicht.‘“ (Pred. 12,1) In diesem Zusammenhang bedeuten „böse Tage“ so viel wie „alte Tage“, das heißt, eine Zeit, in der wir aus Altersgründen mit körperlichen Gebrechen rechnen müssen. Die Bibelverse zeigen, dass wir unseren Mitmenschen auf zweierlei Weise moralisches oder situationsbedingtes Übel antun können:

Zunächst tun wir einem anderen Böses an, wenn wir ihn verleumden. Das Übel der Verleumdung trifft gleich doppelt: Es trifft den Menschen, über den wir es verbreiten, und es trifft den Menschen, dem wir es erzählen.

Vielleicht fragen Sie sich, was unter „Verleumdung“ eigentlich zu verstehen ist. Jemanden zu verleumden kann zweierlei bedeuten:

1. Etwas über jemanden zu sagen, das nicht der Wahrheit entspricht und den Ruf dieses Menschen schädigt. Der Ruf eines Menschen und seine Würde gehören zu seinen wichtigsten Persönlichkeitsrechten überhaupt. Im Buch der Sprüche heißt es: „Ein guter Name ist wertvoller als großer Reichtum, und Freundlichkeit ist besser als Silber und Gold.“ (Spr. 22,1)
2. Etwas über jemanden zu sagen, das zwar der Wahrheit entspricht, aber keinem guten oder konstruktiven Ziel im Sinne der biblischen Gebote dient.

Etwas über jemanden zu sagen, das nicht stimmt, ist schlicht eine Lüge. Wir sind dann Lügner und Verleumder in einer Person. Etwas zu sagen, das zwar stimmt, aber keinen Segen bringt, ist eine Verletzung des Liebesgebots, so wie es in 1. Korinter 13 erläutert wird. So viel zur Definition des Begriffes „Verleumdung“. Wenn wir jemanden verleumden, übertreten wir das Gebot des 15. Psalmes, und wir halten uns nicht an die Worte aus 1. Korinther 13,7: „Die Liebe glaubt alles.“

In seiner Auslegung des 15. Psalms greift Spurgeon einen Kommentar des Predigers Richard Turnbull auf, der feststellt:

> Wir kennen den Biss der Giftschlange. Er verletzt diejenigen,

die sich der Schlange nähern oder sie sogar anfassen. Mit dem Gift der Verleumdung verhält es sich anders. Es kann weitaus gefährlicher, ja sogar tödlich sein. Es trifft nicht nur die Menschen in der Nähe, sondern auch die, die sich in weiter Ferne aufhalten, nicht nur Menschen in unserem Land, sondern auch solche in anderen Ländern. Verleumdung macht noch nicht einmal vor den Toten halt.[67]

Spurgeon greift noch einen weiteren nachdenkenswerten Kommentar auf. So schreibt Bischof Taylor:

> Die Unart der Verleumdung ist ein Sammelbecken für vielerlei Übel. Sie richtet unendliches Unheil an. Sie untergräbt den Frieden und zerstört Freundschaften. Sie richtet Familien zu Grunde und zerreißt die Herzen derer, die wir lieben. Verleumdung macht einen bösen Menschen zum Richter, Zeugen und Henker in einer Person – zum Leidwesen eines Unschuldigen.[68]

Und Peter Baro schreibt (wiederum zitiert bei Spurgeon):

> Einen Menschen mit der Zunge zu richten, ist nicht weniger schmerzhaft als ihn mit dem Schwert zu treffen. Oftmals sogar hinterlässt die Zunge tiefere Wunden.[69]

Wir begehen also eine schwere Sünde, wenn wir einen Menschen verleumden. Wenn wir ihn lieben, werden wir dagegen gut, und nicht böse von ihm denken. Solange uns die Fakten nicht zum Umdenken zwingen, werden wir stets das Beste annehmen. Und wir werden, solange es keine neuen Fakten gibt, dafür sorgen, dass auch andere Menschen gut über diesen Menschen denken.

Die Warnung des 15. Psalms geht noch über das soeben Gesagte hinaus. Der Text legt nahe, dass wir nicht nur sündigen, wenn wir selbst die Urheber einer Schmähung oder Verleumdung sind, sondern auch dann, wenn wir Menschen zuhören, die hinter dem Rücken über andere reden, und solche Gerüchte auch weitertragen.

67 Zitiert bei Charles Haddon Spurgeon, *The Treasury of David*. Byron Center, Michigian: Associated Publishers, 1970, Band I, Seite 207.

68 a.a.O., Seite 206

69 a.a.O., Seite 205

So etwas nennt man „Tratsch“; und meist werden die Geschichten und Gerüchte umso schlimmer, je öfter sie weitererzählt werden. Christen sollten so etwas nicht tun, und ich wäre froh und glücklich, wenn sie es nicht täten. Doch sie tun es. Peter Baro fährt fort:

> Den meisten von uns scheint es am wichtigsten zu sein, dass wir uns sagen können, wir haben nicht irgendetwas erfunden, haben uns nicht etwas ausgedacht, sondern sagen nur weiter, was wir gehört haben und tun dies ohne jegliche Zusätze. Und dennoch verletzen wir, indem wir dies tun, unserem Nächsten gegenüber das Gebot der Liebe. Wir achten nicht auf seinen Ruf, sondern holen Informationen ein, geben sie weiter, streuen sie aus – obwohl es doch vor allen Dingen darauf ankommt, ihm Gutes zu erweisen. Ihr, die ihr unterwegs seid auf der Reise zum ewigen Leben, tätet gut daran, nicht nur keine Verleumdung zu ersinnen, sondern auch keine in den Mund zu nehmen oder weiterzugeben. Leistet keine Beihilfe zur Schmähung, sondern bleibt ehrlich und haltet das Gesetz. Sorgt für den Ruf und die Ehre eures Nächsten, soweit und soviel es in eurer Kraft liegt.[70]

Gemäß Psalm 15,3 ist es uns nicht nur verboten, einen anderen Menschen zu verleumden, sondern auch, eine schlechte Nachricht über einen anderen Menschen anzuhören und aufzugreifen. Vor allem, so sagt es der Psalm, ist es verwerflich, diese Nachricht an Dritte weiterzuleiten. All dies entspricht genau dem, was Paulus in 1. Korinther 13,7 über die Liebe, die alles glaubt, sagt. Eine solche Liebe, so lässt sich seine Aussage zusammenfassen, verzichtet darauf, sich Negativinformationen über andere anzuhören, und sie verzichtet erst recht darauf, sie weiterzuleiten.

Vielleicht fragen Sie sich nun: Wenn die Liebe das von mir verlangt, darf ich dann überhaupt niemals negative Informationen über jemanden weitergeben? Die Antwort lautet: Aber sicher dürfen Sie das! Es sind sogar Situationen denkbar, wo das Nichtverbreiten einer negativen Information eine Verletzung des Liebesgebots wäre.

Was meine ich damit konkret? *Das Weitergeben einer negativen Information ist immer dann ein Gebot der Liebe, wenn ein Nicht-*

70 a.a.O., Seite 206

weitergeben einem Menschen Schaden zufügen würde. Negative Information weiterzugeben ist zum Beispiel im folgenden Fall geboten:

- Wenn ein Mensch durch sein Verhalten ganz klar ein biblisches Gebot übertritt.
- Wenn das Wissen um diese Übertretung nicht auf Gerüchten, sondern unbestreitbaren Tatsachen beruht.
- Wenn es sich bei seiner Sünde nicht um einen „Ausrutscher" oder einmaligen Fehltritt, sondern um ein etabliertes Lebensmuster handelt.
- Wenn wir versucht haben, dem Betreffenden nach Matthäus 18,15 und Galater 6,1 zu helfen, er diese Hilfe aber nicht angenommen hat. In diesem Fall sind wir dazu verpflichtet (vgl. Matth. 18,16), den Menschen mit Hilfe anderer wieder auf den rechten Weg zurückzubringen. Eine Weigerung, dies zu tun, wäre eine Übertretung des Liebesgebots nach 1. Korinther 13, denn wahre Liebe kümmert sich um das Wohlergehen des Nächsten, den Gott mir an die Seite gestellt hat, und der nun leider in so offensichtlicher Weise in Sünde gefallen ist.

Des Weiteren wäre eine Nichtverbreitung negativer Informationen eine Verletzung des Liebesgebots, wenn Menschen durch eine solche Nichtverbreitung Schaden erleiden würden. So sagt der Apostel Paulus an mehreren Stellen der Bibel etwas Negatives über andere, um Menschen zu schützen. Nichts zu sagen hätte in diesem konkreten Fall anderen Menschen Schaden zugefügt. Zum Beispiel spricht er im 2. Timotheusbrief von Menschen, die „nichtige Schwätzereien" verbreiten und warnt (2.Tim. 2,16f): „Ihr Wort frisst um sich wie ein Krebsgeschwür. Zu ihnen gehören Hymenäus und Philetus, die von der Wahrheit abgeirrt sind, indem sie behaupten, die Auferstehung sei schon geschehen, und so den Glauben etlicher Leute umstürzen."

Das heißt, Paulus verbreitet diese Information nur aus einem einzigen Grunde: Er möchte andere warnen und ihnen eine Verunsicherung ihres Glaubens ersparen.

Dasselbe gilt für seine Äußerung über einen Mann namens Alexander (2.Tim. 4,14f): „Alexander, der Schmied, hat mir viel Böses erwiesen; der Herr vergelte ihm nach seinen Werken!

Vor ihm hüte auch du dich; denn er hat unseren Worten sehr widerstanden.“

Es ist in keiner Weise lieblos, wenn Paulus seinen Mitarbeiter Timotheus (und uns) auf diese Weise warnt. Die Fakten liegen auf dem Tisch. Es gibt keinen Zweifel daran, dass es sich hier um jemanden handelt, der eine unbiblische Lehre vertritt und auch verbreitet. Also ist es ein Akt der Liebe, diese Information, auch wenn es eine Negativinformation war, anderen weiterzuleiten.

Das heißt, wenn wir (ohne dies an die große Glocke zu hängen) eine Warnung aussprechen, um Unwissende vor falscher Lehre zu bewahren, sind wir keinesfalls der Verleumdung schuldig. Nein, wir handeln aus lauteren Motiven und in Liebe. Überhaupt ist das Motiv stets der entscheidende Faktor. Wer in guter Absicht eine Information weitergibt, hält sich an die Liebe, die alles glaubt.

Zusammenfassung

Was also bedeutet es nun, eine Liebe zu haben, die alles glaubt? Ich habe versucht zu verdeutlichen, was Paulus mit diesem Vers meint – und was er nicht meint. Wir sahen, dass der Apostel nicht von uns verlangt, dass wir in blindem Vertrauen alles für bare Münze nehmen, was ein x-beliebiger Mensch uns erzählt. Eine Reihe von Bibelversen, wie auch das persönliche Beispiel unseres Herrn Jesus und das des Apostels lassen keinen Zweifel daran, dass wir nicht leichtgläubig oder naiv sein sollen. Die Bibel verlangt nicht von uns, dass wir unsere Augen vor dem Offensichtlichen verschließen, noch verlangt sie, dass wir niemanden kritisieren oder zur Rechenschaft ziehen dürfen, noch, dass uns ein Aufdecken von Schuld und Sünde bei anderen grundsätzlich verboten wäre. Vielmehr wäre eine solche Zurückhaltung lieblos, denn es gilt (1.Kor. 13,6): „Die Liebe freut sich nicht an der Ungerechtigkeit, sie freut sich aber an der Wahrheit.“

Unser Nachdenken über den Vers „Die Liebe glaubt alles“ hat gezeigt, dass Liebe nicht misstrauisch ist. Wer Gott liebt, hält sich fern von übermäßiger Kritik oder einem Geist des Richtens. Im Buch der Sprüche heißt es: „Der Kluge gibt auf seine Schritte acht.“ (Spr. 14,15)

Der Kluge ist nicht nachlässig und nicht überheblich, sondern vorsichtig und weise. Ein weiser Mensch verzichtet auf vorschnelle Urteile. Er denkt über seinen Mitmenschen nicht gleich negativ, nur weil andere negativ reden und tratschen. Der Weise gibt keine Gerüchte weiter. Er „klatscht und tratscht" nicht und beteiligt sich nicht an der Weitergabe negativer Informationen, es sei denn, die Fakten zwingen ihn dazu. Selbst wenn er aufgrund der Fakten davon überzeugt ist, dass ein Mensch gesündigt hat, behält er dies für sich und breitet die Angelegenheit im Gebet vor Gott aus. Es gibt nur zwei Ausnahmen von dieser Regel: zum einen, wenn er der betreffenden Person *helfen* möchte, zum anderen, wenn er andere Menschen vor dieser Person *schützen* möchte.

Wir sahen, dass unsere Haltung, so wie sie im Hohen Lied der Liebe beschrieben wird, dem Maßstab von Philipper 4,8 entsprechen sollte: „Im Übrigen, Ihr Brüder, alles, was wahrhaftig, was ehrbar, was gerecht, was rein, was liebenswert, was wohllautend, was irgendeine Tugend oder etwas Lobenswertes ist, darauf seid bedacht!" (Phil. 4,8)

Bevor ich dieses Kapitel nun abschließe, möchte ich noch zwei Fragen stellen:

Die erste Frage richtet sich an diejenigen unter Ihnen, die bekennende Christen sind: *Liegt Ihnen daran, Menschen für Christus zu erreichen? Möchten Sie Frucht bringen für Ihren Herrn?* Wenn sie gläubig sind, kann die Antwort auf diese Frage eigentlich nur „Ja" lauten. Im Römerbrief heißt es: „Also seid auch ihr, meine Brüder, dem Gesetz getötet worden durch den Leib des Christus, damit ihr einem anderen zu eigen seid, nämlich dem, der aus den Toten auferweckt worden ist, damit wir Gott Frucht bringen." (Röm. 7,4)

Gott hat uns errettet, damit wir für Ihn Frucht bringen. Es gibt nichts Schöneres auf der Welt, als das Wissen, etwas zu tun, das Ewigkeitswert hat. Es gibt nichts Herrlicheres, als unsere Mitmenschen für das Evangelium zu erreichen. Eine solche Retterliebe ist erstrebenswerter als alles andere auf der Welt, besser als eine Goldmedaille bei den Olympischen Spielen, ein großer Name in Hollywood, Weltruhm als Schriftsteller, eine Villa im Grünen oder ein millionenschweres Bankkonto.

Alles, was Sie sich materiell wünschen, kommt nicht an das heran, was Sie im Dienst für Christus erreichen können. Wenn Sie Christ sind, fürchten Sie sich vor allem davor, dass Ihr Herr Ihnen im Jüngsten Gericht einmal sagen könnte, Sie seien ein Baum ohne Früchte gewesen. Wie viel schöner wäre es, wenn wir stattdessen auf ein Leben zurückblicken können, das im ersten Psalm so beschrieben wird: „Der (Gerechte) ist wie ein Baum, gepflanzt an Wasserbächen, der seine Frucht bringt zu seiner Zeit, und seine Blätter verwelken nicht, und alles, was er tut, gerät wohl.“ (Psalm 1,3) Wenn Sie so sein möchten, wie dieser Baum, dann sollten Sie sich die Worte des Apostels Paulus zu Herzen nehmen. Er sagt in 1. Korinther 12,31, dass es noch „einen weit vortrefflicheren Weg“ gibt, und dieser Weg ist die Liebe und ein von Liebe gesättigtes und durchdrungenes Leben, so wie es dann in 1. Korinther 13 eingehend beschrieben wird.

Nach dieser sehr individuellen Frage möchte ich den Kreis etwas weiter ziehen und fragen: „Sehnen Sie sich nach einer Gemeinde, die die Welt verändert und Menschen für Christus erreicht?“ Auch hier gilt: Wenn Sie ein Mensch sind, der Christus lieb hat, kann es eigentlich nichts Schöneres für Sie geben als volle Kirchen, die Ihren Auftrag, Salz und Licht der Welt zu sein, ernst nehmen. Wie kann das geschehen? Ich bin zutiefst davon überzeugt, dass die Antwort auf diese Frage in 1. Korinther 13 zu finden ist. Eine Gemeinde voller Menschen, die die dort beschriebene Liebe praktizieren, wird die Welt nachhaltig verändern.

Ich nehme an, Sie sind nach der bisherigen Lektüre inzwischen davon überzeugt, dass die Liebe für das Leben der Christen eine ganz entscheidende Rolle spielt, fragen sich aber vielleicht, wie es konkret aussehen kann, diese Liebe zu verwirklichen und vor allem: zu erhalten. Teilweise bin ich auf diese Frage in den vorangegangenen Kapiteln schon eingegangen. Sie soll den Schwerpunkt der letzten beiden Kapitel bilden. Wir werden gemeinsam darüber nachdenken, was es mit den letzten beiden in 1. Korinther 13 erwähnten Merkmalen der Liebe auf sich hat (hierzu Kapitel 17), und wie die von Paulus beschriebene Liebe unser Leben dauerhaft prägen kann (hierzu Kapitel 18).

Fragen zum Inhalt, zum Nachdenken, zur Anwendung des Gesagten und zur Diskussion

1. Was kann Paulus *nicht* gemeint haben, wenn er sagt: „Die Liebe glaubt alles"?
2. Woran lässt sich zeigen, dass der Vers: „Die Liebe glaubt alles", nicht bedeutet, dass wir uns in unseren zwischenmenschlichen Beziehungen leichtgläubig oder naiv verhalten sollten?
3. Fassen Sie die Aussagen von Sprüche 14,7, Sprüche 14,15 und Kap. 22,3 zusammen. Was wird in diesen Versen betont?
4. Wie definiert das Buch der Sprüche den „Toren" oder „Narren" (das Wort variiert je nach Übersetzung)? Wie verhalten sich solche Menschen? Lesen Sie noch einmal einige der betreffenden Verse in den Sprüchen und definieren Sie, was gemäß diesen Versen den Toren ausmacht. Konkret: Wie verhält sich ein Tor? Wie verhält er sich nicht?
5. Was bedeutet es, ein weiser oder kluger Mensch zu sein?
6. Nachdem klar geworden ist, was Paulus *nicht* meint, stellt sich die Frage, was er sehr wohl meint, wenn er sagt: „Die Liebe glaubt alles." Versuchen Sie, eine Antwort zu geben.
7. Was können wir am Beispiel der Freunde des Hiob über echte Liebe lernen?
8. Was können wir am Beispiel des Gesprächs Jesu mit seinem Jünger Johannes über echte Liebe lernen (Lukas 9,49-50)?
9. Was lehrt uns Psalm 15,3 über die Liebe?
10. Erklären Sie, was in Psalm 15,3 mit „Verleumdungen herumtragen" gemeint ist. Was bedeutet es, dem Nächsten Böses zu tun und ihn zu schmähen?
11. Was sagen die von Spurgeon zitierten Ausleger (Peter Baro, Bischof Taylor, Richard Turnbull) über Schmähungen und Verleumdung? Welche Bilder und Vergleiche benutzen sie zur Verdeutlichung des Gesagten?
12. Welche biblisch-ethischen Prinzipien müssen wir beachten, wenn wir gezwungen sind, negative Informationen über andere weiterzugeben?

13. Inwiefern kann es sogar ein Akt der Liebe sein, über jemanden etwas Negatives zu sagen?
14. Wie sieht es bei Ihnen persönlich aus? Nachdem Sie nun ein weiteres Kapitel gelesen haben, haben Sie in Ihrem eigenen Leben Stärken und Schwächen entdeckt, was die in 1. Korinther 13 beschriebe Liebe betrifft?
15. Bitte beachten Sie den Hinweis auf Seite 27.

Kapitel 17
Echte Liebe hat den langen Atem

Vor einiger Zeit sprach ich zu einer Gruppe von Seminaristen an einer theologischen Ausbildungsstätte. Die Studenten hatten ihre Ehefrauen gleich mitgebracht, ging es doch um das Thema „Christliches Ehe- und Familienleben". Nach dem Vortrag gab es die Möglichkeit, Fragen zu stellen. Die erste Frage lautete: „Was würden Sie sagen, waren die wichtigsten Dinge, die Sie versucht haben, Ihren Kindern beizubringen?" Ich sagte dann: „Aus meiner Sicht gab es zwei Dinge, die wir für wichtig hielten: Das Erste war, dass unsere Kinder Gott von ganzem Herzen, von ganzer Seele und mit all ihren Kräften lieben, und das Zweite, dass sie ihren Nächsten lieben wie sich selbst. Im Vergleich zu diesen beiden Geboten ist alles andere unwichtig." Ich fügte dann noch hinzu: „Ob uns das immer gelungen ist, weiß ich nicht, aber ich weiß, dass mir diese beiden Dinge am wichtigsten waren."

Wenn Sie mich fragen würden, was mir für die Mitglieder meiner Gemeinde am wichtigsten ist, würde ich genau dasselbe sagen. Und wenn Sie mich dann noch fragten, was mein Hauptziel in meiner Arbeit als Ausbilder für Seelsorger an der *Grace School of Ministry* ist – meine Antwort fiele nicht anders aus. Natürlich ist es mein Ziel, den Studierenden zu zeigen, wie sie Gottes Wort in der Seelsorge einsetzen können, aber an allererster Stelle steht mein Bemühen, in diesen Menschen eine Liebe zu Gott und den Menschen zu entfachen. Mir ist es nicht nur wichtig, dass sie ihre seelsorgerliche Arbeit lieben, sondern auch, dass sie die Menschen lieben, die sie seelsorgerlich betreuen.

Dass mir dies so wichtig ist, hat mehrere Gründe. Ich sage es unter anderem, weil der Herr Jesus selbst gesagt hat (Matthäus 22,37-39): „Du sollst den Herrn, deinen Gott, lieben mit deinem ganzen Herzen und mit deiner ganzen Seele und mit deinem ganzen

Denken. Das ist das erste und größte Gebot. Und das zweite ist ihm vergleichbar: Du sollst deinen Nächsten lieben wie dich selbst."

Ein weiterer Grund ist der, dass der Apostel Paulus mit Blick auf seine „Unterweisung", also seine Lehr- und Missionstätigkeit, sagt: „Die Hauptsumme aller Unterweisung aber ist Liebe aus reinem Herzen und aus gutem Gewissen und aus ungefärbtem Glauben." (1.Tim. 1,5, Lutherübersetzung) Vor allem aber ist mir die Liebe so wichtig, weil mir das, was Paulus in 1. Korinther 13 gesagt hat, so wichtig ist. Sein „Hohelied der Liebe" ist das Thema dieses Buches. Und weil das, was in 1. Korinther 13 gesagt wird, so überaus wichtig ist, möchte ich an dieser Stelle die wichtigsten Punkte unseres bisherigen Bibelstudiums noch einmal zusammenfassen:

- Die Liebe ist der „noch weit vortrefflichere Weg" (1.Kor. 12,31), um geistliche Frucht zu bringen und Menschen für Christus zu erreichen.
- Ein von Liebe durchdrungenes Leben ist für den evangelistischen und missionarischen Dienst weitaus wichtiger als sprachliche Fähigkeiten, besondere Erkenntnisse, besonderes Wissen oder ein Glaube, der Berge versetzt. Ein Leben voller Liebe ist wichtiger als die Bereitschaft, hohe Summen zu spenden, ja, wichtiger noch als der Wille, eventuell den Märtyrertod zu erleiden (vgl. 1.Kor. 13,1-3).
- Was zählt und was am Ende übrig bleibt, sind „Glaube, Hoffnung, Liebe, diese drei; die größte aber von diesen ist die Liebe" (1.Kor. 13,13).
- Christen sollten lieber nach der Liebe streben, als nach außergewöhnlichen Geistesgaben (1.Kor. 14,1).
- Die Gabe der Zungenrede wird aufhören; die Liebe jedoch wird bleiben (1.Kor. 13,8-12). Das Verb, das Paulus hier benutzt, um zu zeigen, was mit den Gaben der Zungenrede und Prophetie geschieht, bedeutet so viel wie: *aufhören, abgetan werden, unnötig* oder *überflüssig werden.* Das heißt, die Zungenrede wird aufhören, weil sie nicht mehr benötigt wird. John MacArthur sagt in seinem Kommentar zum 1. Korintherbrief, dass die Gabe der Zungenrede mit einer Batterie verglichen werden kann. Eine Batterie hat nur eine begrenzte Lebensdauer, und irgendwann

einmal ist sie leer. In gleicher Weise ist die Zungenrede eine Geistesgabe mit „eingebautem Verfallsdatum".[71]

- In Vers 8 sagt Paulus: „Die Liebe hört niemals auf." Das griechische Verb *pipto* (*vergehen*) wird auch im Zusammenhang mit Blättern benutzt, die im Herbst zu Boden fallen und dort verwelken. Der Vers will also sagen, dass die Liebe niemals verfällt, vergeht oder „welk wird". Die besonderen Geistesgaben, so sagt es der Apostel (wie die Gabe der Erkenntnis oder die Gabe, in anderen Sprachen zu sprechen) existierten für eine Zeit, waren aber nie für die Ewigkeit gedacht. Die Liebe hingegen bleibt bis in alle Ewigkeit.
- Wenn Paulus sagt, „die Liebe hört niemals auf", so will er damit keineswegs sagen, dass die Liebe ein Patentrezept ist, eine Art „ewiger Batterie", die uns für alles, was wir tun, Erfolg verspricht. Was er vielmehr sagen will, ist dies: Wann und wo auch immer wir als Christen Erfolg haben, kann dieser Erfolg nur Erfolg im Sinne „geistlicher Frucht" sein. Und geistliche Frucht ist immer eine Folge der Liebe. Nicht jede Evangelisation trägt Früchte, aber jede Frucht ist ein Ergebnis der Liebe.[72]

Paulus will eins klarstellen: Wenn wir als Christen einen bleibenden Eindruck in dieser Welt hinterlassen und Menschen für Gott erreichen wollen, dann kann dies nur durch ein Leben in Liebe geschehen. Wenn unser Leben nicht von Liebe durchdrungen ist, geradezu „von Liebe trieft", werden wir niemanden hinter dem Ofen hervorlocken. In den vorangegangenen Kapiteln haben wir dreizehn Merkmale der Liebe studiert. In diesem Kapitel nun geht es um das vierzehnte und fünfzehnte Merkmal der Liebe. Diese noch verbleibenden Merkmale der Liebe werden in 1. Korinther 13,7b genannt: „Sie (die Liebe) hofft alles, und sie erduldet alles."

Echte Liebe hofft alles

Die Bibel sagt sehr deutlich, dass wir als Christen allen Grund haben, mit Hoffnung erfüllt zu sein. Nicht umsonst taucht das Wort „Hoffnung" allein im Neuen Testament neununddreißig Mal auf.

71 Vgl. John MacArthur, *1 Corinthians*. Chicago: Moody, 1984, Seite 359.
72 Vgl. John MacArthur, a.a.O. Seite 358.

Oft wird das Wort „Hoffnung" von anderen Wörtern flankiert. Sie sollen zeigen, wie unsere Hoffnung konkret aussieht. Mal ist von „guter Hoffnung" die Rede, mal taucht das Wort im Zusammenhang mit „Segen" auf. An anderer Stelle wird von „lebendiger Hoffnung" gesprochen oder der „Fülle der Hoffnung".

Der christliche Glaube hat seinen Dreh- und Angelpunkt in der Hoffnung. Und wenn die Bibel von „hoffen" spricht, dann meint sie nicht eine vage Hoffnung als Gegensatz zum Wissen, nach dem Motto: „Die Hoffnung stirbt zuletzt." Vines Lexikon zur Auslegung der Heiligen Schrift definiert „Hoffnung" als eine „positive und zuversichtliche Erwartung einer guten Zukunft".[73] Behalten Sie diese Definition im Kopf, wenn Sie über die folgenden Bibelverse nachdenken: Im ersten Petrusbrief heißt es, dass Gott uns „wiedergeboren hat zu einer lebendigen Hoffnung" (1.Petr. 1,3). Unsere Welt ist voller Menschen, die keine Hoffnung mehr haben, deren Hoffnung längst gestorben ist, oder die ihre Hoffnung auf trügerische Dinge setzen (Eph. 2,12). Christen jedoch haben eine begründete Hoffnung, denn sie dienen einem Herrn und Heiland, der von den Toten auferweckt wurde. „Er ist wahrhaftig auferstanden" lautet der Osterruf, und deshalb haben wir als Christen die „zuversichtliche Erwartung einer guten Zukunft". Weil Christus lebt, können wir singen *„Er lebt"*, so wie es Alfred Henry Ackley (1887–1960) gedichtet hat:

Der auferstand'ne Jesus geht jetzt durch alle Welt.
Er lebt, wenn ihn auch mancher für längst gestorben hält!
Barmherzig hilft er denen, die sich, ob fern, ob nah,
nach seiner Hilfe sehnen, halleluja.
Er lebt, er lebt, mein Jesus lebt auch heut!
Er geht mit mir, er spricht mit mir, er führt mich allezeit.
Er lebt, er lebt, gibt Heil und Sieg schon hier.
Du fragst: Wie weißt du's, dass er lebt?
Er lebt im Herzen mir! [74]

73 W. E. Vine, *Vine's Complete Expository Dictionary.* Nashville: Thomas Nelson, 1996, Seite 311.
74 Deutscher Text: Elisabeth J. Aebi (Liederbuch „Singt dem Herrn," Nr. 786, CMV).

Was sagt die Bibel noch zum Thema Hoffnung?

- Der Kolosserbrief spricht von „Christus in uns" und nennt dieses vorzeiten verborgene Geheimnis „die Hoffnung der Herrlichkeit" (Kol. 1,27). Paulus erinnert Timotheus daran, dass Christus der Grund und der Inhalt unserer Hoffnung ist (1.Tim. 1,1).
- Titus 1,2 sagt uns, „dass Gott, der nicht lügen kann", denen, die an Christus glauben, die Hoffnung auf ewiges Leben gegeben hat. Unter „ewig" versteht Paulus hier nicht nur ein nicht endendes, sondern auch ein qualitativ hochwertiges Leben in „voller Genüge" (Joh. 10,10).
- In 2. Thessalonicher 2,16 heißt es, dass Gott uns geliebt, uns einen ewigen Trost und eine „gute Hoffnung gegeben hat durch die Gnade." Das heißt, weil Gott uns liebt, tröstet Er uns im Leid, und Er tut dies, indem er uns mit einer „guten Hoffnung" erfüllt. „Gut" ist diese Hoffnung durch das, was sie beinhaltet: Sie bringt uns Ermutigung und Kraft zum Leben.
- Kolosser 1,23 spricht von der „Hoffnung des Evangeliums", von der wir uns nicht abbringen lassen sollen. „Evangelium" bedeutet „Frohe Botschaft" oder „Gute Nachricht". Das Evangelium bringt eine Botschaft der Hoffnung, weil es den Gläubigen eine „Kraft zur Errettung" ist und uns, die wir uns von Christus entfernt hatten, wieder in Seine Nähe zurückbringt (Röm. 1,16; Eph. 2,12).
- In Römer 5,2 sagt Paulus: „Wir rühmen uns der Hoffnung auf die Herrlichkeit Gottes." Er will damit sagen, dass wir als Christen die Hoffnung haben, Gott einmal in seiner ganzen Herrlichkeit zu schauen. Noch ist unser Sehen und unser Erkennen Stückwerk. Wir sehen „mittels eines Spiegels wie im Rätsel" (1.Kor. 13,12). Wenn aber das Vollkommene kommen wird (das heißt, entweder nach unserem Tod oder nach der Wiederkunft Christi auf Erden), werden wir seine Herrlichkeit von Angesicht zu Angesicht schauen (vgl. 1.Kor. 13,9-12).
- Hebräer 6,19 tröstet uns, dass unsere Hoffnung ein „sicherer und fester Anker" für unsere Seele ist. Wie sehr brauchen wir einen solchen Anker in den Stürmen unseres Lebens!

- Titus 2,13 erinnert uns daran, dass wir eine „glückselige Hoffnung“ erwarten, nämlich „die Erscheinung der Herrlichkeit des großen Gottes und unseres Retters, Jesus Christus.“ Wir glauben, wie es die Engel den Jüngern am Tag der Himmelfahrt verkündeten, dass Jesus Christus auf dieselbe Weise wiederkommen wird, wie er aufgefahren ist. Und wenn dies am Ende der Tage geschieht, wird Er Sein Reich aufrichten, die Toten werden auferstehen, und wir werden „zusammen mit ihnen entrückt werden in Wolken, zur Begegnung mit dem Herrn“ (1.Thess. 4,17).
- Römer 15,13 sagt uns, dass unser Gott ein „Gott der Hoffnung“ ist, der uns im Glauben mit Freude und Friede erfüllt, damit wir überströmen in der Kraft des Heiligen Geistes.
- Römer 15,4 sagt uns, dass wir „durch Ausharren und den Trost der Schriften Hoffnung fassen“. Diese Hoffnung begleitet uns auch in den schwersten Stunden und dann, wenn die Menschen gegen uns sind.
- 1. Korinther 13,13 tröstet uns, dass wir eine bleibende und unvergängliche Hoffnung haben. Sie schwankt nicht, sie ist nicht „heute so und morgen so“, sondern dauerhaft und zuverlässig. „Nun aber bleiben Glaube, Hoffnung, Liebe.“
- Hebräer 6,18f versichert uns, dass sich unsere Hoffnung auf die ewigen und unveränderlichen Eigenschaften Gottes gründet: Auf Seine allumfassende Liebe, Seine allumfassende Weisheit, Seine Allmacht und Gerechtigkeit. Wir hoffen auf die Verheißung Gottes, der nicht lügen kann. Gott wird niemals ein Versprechen geben, das Er nicht einhält. Insofern haben wir in dieser Hoffnung einen „festen Anker“. Niemals wird Er uns enttäuschen. Niemals wird Er uns verlassen.
- Sprüche 10,28 sagt uns: „Das Warten der Gerechten wird Freude werden, aber die Hoffnung der Gottlosen wird verloren sein.“ Die Gottlosen *glauben* zwar, eine Hoffnung zu haben, aber sie werden ins Unglück stürzen, und ihre Hoffnung wird sich nicht erfüllen. Für uns Christen bedeutet Hoffnung immer auch Freude, denn unsere Hoffnung gründet sich auf die Verheißungen Gottes, der nicht lügt. Aus diesem Grund gilt uns

Sprüche 4,18, wo es heißt: „Der Pfad des Gerechten ist wie der Glanz des Morgenlichts, das immer heller leuchtet bis zum vollen Tag.“ Wir können also der Zukunft voller Zuversicht entgegensehen, denn wir wissen: Das Beste kommt noch.

Diese Liste mit Bibelstellen ist zwar lang, aber sie ist keineswegs erschöpfend. „Hoffnung“ ist das große Thema der Bibel. Die Bibel „trieft“ geradezu vor Hoffnung!

In diesem Zusammenhang fällt mir eine Geschichte ein, die sehr anschaulich zeigt, was biblische Hoffnung bewirken kann. Sie handelt von einer alten Dame, die wusste, dass sie bald sterben würde. Nachdem ihr dies klar geworden war, rief sie ihren Pfarrer an und bat ihn, mit ihr zusammen die Beerdigung zu planen. Sie sagte ihm: „Herr Pfarrer, ich habe ganz genaue Vorstellungen von meiner Beerdigung. Ich möchte, dass folgende Lieder gesungen werden (dann führte sie die einzelnen Lieder auf). Und ich bitte Sie, eine Predigt über den Himmel zu halten. Meinen Sarg hätte ich gerne offen, und ich will unbedingt eine Bibel mitnehmen, denn die Leute sollen wissen, dass die Bibel mein Lieblingsbuch war. Und vergessen Sie bitte nicht, mir ein Löffelchen und eine kleine Gabel in die Hand zu drücken!“ Hier stutzte der Pfarrer kurz und sagte: „Dass sie eine Bibel mitnehmen möchten, kann ich ja verstehen, aber wozu einen Löffel und eine Gabel?“ Die Frau antwortete: „Na ja, es heißt doch immer, wenn wir im Gemeindesaal zum Essen zusammensitzen: ‚Das war der Hauptgang. Aber behaltet bitte euer Besteck, denn das Beste kommt noch!’ Mit dem ‚Besten‘ meinen die Leute in der Küche den leckeren Nachtisch. Verstehen Sie, Herr Pfarrer? Wenn die Leute den Löffel und die Gabel in meinen Händen sehen, sollen sie daran erinnert werden, dass das Beste noch kommt – nicht nur für mich, sondern für alle, die an Christus glauben!“

Wie Recht diese alte Dame hat! Ihre Hoffnung gründet sich auf die unveränderlichen Verheißungen Gottes, der nicht lügt. Menschliche Versprechen sind oft wertlos. Wir sagen ja oft: „Wie versprochen, so gebrochen.“ Doch Gottes Verheißungen gereuen Ihn nicht (vgl. Römer 11,29). „Was er zusagt, das hält er gewiss“ (Psalm 33,4, Lutherübersetzung).

Wie hängen Liebe und Hoffnung zusammen?

Aus diesen Gründen – und es gibt sicher noch weitere – sollte die Liebe, mit der wir als Christen erfüllt sind, eine hoffnungsvolle Liebe sein. Doch was genau hat Hoffnung mit Liebe zu tun – oder sogar mit ihr gemeinsam? Warum führt Paulus die Hoffnung als ein Merkmal der Liebe auf? Ich glaube, weil nur wir Christen in der Lage sind, eine solche Liebe auch zu leben. Es ist eine Liebe, die langmütig und freundlich ist, die nicht eifersüchtig ist, nicht prahlt und sich den Mitmenschen gegenüber nicht unanständig benimmt. Es ist die Liebe, die in 1. Korinther 13 beschrieben wird. Und wir sind als Christen von Gott dazu in die Lage versetzt worden, diese Art der hoffnungsfrohen Liebe zu leben, ...

- weil wir fest davon überzeugt sind: „Es kann uns nichts geschehen, als was Er hat ersehen und uns zum Segen dient" (Johann Sebastian Bach). Es gibt keine hoffnungslosen Situationen!
- weil wir unser Ziel kennen; wir wissen, wohin wir gehen – auch wenn wir sterben.
- weil wir Realisten sind und die Wirklichkeit nicht so interpretieren, wie sie uns erscheint. Wir sehen mehr als das, was die Augen sehen; wir hoffen auf Sinn in einem vordergründig sinnlosen Umstand, und wir verlieren nicht die Hoffnung, wenn es hart auf hart kommt – und auch nicht, wenn Menschen uns verleumden und uns ablehnen.
- weil wir wissen, dass Römer 8,28 unumstößlich ist: Gott sorgt dafür, dass alles (!), was uns zustößt, zu unserem Besten dient.
- weil wir Matthäus 19,26 kennen, wo es heißt, dass es für Gott keine unmöglichen Fälle gibt. Unsere Verlegenheiten sind Gottes Gelegenheiten!
- weil wir die Hoffnung haben, die schon Hiob hatte (Hiob 23,10): „Ja, er kennt meinen Weg; wenn er mich prüft, werde ich wie Gold hervorgehen."
- weil wir Gottes Gedanken kennen (Jeremia 29,11): „Denn ich weiß, was ich für Gedanken über euch habe, spricht der HERR, Gedanken des Friedens und nicht des Unheils, um euch eine Zukunft und eine Hoffnung zu geben."
- weil uns die wunderbare Verheißung aus Jesaja 41,10 gilt: Gott,

der nicht lügt, verspricht, dass er bei uns ist, uns stärkt und uns mit der rechten Hand Seiner Gerechtigkeit festhält.

- weil wir wissen, dass unser Erbteil im Himmel für uns aufbewahrt wird. „Gelobt sei der Gott und Vater unseres Herrn Jesus Christus, der uns aufgrund seiner großen Barmherzigkeit wiedergeboren hat zu einer lebendigen Hoffnung durch die Auferstehung Jesu Christi aus den Toten, zu einem unvergänglichen und unbefleckten und unverwelklichen Erbe, das im Himmel aufbewahrt wird für uns." (1.Petr. 1,3-4)

Paulus sagt also, dass die Liebe, die uns in den Stand versetzt, andere Menschen für Christus zu erreichen, eine Liebe voller Hoffnung ist. Petrus hat diese Art der Liebe im Sinn, wenn er uns ermahnt, nicht Böses mit Bösem zu vergelten, nicht Schmähung mit Schmähung, sondern stattdessen unsere Feinde zu segnen (vgl. 1.Petr. 3,8-15). Wenn wir uns so verhalten, so sagt es der Apostel in Vers 15, werden die Menschen auf uns zukommen und uns nach der Hoffnung fragen, die in uns ist. Wer so lebt, wird sich kaum retten können vor Anfragen! Die Menschen werden die Schlussfolgerung ziehen, dass nur ein Mensch, der eine Hoffnung über das Leben hinaus hat, auf diese Weise leben und lieben kann.

Das letzte Merkmal echter Liebe

Wir kommen nun in unserem Bibelstudium über die Liebe zum fünfzehnten und letzten Merkmal echter Liebe – einer Liebe, die uns zu wirksamen Zeugen Christi macht. Es findet sich im zweiten Teil des siebten Verses: „Sie (die Liebe) erduldet alles." (1.Kor. 13,7)

Im Griechischen wird hier das aus zwei Teilen zusammengesetzte Wort *hypo-meno* benutzt, wörtlich: „darunter bleiben." Es bedeutet soviel wie *erleiden, ertragen, standhalten.* Der Gedanke dahinter ist ein „dranbleiben" (oder eben: drunterbleiben) auch im Angesicht der Opposition und des Widerstandes, im Sinne von: *weitermachen, nicht aufgeben.* An manchen Stellen bedeutet es *auf seinem Posten bleiben* (wiederum im Gegensatz zu „fliehen" oder „aufgeben"). John MacArthur schreibt in seinem Kommentar zum 1. Korintherbrief, dass das Verb auch im militärischen Sinne benutzt wurde: *die Stellung halten, einen Brückenkopf verteidigen.* Es bezieht sich immer auf eine Situation, wo es um Aushalten unter schwierigen Umständen geht.[75]

Es ist genau dasselbe Wort, das Paulus in Römer 12,12 benutzt: „In Bedrängnis haltet stand!“

Hier ermahnt uns Paulus also, nicht davonzulaufen oder aufzugeben, wenn wir in Bedrängnis geraten – was natürlich die Frage aufwirft: In welchen Situationen sollen wir dran- oder drunterbleiben? Wenn wir das 12. Kapitel aus dem Römerbrief miteinbeziehen, glaube ich, dass der Apostel Paulus Folgendes meint:

- Dranbleiben mit Blick auf die Geistesgaben, die Er uns geschenkt hat (Röm. 12,4-8).
- Dranbleiben in unserer Hingabe und geschwisterlichen Liebe zu den Mitchristen (Vers 9).
- Dranbleiben in unserer Ehrerbietung füreinander (Vers 10),
- in unserem Fleiß (Vers 11),
- und im Gebet (Vers 12).
- Dranbleiben im Sorgen für die Nöte der Heiligen (Vers 13),
- nicht nachlassen in der Gastfreundschaft (Vers 13),
- nicht nachlassen, unsere Feinde zu segnen (Vers 14),
- nicht nachlassen, uns mit den Fröhlichen zu freuen und mit den Weinenden zu weinen (Vers 15).
- Nicht nachlassen, uns „herunter zu den Niedrigen zu halten“ (Vers 16).
- Nicht nachlassen, unsere Gegner zu speisen, wenn sie hungrig sind (Vers 18-20).
- Nicht nachlassen, das Böse mit dem Guten zu überwinden (Vers 21).

Eine weitere Stelle, wo das Wort *hypomeno* benutzt wird, ist Matthäus 10, wo Jesus die zwölf Apostel aussendet. Er gibt ihnen einige Handlungsanweisungen mit auf den Weg und sagt ihnen, was sie unterwegs zu erwarten haben. Er warnt sie davor, dass sie vor die Gerichte gezerrt werden, und sich vor Statthaltern und Königen dafür rechtfertigen müssen, dass sie zu Jesus gehören. Er weissagt ihnen sogar, dass sie innerhalb der eigenen Familie Feinde haben werden, und dass „ein Bruder den andern zum Tode ausliefern“ wird

75 MacArthur, *1 Corinthians*, Seite 355.

(Matth. 10,21). „Ihr werdet von jedermann gehasst sein um meines Namens willen." (Matth. 10,22) Jesus macht also keinen Hehl daraus, dass die Nachfolge „kein Spaziergang" ist.

Nach diesen Wegbeschreibungen und Handlungsanweisungen sagt Jesus seinen Jüngern, welche Reaktion er von ihnen erwartet. Was tun, wenn die Menschen ihnen Steine in den Weg legen – und mehr? Wenn wir die Verse 19 und 20 lesen, stellen wir fest, dass es Jesus wichtig ist, dass seine Mitarbeiter *ohne Sorge* sind. Der Mut machende Zuruf „Fürchtet euch nicht!" taucht schon in der Weihnachtsgschichte auf, und so auch hier, nämlich in den Versen 26, 28 und 31. Wir brauchen in der Nachfolge Jesu keine Angst zu haben. Unser Herr weiß natürlich, dass dies unserer normalen Natur widerspricht. Er weiß, wie leicht wir uns ängstigen, wie schnell wir geradezu hysterisch werden. Gott weiß, dass Menschen derart von Angst geschüttelt werden, dass sie zu nichts mehr im Stande sind. Manche geben dann auf. Sie kreisen mit ihren Gedanken nur noch um das Problem und können an nichts anderes mehr denken. Manch einer greift zur Selbsthilfe, läuft vor den Schwierigkeiten davon und wird seelisch instabil. Falsche Entscheidungen führen zu unbiblischen Verhaltensweisen. Manchmal wird das Problem dadurch noch verstärkt. Man denkt nur noch an sich selbst, sucht Lösungen, die doch nur Scheinlösungen sind, und die Angst bleibt. „Tut es nicht!", warnt uns der Herr Jesus.

„Aber was sollen wir denn tun?" Die Antwort folgt in Vers 22, wo Jesus detailliert darüber Auskunft gibt, wie sich ein Jünger in widrigen Umständen verhalten soll. Jesus möchte, dass wir *aushalten, durchhalten, treu bleiben, den Gehorsam nicht verweigern*, sondern das tun, was richtig ist, und wenn es uns noch so schwer fällt und der Widerstand groß ist. „Gebt niemals auf!", ruft Jesus uns zu. „Lasst nicht zu, dass eure Gegner euch verwirren und euch von dem Auftrag ablenken, den ich euch gegeben habe. Lasst nicht zu, dass die Verfolger euch vom rechten Weg abbringen. Ihr wisst, was zu tun ist, nun tut es!" (vgl. Verse 6 bis 15)

Wir, die wir lieben, sollen alles ertragen. Der Jünger sollte sich darüber im Klaren sein, dass er auf Widerstand stoßen wird, aber er soll treu bleiben.

Jesus kennt uns, und Er ist absolut realistisch. Das heißt, er warnt die Jünger nicht nur davor, sich in Furcht und Angst zu verlieren, sondern er zeigt ihnen in Matthäus 10 auch einige gute Gründe dafür, warum sie das nicht tun sollten.

An dieser Stelle wäre es natürlich verlockend, einen kleinen Exkurs einzulegen und in einem separaten Bibelstudium diesen Gründen nachzugehen. Doch ich will der Versuchung widerstehen, denn ich habe Matthäus 10 aus einem ganz bestimmten Grund angeführt. Es geht mir darum, mit Hilfe dieses Kapitels zu unterstreichen, was der Apostel Paulus in 1. Korinther 13 über die Liebe sagt. Die erwähnten Verse sind nämlich Parallelstellen zu 1. Korinther 13,7, und hier wie dort wird das Verb *hypomeno* benutzt. Auf diese Weise verstehen wir besser, was mit „aushalten" und „ertragen" gemeint ist. Es ist ein Aushalten auch in schwierigen Umständen, ein Ertragen auch unter Druck und Gefahr.

„Die Liebe erträgt *[hypomeno]* alles." Eine solche Liebe macht uns zu wirksamen Zeugen Christi, zu Menschen, die den langen Atem haben, die nicht aufgeben, sondern standhalten, auch wenn ihnen der Wind mit Stärke 10 ins Gesicht bläst.

Paulus sagt uns, dass eine Liebe nach 1. Korinther 13 eine Liebe ist, die andere Menschen für den Herrn gewinnt. Es ist eine Liebe, die der weise König Salomo in Sprüche 17,17 so beschrieben hat: „Ein Freund liebt zu jeder Zeit, und als Bruder für die Not wird er geboren."

Nach dem hebräischen Urtext müssen wir die Satzstellung noch etwas verändern. Denn eigentlich heißt es: „*Immer* liebt ein Freund." Die Bedingungslosigkeit steht ganz am Anfang.

Der Vers bedeutet (im Einklang mit 1. Korinther 13,7): Ein Freund liebt dich, ob du arm bist oder reich, ob du gesund bist oder krank, ob du „gut drauf" bist oder einen ausgesprochen schlechten Tag hast. Ein Freund liebt uns mit unseren Launen und Macken, in guten wie in schweren Zeiten, in der Jugend und im Alter. Kurz: 1. Korinther 13,7 und Sprüche 17,17 sind sich einig: *Liebe gilt immer.* Sie steht über den Umständen. Ein wahrer Freund wird mich nicht allein lassen oder verdammen, wenn ich entmutigt bin und „Mist gebaut" habe. Wenn ich auf dem falschen Weg bin, wird er versuchen, mich gemäß 1. Korinther 13 wieder auf den richtigen Weg zurückzubringen. Er liebt mich so sehr, dass er mich behutsam ermahnt und korrigiert. Und wenn ich in meinem eigenen Denken so gefangen bin, dass mir eine neue Perspektive, eine zweite Meinung, ein anderer Standpunkt gut täten – dann wird ein Freund dafür sorgen, dass ich eine solche andere Sicht der Dinge auch bekomme.

William Arnot bemerkt in seinem Kommentar zum Buch der Sprüche: „Wenn du viel zu geben hast, wirst du dich vor Freunden kaum retten können. Wenn es dir dann schlechter geht und du auf der Nehmerseite gelandet bist, wird die Zahl deiner Bekannten abnehmen, und es wird sich zeigen, wer wirklich dein Freund ist. Dein Unglück wird etwas Gutes haben: Es wird die Spreu vom Weizen trennen. Und wer dir nach deinem Unglück noch als Freund erhalten bleibt, der hat den Namen wirklich verdient."[76]

Die Liebe, die der Apostel Paulus in 1. Korinther 13 beschreibt – eine Liebe, die uns zu wirksamen Zeugen Christi macht – ist dieselbe Liebe, mit der Hosea seiner Frau begegnet, nachdem sie ihn verlassen hat. Für den Propheten Hosea ist dies kein Grund, seine Frau aufzugeben. Er geht ihr in Liebe nach und versucht, sie zurückzugewinnen. Hoseas Liebe ist keine Liebe, die auf Leistung oder Gegenliebe beruht. Hosea liebt mit der bedingungslosen Liebe Gottes.

Wenn ich darüber nachdenke, wie „Hypomeno-Liebe" – eine Liebe, die den langen Atem hat – konkret aussieht, fällt mir die biblische Geschichte von David und Jonathan ein. David hatte das Wohlgefallen des Königs, und Jonathan stand ihm unterstützend zur Seite. In 1. Samuel 18,3 heißt es: „Jonathan aber und David machten einen Bund miteinander; denn er hatte ihn lieb wie seine eigene Seele." Diese Liebe führte dazu, dass Jonathan David seine Rüstung überließ und gerne auf sein Recht als Nachfolger des Königs verzichtete, damit David König werden konnte. Später, als David die Gunst des Königs verloren hatte und dieser ihn töten wollte, tat Jonathan alles in seiner Kraft Stehende, um David zu

76 William Arnot, *Studies in Proverbs*, Grand Rapids: Kregel, 1978, Seite 504.

beschützen. Dies ging so weit, dass der Zorn des Königs gegen Jonathan entbrannte und er ihn sogar umbringen wollte.

Wenn ich weiter darüber nachsinne, wie „Hypomeno-Liebe" – eine ausharrende Liebe – konkret aussieht, werde ich an eine Geschichte erinnert, die auf die Zeit des Amerikanischen Bürgerkriegs zurückgeht. Ein junges Paar hatte sich verlobt, doch auf dem Höhepunkt der Kämpfe zwischen Nord- und Südstaaten wurde der Verlobte zur Armee eingezogen. Die Hochzeit musste verschoben werden. Lange Zeit sah es so aus, als würde der Mann den Krieg unverletzt überstehen, doch dann kam die Schlacht in der Wilderness, und er zog sich schwere Verletzungen zu. Seine Braut las immer wieder die Briefe ihres Angetrauten und zählte die Tage bis zu seiner Heimkehr. Dann musste sie feststellen, dass keine Briefe mehr kamen – bis sie eines Tages einen Brief bekam, der in einer ihr unbekannten Handschrift verfasst war: „Die Schlacht war furchtbar", las sie. „Und ich weiß nicht, wie ich es Dir sagen soll, aber man musste mir beide Arme amputieren. Ich kann nicht mehr schreiben und habe deshalb einen Kameraden gebeten, dies für mich zu schreiben. Ich liebe Dich immer noch sehr, aber ich empfinde es als meine Pflicht, Dir mitzuteilen, dass Du unter diesen Umständen natürlich nicht an mich gebunden bist..."

Die Frau hat den Brief nie beantwortet. Sie stieg sofort in den nächsten Zug und fuhr in das Lazarett an der Ostküste, wo der Mann einquartiert war. Mit Tränen in den Augen fragte sie sich durch, bis ihr ein freundlicher Captain schließlich den Weg zum Feldbett ihres Verlobten wies. Bevor dieser irgendetwas sagen konnte, drückte sie ihn an sich, küsste ihn und sagte: „Wir beide bleiben zusammen! Meine Hände sind von nun an deine Hände. Ich werde für dich sorgen!"

So sieht sie praktisch aus, die Liebe, die der Apostel Paulus in 1. Korinter 13 beschreibt. Es ist eine selbstlose Liebe, die niemals aufgibt. Es ist eine Liebe, die für den anderen das Beste im Sinn hat. Sie wird nie vergehen. Die Gaben des Geistes, wie Weissagung, Zungenreden und mancherlei Wunder werden vergehen. Die Liebe aber bleibt.

Wenn ich darüber nachdenke, wie „Hypomeno-Liebe" – eine

Liebe, die standhält und nicht aufgibt – konkret aussieht, denke ich an die Liebe, mit der Robertson McQuilkin seiner Ehefrau begegnete. Sie war erst 58 Jahre alt, als sie die Diagnose „Alzheimer" erhielt und wusste, dass sie von nun an ein Pflegefall war. Ihre Geschichte wird in dem Buch *A Promise Kept*[77] erzählt. Als die Diagnose gestellt wurde, war Robertson McQuilkin Rektor der *Columbia International University.* Aus Liebe zu seiner Frau gab er diese Position auf und konzentrierte sich von nun an ganz auf die Pflege seiner Frau.

Ein unverheirateter Leser des Buches beschrieb seine Eindrücke folgendermaßen:

> Für einen Single wie mich ist die Versuchung groß, sich die Liebe in den rosigsten Farben auszmalen. Sie dauert ein Leben lang, aber was sind die Kosten? Dieses Büchlein hat mich sehr getroffen, weil es die Kosten aufzeigt. Und es zeigt, dass es möglich ist, einander treu zu bleiben – auch wenn die Kosten ins Unermessliche steigen.
>
> Robertson, ein angesehener christlicher Akademiker, wird von der Diagnose vollkommen überrascht. Als seine Frau Muriel immer mehr unter den Auswirkungen der tückischen Krankheit leidet, entschließt sich ihr Mann, alle akademischen Vorträge abzusagen und auch seine in Amerika sehr bekannte Radiosendung einzustellen.
>
> Die Krankheit zehrt an Muriel, was für ihren Mann bedeutet, dass er praktisch seine gesamte Zeit für die Pflege opfern muss. Er hängt alle beruflichen Ambitionen an den Nagel. Bald stellt sich heraus, dass seine Frau unter Panikattacken leidet und sich nur in der Gegenwart ihres Mannes beruhigt. Sie ist schließlich nur noch dann psychisch im Lot, wenn ihr Mann an ihrer Seite ist. Am Ende steht die völlige Abhängigkeit einer Frau von ihrem Mann – und die Frau ist inzwischen so krank geworden, dass sie auch die einfachsten Aufgaben nicht mehr erledigen kann.
>
> Was mich an der Geschichte so beeindruckt hat, ist die Tatsache, dass dieser Mann die Pflege mit dankbarem Herzen

77 Deutscher Titel: „Wenn Liebe hält, was sie verspricht", Gerth Medien, 2011.

und ohne Murren ausführt. Natürlich fällt ihm das alles nicht leicht. Es gibt Rückschläge, aber er hütet sich davor, bitter zu werden. Auch als seine Frau am Ende völlig in die Demenz abgleitet, bleibt er bei seiner liebevollen Einstellung. Für ihn ist die Pflege Gottesdienst. Er weiß sich von Gott in diese Aufgabe gestellt und hat nicht vergessen, wie viele Jahre lang es umgekehrt war und seine Frau für ihn gesorgt hat. Er ist der Überzeugung, es sei dann nur recht und billig, wenn die Rollen nun anders verteilt sind. Ich finde, dass ein solches Beispiel Schule machen sollte. Elisabeth Elliot, die Frau des ermordeten Auca-Missionars Jim Elliot, hat einmal gesagt: „Wer heiratet, verleugnet sein Ich zugunsten des Du." Robertson hat diesen Satz mit seinem eigenen Leben gefüllt – zur Ehre des Gottes, dem er dient.[78]

Wir sehen in diesem Buch von Robertson McQuilkin ein wunderbares Beispiel für eine „Hypomeno-Liebe", das heißt, eine Liebe, die auch unter widrigsten Umständen dranbleibt und ausharrt. Genau das hat der Apostel Paulus gemeint, als er schrieb: „Die Liebe erträgt alles."

Alle diese Beispiele zeigen, wie eine Liebe, die „drunterbleibt" und sich einfügt, konkret aussieht. Doch das beste Beispiel für eine solche „Hypomeno-Liebe" hat unser Herr Jesus Christus selbst vorgelebt. Halten Sie sich Seine Liebe erneut vor Augen, wenn Sie über die folgenden Bibelstellen nachdenken:

- „Denn so sehr hat Gott die Welt geliebt, dass er seinen eingeborenen Sohn gab, damit jeder, der an ihn glaubt, nicht verlorengeht, sondern ewiges Leben hat." (Joh. 3,16)
- „Wer will uns scheiden von der Liebe des Christus? [...] Denn ich bin gewiss, dass weder Tod noch Leben, weder Engel noch Fürstentümer noch Gewalten, weder Gegenwärtiges noch Zukünftiges, weder Hohes noch Tiefes, noch irgendein anderes Geschöpf uns zu scheiden vermag von der Liebe Gottes, die in Christus Jesus ist, unserem Herrn." (Röm. 8,35.38-39)
- „Gott aber beweist seine Liebe zu uns dadurch, dass Christus für uns gestorben ist, als wir noch Sünder waren." (Röm. 5,8)

78 Rezension von *A Promise Kept* auf amazon.com

- „Gott aber, der reich ist an Erbarmen, hat uns um seiner großen Liebe willen, mit der er uns geliebt hat [...] mit Christus lebendig gemacht." (Eph. 2,4-5)
- „Darin ist die Liebe Gottes zu uns geoffenbart worden, dass Gott seinen eingeborenen Sohn in die Welt gesandt hat, damit wir durch ihn leben sollen. Darin besteht die Liebe, nicht dass wir Gott geliebt haben, sondern dass er uns geliebt hat und seinen Sohn gesandt hat als Sühnopfer für unsere Sünden." (1. Joh. 4,9-10)
- „Jesus Christus, [...] der uns geliebt hat und uns von unseren Sünden gewaschen hat durch sein Blut." (Offb. 1,5)
- „Ich bin mit Christus gekreuzigt; und nun lebe ich, aber nicht mehr ich selbst, sondern Christus lebt in mir. Was ich aber jetzt im Fleisch lebe, das lebe ich im Glauben an den Sohn Gottes, der mich geliebt und sich selbst für mich hingegeben hat." (Gal. 2,20)
- Der Apostel Paulus war von der Liebe Gottes so überwältigt, dass er kaum noch Worte fand, um sie zu beschreiben. Er wünschte sich, „mit allen Heiligen zu begreifen, was die Breite, die Länge, die Tiefe und die Höhe sei" (Eph. 3,18). Er wollte die Liebe Christi erkennen, „die doch alle Erkenntnis übertrifft" (Vers 19). Doch eigentlich können wir Gottes Liebe gar nicht vollständig begreifen. Sie ist zu groß, zu umfassend. Auch hier gilt, dass unser Erkennen Stückwerk ist.

Insofern sind auch die folgenden Zitate nur ein unzureichender Versuch, diese Liebe zu beschreiben. Trotzdem bitte ich Sie, sie auf sich wirken zu lassen und auf diese Weise neu begeistert zu werden von der Liebe, die Christus für uns hat. Samuel Rutherford schrieb:

> Die Liebe Christi vollständig zu begreifen, ist ein Ding der Unmöglichkeit, geradeso als wollte ein kleines Kind den Erdball mit seinen Händen umfassen. Die Liebe Christi ist wie ein Ozean, dessen Ausdehnung und Tiefe über unser Vorstellungsvermögen geht. Sie ist wie ein weites, offenes Land, das der menschliche Verstand im Laufschritt erobern möchte – nur um dann festzustellen, dass es nichts als Trippelschritte waren. Die Liebe Christi kennt keine Grenzen, keinen Horizont, sie ist

immer noch größer, immer noch weiter. Unsere Seelen verlieren sich darin – in Staunen, Bewunderung und Lobpreis.[79]

Der schottische Pfarrer Robert Murray McCheyne (1813–1843), der nur 29 Jahre alt wurde, schrieb über diese Liebe:

> Nach den Worten des Apostels Paulus übertrifft die Liebe jede Erkenntnis. Sie ist wie der blaue Himmel, in den wir hineinblicken, dessen Ausmaße wir jedoch niemals erfassen können. Sie ist wie das Meer, in das wir zwar einen Blick werfen, dessen Tiefe wir jedoch genauso wenig ermessen können. Seine Breite hat keinen Rand, seine Länge keine Begrenzung, seine Tiefe keinen Grund. Wenn der heilige Apostel Paulus, ein Mann, der die göttlichen Schriften gründlich studiert hat und von sich sagt, er sei bis in den dritten Himmel entrückt worden, um das verherrlichte Antlitz Jesu Christi zu schauen – wenn ein solcher Mann sagt, dass die Liebe alle Erkenntnis übersteigt, wie viel bescheidener ist dann erst unser Wissen um die Liebe, die wir doch solch arme und schwache Gläubige sind.[80]

Lassen Sie vor dem Hintergrund dieser Gedanken auch einmal die folgenden Liedverse auf sich wirken. Alt und neu, sprechen sie aus verschiedenen Jahrhunderten und auf verschiedene Weise über die Liebe Gottes, die wir nicht völlig verstehen und doch so nötig begreifen lernen müssen.

Über 150 Jahre alt ist ein Kirchenlied über die Liebe Gottes, das den Vers „Gott ist die Liebe" aus dem 1. Johannesbrief (4,16) nach der bekannten Melodie „Am Weihnachtsbaume" vertont hat. Der Dichter ist August Rische, und die Melodie stammt aus Thüringen (um 1840):

Gott ist die Liebe, lässt mich erlösen,
Gott ist die Liebe, Er liebt auch mich.
Refrain: Drum sag ich noch einmal: Gott ist die Liebe!
Gott ist die Liebe, Er liebt auch mich.

79 So die „Gedanken über die Liebe Christi" von S. Rutherford auf der Website www.GraceGems.org/Books2/Harsha – *Thoughts on the Love of Christ.*

80 ibid.

Ich lag in Banden der bösen Sünde,
ich lag in Banden und konnt nicht los. *(Refrain)*

Ich lag im Tode, des Teufels Schrecken,
ich lag im Tode, der Sünde Sold. *(Refrain)*

Er sandte Jesus, den treuen Heiland,
Er sandte Jesus und macht mich los. *(Refrain)*

Dich will ich preisen, Du ewge Liebe,
Dich will ich loben, solang ich bin. *(Refrain)*

Sehr bildhaft wird diese Liebe in dem bekannten neuen geistlichen Lied „Herr, deine Liebe“ von 1968 beschrieben. Es stammt ursprünglich aus Schweden[81]:

Herr, deine Liebe ist wie Gras und Ufer,
wie Wind und Weite und wie ein Zuhaus.
Frei sind wir, da zu wohnen und zu gehen.
Frei sind wir, ja zu sagen oder nein.
Wir wollen Freiheit, um uns selbst zu finden,
Freiheit, aus der man etwas machen kann.
Freiheit, die auch noch offen ist für Träume,
wo Baum und Blume Wurzeln schlagen kann.
Herr, du bist Richter! Du nur kannst befreien,
wenn du uns freisprichst, dann ist Freiheit da.
Freiheit, sie gilt für Menschen, Völker, Rassen,
so weit, wie deine Liebe uns ergreift.
Herr, deine Liebe ist wie Gras und Ufer,
wie Wind und Weite und wie ein Zuhaus.

Dass der Richter uns um Jesu Christi willen gnädig ist, und wir deshalb über Sein *Erbarmen* jubeln können, kommt sehr schön in einem Lied von Philipp Friedrich Hiller (1699-1769) zum Ausdruck:

81 Text: Anders Frostenson, Melodie: Lars Ake Lundberg, übertragen von Ernst Hansen, 1970.

Mir ist Erbarmung widerfahren,
Erbarmung, deren ich nicht wert;
das zähl ich zu dem Wunderbaren,
mein stolzes Herz hat's nie begehrt.
Nun weiß ich das und bin erfreut
und rühme die Barmherzigkeit.
Ich hatte nichts als Zorn verdienet
und soll bei Gott in Gnaden sein;
Gott hat mich mit sich selbst versühnet
und macht durchs Blut des Sohns mich rein.
Wo kam dies her? Warum geschieht's?
Erbarmung ist's und weiter nichts.
Das muss ich Dir, mein Gott, bekennen;
das rühm ich, wenn ein Mensch mich fragt;
ich kann es nur Erbarmung nennen,
so ist mein ganzes Herz gesagt.
Ich beuge mich und bin erfreut
und rühme die Barmherzigkeit.

Hillers Zeitgenosse Gerhard Tersteegen (1697–1769) schließlich war von der Liebe Gottes so überwältigt, dass er das Lied schrieb: „Ich bete an die Macht der Liebe“:

Ich bete an die Macht der Liebe,
die sich in Jesu offenbart.
Ich geb mich hin dem freien Triebe,
wodurch ich Wurm geliebet ward.
Ich will, anstatt an mich zu denken,
ins Meer der Liebe mich versenken.

Das größte und wichtigste Beispiel für eine Liebe, wie Paulus sie in 1. Korinther 13 beschreibt, finden wir jedoch in der Liebe unseres Herrn Jesus Christus zu seinem Volk. Die Liebe Christi ist unvergleichlich und unermesslich. Im Vergleich zu dieser Liebe muss alle andere Liebe, auch die der liebevollsten Menschen, die je gelebt haben, verblassen. Wir können deshalb mit Fug und Recht an all den

Stellen, wo Paulus das Wort „Liebe" benutzt, den Namen unseres Herrn Jesus einsetzen. Die fünfzehn Merkmale der Liebe, die Paulus erwähnt und erklärt – sie alle sind in Jesus Christus erfüllt worden. Er lebte und lebt jedes dieser Merkmale auf vollkommene Art und Weise.

Das bedeutet, dass Paulus, wenn er uns in 1. Korinther 13 auffordert, die Liebe „anzuziehen", damit nichts anderes meint, als dass wir Jesus ähnlicher werden sollen. Insofern bedeutet der Vers „Strebet nach der Liebe" (1.Kor. 14,1) eigentlich auch: „Ziehet an den Herrn Jesus Christus" (Röm. 13,14), und werdet Ihm ähnlicher.

Nun fragen Sie vielleicht: „Was bedeutet es denn, Jesus ähnlicher zu werden?" Die Antwort wird in 1. Korinther 13 gegeben. Es bedeutet, dass wir Menschen werden, die so lieben, wie es in 1. Korinther 13,4-8 beschrieben wird. Um bei dem in diesem Kapitel beschriebenen Merkmal der Liebe zu bleiben: Es bedeutet, dass Sie ein Mensch werden, dessen Leben von einer Liebe durchdrungen ist, die von Hoffnung und Ausdauer gekennzeichnet ist, die alles glaubt, alles erträgt und die den langen Atem hat.

Am Ende dieses Kapitels möchte ich Ihnen noch einige Fragen stellen. Zunächst einmal diese: „Möchten Sie überhaupt Jesus ähnlicher werden?" Wenn Sie ein wiedergeborener Christ sind, werden Sie voller Begeisterung antworten: „O ja, das möchte ich. Ich kann mir für mein Leben nichts Schöneres vorstellen als Jesus ähnlicher zu werden."

Wenn Sie jedoch mit der Antwort zögern und kein echtes Bedürfnis danach haben, Jesus ähnlicher zu werden, muss ich Sie mit ganzem Ernst darauf hinweisen, dass Sie unter diesen Umständen womöglich gar nicht wiedergeboren sind. Denn Paulus sagt in Epheser 4,15, dass es der Wunsch aller an Christus gläubigen Menschen ist, in der Liebe zu wachsen „in allen Stücken zu ihm hin, der das Haupt ist". Und im Römerbrief steht, dass Gott, der uns alles zum Besten dienen lässt, diejenigen, die er berufen hat, dazu vorherbestimmt hat, „dem Ebenbild seines Sohnes gleichgestaltet zu werden" (Röm. 8,29-30) – und das heißt doch, immer mehr so zu werden wie Er.

Und noch ein Weiteres möchte ich Ihnen sagen: Wenn wir

Jesus ähnlicher werden, wenn Sie und ich uns nach einer Liebe ausstrecken, wie sie Paulus beschrieben hat, und uns bemühen, in dieser Liebe zu wachsen – dann werden wir Menschen für Christus gewinnen und in unserer Welt etwas bewirken, was „Ewigkeitswert" hat. Schließlich verspricht uns Vers 8, dass die Liebe niemals aufhört. Sie ist ewig.

Bevor ich nun dieses Kapitel abschließe, noch ein Wort der Warnung: Sollten Sie noch nie zuvor in Ihrem Leben erkannt haben, dass Sie ein Sünder sind und die Vergebung nötig haben, noch nie Ihre Knie vor dem Kreuz Christi gebeugt und noch nie begriffen haben, dass Christus am Kreuz für Ihre Schuld gestorben ist, kurz: Sollten Sie noch nie Ihr Leben Jesus Christus übergeben und Ihn um die Vergebung Ihrer Schuld gebeten haben – dann versuchen Sie um Himmels willen nicht, die hier beschriebene Liebe zu verwirklichen. In diesem Fall ist etwas ganz anderes wichtig: Das Wichtigste in Ihrem Leben ist, dass Sie zu Christus finden und Vergebung Ihrer Sünden erfahren. Suchen Sie sich bitte einen gläubigen Gesprächspartner, vielleicht einen Pastor oder Prediger, der die Bibel ernst nimmt und sein Leben nach ihr ausrichtet. Besuchen Sie einen Gottesdienst in einer Gemeinde, wo wirklich das Evangelium gepredigt wird – und nehmen Sie die Hilfe an, die Ihnen auf dem Weg zum Glauben angeboten wird. Wie Paulus die Korinther ermahnte, möchte ich Ihnen zurufen: „Lassen Sie sich versöhnen mit Gott!" (2.Kor. 5,20)

Fragen zum Inhalt, zum Nachdenken, zur Anwendung des Gesagten und zur Diskussion

1. Eine kleine Wiederholungsfrage gleich zu Beginn: Warum ist die Liebe Sinn und Ziel unserer Erziehungs- und Gemeindearbeit?
2. Was versteht die Bibel unter Hoffnung? Inwiefern unterscheidet sich der biblische vom umgangssprachlichen Gebrauch des Wortes?
3. Welche näheren Beschreibungen (in Form von Adjektiven) finden sich in der Bibel im Zusammenhang mit dem Wort „Hoffnung"?

4. Warum stehen diese beschreibenden Adjektive neben dem Wort „Hoffnung“? Was möchte Gott uns damit sagen?
5. Rufen Sie sich noch einmal die Verse in Erinnerung, die in diesem Kapitel aufgeführt wurden, um zu zeigen, wie die Hoffnung der Gläubigen konkret aussieht. Was sagt beispielsweise 1. Petrus 1,3 über unsere Hoffnung? Beantworten Sie diese Frage für jede der angeführten Stellen.
6. Wie hängen Hoffnung und Glaube zusammen? Warum ist für Paulus die Hoffnung ein Merkmal der Liebe?
7. Was bedeutet „ausharren“ oder „erdulden“? Welche Situationen fallen Ihnen ein, wenn Sie dieses Wort hören? Wenn Menschen sich beklagen, sie müssten etwas ertragen, was meinen sie meistens damit? An wen denken sie dabei?
8. Denken Sie darüber nach, was Sprüche 17,17 über biblische Liebe aussagt. Wie sieht Liebe in schwierigen Situationen oder im Umgang mit schwierigen Menschen konkret aus?
9. Lesen Sie noch einmal, was William Arnot über Freundschaft und Liebe sagt, und versuchen Sie, es mit Ihren eigenen Worten wiederzugeben. Fällt Ihnen hierzu ein Beispiel aus Ihrer eigenen Erfahrung ein?
10. Lesen Sie noch einmal die in diesem Kapitel erwähnten Beispiele für eine Liebe, die „drunterbleibt“, eine Liebe, die ausharrt und den langen Atem hat. Vergleichen Sie diese Beispiele in aller Ehrlichkeit mit der Liebe, die Sie zu Ihren Mitmenschen haben.

a) Wie zeigte sich die freundschaftliche Liebe zwischen David und Jonathan?
b) Was hat Sie an der Liebe der jungen Frau für ihren Verlobten, der im amerikanischen Bürgerkrieg verwundet wurde, beeindruckt?
c) Was hat Sie an der Liebe, mit der Robertson McQuilkin seiner Frau begegnete, beeindruckt?
d) Und was bedeutet Ihnen persönlich das Beispiel Jesu Christi und die Liebe, mit der Er uns begegnet?
e) Was hat Sie in den zitierten Liedversen besonders angesprochen? Was wurde darin über die Liebe Gottes ausgesagt?

11. Trauen Sie sich nun an eine Selbsteinschätzung heran und bewerten Sie Ihre tätige Liebe nach 1. Korinther 13 im Umfeld a) Ihrer Familie, b) Ihrer Gemeinde und c) der Menschen, denen Sie außerhalb der Gemeinde begegnen. Gehen Sie dabei nach der folgenden Bewertungsskala vor:
    4 = Ich praktiziere die Liebe nach 1. Korinther 13 *täglich*. Schließlich lebe ich nicht für die Gegenwart, sondern um der Hoffnung willen, die ich in Christus habe.
    3 = Ich praktiziere die Liebe nach 1. Korinther 13 *häufig*, denn ich lebe nicht für die Gegenwart, sondern um der Hoffnung willen, die ich in Christus habe.
    2 = Ich praktiziere die Liebe nach 1. Korinther 13 *manchmal*, denn eigentlich lebe ich nicht für die Gegenwart, sondern um der Hoffnung willen, die ich in Christus habe.
    1 = Ich praktiziere die Liebe nach 1. Korinther 13 *selten*, denn eigentlich lebe ich für die Gegenwart und vergesse oft die Hoffnung, die ich in Christus habe.
    0 = Ich praktiziere die Liebe nach 1. Korinther 13 *überhaupt nicht*, denn ich lebe für die Gegenwart und habe ganz vergessen, welche Hoffnung ich in Christus habe.
12. Zweiter Teil Ihrer Selbsteinschätzung. Bewerten Sie nun ganz ehrlich die Liebe, mit der Sie Ihrer Familie und den Menschen in Ihrer Gemeinde (wie auch außerhalb) begegnen. Gehen Sie dabei nach der folgenden Bewertungsskala vor:
    4 = Ich reagiere *grundsätzlich* mit der in 1. Korinter 13 beschriebenen Liebe, wenn ich mich Problemen ausgesetzt sehe und mir Menschen mit Ablehnung, Abneigung, Widerstand oder offenem Hass begegnen.
    3 = Ich reagiere *häufig* mit der in 1. Korinter 13 beschriebenen Liebe, wenn ich mich Problemen ausgesetzt sehe und mir Menschen mit Ablehnung, Abneigung, Widerstand oder offenem Hass begegnen.
    2 = Ich reagiere *manchmal* mit der in 1. Korinter 13 beschriebenen Liebe, wenn ich mich Problemen ausgesetzt sehe und mir Menschen mit Ablehnung, Abneigung, Widerstand oder offenem Hass begegnen.

1 = Ich reagiere *selten* mit der in 1. Korinter 13 beschriebenen Liebe, wenn ich mich Problemen ausgesetzt sehe und mir Menschen mit Ablehnung, Abneigung, Widerstand oder offenem Hass begegnen.

0 = Ich reagiere *nie* mit der in 1. Korinter 13 beschriebenen Liebe, wenn ich mich Problemen ausgesetzt sehe und mir Menschen mit Ablehnung, Abneigung, Widerstand oder offenem Hass begegnen.

13. Nachdem Sie dieses Kapitel zu Ende gelesen und seinen Inhalt betend überdacht haben, sollten Sie eine Liste aufstellen und aufschreiben, welche Punkte Sie in Ihrem Leben konkret ändern wollen.
14. Bitte beachten Sie den Hinweis auf Seite 27.

Kapitel 18
Liebevoll leben
– wie können wir es schaffen?

Ende der 1970er Jahre schrieb D.A. Carson einen Artikel in der Zeitschrift *Christianity Today*, der sich mit der Situation der heutigen christlichen Gemeinde befasst. Carson überschrieb seinen Kommentar mit den Worten *A Church That Does All the Right Things, But...* (etwa: „Eine Gemeinde, die alles richtig macht, aber..."). Er bezieht sich dabei auf eines der sieben Sendschreiben der Offenbarung, das an die Leitung der Gemeinde in Ephesus gerichtet war (vgl. Offb. 2,1-7). Carson bemerkt hierzu:

> Ja, sie verkündigen sie noch, die Wahrheit. Nur sie lieben Den nicht mehr, Der von sich gesagt hat: „Ich bin die Wahrheit." Sie vollbringen gute Werke, aber diese Werke geschehen nicht mehr in der Liebe. Es ist nicht die Sorge um die christlichen Geschwister, es ist nicht das Mitleid, das diese Gemeinde motiviert. Zwar hat sie sich als Hüterin der Wahrheit bewährt, und sie verkündigt diese Wahrheit auch. Aber sie hat darüber vergessen, dass die Liebe das wichtigste Merkmal eines Zeugen Jesu Christi ist. Man würde dieser Gemeinde nicht gerecht, wenn man behauptete, die Werke hätten die Liebe verdrängt. Aber sie hat vergessen, dass nichts auf der Welt, – keine guten Taten, keine Weisheit, keine biblisch begründete Gemeindezucht, kein Durchhalten in widrigen Umständen, kein Hass der Sünde, keine noch so korrekte Dogmatik – jemals einen Mangel an Liebe wettmachen können.[82]

Wir sind in unserem Bibelstudium nun an einem Scheideweg angelangt: Nach der Auslegung der ersten drei Verse von 1. Korin-

82 D. A. Carson, *A Church That Does All the Right Things, But...* Magazin *Christianity Today*, vom 29. Juni 1979, Seite 30.

ther 13 (nebst Hinweisen zur Anwendung) wurde klar, dass Paulus die Liebe, so wie er sie (unter der Leitung des Heiligen Geistes) beschrieben hat, für „über die Maßen" wichtig hält. Ein mit Liebe erfülltes Leben ist durch nichts zu ersetzen! Demgegenüber verblasst alles andere. Die auf 1. Korinther 13,1-3 folgenden Verse zeigen dann, wie diese wahre Liebe aussieht. Wir haben *fünfzehn Merkmale* einer solchen Liebe studiert und festgestellt, dass es diese Liebe gemäß 1. Korinther 13 ist, die uns zu wirksamen Zeugen Christi macht.

Ich könnte mir vorstellen, dass nun einige unter Ihnen etwa Folgendes sagen: „Wayne, ich glaube, ich habe jetzt ein wenig besser verstanden, was echte Liebe ist. Aber ich musste leider auch feststellen, dass ich in einigen Bereichen meines Lebens diese Art von Liebe gar nicht oder nur unzureichend verwirklicht habe."

Als Antwort möchte ich zunächst einmal auf die ersten siebzehn Kapitel dieses Buches verweisen, in denen ich versucht habe, konkret zu zeigen, wie wir diese Liebe erfahren und Tag für Tag leben können, kurz: wie wir unseren „Liebesquotienten" (wie ich es genannt habe) erhöhen können. Da dieser Punkt so wichtig ist, möchte ich ihm das verbleibende letzte Kapitel widmen und darin der Frage nachgehen: „Wie kann ich es schaffen, eine solche zu bekommen?" Mehr noch: „Wie kann ich dauerhaft ein Leben in Liebe führen?"

Sie haben vielleicht schon einmal gehört, was ein Grundschullehrer seinen Schülern einschärft: „Wiederholung, Wiederholung, Wiederholung!" In der Tat: Ohne Wiederholung gibt es keinen Lernfortschritt. Ich sage das deshalb, weil einige der Punkte, die ich im Folgenden anspreche, bereits in den vorangegangenen Kapiteln behandelt wurden. Ich werde aber versuchen, einige Zusammenhänge anders auszudrücken und sie aus einem anderen Blickwinkel zu betrachten. Es geht mir also quasi um eine „Wiederholung Plus". Das heißt: Einiges wird Ihnen bekannt vorkommen, anderes ist Neuland. Während wir in den Kapiteln 1 bis 17 über das „Was" der Liebe nachgedacht haben, geht es nun um das „Wie". Mir klingen noch die Worte eines Freundes im Ohr, der mir einmal bekannte: „1. Korinther 13 war für mich immer ein zweischneidiges Schwert. Einerseits fand ich diese Beschreibung der Liebe wunderbar, andererseits aber kam ich mir nach der Lektüre dieses Kapitels immer ‚sooo klein mit Hut' vor, denn mir war klar: ‚Ich schaffe es nicht, so zu lieben!' Ich bin wirklich dankbar für deine Auslegung dieses Textes, aber ich brauche definitiv noch ein paar praktische Tipps, wie ich diese Liebe in meinen Alltag einbauen kann."

Ich möchte im Folgenden versuchen, der Bitte dieses Mannes nachzukommen, denn ich bin mir sicher, er ist nicht der Einzige, dem daran gelegen ist, zu erfahren, wie wir eine biblische Liebe nach 1. Korinther 13 Tag für Tag neu (er)leben können. Ich habe mir überlegt, die Wahrheiten, die dies erklären, „biblische Grundprinzipien" zu nennen. Fangen wir mit dem Wichtigsten an:

Das biblische **Grundprinzip Nr. 1** für alle, die dauerhaft von einer Liebe erfüllt werden wollen, wie sie in 1. Korinther 13 beschrieben wird, lautet: **Sie müssen ein wiedergeborener Christ sein!**

Ohne die Kraftquelle des Heiligen Geistes, ohne Seine Führung können Sie diese Art von Liebe unmöglich praktizieren. Und wer nicht an Christus gläubig geworden ist, hat keinen Zugang zu dieser Kraft. Wir sollten uns in diesem Zusammenhang daran erinnern, dass Paulus seinen Brief an eine bestimmte Gruppe von Menschen schrieb. Er richtete den 1. Korintherbrief, wenn Sie sich erinnern, an die „Gemeinde Gottes, ... an die Geheiligten in Christus Jesus, an die berufenen Heiligen" (1.Kor. 1,2). „Heilig" heißt so viel wie: „abgesondert für Gott" oder „Gott gehörig". Das heißt, Paulus schrieb an gläubige Menschen, an solche, die ihr Leben Jesus Christus übergeben hatten. Diese Menschen wiederum trugen die Frohe Botschaft weiter. Sie hatten die Wahrheit erkannt und „freuten sich an der Wahrheit" (1.Kor. 13,6). Es handelte sich also um Christen, und um Menschen, die evangelisierten, weil sie begriffen hatten, was das Kreuz für sie und für andere bedeutet. Wenn Paulus darum in 1. Korinther 14 sagt, wir sollten nach der Liebe streben (Vers 1) – und zwar der Liebe, die er gerade in Kapitel 13 beschrieben hat – dann sagt er das an die Adresse eben dieser Menschen: Menschen, in denen der Heilige Geist Wohnung genommen hat.

Es ist in diesem Zusammenhang sicher hilfreich, wenn wir uns einmal vergegenwärtigen, was Paulus über die andere Gruppe von Menschen sagt, die es auf der Welt gibt. Das heißt: Wie sieht er die, die nicht an Christus glauben? In Römer 3,9 stellt der Apostel klar, dass der Mensch von Natur aus „unter der Sünde“ ist. Der natürliche Mensch liebt Gott nicht. Er kann es gar nicht. Genauso wenig ist er im Stande, seinen Nächsten zu lieben wie sich selbst. So einfach ist das.

Römer 8,8 weist in dieselbe Richtung. Hier bezeichnet Paulus den natürlichen, nicht wiedergeborenen Menschen als „fleischlich“ und sagt: „Die aber fleischlich sind, können Gott nicht gefallen“ (Lutherübersetzung). Was heißt denn „gefallen“? Doch sicher auch, so zu leben, wie es Paulus in 1. Korinther 13 fordert. Kann der Mensch das von sich aus? Nein!

Im Titusbrief lesen wir: „Denn auch wir waren einst unverständig, ungehorsam, gingen in die Irre, dienten mannigfachen Lüsten und Vergnügungen, lebten in Bosheit und Neid, verhasst und einander hassend.“ (Titus 3,3) So sah unser Leben aus, sagt Paulus im Titusbrief, *bevor* uns der Glaube an Christus zuteil wurde, *dann aber* errettete uns Gott in Christus und befreite uns von der Herrschaft der Sünde und des Egoismus. „Retten“ bedeutet, dass er uns reingewaschen und zu neuen Menschen gemacht hat. Er hat Seine Gnade über uns ausgegossen, damit wir von nun an Ihm mit guten Werken dienen können. Diese Reihenfolge ist wichtig: Erst wenn Er uns die Kraft dazu verleiht, können wir ein Leben im Gehorsam Ihm gegenüber führen.

Aussagen über Menschen zu treffen, die keine Christen sind, klingt nicht besonders freundlich oder „tolerant“. Aber letztlich sind nicht wir es, die solche Aussagen machen, sondern Gott selbst ist es. Und Gott sagt nun einmal ganz klar, dass niemand außer den Christen andere Menschen mit der in 1. Korinther 13 beschriebenen Liebe lieben kann. Doch die Bibel bleibt nicht beim Negativen stehen. Sie sagt auch, dass alle, die von neuem geboren, also bekehrt sind, von Gott ein neues Wesen eingepflanzt bekommen haben, so dass sie nun in Seiner Kraft wirklich lieben können. Wir können nicht hinter diese Aussagen zurück! Es wäre nicht nur unbiblisch, sondern auch lieblos.

Doch wenn Sie Jesus Christus noch nicht als Herrn und Retter angenommen haben, muss das ja nicht so bleiben! Gottes Wort, die Bibel, sagt, dass es auch für Sie die Möglichkeit gibt, nach 1. Korinther 13 zu leben und zu lieben. Doch vorher müssen Sie zu Christus kommen. Nur dann ist es möglich. Nur Er kann Sie von der Herrschaft der Sünde und des Egoismus befreien.

Ich bin davon überzeugt, dass dies nicht nur die Aussage des Apostels Paulus, sondern die Botschaft der gesamten Bibel ist. So ermahnt uns auch Petrus, dass wir, die wir unsere Seelen im Gehorsam gegen die Wahrheit gereinigt haben, unseren Geschwistern mit ungeheuchelter Liebe begegnen sollen, „beharrlich und aus reinem Herzen, denn ihr seid wiedergeboren ... durch das lebendige Wort Gottes" (1.Petr. 1,22f). Und im 2. Petrusbrief heißt es, dass wir als Christen der göttlichen Natur teilhaftig geworden und dem Verderben entflohen sind, „das durch die Begierde in der Welt herrscht" (2.Petr. 1,4). Sicher gehört es zur göttlichen Natur, dass wir einander mit Herzlichkeit und Liebe begegnen – bei aller menschlichen Fehlbarkeit jeden Tag neu.

Nichts anderes sagt auch der Apostel Johannes. In seinem ersten Brief lesen wir (1.Joh. 4,7f): „Geliebte, lasst uns einander lieben! Denn die Liebe ist aus Gott, und jeder, der liebt, ist aus Gott geboren und erkennt Gott. Wer nicht liebt, der hat Gott nicht erkannt, denn Gott ist Liebe."

Aus diesen Versen lässt sich zweierlei schließen. *Erstens*: Wer Gott wirklich kennt und aus Ihm geboren ist, kann ein liebevoller Mensch sein. Und *zweitens:* Wenn jemand nicht liebt, ist er nicht aus Gott geboren und kennt Ihn nicht.

John Piper hat in einer Auslegung ebendieser Verse (1. Johannes 4,7-19) einige sehr hilfreiche Bemerkungen gemacht:

> Johannes weist in diesem Bibeltext darauf hin, dass Liebe als Bestandteil der göttlichen Natur mit der Bekehrung oder Wiedergeburt zu einem Teil unseres Wesens geworden ist. Wiedergeburt bedeutet, dass Gott uns ein neues Leben eingehaucht hat. Die Liebe ist ein integraler Bestandteil dieses neuen Lebens. Gottes Wesen ist Liebe, und bei der Neugeburt wird sie zu einem Bestandteil unseres Wesens. Sehen wir uns Vers

12 an: „Niemand hat Gott jemals gesehen; wenn wir einander lieben, so bleibt Gott in uns, und Seine Liebe ist in uns vollkommen geworden." Wenn wir von neuem geboren werden, kommt Gott selbst in unser Leben. Er nimmt Wohnung in uns und gießt Seine Liebe in unsere Herzen aus. Es ist Sein Wille, dass wir vollständig an dieser Liebe teilhaben. Beachten Sie in diesem Zusammenhang Vers 12. Es geht nicht darum, dass Sie als neugeborener Mensch sich die Liebe Gottes zum Vorbild nehmen und sich bemühen, sie nachzuahmen. Es ist vielmehr so, dass Sie die Liebe Gottes in sich tragen und noch davon an andere weitergeben können.

Johannes sagt: „Darin besteht die Liebe: nicht dass wir Gott geliebt haben, sondern dass er uns geliebt hat und seinen Sohn gesandt hat als Sühnopfer für unsere Sünden." (1.Joh. 4,10) Das heißt, Johannes will betonen, dass das Wesen der Liebe nicht in uns begründet liegt. Die Liebe hat ihren Anfangs- und Ausgangspunkt nicht im Menschen, sondern in Gott. Liebe ist bei Gott; Liebe fängt bei Gott an. Und wenn es bei uns irgendetwas an Gefühlen oder Taten gibt, das die Bezeichnung ‚Liebe' verdient hat, dann ist es das, was aus dieser Verbindung zu Gott entspringt.

Johannes hat nicht vergessen, was er in den Versen 7 und 8 gesagt hat: „Jeder, der liebt, ist aus Gott geboren und erkennt Gott. Wer nicht liebt, der hat Gott nicht erkannt; denn Gott ist die Liebe." Wenn der Apostel also zum Ausdruck bringt, dass wir einander lieben *sollen,* dann ist dieses „sollen" so zu verstehen, dass wir in der gleichen Weise lieben sollen, wie Fische schwimmen sollen, Vögel fliegen sollen, Säugetiere atmen sollen, Pfirsiche süß schmecken sollen, Zitronen sauer sein sollen und Ziegen meckern sollen. So „sollen" wir lieben. Das heißt, die Liebe gehört zum Wesen der Wiedergeborenen. Wir geben uns keine Mühe zu lieben, wir können nicht anders. Realisation statt Imitation. Wir bringen zum Ausdruck, wer wir sind, wenn wir lieben. Der göttliche Same ist in uns ausgesät. Der Geist wohnt in uns. Seine Natur ist zu einem Teil unserer Natur geworden. Gottes Liebe ist in uns eingepflanzt worden.

> Das ist das Einzigartige am christlichen Leben: Wir handeln nach einem inneren Impuls. Es ist der Impuls der Liebe. Er wurde uns bei der Bekehrung eingegeben. Die Liebe, mit der Gott die Welt geliebt hat, pulsiert nun durch unser Leben. Auf diese Weise manifestiert sich Gottes ewige Liebe im Einzelnen und in der Geschichte.
> In diesem Sinne möchte ich Ihnen zusammen mit dem Apostel Johannes zurufen: „Geliebte, wenn Gott uns so geliebt hat, so sind auch wir es schuldig, einander zu lieben.“ (1.Joh. 4,11) Wiedergeborene sind Liebende. Bekehrte sind Geisterfüllte. „Wir wissen, dass wir aus dem Tod zum Leben gelangt sind, denn wir lieben die Brüder.“ (1. Joh. 3,14)[83]

Der Punkt, den John Piper und ich besonders betonen möchten, ist folgender: Nur als wiedergeborene Christen haben wir die Möglichkeit und die Kraft, so zu lieben, wie es 1. Korinther 13 verlangt. Wenn Sie zur Gruppe der Wiedergeborenen gehören, möchte ich Sie darum ermutigen: Lassen Sie den Kopf nicht sinken! Die Verse in 1. Korinther 13 sind nicht aufgeschrieben worden, um Sie traurig oder verzagt zu stimmen. Fassen Sie neue Zuversicht, und freuen Sie sich darüber, dass uns Gott in dem Moment, in dem wir Christen werden, auch die Fähigkeit verleiht, mit Seiner Liebe andere Menschen zu lieben.

Das biblische **Grundprinzip Nr. 2** für alle, die dauerhaft von einer Liebe erfüllt werden wollen, wie sie in 1. Korinther 13 beschrieben wird, lautet: **Wir sollen nach der Liebe streben.**

Das griechische Verb für „streben“ lautet *dioko*. Schauen wir uns zwei weitere Stellen in der Bibel an, um besser zu verstehen, was Paulus meint, wenn er sagt, wir sollen nach der Liebe streben. Wir finden das Verb zum Beispiel im Römerbrief. Paulus stellt fest: „Israel, das nach dem Gesetz der Gerechtigkeit strebte, [hat] das Gesetz der Gerechtigkeit nicht erreicht.“ (Röm. 9,31) Die Juden,

83 Quelle: Zusammenfassung einer Predigt zum Thema: „Gott suchen.“ Vgl. www.desiringgod.org / ResourceLibrary/Sermons/ByScripture/46/2686_The_New_Birth_Produces_Love/

so sagt es Paulus, haben sich alle Mühe gegeben, den Maßstäben Gottes zu genügen. Sie *strebten* nach der Gerechtigkeit, gründeten diese jedoch auf ihre guten Taten, statt darauf zu vertrauen, dass ihnen Gott die Gerechtigkeit, die vor Ihm gilt, durch den Glauben an Christus als Geschenk zuteil werden lässt. Wie ernsthaft war das jüdische Streben? Jedenfalls so ernsthaft, dass die Israeliten, wie es im Matthäusevangelium heißt, so weit gingen, den Zehnten von Anis, Minze und Kümmel als Gabe in den Tempel zu bringen (vgl. Matth. 23,23).

Dieses Beispiel kann uns dabei helfen, besser zu verstehen, was unter „streben" (*dioko*) zu verstehen ist. In dem Versuch, vor Gott als gerecht und annehmbar dazustehen, ließen die Israeliten nichts unversucht. Sie waren fleißig, sorgfältig und hingegeben. Sie handelten auf ein Ziel hin, und dieses Ziel hieß: „Gerechtigkeit, die vor Gott gilt." Für uns, die wir durch Jesus Christus in eine Beziehung zu Gott versetzt und vor Ihm gerecht gemacht worden sind – allein durch die Gnade, allein durch den Glauben – bedeutet der Blick auf dieses Vorbild natürlich nicht, dass wir uns an den Handlungen und Motiven der Kinder Israels ausrichten sollten. Es geht für uns nicht darum, vor Gott gerecht zu werden, denn das *sind* wir in und durch Christus.

Es bedeutet aber sehr wohl, dass wir denselben Eifer, den die Israeliten an den Tag legten, um Gott zu gefallen, aufwenden sollten, um ein Leben in Liebe zu leben. Es bedeutet, dass es uns ein dringendes und tägliches Anliegen sein sollte, alle Anstrengungen zu unternehmen, um der Liebe, wie sie in 1. Korinther 13 beschrieben wird, teilhaftig zu werden. Und wir tun dies, indem wir erkennen, dass unsere Liebe nur eine Reaktion auf die Liebe dessen ist, der uns zuerst geliebt hat.

Der Gebrauch des Verbs *dioko* im Galaterbrief gibt uns weitere Hinweise darauf, was es bedeutet, der Liebe nachzustreben. Paulus schreibt: „Denn ihr habt von meinem ehemaligen Wandel im Judentum gehört, dass ich die Gemeinde Gottes über die Maßen verfolgte und sie zerstörte." (Gal. 1,13) In der Zeit vor seinem Damaskuserlebnis hat Paulus, der damals noch Saulus hieß, gegen die Christen regelrecht gewütet. Er war auf eine *hyperbole* (= über die Maßen) Art und Weise wütend auf die Christen und wollte sie zerstören. Sein Eifer, so sagt er es selbst, ging über alles hinaus, was sich ein normaler Mensch vorstellen kann.

In der Apostelgeschichte des Lukas wird dieser Eifer näher beschrieben: „Saulus aber verwüstete die Gemeinde, drang überall in die Häuser ein, schleppte Männer und Frauen fort und brachte sie ins Gefängnis." (Apg. 8,3) Und im 9. Kapitel schreibt Lukas: „Saulus aber, der noch Drohung und Mord schnaubte gegen die Jünger des Herrn, ging zum Hohenpriester und erbat sich von ihm Briefe nach Damaskus an die Synagogen, in der Absicht, wenn er irgendwelche Anhänger des Weges fände, ob Männer oder Frauen, sie gebunden nach Jerusalem zu führen." (Apg. 9,1-2)

All diese Stellen können uns helfen, besser zu verstehen, was mit dem „Streben nach der Liebe" gemeint ist. Wir sollen mit derselben Hingabe und Energie, mit der Saulus die Gemeinde verfolgte, in positiver Weise der Liebe nachjagen. Nach der Liebe zu streben, bedeutet, dass wir die alles überragende Wichtigkeit der Liebe für uns selbst und andere erkennen.

Es bedeutet, andere auch dann zu lieben, wenn es uns schwer fällt. Um herauszufinden, wie das konkret aussehen kann, ist Zeit und Kreativität gefragt. Nach der Liebe zu streben, bedeutet, dass wir mit Selbstdisziplin und Ausdauer vorgehen. So etwas geschieht nicht automatisch. Es ist vielmehr das Ergebnis harter Arbeit. Es ist das Ergebnis unserer Bemühungen, die biblischen Grundprinzipien, die in diesem Kapitel erläutert werden, mit Hingabe, Ausdauer und Konsequenz zu verwirklichen. Es ist das Ergebnis eines, wie sich Paulus in seinem ersten Brief an seinen Freund und Mitarbeiter Timotheus ausdrückt, „sich Einübens in der Gottesfurcht" (1.Tim. 4,7).

Das biblische **Grundprinzip Nr. 3** für alle, die dauerhaft mit einer Liebe erfüllt werden wollen, die uns zu wirksamen Zeugen Christi macht, lautet: **Wir müssen in Christus bleiben.**

Kurz vor seiner Kreuzigung traf Jesus noch einmal mit seinen Jüngern zusammen und gab ihnen einige wichtige Unterweisungen mit auf den Weg. In manchen Bibelübersetzungen sind diese Worte aus Johannes 15 mit der Überschrift „Jesu Abschiedsreden" versehen. *Ein* Gebot war Jesus so wichtig, dass er es zweimal aussprach. In Johannes 15,12 spricht er: „Das ist mein Gebot, dass ihr einander liebt, gleichwie ich euch geliebt habe." In Vers 17 wiederholt Er es noch einmal: „Dies gebiete ich euch, dass ihr einander liebt." Jesus lässt es nicht bei dieser Aufforderung bewenden. Er zeigt seinen Jüngern auch, *wie* sie das Liebesgebot erfüllen können. Das „Wie?" wird in mehreren Versen behandelt, wenn auch aus unterschiedlichem Blickwinkel. In Johannes 15,5 wird zum Beispiel eine Bildrede verwendet: „Ich bin der Weinstock, ihr seid die Reben."

Jesus betont in den Versen 4 und 5, dass wir in einer engen und dauerhaften Abhängigkeit von Ihm leben müssen, wenn unser Leben die Frucht der Liebe tragen soll. Der Herr ermahnt uns: „Bleibt in mir, und ich (bleibe) in euch. Gleichwie die Rebe nicht von sich selbst aus Frucht bringen kann, wenn sie nicht am Weinstock bleibt, so auch ihr nicht, wenn ihr nicht in mir bleibt. Ich bin der Weinstock, ihr seid die Reben. Wer in mir bleibt und ich in ihm, der bringt viel Frucht; denn getrennt von mir könnt ihr nichts tun."

Was bedeuten diese Verse? Jesus lehrt uns, dass alle Kraft und alle Energie für die Frucht aus einer engen Beziehung zu Ihm *erwächst* – im wahrsten Sinne des Wortes! Das heißt aber auch, dass eine Frucht aus eigener Kraft, sei es die Liebe oder eine sonstige Tugend, ein Ding der Unmöglichkeit ist. Wir selbst haben dafür nicht die „natürlichen Ressourcen". Wir müssen dranbleiben – und zwar an Ihm. Jedermann weiß, dass der Weinstock nur deshalb Trauben hervorbringt, weil diesen durch die Reben der „Lebenssaft" zufließt. Werden die Reben abgerissen, verdorren sie und sind nur noch für das herbstliche Laubfeuer zu gebrauchen. Und wie sieht es mit Reben aus, die nur locker am Weinstock hängen, die vielleicht angebrochen sind? Sie werden keine vollen Früchte tragen, vielleicht nur ganz kleine, oder sogar im Laufe der Zeit gar keine mehr.

Die Qualität der Trauben hängt also hundertprozentig vom „Energieaustausch“ im Weinstock ab. Damit er volle, süße Früchte tragen kann, darf die Verbindung nicht unterbrochen werden.

Die Frucht bedarf einer guten Grundlage, sie braucht die feste Verbindung zum gesunden Weinstock. Wenn wir diesen Zusammenhang verstanden haben, wissen wir, was Jesus meinte, als Er sagte: „Ich bin der Weinstock, ihr seid die Reben.“

Diese Worte enthalten aber auch eine sehr ermutigende und lebensverändernde gute Nachricht: Da wir durch Gottes Gnade mit unserem Herrn Jesus Christus verbunden sind, sind wir mit dem verbunden, der die wahre Liebe ist und uns diese Liebe vorgelebt hat. Und damit sind auch wir in den Stand versetzt worden, als Frucht die wahre Liebe hervorzubringen!

Was bedeutet es nun, in Ihm zu bleiben? Das Wort „bleiben“ beinhaltet den Aspekt des Dauerhaften und Ständigen. Wenn ich beispielsweise irgendwo auf der Durchreise bin und schnell ein paar Sehenswürdigkeiten besichtige, dann *bleibe* ich nicht. Bleiben bedeutet dableiben. Bleiben werde ich an meinem Wohnort. In Jesus Christus zu bleiben, heißt, dass Er der Mittelpunkt meines Lebens ist, mein Zuhause. Wenn das nicht der Fall ist, darf ich nicht von Bleiben sprechen. Dann bin ich nur ein Besucher, ein Tourist auf der Durchreise.

Nach Johannes 15 bedeutet „Bleiben in Jesus“, dass ich in Seinem Wort bleibe (Vers 7). Ich denke über Sein Wort nach. Ich lebe Seinem Wort gemäß. Sein Wort bewohnt und beherrscht mich. Bleiben bedeutet, dass ich die Bibel ernst nehme, dass ich Freude an ihr habe, betend über sie nachdenke, sie jeden Tag neu in mein Leben hineinnehme. Wer das nicht von sich sagen kann, sollte nicht behaupten, er bleibe in Christus.

Jesus stellt klar, dass das Bleiben in Seinem Wort gleichbedeutend ist mit dem Halten Seiner Gebote (Vers 10). Wenn ich in Ihm bleibe, möchte ich so leben, dass Er Freude an mir hat. Es wird dann nur noch eins für mich zählen: Was der Wille Gottes für mein Leben ist, was Seine Vorstellungen sind, was Er für richtig oder falsch hält, welche Aufgaben Er für meinen Alltag vorgesehen hat – „Herr, was willst Du, dass ich tue?" Wenn ich das nicht frage, bleibe ich nicht in Ihm.

In Ihm zu bleiben, heißt, in Seiner Liebe zu bleiben (Vers 9). In Ihm zu bleiben, heißt, über die Liebe Gottes nachzudenken, die, wie Paulus es sagt, doch alle Erkenntnis übertrifft. Wir werden sie niemals völlig begreifen oder erfassen können (Eph. 3,18-19). In Ihm zu bleiben, bedeutet, dass ich in Christus „fest verwurzelt und gegründet" bin (Eph. 3,17). „Gegründet sein" bedeutet, dass Seine Liebe mein fester Grund und meine feste Burg ist. Gottes Liebe verleiht mir Sicherheit. Gottes Liebe ist die Grundlage meines Lebens. Ich kann nur in Ihm bleiben, wenn ich „meine Augen aufhebe zu den Bergen", wie es in Psalm 121 heißt. Denn „woher kommt mir Hilfe? Meine Hilfe kommt von dem HERRN, der Himmel und Erde gemacht hat" (Ps. 121,1f).

Was für Folgen hat es, wenn wir in Ihm bleiben, auf Ihn sehen und über Ihn nachdenken? In dem Buch *Where is God in all of This? Finding God's Purpose in Our Suffering* („Wo ist Gott in dem Ganzen? Gottes Sinn im Leiden finden") hat Deborah Howard etwas geschrieben, das ich ebenso interessant wie hilfreich finde: „Wenn wir Zeit mit einem Menschen verbringen, dann nehmen wir im Laufe der Zeit allmählich seine Eigenarten an. Vielleicht ähnelt unsere Ausdrucksweise der seinen, [...] oder wir übernehmen gewisse Charaktermerkmale. Nichts anderes geschieht, wenn wir Zeit mit Jesus im Gebet und im Bibelstudium verbringen. Wir nehmen Seine Art an, das heißt, wir werden Ihm ähnlicher."[84]

Was Deborah Howard schreibt, stimmt hundertprozentig mit dem überein, was Jesus gesagt hat. Denn was passiert, wenn wir in Ihm bleiben? Wir verbringen Zeit mit dem, der die Liebe in Person ist. Infolgedessen werden wir Ihm ähnlicher und bringen als Frucht die Liebe hervor, die sich dann in unserem Leben praktisch auswirkt. Geistliche Frucht, so hat es Jesus gesagt, kann nur dann wachsen, wenn wir in Ihm, dem Weinstock, bleiben, wenn wir also

84 Deborah Howard, *Where Is God in All of This?* Phillipsburg, New Jersey: P&R Publishing, 2009, Seite 46.

mit Ihm, dem Herrn, dauerhaft verbunden sind. Nur Er kann diese Frucht in uns bewirken. Die Lebensverbindung zu Ihm bewirkt, dass wir uns *Seiner Liebe zu uns* gewiss sind. In diesem Bewusstsein und in dieser Kraft leben wir – und werden dann andere so lieben, wie Er geliebt hat und noch immer liebt.

Das biblische **Grundprinzip Nr. 4** für alle, die dauerhaft von einer Liebe erfüllt werden wollen, die uns zu wirksamen Zeugen Christi macht, lautet: **Wir müssen mit dem Heiligen Geist erfüllt werden und im Geist wandeln.**

Im Epheserbrief bittet Paulus, „dass er (=Gott) euch nach dem Reichtum seiner Herrlichkeit verleihe, durch seinen Geist mit Kraft gestärkt zu werden am inwendigen Menschen, dass Christus durch den Glauben in euren Herzen wohne, damit ihr, in Liebe gewurzelt und gegründet" seid (Eph. 3,16f).

Und im fünften Kapitel sagt der Apostel, dass die Ehemänner ihre Ehefrauen so lieben sollen, wie Christus die Gemeinde geliebt hat. Der Mann soll die Frau lieben wie sich selbst, und die Frau soll sich dem Mann unterordnen. So sagt es Paulus. Doch bevor er irgendetwas von „Unterordnung" sagt, fordert er von der Frau wie vom Mann, dass beide mit dem Heiligen Geist erfüllt leben sollen (vgl. Eph. 5,18). Denn auch hier gilt: Ohne die Kraft des Heiligen Geistes wird weder die Frau noch der Mann im Stande sein, so zu leben, wie Gott es für die christliche Ehe vorgesehen hat. Und ohne die Kraft des Geistes ist auch niemand in der Lage, entsprechend 1. Korinther 13 zu lieben.

Was bedeutet es nun, mit dem Heiligen Geist erfüllt zu leben? Es bedeutet, dass wir uns dem Heiligen Geist komplett zur Verfügung stellen. Er sitzt sozusagen in der „Kommandozentrale" unseres Lebens. Wir unterstehen Seiner Herrschaft. Auf diese Weise wird Er uns befähigen, den Willen Gottes zu tun. Was bedeutet es noch, mit dem Geist erfüllt zu sein? Es bedeutet gemäß Kolosser 3,16, dass wir das Wort Christi „reichlich in uns wohnen lassen". Es bedeutet, dass wir unser Denken mit der Bibel füllen, denn die Bibel ist das Buch des Heiligen Geistes, das inspirierte Wort Gottes (2.Petr. 1,20f). Es bedeutet, wie es Paulus im Galaterbrief ausdrückt, dass wir „im Geist wandeln“ (Gal. 5,16).

Hierzu schreibt John MacArthur in seinem Kommentar zum Galaterbrief:

> Im Geist zu wandeln und nicht die Lüste des Fleisches zu vollbringen, bedeutet in der Bibel dasselbe wie der Vers: „Zieht den Herrn Jesus Christus an und pflegt das Fleisch nicht bis zur Erregung von Begierden.“ (Röm. 13,14) Im Geist zu wandeln, bedeutet, „würdig zu wandeln am Tag“, wohingegen „die Lüste des Fleisches vollbringen“ in der Bibel gleichgesetzt wird mit „Zechgelagen, Trunkenheit, sexuellen Ausschweifungen und Lüsten“. Diese beiden Verhaltens- oder Lebensweisen schließen einander aus, so dass in jedem Augenblick unseres Christenlebens gilt: Wir leben entweder im Fleisch oder im Geist, aber beides zur gleichen Zeit geht nicht.
>
> Das Wandeln oder Leben im Geist ist ein Leben, das von dem Wunsch beherrscht wird, Christus ähnlicher zu werden. Es ist ein Leben, in dem die Gedanken des Gläubigen mit der Wahrheit, der Liebe und der Herrlichkeit seines Herrn und dem Wunsch, Ihm zu gefallen, erfüllt, ja geradezu durchtränkt werden. Es ist ein Leben in der ständigen Gegenwart und vor dem Angesicht des Herrn – gemäß der Aufforderung des Apostels Paulus: „Lasst das Wort des Christus reichlich in euch wohnen.“ (Kol. 3,16) Es bedeutet nichts anderes als der Vers „Werdet voll Geistes“ im Epheserbrief (Eph. 5,18), womit ein ständiges Beherrschtsein des hingegebenen Christen durch den Geist gemeint ist.[85]

Es ist also absolut notwendig, mit dem Heiligen Geist erfüllt zu werden und in Ihm zu wandeln, wenn wir liebevoll leben wollen, so wie es in 1. Korinther 13 beschrieben wird.

„Erfüllt sein“ und „wandeln“ sind beides Ausdrucksweisen für eine bewusste und dauerhafte Abhängigkeit vom Heiligen Geist, das heißt, einem Leben, das in Übereinstimmung mit Seinem

85 John MacArthur, *Galatians*. Chicago: Moody, 1987, Seite 154.

Willen steht. Hier liegt, wie es Paulus in Galater 5,13-26 sagt, der Schlüssel zur Befreiung von einem Dasein, das sich nur um die Lüste und Wünsche des Fleisches dreht. Mit dem Geist erfüllt zu werden und in Ihm zu leben, hat sehr konkrete Auswirkungen auf unseren Alltag. Es wird dazu führen, dass wir nicht länger jähzornig reagieren, neidisch sind auf andere, unseren Standpunkt ohne Rücksicht auf Verluste verteidigen, oder nichts als unsere eigenen Interessen im Sinn haben (vgl. Gal. 5,15-21).

Mit den Heiligen Geist erfüllt zu werden und in Ihm zu wandeln, bedeutet, dass wir ein Leben der Liebe im Dienst für den Nächsten leben (Gal. 5,13-14). Es bedeutet, dass die Frucht des Geistes in unserem Leben sichtbar wird. „Die Frucht des Geistes aber ist Liebe, Freude, Friede, Langmut, Freundlichkeit, Güte, Treue, Sanftmut, Selbstbeherrschung." (Gal. 5,22) Die Bibel verheißt uns, dass wir diese Frucht in unserem Leben sehen werden, immer vorausgesetzt, wir sind mit dem Geist erfüllt und wandeln in Ihm. Und die wichtigste, sozusagen die Erstlingsfrucht des Geistes ist die Liebe gemäß 1. Korinther 13.

Das biblische **Grundprinzip Nr. 5** für alle, die als Zeugen Christi Menschen durch Liebe erreichen wollen, lautet: **Wir müssen die gesunde, biblische Lehre zum Thema „Liebe" immer wieder hören und auf uns wirken lassen.**

„Über die Bruderliebe aber" – so sagt es Paulus – „braucht man euch nicht zu schreiben; denn ihr seid selbst von Gott gelehrt, einander zu lieben, und das tut ihr auch an allen Brüdern." (1.Thess. 4,9) Wie kam es, dass die Christen in Thessalonich einander liebten? Sie waren *gelehrt* worden. Der Vers sagt also auch – und mit ihm viele andere Bibelstellen –, dass die Liebe nicht automatisch einfach so „passiert". Wir müssen sie lernen. Wir müssen darin, wie damals die Thessalonicher, unterrichtet werden.

Hebräer 10,24 greift diesen Gedanken auf. Gott ermahnt uns durch den Schreiber dieses Briefes, dass wir, wenn wir mit unseren Mitchristen zusammentreffen, immer daran denken sollten, diese zur Liebe und zu guten Werken anzuspornen. Denn um Menschen zu werden, die andere Menschen lieben, brauchen wir alle die Ermunterung, den Ansporn, vielleicht auch die Ermahnung durch andere Gläubige.

Auch in 1. Timotheus 1,5 betont Paulus, wie wichtig die Lehre ist, wenn es um die Erfahrung und Verwirklichung echter Liebe nach 1. Korinther 13 geht. Der Apostel sagt: „Das Endziel des Gebotes aber ist Liebe aus reinem Herzen und gutem Gewissen und ungeheucheltem Glauben." Paulus sagt also, inspiriert vom Geist Gottes, dass Gott das „Gebot" oder – wie es in anderen Übersetzungen heißt – die „Lehre" dazu benutzt, um echte Liebe hervorzubringen. Doch er sagt noch mehr. Das wichtigste Ziel, also das, worum es ihm in seiner Tätigkeit eigentlich geht, liegt darin, Liebe zu erwecken. Die rechte Art von Lehre, davon ist Paulus überzeugt, sieht keinen Widerspruch zwischen Wahrheit und Liebe. Beide gehören zusammen, gehen Hand in Hand. Die Wahrheit ist wichtig, aber das Ziel der Verkündigung ist nicht rein kognitiv (intellektuell), sondern zielt auf die Veränderung des Lebens. Und wodurch? Durch die Liebe! Eine solide biblische Lehre und Unterweisung wird genau die Art von Liebe hervorbringen, die in 1. Korinther 13 beschrieben ist.

Ein weiterer wichtiger Vers in diesem Zusammenhang ist Philipper 1,9f. Paulus bittet darum, dass bei den Philippern die „Liebe noch mehr und mehr überströme in Erkenntnis und allem Urteilsvermögen, damit ihr prüfen könnt, worauf es ankommt". Pastor Ligon Duncan sagt in seiner Auslegung dieses Verses:

> Paulus möchte, dass die Philipper (und wir) zunehmen in der wahren, praktischen Erkenntnis Gottes. Dies wird unseren Charakter verändern. Es fällt auf, dass Paulus an dieser Stelle „Liebe" und „Erkenntnis" in einem Atemzug nennt. Für ihn ist das Wissen kein Gegensatz zur Liebe. Im Gegenteil: Für Paulus kann echte Liebe nur im Zusammenhang mit echter Erkenntnis existieren, und echte Erkenntnis kommt ohne Liebe nicht aus.
>
> Das heißt, dass jeder, der von sich behauptet, etwas zu wissen oder erkannt zu haben, und nicht gleichzeitig liebevoll lebt,

überhaupt nichts weiß und überhaupt nichts erkannt hat. Umgekehrt gilt, dass jeder, der von sich behauptet zu lieben, aber dies in Verachtung echter Erkenntnis tut, niemals ein wirklich liebevoller Christ sein kann. Liebe und Erkenntnis gehören immer zusammen. Liebe vermehrt die Erkenntnis. Liebe entstammt der Erkenntnis Gottes, so wie die wahre Gotteserkenntnis in Gott ihren Ursprung hat und stets als Begleiter der Liebe auftritt. Deshalb bittet Paulus darum, dass die Korinther zunehmen in der Erkenntnis Gottes.
Diese Aussagen sind gerade für Menschen unseres evangelikalen Hintergrundes so wichtig. Wir halten die Wahrheit in Ehren, und das ist auch richtig so. Doch je mehr und je besser wir die Wahrheit erkennen, umso mehr sollten wir Menschen werden, denen nicht nur die Wahrheit am Herzen liegt, sondern die auch von ganzem Herzen ihre Mitmenschen lieben, ja sie geradezu mit Liebe überschütten, *gerade weil* uns die Wahrheit so viel bedeutet. Was für einen Unterschied würde es machen, wenn wir unseren heutigen Zeitgenossen und unserer heutigen Kultur in dieser Weise mit Liebe begegneten! Denn die meisten sind davon überzeugt, dass Liebende nicht auf die Wahrheit achten brauchen. Der Zeitgeist sagt, dass die Liebe alles überstrahlt. „Was ist Wahrheit?“ – „Keine Ahnung. Nichts ist Wahrheit.“ – Oder alles, je nachdem, wie es uns gerade in den Kram passt. Und es ist geradezu lächerlich, welchen „Wahrheiten“ manche Menschen aufgesessen sind. An die Adresse dieser Menschen gerichtet, sagt der Apostel Paulus: „Halt! Die Liebe Gottes existiert genau da, wo es um die Wahrheit Gottes geht.“[86]

Ligon Duncan sagt hier etwas sehr Richtiges und Wertvolles: Wir können nur dann im Sinne von 1. Korinther 13 liebevoll leben, wenn wir uns immer wieder der gesunden Lehre aussetzen. Das kann eine Predigt sein, das kann gute christliche Literatur oder gute christliche Musik sein – sofern sich ihre Texte auf die Schrift gründen. Wenn wir uns auf diese Weise der biblischen Unterweisung aussetzen, wird zweierlei geschehen: Wir werden uns zum einen schmerzlich unseres Mangels an Liebe bewusst werden; wir werden andererseits

86 Predigt über Philipper 1,6-11 auf Ligon Duncans Internetseite.

aber auch dazu angeleitet, wie wir es schaffen können, liebevoll zu leben: in unseren Ehen und Familien, in unseren Gemeinden, am Arbeitsplatz – und in der Gesellschaft.

Dass wir biblische Unterweisung zum Thema „Liebe“ nötig haben, lässt sich auch daran erkennen, dass Gott dafür gesorgt hat, dass 1. Korinther 13 in der Bibel steht, wie auch daran, dass das hebräische Wort für „Liebe“ 500 Mal im Alten Testament und das griechische Wort für „Liebe“ 370 Mal im Neuen Testament auftaucht.

Wenn Gott so oft über die Liebe spricht, sollte auch der letzte Zweifler davon überzeugt sein, dass dies ein wichtiges Thema ist und wir uns der Lehre über die Liebe immer wieder aussetzen sollten. Zu diesem Zweck hat Gott uns nicht nur Sein Wort gegeben, sondern auch Prediger berufen, die es auslegen und uns zeigen, wie wir es anwenden können. Wir brauchen die Unterweisung durch die Schrift, denn sie ist „von Gott eingegeben und nützlich zur Belehrung, zur Überführung, zur Zurechtweisung, zur Erziehung in der Gerechtigkeit, damit der Mensch Gottes ganz zubereitet sei, zu jedem guten Werk völlig zugerüstet“ (2.Tim. 3,16f). Ein liebevolles Leben im Sinne von 1. Korinther 13 ist eines der „guten Werke“, und um dies zu tun, gibt es keine Alternative zum treuen Hören und Lesen des Wortes und zur Verkündigung.

Das biblische **Grundprinzip Nr. 6** für alle, die dauerhaft von einer Liebe erfüllt werden wollen, die Frucht für Gott bringt, lautet: **Sie müssen bereit sein zu sterben.**

Nun denken Sie vielleicht: *Wie bitte? Habe ich mich verlesen?* Nein, ich kann Ihnen versichern, Sie haben sich nicht verlesen! Es ist mir vollkommen Ernst mit dieser Aussage. Im Johannesevangelium sagt Jesus: „Die Stunde ist gekommen, dass der Sohn des Menschen verherrlicht werde!“ (Joh. 12,23) Vorher hat der Herr mehrmals darauf hingewiesen, dass seine Stunde noch nicht gekommen sei (vgl. Joh. 2,4 und 7,8). Jetzt jedoch sagt Jesus: „Die Stunde ist gekommen.“ Welche Stunde meint er? Jesus bezieht sich hier auf die Stunde Seiner Kreuzigung, auf den Moment, in dem die Schuld

Seines Volkes auf Ihn gelegt wird, die Stunde, in der Er weiß, dass Er zur Sünde wird, damit wir in Ihm die Gerechtigkeit würden, die vor Gott gilt (2.Kor. 5,21). Diese Stunde am Kreuz von Golgatha war die Stunde der Strafe für unsere Sünde, die Stunde, in der uns die Vergebung zuteil wurde. Es war die Stunde, von der Petrus sagt: „Er hat unsere Sünde selbst an seinem Leib getragen auf dem Holz, damit wir, den Sünden gestorben, der Gerechtigkeit leben mögen." (1.Petr. 2,24) Es war die Stunde, in der Christus für unsere Sünden litt, „der Gerechte für die Ungerechten, damit er uns zu Gott führte" (1.Petr. 3,18), der Moment, in dem „der Sohn des Menschen verherrlicht" wurde (Joh. 12,23).

Jesus betont also, dass es einen Zusammenhang zwischen Seinem Tod und Seiner Verherrlichung gibt. Damit stellt sich die Frage, wie Jesus das meinte. Inwiefern kann der Tod am Kreuz eine Verherrlichung bedeuten?

Das Sterben und die Verherrlichung haben auf vielfache Weise miteinander zu tun. Ich möchte an dieser Stelle nur die wichtigsten Zusammenhänge zwischen Tod und Herrlichkeit erläutern: Wäre Jesus nicht gestorben, so wäre kein Mensch errettet worden. Niemand unter uns hätte Ihm sein Leben übergeben, niemand würde Ihm Loblieder singen, niemand würde die Gute Nachricht anderen weitersagen. Wäre Gottes Liebe nicht so groß gewesen, dass Jesus aus Liebe den Tod auf sich genommen hätte, so gäbe es niemanden unter uns, der sich auf die Ewigkeit freuen würde, auf die Zeit, wenn wir im Paradies gemeinsam singen: „Würdig ist das Lamm, das da starb." Damit Jesus verherrlicht werden konnte, musste er in den Tod gehen. Um Frucht in Ewigkeit zu bringen, musste Er sterben.

Für uns gilt genau dasselbe. Jesus spricht zunächst einmal über sich selbst: Die Stunde ist gekommen, dass der Sohn des Menschen verherrlicht werde. Dies geschieht auf dieselbe Art und Weise, wie ein Weizenkorn in die Erde fällt und stirbt. Der Herr überträgt diese Aussage dann auch auf uns. Als Seine Nachfolger müssen wir uns fragen: Wollen wir unser Kreuz auf uns nehmen, unser eigenes Leben gering achten und Ihm auf dem Weg nach Golgatha folgen? Werden wir dem Sohn auf diese Weise dienen? Sind wir bereit, diese Wahrheit über Tod und Leben auf unser eigenes Dasein zu übertragen?

In Johannes 12,24 führt Jesus ein Beispiel aus der Landwirtschaft an, das jeder von uns verstehen kann. Wenn das Samenkorn für sich allein bleibt, kann es keine Frucht bringen. Es muss ausgesät werden. Nur wenn es in die Erde fällt und „stirbt“, kann es Frucht tragen.

Natürlich geht es Jesus hier nicht um die landwirtschaftlichen Fakten zum Thema „Saat und Ernte“. Wir selbst sind das Samenkorn. Wenn wir Frucht bringen wollen, so sagt es Jesus, müssen wir bereit sein, unserem Ich abzusterben. Wir müssen bereit sein, und zwar jeden Tag neu, unserer Eigensucht und unserem Eigenwillen abzusterben. Insofern sind wir mit Körnern zu vergleichen. Das Korn bringt niemandem Segen, wenn es nicht in die Erde fällt und stirbt. Bis das geschieht, bleibt es allein. So ist es auch mit uns. Wenn wir nicht bereit sind, unserem Eigenwillen abzusterben, bleiben wir gefangen im Gefängnis unserer Selbstsucht. Wenn wir aber, in dem erläuterten bildlichen Sinn, bereit sind zu sterben, bringen wir viel Frucht.

Nun möchten Sie vielleicht ganz konkret wissen: „Was hat ein solches Sterben mit der Erfahrung von Liebe und dem liebevollen Leben als Zeuge Jesu Christi zu tun?“ Antwort: Sehr viel! Denn ohne das Sterben werden wir die Liebe, wie sie in 1. Korinther 13 beschrieben wird, weder erfahren noch leben können.

Was bedeutet dies nun für die einzelnen Aspekte der Liebe?

- Paulus sagt, dass die Liebe langmütig und geduldig ist. Wenn wir diesen Aspekt der Liebe in unserem Leben verwirklichen wollen, müssen wir uns von unserem Wunsch verabschieden, ein gemütliches, problemfreies Leben zu führen.
- Paulus sagt, dass die Liebe freundlich und gütig ist. Wenn wir diesen Aspekt der Liebe in unserem Leben verwirklichen wollen, müssen wir der Bitterkeit absterben, den Rachegefühlen, der Vergeltungssucht und der Bosheit.
- Die Liebe ist nicht eifersüchtig. Wenn wir diesen Aspekt in unserem Leben verwirklichen wollen, müssen wir willens sein, dem Wunsch nach Aufmerksamkeit abzusterben.
- Die Liebe prahlt nicht, ist nicht aufgeblasen oder arrogant. Das heißt, wir sind „tot“, was selbstgefälliges „Sich auf die Schulter

klopfen" anbelangt. Wir sind wie tot, was den Gedanken betrifft, uns für etwas Besseres zu halten.

- Die Liebe benimmt sich nicht unanständig. Das heißt, wir müssen allen Verhaltensweisen absterben, die unsere Mitmenschen abstoßen oder verletzen könnten.
- Die Liebe sucht nicht das Ihre. Wir müssen also dem Egoismus absterben, wie tot sein gegenüber allen Wünschen, dass immer alles nach unseren Vorstellungen laufen müsste.
- Die Liebe lässt sich nicht provozieren oder erbittern. Wir müssen der Ungeduld und Reizbarkeit sterben, dem Verlangen ein „frustfreies Leben" zu führen.
- Die Liebe rechnet das Böse nicht an. Wir müssen aller Bitterkeit und Rachsucht absterben.
- Die Liebe freut sich nicht über die Ungerechtigkeit. Das heißt, wir müssen wie tot sein gegenüber aller Schadenfreude und Genugtuung darüber, wenn anderen Böses widerfährt.
- Die Liebe freut sich mit und an der Wahrheit. Insofern müssen wir allen Lügen, aller Unehrlichkeit, aller Verführung und Täuschung absterben.
- Die Liebe deckt alles zu. Wir müssen uns für immer von unserem Drang verabschieden, in liebloser Weise die Fehler und Sünden unserer Mitmenschen aufzudecken.
- Die Liebe glaubt alles. Das heißt, wir müssen uns von allen kritischen, richtenden und missgünstigen Einstellungen unseren Mitmenschen gegenüber verabschieden.
- Die Liebe hofft alles. Das heißt: Tod dem Pessimismus und der Negativhaltung gegenüber Menschen und Umständen.
- Die Liebe hat den langen Atem und hält durch. Das heißt: Tod dem Drang, vor Problemen und widrigen Umständen, die sich aus der Nachfolge ergeben, die Flucht zu ergreifen![87]

Wie lässt sich das Gesagte zusammenfassen? Ich denke, dass wir uns hierzu alle ein paar ernsthafte Fragen stellen müssen und uns an einige sehr grundlegende Wahrheiten erinnern sollten:

- Gesetzt den Fall, ich möchte von Herzen Menschen für Jesus

87 Einige dieser Gedanken über das Sterben gehen zurück auf eine Predigt von John Piper über Joh. 12,24-25 auf seiner Internetseite „Desiring God", vgl. www.desiringgod.org

gewinnen und einen guten Einfluss in dieser Welt ausüben: Bin ich willens und bereit, den Preis dafür zu zahlen?

- Bin ich bereit, den Preis, den ein Leben in Liebe erfordert, in meiner Ehe und Familie zu zahlen? Am Arbeitsplatz? In meiner Gemeinde? In unserer Gesellschaft?
- Sind wir bereit zu sterben? Wenn die Antwort „Ja" lautet, dann gilt uns die Verheißung Jesu aus Johannes 14,24: Der Vater wird uns ehren; wir werden Frucht bringen und Menschen in Liebe für Gott gewinnen; wir werden ewig leben und einst beim Herrn sein.
- Täuschen wir uns jedoch nicht, was den Preis echter Liebe anbelangt. Echte Liebe ist teuer. Sie kostete unseren Herrn Jesus, der auf dieser Erde war und unter den Menschen lebte, das Leben. Sie führte zu Leid und Tod am Kreuz. Und auf irgendeine Weise werden auch wir den Preis zahlen müssen und sterben.

Mag sein, dass Sie und ich nicht im wörtlichen Sinn den Tod werden erleiden müssen. Aber eines ist sicher: Als Weizenkörner müssen wir in die Erde fallen und unserem Ich absterben. Wir sind aufgerufen, uns selbst zu verleugnen und jeden Tag neu unser Kreuz auf uns zu nehmen und Ihm nachzufolgen. Und Nachfolge bedeutet nichts anderes als Tod: Tod dem Egoismus, Tod der Ichbezogenheit, Tod der Sünde.

Die Botschaft Jesu Christi an diejenigen unter uns, die sich Christen nennen, hat sich seit dem Ersten Jahrhundert nicht verändert. Es ist der Aufruf, als Weizenkorn zu leben, und um zu *leben*, müssen wir zunächst *sterben*. Es ist die Botschaft, dass wir als Gläubige einander lieben, wie Er uns zuerst geliebt hat. Es ist die Botschaft der Liebe nach dem Hohenlied der Liebe aus 1. Korinther 13.

Wie nun können wir diese Art von Liebe erfahren und Tag für Tag neu ausleben? Meine Antwort lässt sich in sechs Punkten zusammenfassen. Dabei geht es nicht darum, dass dies „meine" Antwort ist. Nein, es ist – davon bin ich überzeugt – die Antwort der Heiligen Schrift. Was also müssen wir tun?

1. Zunächst einmal überprüfen, ob wir wirklich bekehrt sind und an den Herrn Jesus Christus gläubig geworden sind. Sind wir wirklich gerettet?
2. Nach der Liebe streben – und zwar mit einer Entschlossenheit und Ausdauer, wie sie Saulus an den Tag legte, als er die ersten Christen verfolgte.
3. In Christus bleiben und Zeit mit Ihm verbringen – das heißt, über Ihn nachdenken, seine große Liebe vor Augen haben. Wir müssen Sein Wort reichlich in uns wohnen lassen.
4. Lernen, im Geist zu wandeln und uns Tag für Tag neu von Ihm erfüllen lassen.
5. Auf uns selbst Acht haben, dass wir besser verstehen, was es mit der echten Liebe auf sich hat. Dazu brauchen wir eine Gemeinde, die uns ermahnt und ermutigt, in Liebe zu leben ebenso wie christliche Literatur zu diesem Thema.
6. Tag für Tag neu dem Ich absterben und den Egoismus aus unserem Leben verbannen.

So geht es! So werden Sie ein liebevoller Mensch, der den Begriff „Liebe" im Sinne von 1. Korinther 13 versteht. So werden Sie jemand, der einen guten Einfluss auf unsere Welt ausübt und in Liebe seine Mitmenschen für den Herrn gewinnt. Liebevoll leben lernen? Es funktioniert, wenn Sie die 6 Punkte, die ich in diesem Buch erläutert habe, konsequent anwenden. Wollen Sie das? Ich selbst möchte es mit Gottes Hilfe anpacken – und ich wünsche mir und bete darum, dass Sie es auch tun!

Fragen zum Inhalt, zum Nachdenken, zur Anwendung des Gesagten und zur Diskussion

1. Ich habe in diesem Kapitel behauptet, dass das Erfahren und Ausleben einer Liebe nach 1. Korinther 13 nur für Christen möglich ist. Gibt es biblische Belege für diese Behauptung?
2. Fassen Sie mit eigenen Worten zusammen, was John Piper in seiner Auslegung zur Liebe nach 1. Johannes 4,7-19 sagt.
3. Wenn Paulus uns in 1. Korinther 14,1 auffordert, nach der Liebe zu streben, was bedeutet und beinhaltet das genau? Welche biblischen Bilder und Beispiele können uns dabei helfen, besser zu verstehen, was mit dem „Streben nach der Liebe" gemeint ist?
4. Was bedeutet es gemäß Johannes 15 „in Christus zu bleiben"?
5. Erklären Sie, inwieweit das Gleichnis vom Weinstock und den Reben etwas darüber aussagt, wie wir Liebe erfahren und Tag für Tag im Leben verwirklichen können.
6. Erläutern Sie, was unter „Wandeln im Geist" und „Erfüllt werden mit dem Geist" zu verstehen ist.
7. Wie hängt das Leben (oder „Wandeln") im Geist mit der Erfahrung und Verwirklichung der Liebe nach 1. Korinther 13 zusammen?
8. Inwiefern ist es wichtig, dass wir uns immer wieder neu der biblischen Lehre und Unterweisung aussetzen, wenn wir die in 1. Korinther 13 beschriebene Liebe erfahren und verwirklichen wollen? Kann man es biblisch belegen, dass dies ein „biblisches Grundprinzip" ist?
9. Wie sieht die Verwirklichung dieses Grundprinzips in Ihrem Leben konkret aus?
10. Was ist unter der Aussage zu verstehen, dass wir „sterben" müssen, wenn wir die Liebe nach 1. Korinther 13 persönlich erfahren und an andere weitergeben wollen?
11. Welchen Dingen und Haltungen müssen wir „absterben" (d.h. uns von ihnen für immer verabschieden), wenn wir in unserem Leben die Frucht der Liebe sehen wollen?
12. Inwiefern ist unser „Tod" unerlässlich, wenn wir im Sinne von 1. Korinther 13 liebevoll leben wollen?

13. Was haben Sie aus diesem Buch persönlich gelernt? Fassen Sie kurz Ihre wichtigsten Erkenntnisse zusammen.
14. Inwieweit müssen Sie persönlich an sich arbeiten (lassen), um die in 1. Korinther 13 beschriebene Liebe zu erfahren und an Ihre Mitmenschen weiterzugeben?
15. Und nun zum letzten Mal die Bitte: Schlagen Sie die Seite 27 auf und lesen Sie noch ein letztes Mal den Hinweis bezüglich der Auslegung und Anwendung der Liebe, der mir so am Herzen liegt.

Über den Autor

Wayne A. Mack (M.Div., Philadelphia Theological Seminary; D.Min., Westminster Theological Seminary) dient Christus und Seiner Gemeinde acht Monate im Jahr als Professor für biblische Beratung an einer Schulungseinrichtung für Pastoren in Südafrika, wo er auch Konferenzen und Seminare durchführt. Für die restlichen vier Monate kehrt er mit seiner Frau in die Vereinigten Staaten zurück, um an einer Schulungseinrichtung für Pastoren zu unterrichten, die von der *Bible Church* von Little Rock, Arkansas, unterstützt wird.

Wayne ist außerplanmäßiger Professor für biblische Beratung am *Master's College* und Direktor von *Strengthening Ministries International*. Er ist Vorstandsmitglied von F.I.R.E. *(Fellowship of Independent Reformed Evangelicals)* und Gründungs- und Vorstandsmitglied der *National Association of Nouthetic Counselors.* Wayne ist außerdem Mitglied der Direktion der Missionsgesellschaft *Publicacione Fara de Gracia.*

Mack ist Autor zahlreicher Bücher, unter anderem der auf den nächsten Seiten vorgestellten. Er hat gemeinsam mit seiner Frau Carol vier Kinder und dreizehn Enkelkinder.

Demut – die vergessene Tugend
Wayne A. Mack
ISBN 978-3-932308-92-5
Best.-Nr.: **308 92**
Pb. 160 S.

Dieses äußerst wichtige Buch behandelt ein Hauptübel, an dem wir alle leiden, über das wir aber wenig sprechen und das in der Verkündigung eher selten thematisiert wird. „Der Stolz ist das Kleid der Seele – als erstes angelegt, als letztes abgelegt!"

Der erfahrene Seelsorger und Autor definiert Stolz und Demut auf der Grundlage der Bibel und zitiert zu diesem Thema sehr hilfreiche Auszüge und Zitate aus Predigten vor allem von C.H. Spurgeon, aber auch aus Werken von Jonathan Edwards, John Newton, John Bunyan, C.S. Lewis und anderen Autoren.

Das Hauptziel des Buches ist, dem Leser praktische Hilfen zu zeigen, wie man den Stolz ablegen und in der Demut wachsen kann. Dazu gibt es nach jedem Kapitel Übungsaufgaben und Fragen, die das eigene Leben im Licht Gottes bewerten helfen.

Raus aus dem Dunkel!
Vom Umgang mit der Niedergeschlagenheit durch Depression und Einsamkeit
Wayne A. Mack
ISBN 978-3-932308-94-9
Best.-Nr.: **308 94**
Pb. 176 S.

Fast jeder Mensch gerät im Laufe des Lebens in Zeiten der andauernden Niedergeschlagenheit. Wie soll man mit solchen Zeiten umgehen – und wie überwindet man die Traurigkeit richtig? Was sagt uns Gott in seinem Wort dazu?

Das vorliegende Buch...
- definiert und beschreibt Depression,
- beschreibt ihre Dynamik und die Entwicklung,
- zeigt eine biblische Problemlösung auf und
- schildert Fallbeispiele und Lösungen für durch Einsamkeit verursachte Depressionen.

Ideale Handreichung sowohl für Helfer als auch für Hilfesuchende.

Gemeindeglied – sein oder nicht sein?
Von der Pflicht und Freude einer verbindlichen Gemeindezugehörigkeit
Wayne A. Mack
ISBN 978-3-932308-93-2
Best.-Nr.: **308 93**
Tb. 80 S.

Bekennende Christen des einundzwanzigsten Jahrhunderts stellen sich die erstaunlichsten Fragen über die Gemeinde und kommen zu ganz unterschiedlichen Antworten.

- Soll ich einer Gemeinde beitreten oder nicht?
- Ist Gemeindemitgliedschaft ein erforderlicher oder freiwilliger Bestandteil für einen Christen?
- Ist die Gemeindemitgliedschaft die Hauptmöglichkeit im Bezug auf Dienst und geistliches Wachstum oder nur eine von vielen?
- Ist Gemeindemitgliedschaft wichtig oder unwichtig?
- Ist es eine Frage des Gehorsams dem Herrn gegenüber oder eine individuelle Frage für einen Christen?

Dieses Buch zeigt anhand der Bibel Gottes Sichtweise zu diesem Thema. Darüber hinaus vermittelt der Autor wichtige Grundlagen bezüglich der Bedeutung der Gemeinde im Leben eines Gläubigen. Dieses Buch ist daher auch für alle diejenigen sehr hilfreich, für die Gemeindemitgliedschaft gar keine Frage ist!

Lieblinge auf Lebenszeit
Aus der Ehe das Beste machen
Wayne A. Mack
ISBN 978-3-932308-85-7
Best.-Nr.: **308 85**
Gb. 320 S.

Ein Buch für Eheleute. Sowohl für solche, die schon jahrzehntelang verheiratet sind (und dringend neue Impulse zur Pflege ihrer Ehebeziehung brauchen) als auch für die frisch verheirateten, die gerade dabei sind, eine solide Grundlage für eine fruchtbare, lebenslange Ehe zu legen.

Ein Buch, das nicht nur dringend notwendig, sondern auch biblisch fundiert, klar und sehr praktisch ist.